AF473857

Io Bernardo B. detto il Canaletto

BOŻENA ANNA KOWALCZYK

BERNARDO BELLOTTO 1740

VIAGGIO IN TOSCANA

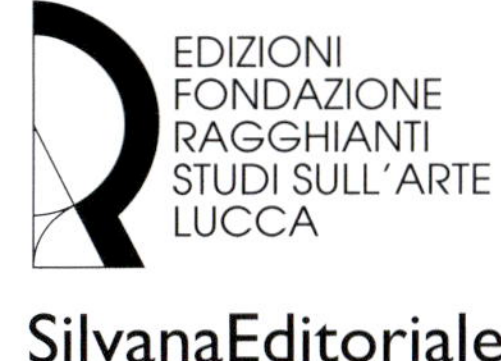

SilvanaEditoriale

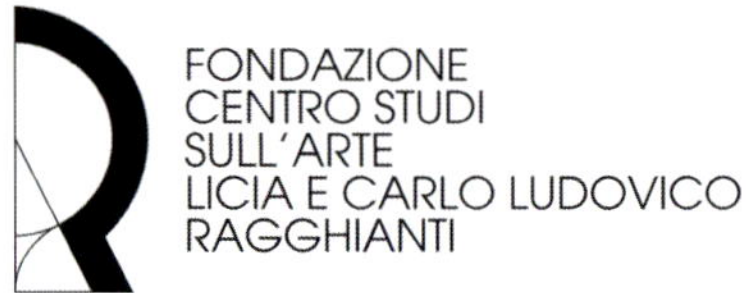

BERNARDO BELLOTTO 1740
VIAGGIO IN TOSCANA

Lucca, Fondazione Ragghianti,
12 ottobre 2019 - 6 gennaio 2020

Mostra promossa e prodotta da
Fondazione Centro Studi sull'Arte
Licia e Carlo Ludovico Ragghianti

a cura di
Bożena Anna Kowalczyk

Progetto di allestimento
Daniela Ferretti

Coordinamento
Paolo Bolpagni

Segreteria organizzativa, registrar
Angelica Giorgi

Segreteria amministrativa
Giuliana Baldocchi

Realizzazione dell'allestimento
MO.EV., Marco Bertini
ALTROPROGETTO, Fabio Bertini

Progetto grafico della mostra
Marco Riccucci

Revisione conservativa
delle opere in mostra
Claudia Giostrella

Ufficio-stampa
Lucia Crespi
Elena Fiori

Web, comunicazione digitale e social networks
Elena Fiori
Sara Meoni

Impianti elettrici
Tecno Service

Stampa digitale
C.I.V.A.S. Lucca

Assicurazioni
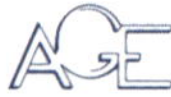 Assicurazioni Gestione Enti s.r.l.
 Blackwall Green

Trasporti
Constantine Fine Art logistics, London
Ars Movendi ES Logistica, Firenze
Hungart, International Fine Art Shipping
Arterìa srl - Museum & Exhibition Service,
Sesto Fiorentino

Biglietteria e guardiania
Idea Società Cooperativa, Lucca

Progetto didattico
Federica Chezzi, Angela Partenza

Segreteria
Laura Bernardi
Valentina Del Frate
Sara Meoni
Maria Francesca Pozzi

Albo dei prestatori
Archivio di Stato di Firenze
Archivio di Stato di Lucca
Archivio Storico Diocesano di Lucca
Biblioteca Statale di Lucca
Fondazione Musei Civici di Venezia, Ca' Rezzonico - Museo del Settecento Veneziano
Fondazione Musei Civici di Venezia, Museo Correr
Polo Museale Regionale della Toscana, Museo Nazionale di Palazzo Mansi, Lucca, su concessione del Ministero per i Beni e le Attività Culturali e per il Turismo
Szépművészeti Múzeum - Museum of Fine Arts, Budapest
The British Library, London
The Syndics of the Fitzwilliam Museum, University of Cambridge
Victoria and Albert Museum, London
York Museums Trust (York Art Gallery)

Un ringraziamento a tutti i collezionisti che hanno preferito mantenere l'anonimato

Fotografi (Progetto artistico per la mostra)
Jakob Ganslmeier
Jacopo Valentini

Si ringraziano in modo particolare
Monica Maria Angeli, Melanie Baldwin, Luca Massimo Barbero, Gabriella Belli, Andrea Bellieni, don Marcello Brunini, Giorgio Busetto, Roberto Calabretto, Valentina Cappellini, Stefano Casciu, Piero Ceccatelli, Alberto Craievich, Debora Dameri, Giovanni Del Carlo, Elga Disperdi, Francis Downing, Mark Evans, Ugo Fava, Francesca Fiori, Pasquale Gagliardi, Silvia Giannini, Monica Grossi, Tristram Hunt, Piero Marchi, Luca Masserdotti, Sara Mittica, Felicity Myrone, Barbara O'Connor, David Packer, Francesco Parisi, Luciana Pasquini, Sofia Rinaldi, Gabriella Roganti, Cordelia Rogerson, Tommaso Maria Rossi, Chiara Ruberti, Elena Saggers, Hazel Shorland, Enrico Stefanelli, Daryl Tappin, Gaia Elisabetta Unfer Verre, Giulia Valcamonica, Margherita Viola.

Catalogo di
Bożena Anna Kowalczyk

Saggio e schede di
Bożena Anna Kowalczyk

MINISTERO PER I BENI E LE ATTIVITÀ CULTURALI E PER IL TURISMO
DIREZIONE GENERALE MUSEI

Direttore generale
Antonio Lampis

Direttore del Servizio I
Collezioni museali
Antonio Tarasco

Dichiarazione di rilevante interesse culturale
Silvia Trisciuzzi

con il sostegno di

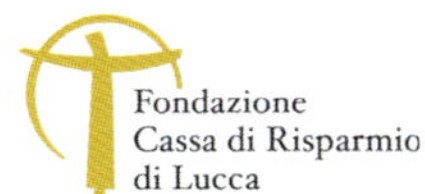

main partner

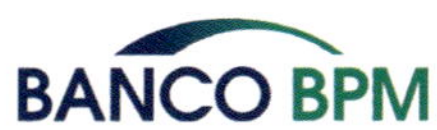

con il patrocinio di

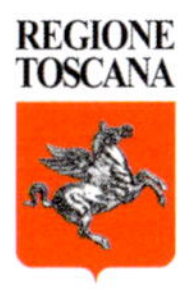

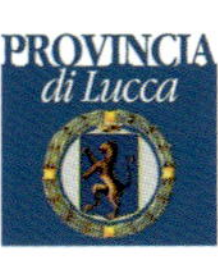

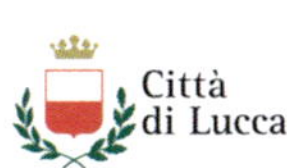

partner

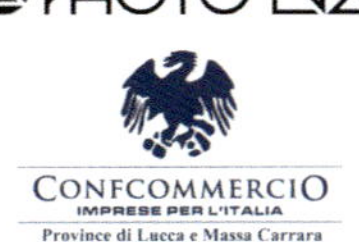

media partner

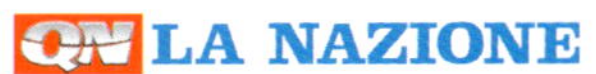

Presentiamo con orgoglio questa mostra, e il catalogo che l'accompagna, al pubblico lucchese, toscano, italiano e internazionale, nella convinzione di portare un contributo di conoscenza ragguardevole nell'ambito degli studi su Bernardo Bellotto, uno dei massimi vedutisti del Settecento, e della storia delle città che lo accolsero nel suo primo e determinante viaggio al di fuori della natìa Venezia: Firenze, Lucca – protagonista nella vicenda – e Livorno. Era il 1740, come dimostrato con inoppugnabili prove documentarie da Bożena Anna Kowalczyk, e il giovane nipote dell'eccelso Canaletto aveva soltanto diciotto anni. Non è ingenuo né sbagliato stupirsi di fronte alla precocità del pittore, che eseguì in Toscana quelli che possono essere considerati i suoi autentici capolavori d'esordio, qui radunati per la prima volta insieme.
Lo sforzo e il lavoro preparatorio che stanno alla base di questa nuova realizzazione della Fondazione Ragghianti sono straordinari. Nella consapevolezza di pórci un obiettivo ambizioso e difficile, con il parere unanimemente positivo del Comitato scientifico, con il supporto fattivo del Consiglio d'Amministrazione, con il concreto e insostituibile sostegno della Fondazione Cassa di Risparmio di Lucca, con la preziosa main partnership *di Banco BPM, per la prima volta al nostro fianco, e con le numerose collaborazioni, a partire da quella del Photolux Festival (grazie alla quale due giovani fotografi, Jakob Ganslmeier e Jacopo Valentini, hanno reinterpretato con sguardo contemporaneo le vedute urbane di Bellotto), ci siamo avventurati con entusiasmo nell'impresa di dar vita a una mostra veramente fuori dal comune. Riportiamo così a Lucca, dopo secoli, il più importante dipinto di sempre avente come soggetto la città stessa, raffigurata e in un certo senso emblematizzata nella piazza di San Martino, e cinque disegni del grande artista veneziano concessi in via eccezionale dalla British Library di Londra, provenienti da un album del primo Ottocento che fu di proprietà del re Giorgio III d'Inghilterra, e poi di Giorgio IV. Tutti i prestiti, comunque, sono di assoluto prestigio, a conferma della volontà di operare ai massimi livelli per offrire un'occasione unica e irripetibile.*
Questa mostra, nel migliore spirito dell'insegnamento di Carlo Ludovico Ragghianti e di Licia Collobi, è frutto di un'approfondita ricerca storico-artistica, ponendosi al contempo come un evento espositivo di richiamo e un'occasione di studio e approfondimento.
Un plauso sincero va alla curatrice Bożena Anna Kowalczyk, e un ringraziamento speciale a tutti coloro che hanno concorso alla realizzazione della mostra e del catalogo, a partire dal personale della Fondazione Ragghianti, che ha confermato la consueta professionalità nel sostenere e condurre in porto un'ardua fatica, forte di capacità organizzative ed esecutive di primo piano.

Alberto Fontana
Presidente
della Fondazione Ragghianti

Paolo Bolpagni
Direttore
della Fondazione Ragghianti

It is with pride that we present this exhibition and its catalogue to the Lucchese, Tuscan, Italian and international public alike. We are convinced that we are contributing to the already remarkable knowledge reached by the studies on Bernardo Bellotto, one of the major exponents of eighteenth-century vedutismo, *and to the history of the cities that welcomed him during his first important journey outside Venice: Florence, Lucca – which had a major role – and Livorno. The journey took place in 1740, as demonstrated with irrefutable evidence provided by Bożena Anna Kowalczyk, and Bellotto, the young nephew of the excellent Canaletto, was only eighteen years old. It is by no means naive or wrong to marvel at the precociousness of the painter, who executed in Tuscany what can be considered his true debut masterpieces, gathered together here for the first time.*
The efforts and the preparatory work behind this new exhibition conceived by Fondazione Ragghianti are extraordinary. We ventured into such an enterprise with enthusiasm, despite being aware of having such an ambitious and difficult goal. This was possible thanks to the unanimous approbation of the Scientific Committee, to the effective support of the Board of Directors, to the tangible and irreplaceable support of Fondazione Cassa di Risparmio di Lucca, together with the main partnership of Banco BPM and to numerous collaborations, starting with Photolux Festival – thanks to which two young photographers, Jakob Ganslmeier and Jacopo Valentini, were able to reinterpret Bellotto's vedute *of the city with a contemporary perspective.*
In this way, we manage to take back to Lucca, after centuries, the most important painting depicting the city itself, so closely identified with Piazza San Martino, together with five drawings by the great Venetian painter, exceptionally on loan from the British Library, as part of an album from the early nineteenth century that belonged first to King George III of England, and then to George IV. As a matter of fact, every loan here on display is exceptionally prestigious, as a further evidence of the Fondazione's willingness to work at the highest level in order to give a unique and exceptional opportunity to its visitors.
In the best spirit of the teachings of Carlo Ludovico Ragghianti and Licia Collobi, this exhibition is the result of deep historical and artistic research, thus standing as both an expository event and an equal occasion of in-depth study.
Our most sincere plaudit goes to curator Bożena Anna Kowalczyk, and a sincere acknowledgement to all those people who collaborated to the exhibition and the catalogue. To the staff of Fondazione Ragghianti goes the particular merit of proving their top professionalism in supporting and leading such an exceptional enterprise, in terms of both high-level organization and execution.

Alberto Fontana
President
of Fondazione Ragghianti

Paolo Bolpagni
Director
of Fondazione Ragghianti

Noi e gli altri. La bellezza della città di Lucca è da secoli di fronte agli occhi di viaggiatori, mercanti, intellettuali del Grand Tour e, da ultimo, dei moderni touristi. *Una pluralità di sguardi che deve essere considerata una vera ricchezza, o quantomeno un'opportunità, che spesso è trascurata dagli stessi Lucchesi, fisiologicamente assuefatti alla 'banalità del bello': considerare la percezione che gli 'altri' hanno della città e del suo territorio. È una questione di 'prospettive', di modi di vedere e di vivere la bellezza.*

La mostra dedicata a Bernardo Bellotto dalla Fondazione Ragghianti vuol essere anche questo. Un sguardo 'altro'; un cambio di prospettiva che non ha un effetto straniante ma, anzi, ci pone in una condizione più agevole, arricchisce la nostra capacità di fare confronti, di ampliare le suggestioni.

E così scopriamo, una volta di più, che lo scorcio della cattedrale di San Martino e della piazza antistante si impone da secoli come una delle 'cartoline' più ricercate e diventa così, assieme ad altre vedute, un'opportunità di studio, ricerca e riflessione.

Oltre che di 'prospettive' è quindi una questione di 'vedute', genere iconico della produzione di Bellotto: la mostra si è così rivelata occasione di affrontare la tematica del suo viaggio giovanile in Toscana e una plausibile 'scusa' per fare letteralmente esplodere i colori, dolci ma marcati, della sua tavolozza nelle sale espositive di San Micheletto.

Si tratta di un evento epocale, che una volta di più testimonia l'importanza della Fondazione Ragghianti nel tessuto culturale non più solo lucchese, ma italiano. I notevoli prestiti ottenuti e l'eco nazionale dell'esposizione ne sono certo la prova più evidente, ma ciò che convince, in una visione d'insieme, è la capacità di muoversi con intelligenza tra tematiche differenti, sempre confortata da un apparato scientifico inattaccabile, anche derogando dalla continua ricognizione del panorama contemporaneo con questo eccezionale 'blitz' nel Settecento italiano. Il tutto seguendo né più né meno lo spirito dello stesso Carlo Ludovico Ragghianti.

Le opere esposte raccontano i primi passi del percorso artistico di un gigante della sua epoca, che seppe inserirsi all'interno di un genere frequentato e decisamente alla moda, lasciando un segno indelebile. La Fondazione Ragghianti, ideando questa mostra, ha colto un'importante opportunità: quella di inaugurare un rapporto solido e – si auspica – duraturo con l'ambiente culturale veneziano, proponendo sia un confronto di culture all'interno del percorso espositivo, ma soprattutto portando nel mondo il nome di Ragghianti, il suo metodo d'indagine, la voglia di scoprire e di allargare gli orizzonti.

Marcello Bertocchini
Presidente
della Fondazione Cassa di Risparmio di Lucca

Us and them. The beauty of the city of Lucca has been for centuries before the eyes of travellers, merchants, intellectuals on the Grand Tour and, most recently, contemporary tourists.
An attitude that is perhaps sometimes neglected by Lucchese citizens who are too accustomed to the 'banality of beauty', such a plurality of sights must be considered a true wealth, or at least an opportunity to consider the perception that 'the others' have of the city and of its territory.
It is a matter of 'perspective', of ways of seeing and living beauty. This is also the aim of the exhibition dedicated to Bernardo Bellotto by Fondazione Ragghianti.
A 'different' sight; a change of perspective which does not alienate but rather takes us to a better viewpoint, enriching our ability to make comparisons, to nurture the imagination.
We thus discover, once again, how the glimpse of the Cathedral of San Martino and of the little square in front of it, together with the other vedute, *elicit study, research, and reflection.*
It is not just a matter of 'perspective,' but of vedute, *the iconic genre of Bellotto's production: the exhibition has proven to be the occasion to face the topic of the painter's youthful journey to Tuscany and a plausible 'excuse' to literally make the colours of his palette – muted but strong – explode within the expository rooms of San Micheletto.*
It is an epochal event, once more bearing witness to the importance of Fondazione Ragghianti within the Lucchese and Italian cultural landscapes alike. A major evidence of its importance is provided by the remarkable loans obtained and by the national echo of the exhibition, further supported by the ability to move with intelligence through different topics, within an overall vision, while always being supported by a strong scientific approach. Even when deviating from its usual focus, as is the case with this exceptional 'blitz' into the Italian eighteenth century, Fondazione Ragghianti always remains in the footsteps of what was the spirit of Carlo Ludovico Ragghianti.
The works here on display tell the story of the first steps of Bellotto's artistic journey as he who would become a giant in his time, and of his ability to embrace what was a fashionable and highly competitive genre by leaving an indelible trace. With the conception of this exhibition, Fondazione Ragghianti caught the important opportunity of establishing a steady and hopefully long-lasting relationship with Venice's cultural environment. It did so by equally suggesting a comparison between cultures within the exhibit's itinerary, and most importantly by bringing Ragghianti's name, his research method, and his desire to discover and widen horizons to the world.

Marcello Bertocchini
President
of Fondazione Cassa di Risparmio di Lucca

Protagonista del vedutismo settecentesco, il veneziano Bernardo Bellotto, nipote di Canaletto, in età giovanile visitò le grandi città d'arte italiane lasciandoci immagini memorabili, vedute di forte espressività e ineguagliato nitore, che hanno messo in luce la maestosità e insieme la modernità della sua pittura.
La mostra Bernardo Bellotto 1740. Viaggio in Toscana *offre uno spaccato del periodo che precede la carriera del pittore nelle corti europee. Essa riunisce, in un'inedita raccolta, opere preziose e rare e illustra il viaggio del giovane Bellotto, allora diciottenne (1740), lungo un itinerario che si rivelò cruciale per la determinazione di quella precisa identità espressiva e stilistica che lo rese famoso in tutto il mondo.*
Firenze e Lucca – città, quest'ultima, che ospita l'esposizione all'interno del suggestivo Complesso monumentale di San Micheletto, sede espositiva della Fondazione Ragghianti – sono 'documentate' nei dipinti e nei disegni provenienti da primari musei dell'Inghilterra e di Budapest: affascinanti, quasi animati, straordinariamente puntuali e ricchi di spunti da esplorare in ogni loro più minuzioso dettaglio, essi offrono – insieme a tutta la sequenza serrata di impegni pittorici del 'periodo italiano' – una descrizione quasi sociologica della gente e della vita quotidiana del XVIII secolo.
A questa mostra, promossa dalla Fondazione Ragghianti e curata con dedizione ed esperienza da Bożena Anna Kowalczyk, va riconosciuto lo speciale merito di aver compiuto con successo un peculiare esercizio di sintesi fornendo, tra l'altro, una testimonianza eccezionale dei vari aspetti topografici della città di Lucca, un tempo qualificata come città picta, *un luogo di notevole ricchezza artistica e architettonica, che dal 1893 è, con palazzo Gigli in piazza San Giusto, una delle storiche sedi territoriali del nostro Gruppo bancario. Proprio a pochi passi da lì, dominata dalla facciata del duomo, sorge piazza San Martino, che Bellotto raffigura in* Piazza San Martino con la cattedrale, *capolavoro proveniente dalla York Art Gallery, nonché opera principale della mostra insieme ai relativi disegni provenienti dalla British Library.*
Se è vero che non esiste un angolo in Italia che non sia luogo d'arte, è altrettanto certo che non è mai sufficientemente compiuta la missione di conservarne, valorizzarne e condividerne quella bellezza che rende unica e straordinaria la storia del Paese.
E certamente non si può prescindere dal farlo con una partecipazione attiva e un radicato senso di responsabilità, oltre che con una passione profonda per la cultura, nelle sue più diverse manifestazioni.
Con questo stesso spirito Banco BPM gestisce un imponente patrimonio artistico composto da 19.500 opere d'arte, frutto di processi diversificati e conseguenza del contributo di tante banche locali che, come la Cassa di Risparmio di Lucca Pisa Livorno, sono entrate nel tempo a far parte del nostro Gruppo bancario. Un patrimonio che la Banca condivide con le comunità di riferimento in occasione di mostre, proprie e altrui, ed eventi, con lo stesso auspicio con cui ora partecipa alla promozione di questa grande esposizione del Bellotto a Lucca: affinché il pubblico di studiosi, studenti, esperti e appassionati possa apprezzare la possibilità di vedere e conoscere qualcosa di molto bello, pensato ed esposto con intelligenza e novità.

Carlo Fratta Pasini
Presidente di Banco BPM

The Venetian painter Bernardo Bellotto, Canaletto's nephew and protagonist of eighteenth-century vedutismo, *visited the great cities of Italian art at a young age, inspiring him memorable images, views charged with strong expression and unequalled clarity, which demonstrated at once the majesty and the modernity of his painting.*

The exhibition Bernardo Bellotto 1740. Viaggio in Toscana *offers a glimpse of the time preceding the painter's career in the major European courts. In an unprecedented overview, this exhibition gathers precious and rare works and illustrates the journey of young Bellotto, eighteen years old at the time (1740), along an itinerary which turned out to be crucially determinant of the expressive and stylistic identity which made him famous worldwide.*

Florence and Lucca – the latter being the city where the exhibition is set up in the evocative Complesso monumentale di San Micheletto, the expositive venue of Fondazione Ragghianti – are 'documented' in the paintings and drawings coming from the major museums of England and from Budapest: fascinating, almost alive, extraordinarily punctual and rich in details to be explored in their most minute facets, they offer – together with the whole sequence of strict painting endeavours of the 'Italian period' – an almost sociological description of the people and of daily life in the eighteenth century.

*To this exhibition, promoted by Fondazione Ragghianti and curated with devotion and experience by Bożena Anna Kowalczyk, goes the special merit of having succeeded in a peculiar synthesis. Moreover, it bears exceptional witness of the various topographical aspects of the city of Lucca, once defined as 'painted' (*picta*): a place characterised by an outstanding artistic and architectural richness and which since 1893 has been one of the oldest territorial headquarters of our bank, together with Palazzo Gigli in Piazza San Giusto. There, a few steps from the Cathedral's façade, is piazza San Martino, painted by Bellotto in* Piazza San Martino with the Cathedral, *a masterpiece from the York City Art Gallery, and the main work here on display, with the drawings from the British Library.*

While it is true that there is no corner in Italy which is not a place of art, it is equally true that the efforts of preserving, evaluating and sharing that beauty, which makes the history of our country so unique and extraordinary, are never enough. Certainly, these efforts cannot be carried out without active participation and a steady sense of responsibility, besides a profound passion for culture in its most diverse manifestations.

It is with this attitude that Banco BPM manages a huge artistic heritage, made up of 19,500 works of art, the fruit of different processes and consequence of the contributions of many local banks, such as the Cassa di Risparmio di Lucca Pisa Livorno, which have long been a part of our banking group. It is a heritage shared by the bank with the community by means of exhibitions and events. It is with the same wish and enthusiasm that we now promote this great exhibition of Bellotto in Lucca: in order for the public to be able to see and know something exceptionally beautiful, planned and exhibited with intelligence and novelty.

Carlo Fratta Pasini
Banco BPM Chairman

Partecipando vivamente al sentimento di riconoscenza verso i prestatori e gli organizzatori di questa mostra, desidero esprimere la mia immensa gratitudine agli amici, colleghi e studiosi che hanno contribuito, in modi diversi, al buon successo delle mie ricerche e del catalogo:

Lynda Mc Leod (Christie's Archive); Pauline Swords e Eric Blatchford (The Alfred Beit Foundation); Jorge Coll, Jeremy Howard e Hannah Dale (Colnaghi); Simone Sartini, Valentina Simonetti, Sergio Nelli e il personale (Archivio di Stato di Lucca); Paola Conti (Archivio di Stato di Firenze); Beatrice Bertram (York Art Museum); Zsuzsanna Dobos e Júlia Tátrai (Szépművészeti Múzeum, Budapest); Eike Schmidt (Gallerie degli Uffizi, Firenze); Hugo Chapman (The British Museum, Londra); Aoife Brady (The National Gallery of Ireland, Dublino); Paolo de Tuoni (Biblioteca dell'Istituto di Storia dell'Arte, Fondazione Giorgio Cini, Venezia); Alberto Fontana, Paolo Bolpagni, Giuliana Baldocchi, Angelica Giorgi, Sara Meoni, Laura Macchi, Elisa Bassetto e tutto il personale (Fondazione Ragghianti, Lucca); Andrew Fletcher (Sotheby's); Fabrizio Moretti (Moretti Fine Art Ltd); Francis Russell (Christie's); Dario Cimorelli, Sergio Di Stefano, Giacomo Merli, Diego Mantica e l'intero staff (Silvana Editoriale); Fabio Zuzzi (Pixel Studio).

Un ringraziamento speciale a Maria Luisa Ruschi Noceti, Natalia Grilli, Stefano Orsetti, Chiara Ceschi, Carolina, Serafina e Roberto Trupiano, Maurizio Zecchini; un pensiero affettuoso per Marina Magrini con cui amavo discorrere di Zanetti, come di un comune amico.

B.A.K.

SOMMARIO

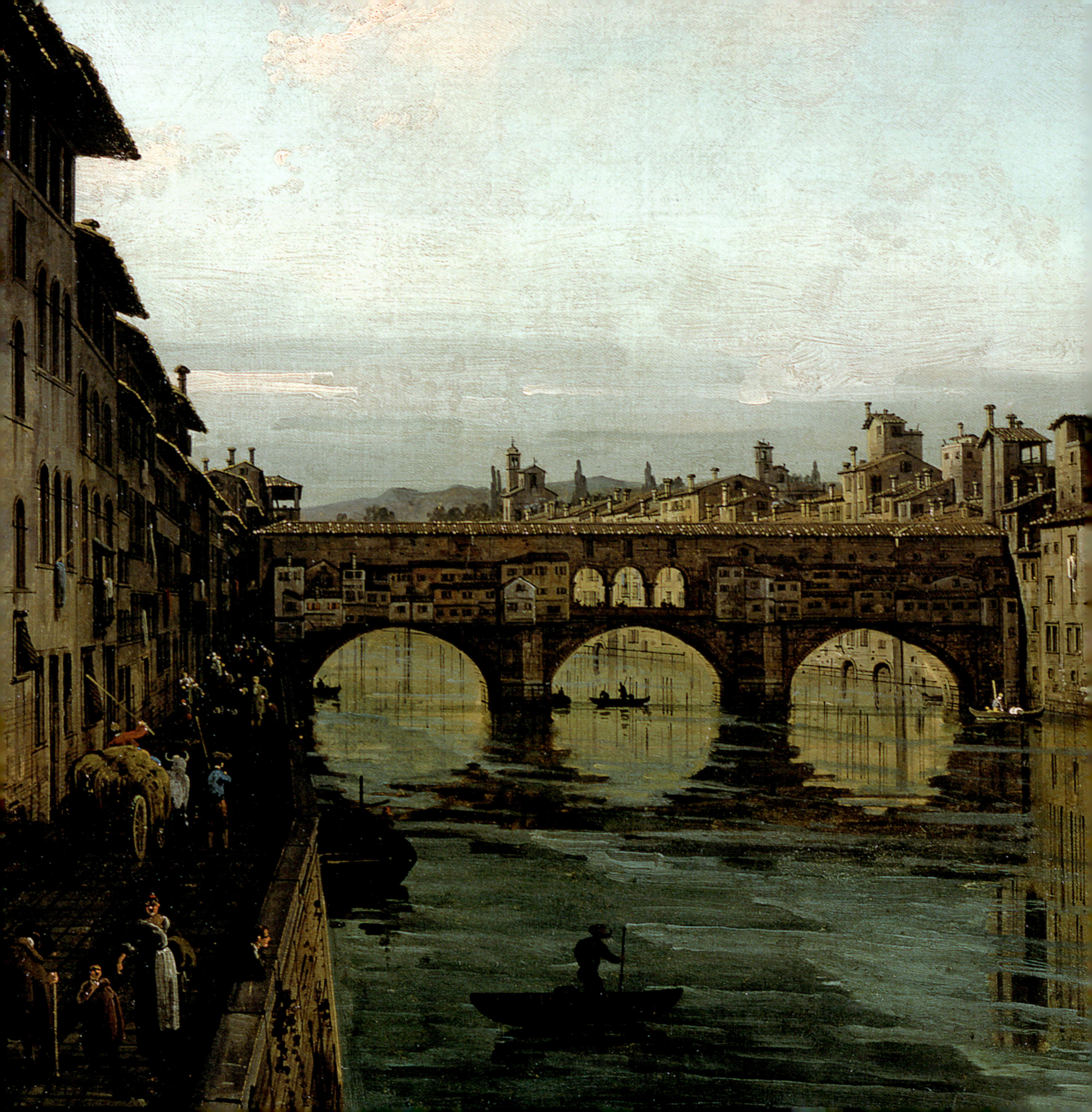

BERNARDO BELLOTTO.
LA MISSIONE IN TOSCANA DI UN PITTORE VENEZIANO

BOŻENA ANNA KOWALCZYK

Possiamo immaginare Bernardo Bellotto, terzogenito di Fiorenza Domenica (1700-1781), sorella di Canaletto, e Lorenzo Bellotto (1696 - *ante* 1768), aspirante notaio[1], frequentare già da bambino l'atelier dello zio, affascinato dalla velocità e sicurezza della sua mano mentre schizzava i profili dei palazzi e delle chiese e marcava con un tratteggio infallibile le zone d'ombra; affascinato dalla magia della prospettiva, che restituiva la verità ai luoghi, e della luce che ne cristallizzava la bellezza. In quell'atelier Bellotto ha visto, oltre all'avvicendarsi di nobili clienti britannici, giovani viaggiatori del *Grand Tour*, i personaggi più importanti del *milieu* culturale veneziano: due di loro avranno un ruolo decisivo per la sua carriera di artista, Anton Maria Zanetti di Girolamo (1680-1767) e Joseph Smith (1674 circa - 1770).

A febbraio 1736 – attorno a quella data Bellotto inizia l'apprendistato vero e proprio – Canaletto consegna al maresciallo Matthias Johann von der Schulenburg (1661-1747) uno dei suoi capolavori assoluti, *La Riva degli Schiavoni, verso ovest*, ora al Sir John Soane's Museum, Londra[2]. Gli occhi attenti dell'allievo devono aver colto ogni particolare dell'ampia tela e indagato le ragioni della sua magnificenza; l'ambizione di imparare a rendere le strutture architettoniche, quelle monumentali così come le più semplici, e a trasmettere le atmosfere, sarà il *leitmotiv* di tutta la sua giovinezza in Italia. Dopo anni di studio e di lavoro, a Venezia e nei viaggi a Firenze, Lucca, Roma, Milano e Torino, raggiungerà risultati straordinari a Verona, poco prima della partenza per Dresda nella primavera del 1747: le due vedute della città sul fiume, *L'Adige verso nord, dal Ponte Nuovo*, di Powis Castle (National Trust) e *L'Adige verso sud, verso il Ponte delle Navi* (Edimburgo, National Gallery of Scotland, prestito anonimo), eseguite per un cliente inglese in dimensioni che superano anche quelle più ampie del maestro, sono il punto di arrivo di un ambizioso percorso giovanile, opere che fondono la lezione di Canaletto con una altissima sensibilità e una poetica personale, un biglietto di presentazione alla corte sassone[3].

Bellotto a Venezia, prima del viaggio in Toscana

Prima del giugno 1736 Bellotto è già coinvolto nel lavoro dell'atelier e per mostrare i suoi progressi compone per il padre un abbozzo raffigurante *Il Canale di Santa Chiara verso sud-est*,

1. Bernardo Bellotto, *L'Arno verso il Ponte Vecchio, Firenze*, particolare, 1743-1744, olio su tela; 73,3 x 105,7 cm. Cambridge, The Syndics of the Fitzwilliam Museum, University of Cambridge, 192 (cat. 10)

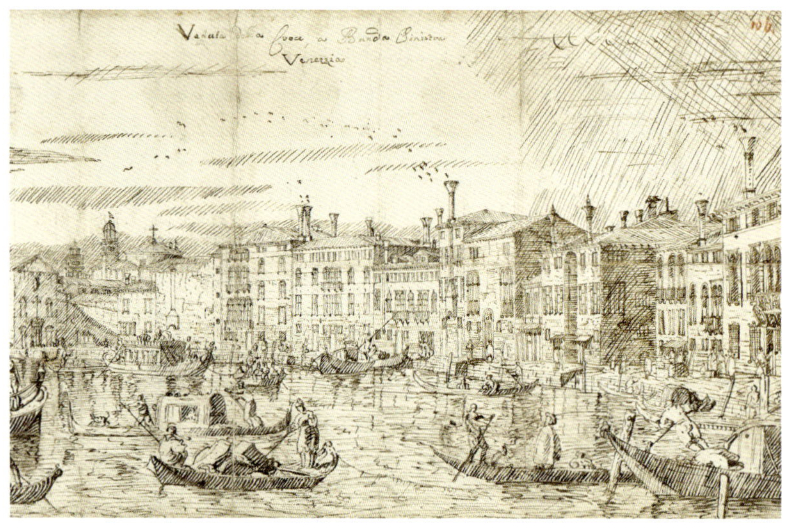

2. Bernardo Bellotto, *Il Canale di Santa Chiara, verso sud-est, lungo le Fondamenta della Croce, Venezia*, 1736, penna e inchiostro bruno sopra traccia di matita, a mano libera e con righello, 225 x 390 mm. Darmstadt, Hessisches Landesmuseum, AE 2208

lungo le Fondamenta della Croce (Darmstadt, Hessisches Landesmuseum)[4] (fig. 2). Il disegno, con la lettera sul *verso*, è l'unico documento del suo apprendistato; di sua mano apparirà, solo quattro anni più tardi, la firma sulla quietanza di pagamento di 20 zecchini, sborsati il 22 aprile 1740 da Anton Maria Zanetti per conto del marchese Andrea Gerini, presumibilmente per le spese del viaggio a Firenze (doc. 3).

Il tirocinio dura almeno due anni: nel 1738 Bellotto risulta iscritto alla Fraglia veneziana dei pittori, è dunque indipendente, guadagna e paga le tasse; ma il rapporto con Canaletto continua: i disegni che si conservano degli anni precedenti il viaggio in Toscana e i quaranta dipinti all'incirca che si possono attribuire al nipote nello stesso periodo presentano tutti le medesime composizioni dello zio e maestro.

Il giovane Bellotto impara il procedimento di lavoro elaborato da Canaletto, solo in apparenza semplice e meccanico: schizzi con la camera ottica ripresi *en plein-air* con una precisa sequenza, già con l'idea della veduta prospettica del luogo, e poi composti nello studio, secondo il gusto e l'ispirazione del momento, in vari disegni o dipinti, ampliando o restringendo il primo piano, allargando la visuale, introducendo figure e barche diverse. Già Roberto Longhi nel 1947 capì l'importanza della camera ottica per la libertà poetica dell'artista[5] ma la discussione sul reale utilizzo di questo strumento – anche se già professato da Anton Maria Zanetti di Alessandro[6] – durò a lungo e ancora oggi è messo in dubbio dagli studiosi inglesi; senza la messa a fuoco dei soggetti attraverso la lente della camera ottica la pittura di vedute sarebbe priva delle basi scientifiche che ne costituiscono il fondamento e il fascino. Bellotto impara la tecnica e la precisa costruzione prospettica del disegno in funzione del dipinto, con righello e compasso e con la linea dell'orizzonte tirata da margine a margine, riferimento importante per costruire ogni composizione. La sua abilità s'accresce notevolmente in pochi anni, anche dal punto di vista stilistico e dell'efficacia espressiva. Prima del viaggio in Toscana egli ha già imparato a tracciare con un segno sintetico i dettagli delle architetture e le *silouhettes* delle figure, come nel nitido foglio raffigurante la *Piazza San Marco, verso nord*, del Museo di Darmstadt, particolarmente vicino ai disegni di Lucca (fig. 3).

Bellotto disegna molto, a Venezia e nei suoi viaggi, soprattutto in funzione della pittura. Tra i volumi della sua biblioteca – più di mille titoli raccolti nell'appartamento a Dresda distrutto nel bombardamento prussiano del luglio 1760 durante la guerra dei Sette anni, tragica per la Sassonia – sono registrati due album di disegni "fatti da B. Bellotto de Canaletto", con 215 fogli di "Lochi Obligati ed altri d'Inventione", 304 "Schizi di figure dal Naturale", ed altri disegni sciolti, "Schizi di Figure sotto 400 Carte" e "Abozzi di Pitura, da 513 Carte", e ancora "Cartela di Vari Studii miei ed altri Celebri Autori del Numero di 628 carte"[7]. Dal punto di vista degli studi questa è, tra tutti i beni dell'artista, la perdita più grave, inestimabile. I fogli che ancora si conservano, studi di composizioni e di figure, sono meno di 200: una piccola cartella portata a Vienna alla fine del 1758 con i disegni veneziani e lombardi e altri eseguiti a Dresda negli anni successivi alla guerra, fra il 1762 e il 1766[8]; a questi si aggiungono alcuni schizzi di figure e di architetture probabilmente rimasti a Venezia, nell'atelier di Canaletto. Altri ancora, disegni rifiniti, parte della collezione di Joseph Smith – amico e mecenate di Canaletto, appassionato collezionista delle sue opere, dal 1744 al 1760 console britannico a Venezia –, entrano nel 1762 nella collezione del re Giorgio III (1738-1820) sotto il nome di Canaletto, mescolati ai fogli del maestro o inseriti nell'album di Antonio Visentini[9]. Rarissimi sono

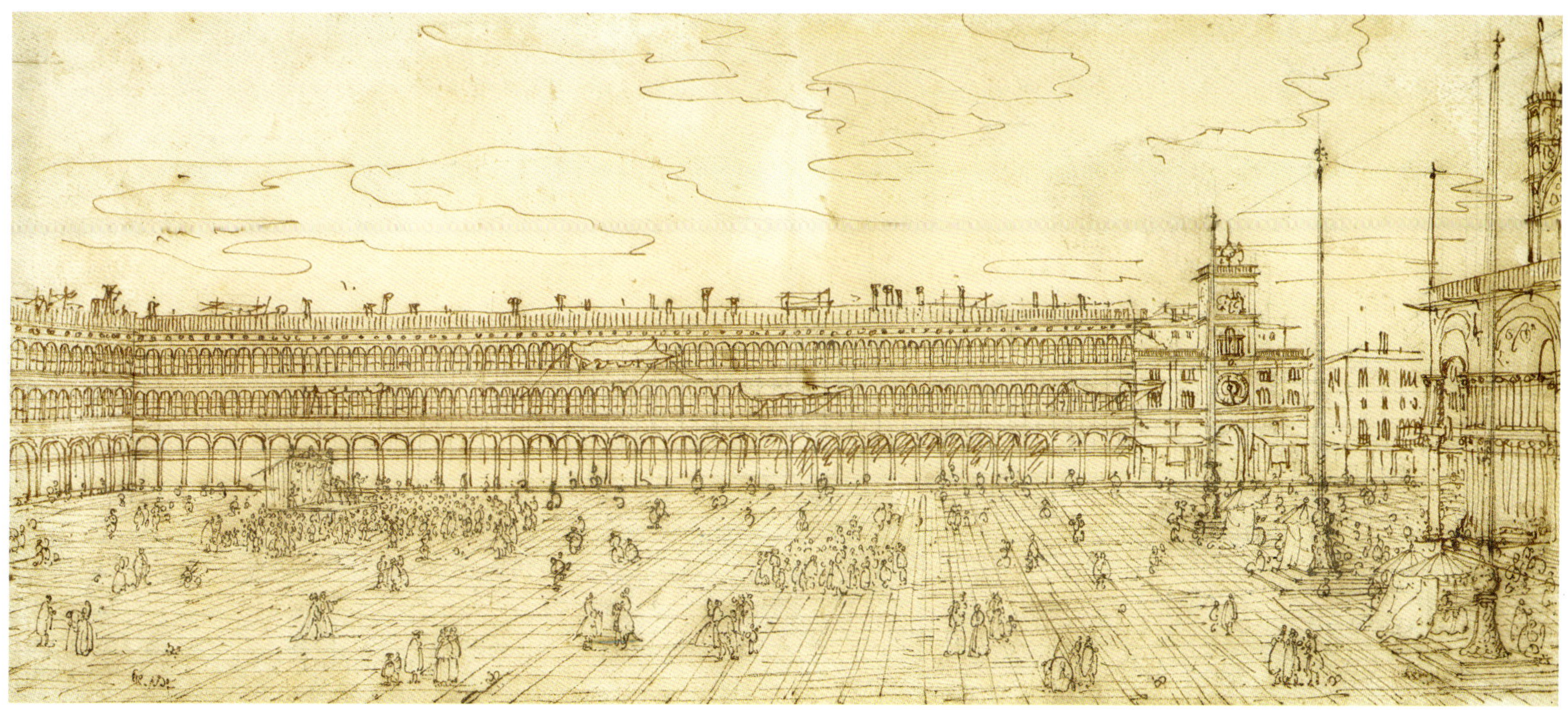

3. Bernardo Bellotto, *Piazza San Marco, verso nord, Venezia*, 1738-1739, penna e inchiostro bruno su traccia di matita, a mano libera e con righello, 151 x 331 mm. Darmstadt, Hessisches Landesmuseum, AE 2194

i fogli di diversa provenienza: i cinque disegni di Lucca, unici documenti del passaggio di Bellotto per la città, sono un altro acquisto di Giorgio III ma in circostanze sconosciute; classificati come ripresi con la camera ottica, sono stati inseriti nella imponente raccolta topografica del re, parte della King's Library (cat. 14-18). *L'Arno verso il ponte alla Carraia*, il solo schizzo fiorentino, è rimasto in Toscana e riappare con il nome di Zocchi nella collezione Rosselli del Turco, acquistata dagli Uffizi nel 1908 (cat. 12)[10].

Disegnare le stesse composizioni di Canaletto era un modo per imparare, ma Bellotto acquista presto una tale sicurezza nel disegno prospettico e nell'uso della camera ottica da essere in grado di preparare lui stesso abbozzi per il maestro[11]. Una volta acquisita la tecnica pittorica, l'impegno diventa considerevole perché ancora giovanissimo riceve commissioni di repliche dei dipinti di Canaletto. La prova più importante è la serie di tredici dipinti per la collezione di Castle Howard, eseguita nel 1739-1740, poco prima della partenza per la Toscana; in alcuni di essi replica le composizioni del "giovane" Canaletto della serie di dodici vedute del Canal Grande realizzata per Smith nel 1725-1729, le immagini di Venezia più richieste, diffuse attraverso le stampe del *Prospectus Magni Canalis Venetiarum* (1735) di Antonio Visentini (1688-1782); in altri riprende tele contemporanee. Nel *Canal Grande verso sud, dai palazzi Foscari e Moro Lin, fino a Santa Maria della Carità, Venezia*, di collezione privata (fig. 4), Bellotto aggiorna la tecnica del "giovane" Canaletto, dimostrando di sapere scegliere e mescolare i colori come il maestro e di utilizzare la loro viscosità nei vari strati di colore a indicare le scoloriture dei muri, le pieghe delle vele, i bordi delle nuvole; come Canaletto, si serve di linee nere a segnare i dettagli delle architetture ma aumenta l'incisività e l'intensità della descrizione, impiegando in modo intelligente la nuova tecnica delle incisioni impresse sulla tela all'ultimo momento con la punta del manico del pennello, insistendo sulle scoloriture e gli effetti di dilavamento atmosferico[12]. Nei primi mesi del 1740 dipinge la versione più ampia, a ricordo della visita a Venezia del principe Federico Cristiano, figlio di Augusto III, re di Polonia ed Elettore di Sassonia, avvenuta tra dicembre 1739 e giugno 1740 (Stoccolma, Nationalmuseum)[13], in cui la descrizione alquanto grafica delle architetture, l'attenzione a diversificare i materiali – marmi, intonaci, pietre, legno –, l'atmosfera drammatica e la luce bianca puntata su un solo palazzo anticipano la *Piazza della Signoria, verso est, Firenze*, appartenuto alla collezione Riccardi (cat. 5). *Il Canal Grande verso est, dal palazzo Flangini fino a San Marcuola*, di collezione privata[14], probabilmente parte della serie di Castle Howard[15], appartiene anch'esso a un momento di poco precedente alla partenza: una simile composizione è adottata in *L'Arno verso il Ponte alla Carraia*, pendent di *Piazza della Signoria*, che intensifica e perfeziona gli stessi procedimenti stilistici e tecnici (cat. 6).

Bellotto parte per la Toscana poco dopo il 22 aprile 1740 (doc. 3). Il fatto che Zanetti non esiti a raccomandarlo al marchese Gerini e lo invii a dipingere vedute di Firenze e poi di Lucca, nonostante il suo repertorio sia così profondamente legato a quello di Canaletto, indica che egli era a conoscenza delle capacità autonome del giovane pittore.

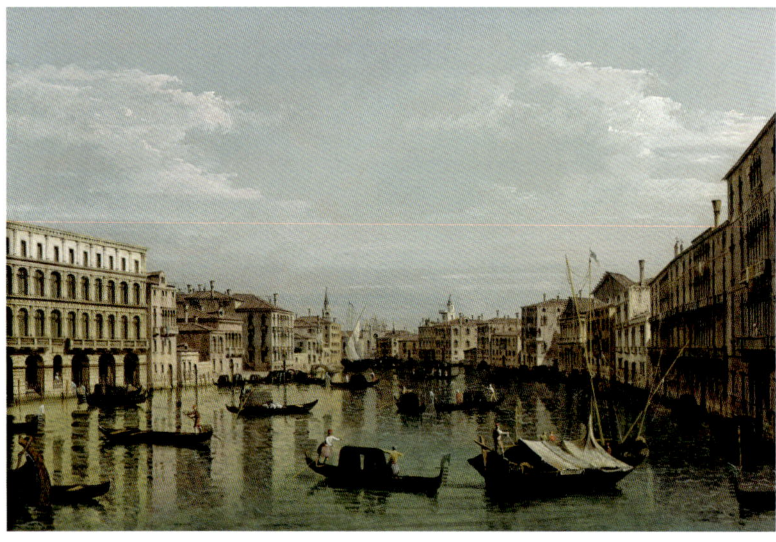

4. Bernardo Bellotto, *Il Canal Grande, verso sud, dai palazzi Foscari e Moro Lin fino a Santa Maria della Carità, Venezia*, 1738-1739, olio su tela, 58,4 x 88,9 cm. Collezione privata, courtesy Moretti Fine Art

Anton Maria Zanetti di Girolamo (1680-1767), il marchese Andrea Gerini (1691-1766) e l'impresa delle vedute di Firenze e della Toscana

Zanetti è il personaggio-chiave del Settecento veneziano: eccelso collezionista di disegni, stampe, dipinti, gemme e cammei, incisore e antiquario, conoscitore, a contatto con il mondo artistico e culturale dell'Europa, come dimostrano le sue innumerevoli lettere, squisita testimonianza della ricchezza e vivacità delle sue idee e dell'intelligenza dell'operare[16].

Le missive inviate da Venezia a Londra agli amici artisti e conoscitori – quelle note ad Arthur Pond (1705 circa - 1758) e altre, inedite, a Hugh Howard (1675-1736) – lo documentano agente di Canaletto ben prima di Joseph Smith, celebre come mecenate e collezionista del pittore ma inizialmente solo banchiere nei contatti di Zanetti con il mondo anglosassone. Il 30 aprile 1728 Zanetti informa Pond di aver ottenuto da Canaletto due "quadretti"; "se poi, questi due, come spero, incontreranno il suo piacere, io la servirò delli altri due"[17]; il 28 agosto 1728 rivela di essere lui artefice delle commissioni del collezionista britannico George Proctor (m. 1742) di Langley Park, Norfolk, fornendo la data sicura delle due ampie tele procurategli, *Il Molo verso ovest, Venezia* (El Paso, TX, Museum of Fine Art, 191.1.49) e *Il Canal Grande dal campo San Vio, Venezia* (Memphis, TN, The Brooks Memorial Art Gallery, 61.216e)[18]. Non meno eccellente la notizia che i due dipinti già Hugh Howard, Wicklow – *L'ingresso al Canal Grande, verso ovest* e *Il Canal Grande dal Ponte di Rialto, fino a Ca' Foscari*, di Houston, TX, Museum of Fine Arts, 56.2 e 55.103 – sono anche essi merito suo, commissionati a Canaletto poco prima del 25 marzo 1729, quasi pronti a ottobre di quell'anno e già inviati all'amico il 24 marzo 1730[19]. Nei primissimi anni quaranta, quando già da tempo Smith è agente esclusivo dell'artista, Zanetti promuove Canaletto come incisore, possiede l'album più completo delle sue acqueforti che fa dedicare all'inglese nel frattempo nominato console; il suo rapporto con Smith, ambedue collezionisti appassionati di disegni e stampe, era di lunga data, di amicizia e di scambio ("fu sempre amico mio" scrive Zanetti il 16 aprile 1723), ma anche di forte competizione nel mercato d'arte[20].

Come aveva colto le potenzialità internazionali di Canaletto, Zanetti riconosce subito, prima di Smith, il talento eccezionale di Bellotto e il vantaggio che deriva dall'ambiguità del suo soprannome: l'invio dei Bellotto a Castle Howard, per la collezione dell'amico Henry Howard, IV conte di Carlisle (1694-1758)[21], contemporaneo alla ben documentata spedizione delle diciotto vedute di Marieschi[22], deve considerarsi una sua idea, come anche la commissione del *Canal Grande verso sud, dai palazzi Foscari e Moro Lin fino alla Carità,* Stoccolma, Nationalmuseum, qui sopra menzionato[23].

L'autorevolezza di Zanetti come conoscitore e antiquario è al culmine negli ultimi anni del quarto decennio con il progredire del lavoro editoriale – condotto in collaborazione con il cugino omonimo e ampiamente pubblicizzato – per i due magnifici volumi *Delle Antiche Statue Greche e Romane che nell'antisala della Libreria di San Marco e in altri luoghi pubblici di Venezia si trovano,* pubblicati a Venezia da Giambattista Albrizzi nel 1740 e nel 1743[24].

I sottoscrittori del libro sono i più accreditati esponenti della società culturale europea: chi sottoscrive con solerzia il primo volume e lo raccomanda ad altri "cavalieri e signori fiorentini"[25] – Antonio Serristori, Bindaccio Ricasoli, Carlo Ginori e Vincenzo Riccardi – è il marchese Andrea Gerini (1691-1766), membro di una vecchia famiglia di mercanti e banchieri, strettamente legata prima con la corte de' Medici e poi con quella dei Lorena. Fin da quando Carlo Gerini (1616-1673), cortigiano del cardinale Carlo de' Medici, forma una raffinata quadreria nel palazzo acquistato nel 1650 in via Ricasoli, commissionando tele a Salvator Rosa e a Guercino, il collezionismo diventa una passione di famiglia, trasmessa al figlio Pier Antonio (1651-1707), maestro di camera del gran principe Ferdinando e "luogotenente" dell'Accademia del Disegno – è per sua iniziativa che la galleria del palazzo viene decorata da Domenico Gabbiani e Cosimo Ulivelli – e portata all'apice dai suoi due figli, il senatore Giovanni (1685-1754) e il marchese Andrea[26]. Quest'ultimo, sostenitore principale, con Francesco Maria Niccolò Gabburri (1676-1742), delle esposizioni pubbliche a Firenze, eccelle come collezionista di dipinti commissionando tele a Pompeo Batoni, Piazzetta e Tiepolo[27], mentre Giovanni raccoglie stampe e disegni, studia l'ornitologia; ambedue si distinguono per il mecenatismo nelle arti e nelle scienze.

L'incontro di Andrea Gerini con Anton Maria Zanetti di Girolamo, amico a Firenze di Gabburri e di Anton Francesco Gori, era inevitabile, ma avverrà relativamente tardi[28]. Un Canaletto di Gerini esposto nel 1737 alla mostra di San Luca alla Santissima Annunziata, otto anni dopo quello procurato a Gabburri nel 1728 da Zanetti, non era merito del veneziano ma un acquisto, assieme al pendant, del cugino Giovanni Galeazzo Gerini, effettuato a Venezia nel 1732 con un'altra mediazione[29]; ma negli ultimi mesi del 1737 Zanetti commissiona, per conto del marchese, tre dipinti a Francesco Zuccarelli che l'anno seguente vengono inviati a Firenze, come risulta dalle carte dell'archivio Gerini e come affermano con orgoglio i due cugini veneziani il 23 agosto 1738 in una missiva indirizzata ad Anton Francesco Gori, amico del pittore[30].

Altri documenti d'archivio, a nome di Anton Maria Zanetti di Girolamo, attestano per la prima volta il ruolo e l'importanza del veneziano come promotore di Bellotto e principale consulente artistico del marchese Andrea Gerini, nell'aggiornamento della collezione di famiglia con le opere dei pittori veneziani moderni[31] e nella conduzione a Venezia del celebre progetto editoriale delle vedute di Firenze e della Toscana[32] (fig. 5): si tratta della prima e fondamentale documentazione su Bellotto vedutista e di un ricco materiale a conferma della straordinaria competenza e autorità di Zanetti nel mondo dell'arte del suo tempo.

È a partire dal 1739 che il nome di Zanetti è onnipresente nelle carte Gerini. Con la sua mediazione il marchese Andrea Gerini commissiona o acquista a Venezia nel corso di quell'anno i dipinti di Bartolomeo Nazzari (1695-1758) e di Giambattista Pittoni (1687-1767)[33]. Nello stesso 1739, quando il sodalizio di Canaletto con il console Smith è al culmine, Zanetti inizia il lancio – tra amici in Italia e in Europa – di Michele Marieschi (1710-1743), allora nella fase migliore della sua breve carriera: gli commissiona per conto di Gerini una coppia, di "quadreti da mè dipinti con vedute et figure", documentata dalla ricevuta di 32 filippi firmata il 9 novembre 1739 dal pittore[34]. Marieschi riproduce già i propri dipinti ad acquaforte, seguendo l'esempio di Visentini che riproduce Canaletto[35]. L'idea di approntare una raccolta di vedute di Firenze – che si allargherà in seguito alla Toscana – deve essere nata nello stesso anno, tra Gerini e Zanetti, con l'incarico di preparare i disegni per le stampe affidato a Giuseppe Zocchi (1717-1767), pittore di casa Gerini. I suoi primi fogli realizzati, le quattro scene delle feste in onore dei sovrani Lorena in visita a Firenze nel 1739, rivelano una sensibilità compositiva fiorentina che non va oltre la tradizione di Jacques Callot (1592-1635) e Pandolfo Reschi (1643-1699?)[36] (fig. 6). Le due opere di Marieschi, inviate in autunno 1739 a Gerini, seppure solo dei "quadretti", ma certamente

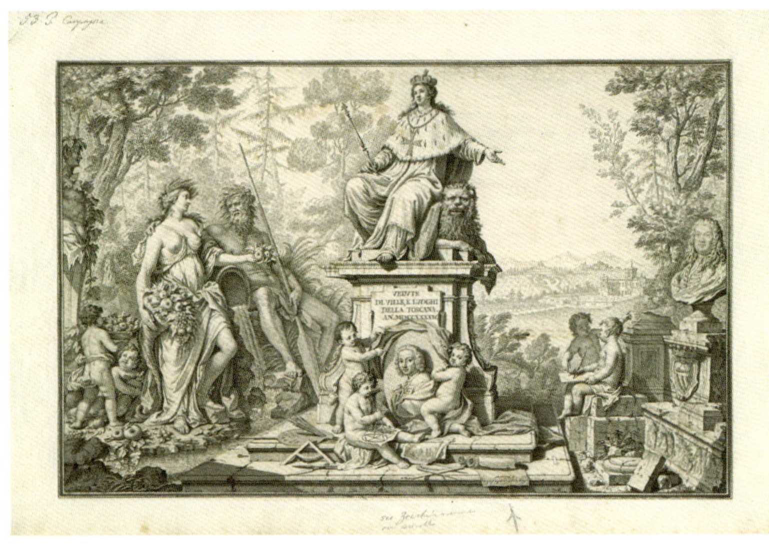

5. Giuseppe Zocchi, frontespizio dell'album *Vedute delle ville, e d'altri luoghi della Toscana* (con autoritratto), 1744, penna e inchiostro nero, con acquerello grigio, sopra tracce di gesso nero, contornato a penna e inchiostro nero, 310 x 475 mm. New York, Morgan Library & Museum, Gift of Mr. Junius S. Morgan and Mr. Henry S. Morgan, 1952.30:27

emblematiche di un'impostazione prospettica e luministica moderna, possono aver indotto Gerini a far partecipe Zocchi del vedutismo veneziano.

Di lì a poco, nella primavera del 1740, viene chiamato a Firenze il giovane Bellotto e Zocchi continua a disegnare vedute di Firenze ma con un nuovo senso di spazio e di prospettiva; nel 1741 è attestato "dipingere diverse vedute a olio, delle quali in buon numero ne ha fatte in disegno, che presentemente stanno intagliandosi in rame da vari primari intagliatori"[37].

Zocchi esegue tutti i settantasette disegni preparatori alle due serie di stampe e incide anche due lastre intere e le figure di altre cinque[38]. "Dotato d'ingegno fecondo alla invenzione, pieghevole alla imitazione, giudizioso alle scelte"[39], guidato nella prima giovinezza da Gabburri, e poi da Andrea Gerini, nel corso della sua carriera artistica è all'altezza delle richieste e delle aspettative dei suoi mecenati, disegna per l'Opificio delle Pietre Dure, dipinge paesaggi e capricci, decora palazzi con "Figure a olio, e [...] Architetture a fresco, ed a tempera"[40]. Il vedutismo è solo uno degli episodi della sua carriera, il più breve, ma importante per Firenze, un esempio per Thomas Patch e William Marlow; per il gusto moderno, il più attraente.

L'incisore di Augusta, Johann Gottfried Seutter (1717-1800), è incaricato di guidare la squadra dei migliori incisori italiani e nordici, ingaggiati per riprodurre i rimanenti fogli, tra cui i veneziani Pietro Monaco – già noto a Gerini per il suo lavoro sulla *Raccolta di Cinquanta Cinque Storie Sacre*, cui il marchese fin dal 1738 era "associato"[41] –, Giuseppe Filosi, Giuliano Giampiccoli e Giuseppe Wagner, con due eccezionali apparizioni del giovane Giambattista Piranesi e del *peintre-graveur* Michele Marieschi[42]. La nota di Seutter – "Di tutto ch'io ho avuto dal Signor Zanetti d'ordine del Illustre Signor Marchese Andrea Gerini in tutto il Tempo che sono stato in Venezia" –, stesa a conclusione del soggiorno di tre mesi nella città lagunare, conferma che Zanetti è a Venezia la figura di riferimento del progetto, che prepara e conduce in tutti i particolari[43]. Nel 1743 e nel 1744 Anton Maria Zanetti emette una serie di ricevute, su piccoli fogli, di formato simile, alcune con il nome dell'incisore in alto, in origine piegate in quattro e poi aperte e inserite in filza a casa Gerini. Le stampe "veneziane" sono ventitré in tutto, un contributo fondamentale.

La bellissima silloge di Marieschi, *Magnificentiores Selectioresque Urbis Venetiarum Prospectus*, pubblicata nel 1741 a Venezia, porta la dedica a Marc-Antoine de Beauveau, principe di Craon, governatore della Toscana; se prima difficilmente spiegabile, ora è giustificata nel contesto dei contatti artistici tra Venezia e la Toscana dei Lorena, patrocinati da Zanetti e Gerini.

L'amicizia e la frequentazione di Zanetti e Gerini che si protraggono per decenni – l'ultima lettera nota di Zanetti a Gerini è del 3 gennaio 1761[44] – è suggellata dalla confidenziale *conversation piece* dipinta da Zocchi, raffigurante i due personaggi occupati a studiare gemme e cammei, un'altra loro comune passione (cat. 3).

Bellotto in Toscana, nell'estate 1740

È singolare che Firenze e a Lucca non si ritrovino nella breve lista di Pietro Guarienti delle città d'Italia visitate dal pittore, di qui la supposizione che il viaggio in Toscana sia stato solo una sosta sulla strada per Roma[45]. L'assenza dei pagamenti per le due vedute di "Canaletto", "La Piazza del Granduca", e "La veduta de Ponti coll'Arno, porta dal Ponte Vecchio verso Ponente", così registrate nell'inventario nella collezione di Vincenzo Riccardi del 1752 – il primo a essere stato rinvenuto[46] – ha suggerito l'idea che Bellotto abbia beneficiato nel suo viaggio dell'ospitalità del marchese, donandogli in cambio le sue opere[47], e la primavera del 1742 veniva dedotta come data del soggiorno fiorentino[48].

Bellotto arriva a Firenze poco dopo il 22 aprile 1740 e ritorna a Venezia, passando prima per Lucca, dopo il 30 settembre dello stesso anno. Una quietanza rilasciata quel giorno certifica che Bellotto – "Bernardo Canaletto" – riceve dal marchese Gerini zecchini ottantaquattro e paoli 18 per aver eseguito quattro vedute "vendutili, e fattigli a posta" (doc. 6). Nello *Stracciafoglio* della casa patrizia fiorentina, alla stessa data, si trova un riscontro del pagamento in cui si precisa che le quattro vedute sono eseguite "in Firenze" (doc. 5); va rilevato che questo non significa che erano tutt'e quattro vedute "di Firenze".

Si conoscono sei vedute della capitale della Toscana (cat. 5-8, 10-11); quattro – due coppie di pendant, quella già Riccardi riconosciuta nei dipinti del Szépmüvészeti Múzeum[49] e quella con *L'Arno al Tiratoio, verso il Ponte Vecchio* e *L'Arno dalla Vaga Loggia, con San Frediano in Cestello* (collezione privata) – formano un gruppo compatto per caratteri di stile e di tecnica, a cui si aggiunge la *Piazza San Martino con la cattedrale, Lucca,* del Museo di York, con ogni evidenza contemporanea (cat. 13); anche il disegno *L'Arno verso il Ponte alla Carraia* (Gabinetto dei Disegni e delle Stampe degli Uffizi, cat. 12) appartiene allo stesso momento. I due meravigliosi dipinti del Fitzwilliam Museum di Cambridge sono invece più maturi, eseguiti tra i viaggi a Roma e in Lombardia.

I quattro dipinti commissionati dal marchese Gerini nell'estate 1740 non si ritrovano più negli inventari e nei cataloghi noti della collezione, del 1820, 1825 e 1836, né nella lista di ventisei tele, esposte nei primi dell'Ottocento a Londra, al n. 26 di St. James's Street[50]; ma due, indicati come provenienti "From the Gerini Collection" appaiono alla vendita postuma di John Benjamin Heath (1790-1879), console generale del re di Sardegna, dell'8 marzo 1879[51]. La descrizione nel catalogo della Christie, Manson & Woods coincide perfettamente con i soggetti dei due dipinti Beit ma la certezza dell'identificazione è data dal numero impresso dalla casa d'aste sul vecchio telaio di uno di essi (l'altro ha un telaio moderno) alla successiva vendita, del 3 maggio 1884[52]; talmente rare sono le identificazioni di simili timbri delle vendite dell'Ottocento da considerare questa un vero successo della mia ricerca.

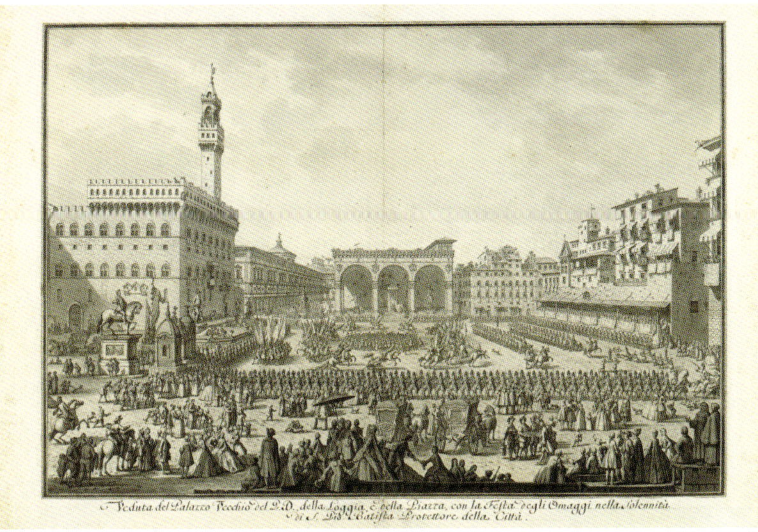

6. Giuseppe Zocchi, *Piazza della Signoria durante la Festa degli Omaggi*, 1739, penna e inchiostro nero, con acquerello grigio, contornato a penna e inchiostro nero, 472 x 680 mm. New York, Morgan Library & Museum, Gift of Mr. Junius S. Morgan and Mr. Henry S. Morgan, 1952.30:25

John Benjamin Heath, mercante e banchiere, era membro della Society of Antiquaries e della Royal Society; nel 1867 è stato creato I barone del Regno d'Italia. I due dipinti Gerini possono essere un acquisto suo, ma anche del padre, John Heath (1736-1816), colto banchiere inglese a Genova[53].

La provenienza Gerini dei due dipinti Beit dà la certezza della loro esecuzione nell'estate del 1740, il che implica nuove considerazioni sul rapporto con il lavoro di Giuseppe Zocchi per la *Scelta di XIV… vedute di Firenze* (cfr. cat. 9)[54]. La dichiarazione di Bellotto che le sue quattro opere erano fatte "a posta" per Gerini (doc. 6), potrebbe significare che il pittore aveva ricevuto dal committente delle indicazioni precise, in coerenza con la sua chiamata a Firenze proprio nel momento in cui Zocchi iniziava la sua fortuna di vedutista.

I due dipinti del Museo di Budapest, *Piazza della Signoria, verso est* e *L'Arno dal Ponte Vecchio fino a Santa Trinita e alla Carraia*, sono documentati già all'indomani della visita di Bellotto nella collezione del marchese Vincenzo Riccardi (1704-1752), amico strettissimo di Andrea Gerini, marito di una sua nipote[55]. Che le scelte di Riccardi siano parallele a quelle di Gerini, e in linea con il gusto europeo del momento, risulta già dal noto inventario della sua quadreria personale a palazzo Riccardi del 1752 e dal collezionismo contemporaneo di opere di Batoni[56]. Un inventario precedente del 1741, ritrovato da chi scrive, esalta l'interesse del patrizio fiorentino per la pittura di paesaggio, battaglie e vedute (doc. 8). I due "Canaletto" vengono citati e accuratamente descritti tra i ventiquattro dipinti italiani – altri cinquantatré della quadreria sono classificati come "fiamminghi" – accanto ai grandi "classici" della scuola romana e bolognese, alle opere del Cinquecento veneto e ai protagonisti della pittura moderna di paesaggio e veduta, i "romani" Andrea Locatelli, Adrien Manglard, Gaspar Van Wittel[57] e i "veneziani" Francesco Zuccarelli e Michele Marieschi; la presenza di questi ultimi è un sicuro indizio della mediazione di Zanetti, cui va attribuita anche la commissione dei Bellotto.

I due dipinti Riccardi, "curiose vedute fiorentine interpretate alla veneziana dal Bellotto"[58], si confermano realizzati negli stessi mesi del lavoro per Gerini, probabilmente prima che Zocchi cominciasse a dipingere. Bellotto affronta Firenze con tutta la sicurezza dell'insegnamento di Canaletto, riprendendo con impegno le sue architetture rinascimentali e gotiche, annotando con diligenza e curiosità ogni dettaglio, inquadrando la Piazza della Signoria e l'Arno entro una rigorosa struttura prospettica, enfatizzando l'avvicendarsi delle ombre e luci (fig. 7-12). Ogni brano esprime l'entusiasmo del pittore per il suo nuovo compito e il fascino esercitato dalle architetture fiorentine; Bellotto dà il meglio di sé stesso, affinando le sue conoscenze veneziane, elaborando nuove tipologie delle figure. Il giovane veneziano si presenta pioniere del vedutismo fiorentino moderno, in grado di dare una lezione di stile, tecnica e chiaroscuro, ambiziosa interpretazione della pittura contemporanea di Canaletto. Il suo ruolo può estendersi oltre i dati accertati: un pacchetto di "dissegni del Belotti" – preparati per il viaggio con i "cartoni per l'involto" – il 12 novembre 1740 viene inviato da Bologna dal marchese Francesco Zambeccari (1682-1767) all'amico Gerini, insieme a una delle prime spedizioni di rami da usare per le stampe dai disegni "delineati" da Zocchi (doc. 9). Erano forse schizzi prospettici, come i cinque disegni di Lucca (cat. 14-18) o come quelli ripresi nel 1743 circa in una sosta del viaggio a Roma, *Paesaggio con motivi di Rota, vicino a Tolfa* e *Mulino sul fiume Mignone (?)*, utilizzati poi da Zocchi come abbozzi dei dipinti commissionati da Giuseppe Pozzobonelli, arcivescovo di Milano[59]?

Bellotto arriva a Lucca a ottobre 1740, o forse ancora prima, a settembre, appena accordato dal marchese Gerini l'"impresto" di 20 zecchini (doc. 4). L'unico dipinto della città, *Piazza San Martino con la cattedrale*, del Museo di York (cat. 13), è talmente vicino alle due vedute dell'Arno di Andrea Gerini ora individuate – si somigliano ogni tocco di pennello, la cura dei dettagli, la luminosità, il modo impetuoso di segnare le nuvole, e quasi uguali sono le misure, rare per l'artista – da suggerire la realizzazione prossima nel tempo (fig. 13 e 14). Disegnare la cattedrale da quattro punti di vista diversi, da tutti i lati e angolazioni, con l'idea di una serie di dipinti a pendant, era un'impresa del tutto nuova nella storia del vedutismo; Bellotto la ripete nel 1756-1758, dipingendo cinque vedute della maestosa fortezza di Königstein, mai acquistate dal suo mecenate, Augusto III, re di Polonia ed Elettore di Sassonia[60]; e poi, di nuovo, a Varsavia, nel 1776-1777, con quattro dipinti del Castello di Wilanòw per il re Stanislaw August Poniatowski[61]. Ha seguito ordini precisi, a Lucca, come in Sassonia e in Polonia, o erano idee proprie, di un artista che ambisce con passione e metodo a descrivere i monumenti nel loro spazio? "Forse solo un lettore di Muratori avrebbe dipinto, per la prima volta, nel 1740, la facciata romanica della chiesa di San Martino a Lucca" – constata Sergio Marinelli, riferendosi alla biblioteca di Bellotto[62]; il veneziano disegna anche le mirabili absidi la cui vista era in parte celata da un porticato, arrampicandosi sul tetto dell'arcivescovado (cat. 16 e 17 e fig. 15-20). L'impressione doveva essere forte se ancora nel 1745-1746,

7. Bernardo Bellotto, *Piazza della Signoria, verso est, Firenze*, 1740, olio su tela, 61 x 90 cm. Budapest, Szépművészeti Múzeum, 645 (cat. 5)

8. Bernardo Bellotto, *L'Arno dal Ponte Vecchio fino a Santa Trinita e alla Carraia, Firenze*, 1740, olio su tela, 62 x 90 cm. Budapest, Szépművészeti Múzeum, 647 (cat. 6)

9. Bernardo Bellotto, *L'Arno al Tiratoio, verso il Ponte Vecchio, Firenze*, 1740, olio su tela, 50 x 75 cm. Collezione privata (cat. 7)

10. Bernardo Bellotto, *L'Arno dalla Vaga Loggia, con San Frediano in Cestello, Firenze*, 1740, olio su tela, 50 x 75 cm. Collezione privata (cat. 8)

11. Bernardo Bellotto, *L'Arno verso il Ponte Vecchio, Firenze*, 1743-1744, olio su tela, 73,3 x 105,7 cm. Cambridge, The Syndics of the Fitzwilliam Museum, University of Cambridge, 192 (cat. 10)

12. Bernardo Bellotto, *L'Arno verso il Ponte alla Carraia, Firenze*, 1743-1744, olio su tela, 73,7 x 105,4 cm. Cambridge, The Syndics of the Fitzwilliam Museum, University of Cambridge, 195 (cat. 11)

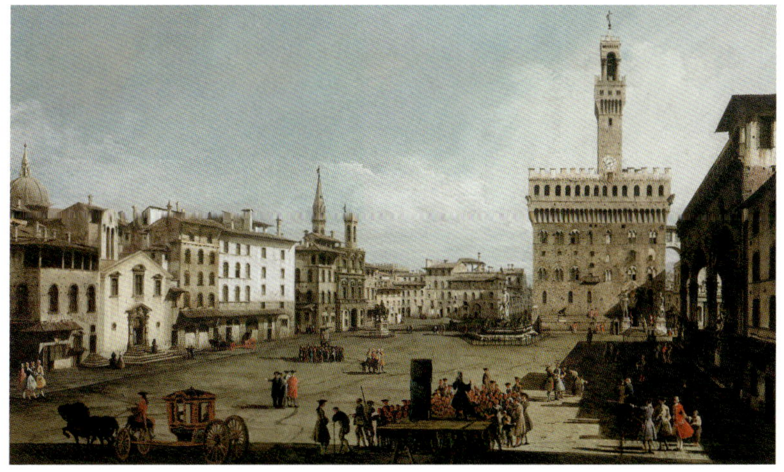
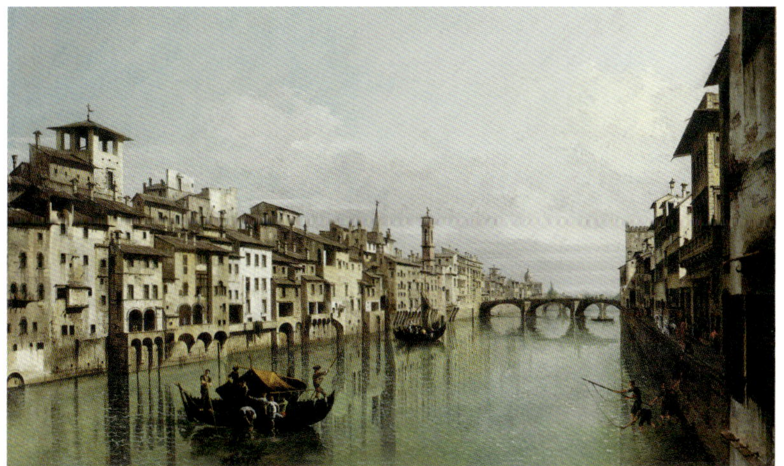
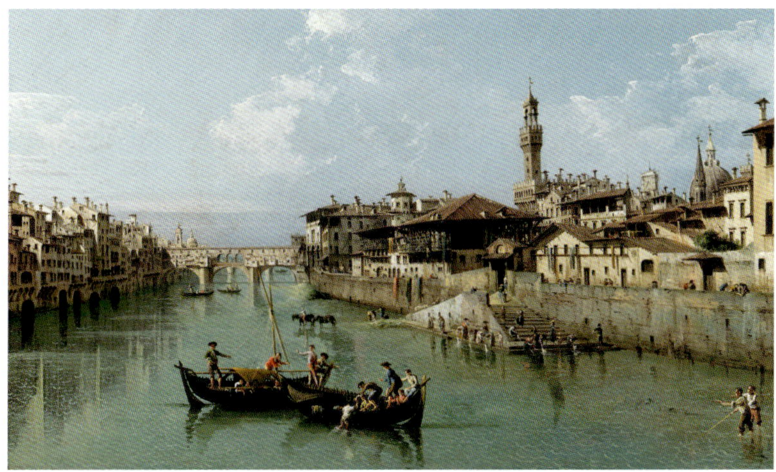
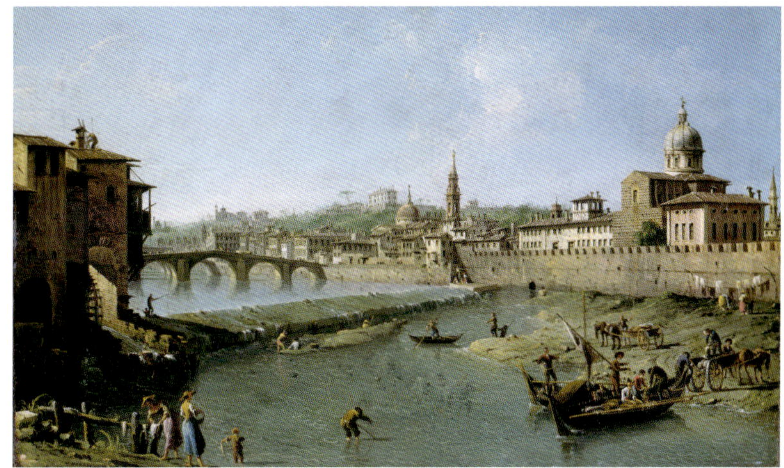
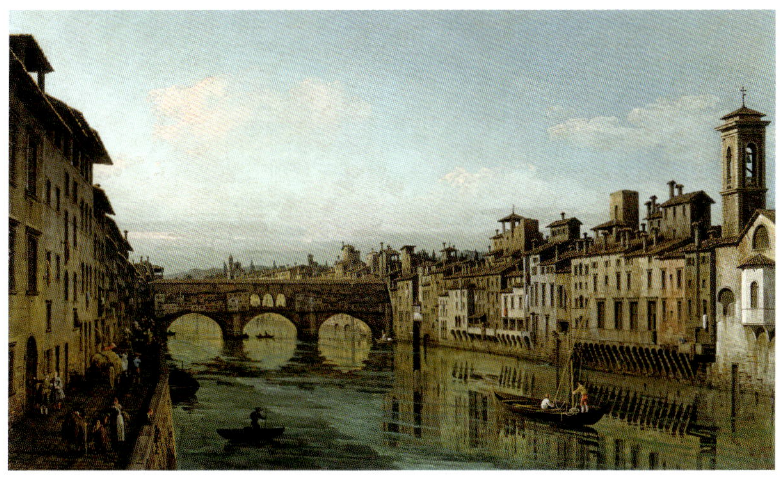
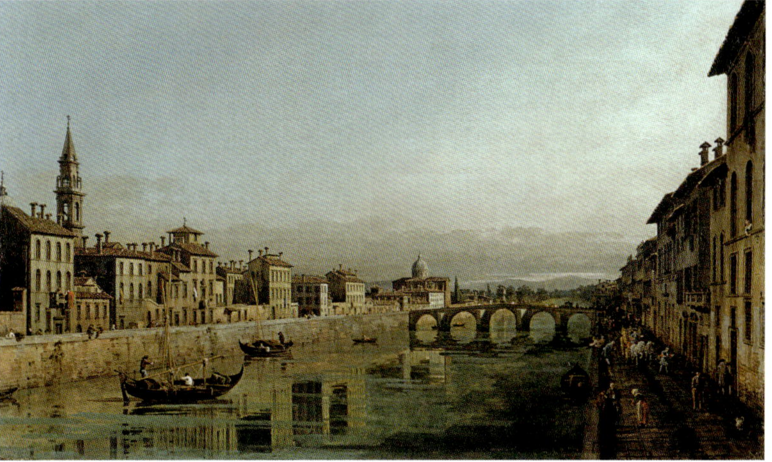

13. Bernardo Bellotto, *L'Arno al Tiratoio verso il Ponte Vecchio, Firenze*, particolare, 1740, olio su tela, 50 x 75 cm. Collezione privata (cat. 7)

ritraendo i monumenti di Verona sull'Adige, Bellotto sostituisce le absidi della chiesa di San Lorenzo con quelle di San Martino, traducendole finalmente in pittura (fig. 21).
Lucca, diversamente da Firenze – ritratta fin dal Seicento da Jacques Callot, Pandolfo Reschi, Paolo Anesi e Gaspar van Wittel – non aveva alcuna tradizione vedutistica; i viaggiatori inglesi e francesi del Settecento, alla ricerca delle bellezze artistiche in Italia – da Jonathan Richardson e Edward Wright al conte di Caylus, Charles de Brosse e Edward Gibbon – non trovano nulla di interessante in città, oltre alla sua costituzione repubblicana, come ricordano John Fleming[63] e Hugh Honour[64]; i collezionisti locali erano, semmai, interessati alle vedute di Venezia di Canaletto, come alle "prospettive" di Vetturali. Solo il tedesco Friedrich Bernhard Werner, che si spinge a Lucca nel suo breve soggiorno in Italia negli anni trenta, produce stampe di pregio, di gusto nordico, riprendendo la città due volte dalla collina di Monte San Quirico: una grande e lunga veduta generale, con l'attenta descrizione delle architetture – genere che ha reso noto l'incisore di Augusta – e una più piccola, in cui la città è raffigurata entro un rigoglioso paesaggio (fig. 22)[65]. L'idea di invitare a Lucca il

14. Bernardo Bellotto, *Piazza San Martino con la cattedrale, Lucca*, particolare, 1740, olio su tela, 50,8 x 72 cm. York Museum Trust (York Art Gallery), YORAG 771 (cat. 13)

15. Bernardo Bellotto, *Piazza San Martino con la cattedrale, Lucca*, 1740, penna e inchiostro bruno su traccia di matita, a mano libera e con righello, segni da compasso; la linea dell'orizzonte a matita e righello, a 81 mm dal margine inferiore; 252 x 372 mm. Londra, The British Library, Map Room, K.Top.LXXX-21a (cat. 14)

16. Bernardo Bellotto, *San Giovanni dalla Piazza degli Antelminelli, con il fianco della cattedrale, Lucca*, 1740, penna e inchiostro bruno su traccia di matita, a mano libera e con righello, segni da compasso; la linea dell'orizzonte a 84 mm dal margine inferiore; 252 x 370 mm. Londra, The British Library, Map Room, K. Top. LXXX-21b (cat. 15)

17. Bernardo Bellotto, *La cattedrale di San Martino, dalla parte absidale, Lucca*, 1740, penna e inchiostro bruno su traccia di matita, a mano libera e con righello; la linea di orizzonte a matita e righello, a 84 mm dal margine inferiore; 248 x 370 mm. Londra, The British Library, Map Room, K.Top.LXXX-21c (cat. 16)

18. Bernardo Bellotto, *San Martino dalla parte absidale, con il campanile, Lucca*, 1740, penna e inchiostro bruno su traccia di matita, a mano libera e con righello; la linea dell'orizzonte a matita e righello, a 90 mm dal bordo inferiore; 247 x 367 mm. Londra, The British Library, Map Room, K.Top.LXXX-21d (cat. 17)

19. Bernardo Bellotto, *Santa Maria Forisportam, Lucca*, 1740, penna e inchiostro bruno su traccia di matita, a mano libera e con righello, segni di compasso; la linea dell'orizzonte è segnata a matita e righello a 69 mm dal margine inferiore; 235 x 371 mm. Londra, The British Library, Map Room, K. Top. LXXX-21e (cat. 18)

20. Bernardo Bellotto, *Piazza San Martino con la cattedrale, Lucca*, 1740, olio su tela, 50,8 x 72 cm. York Museum Trust (York Art Gallery), YORAG 771 (cat. 13)

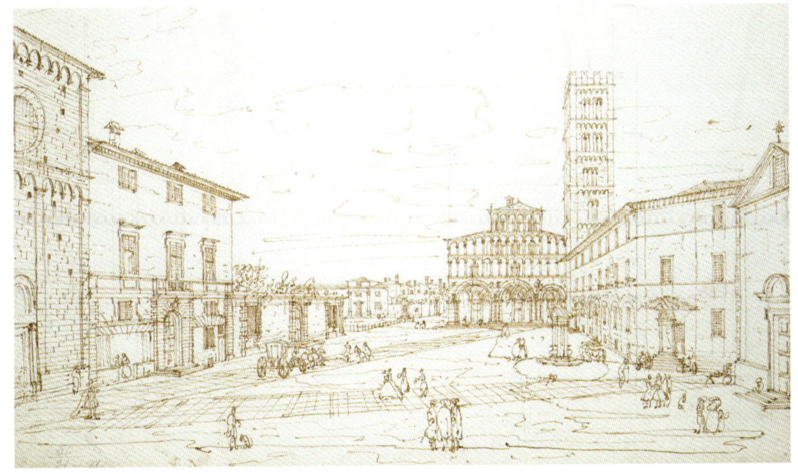
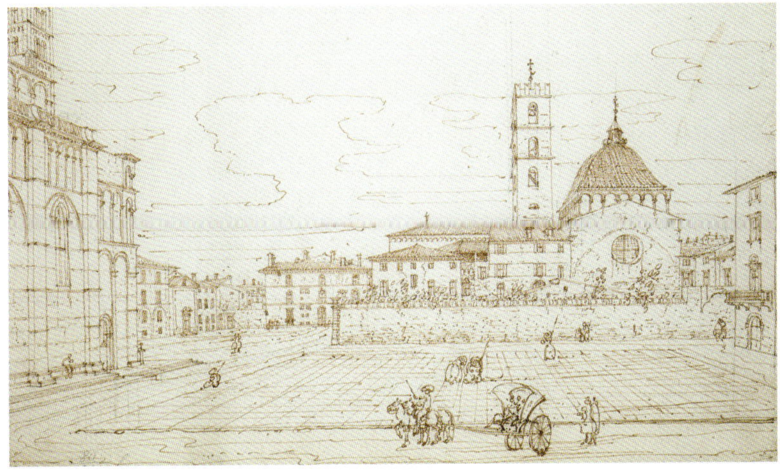
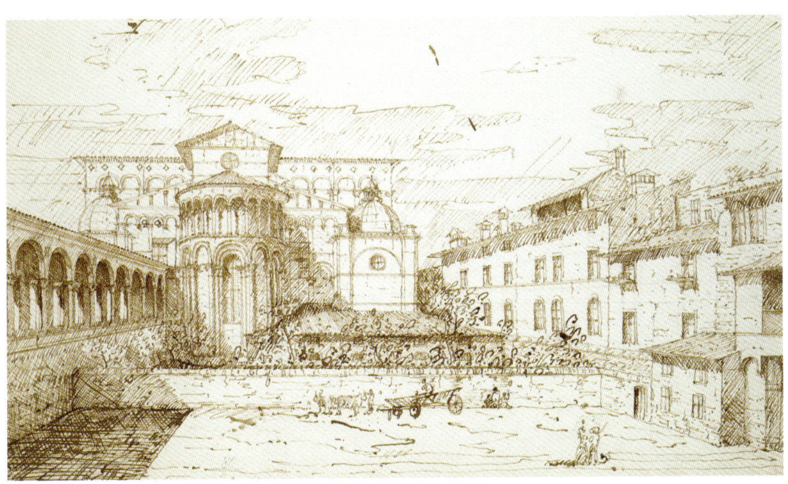
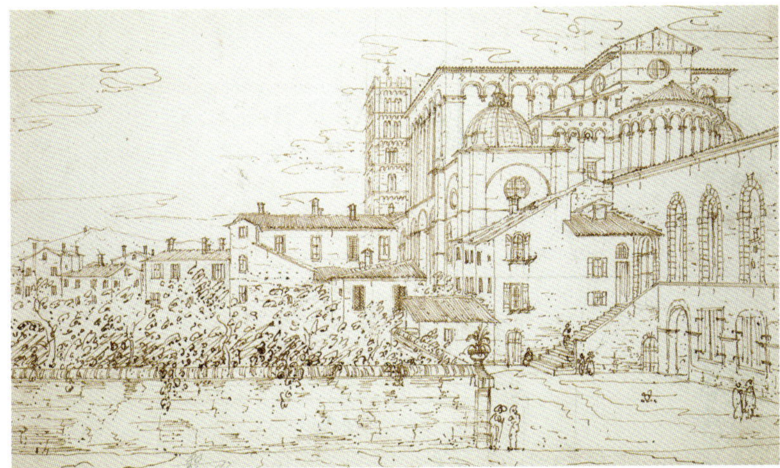
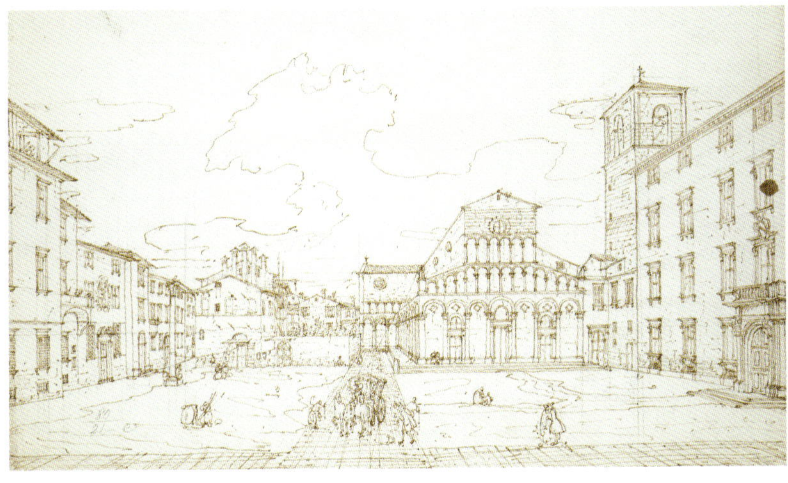
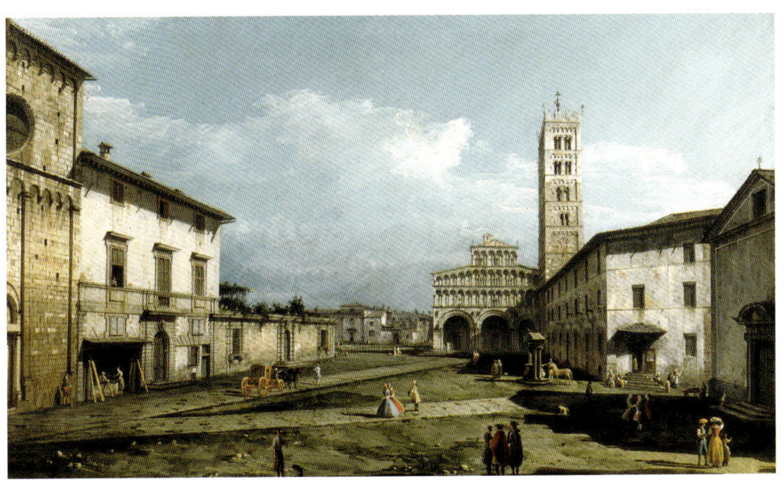

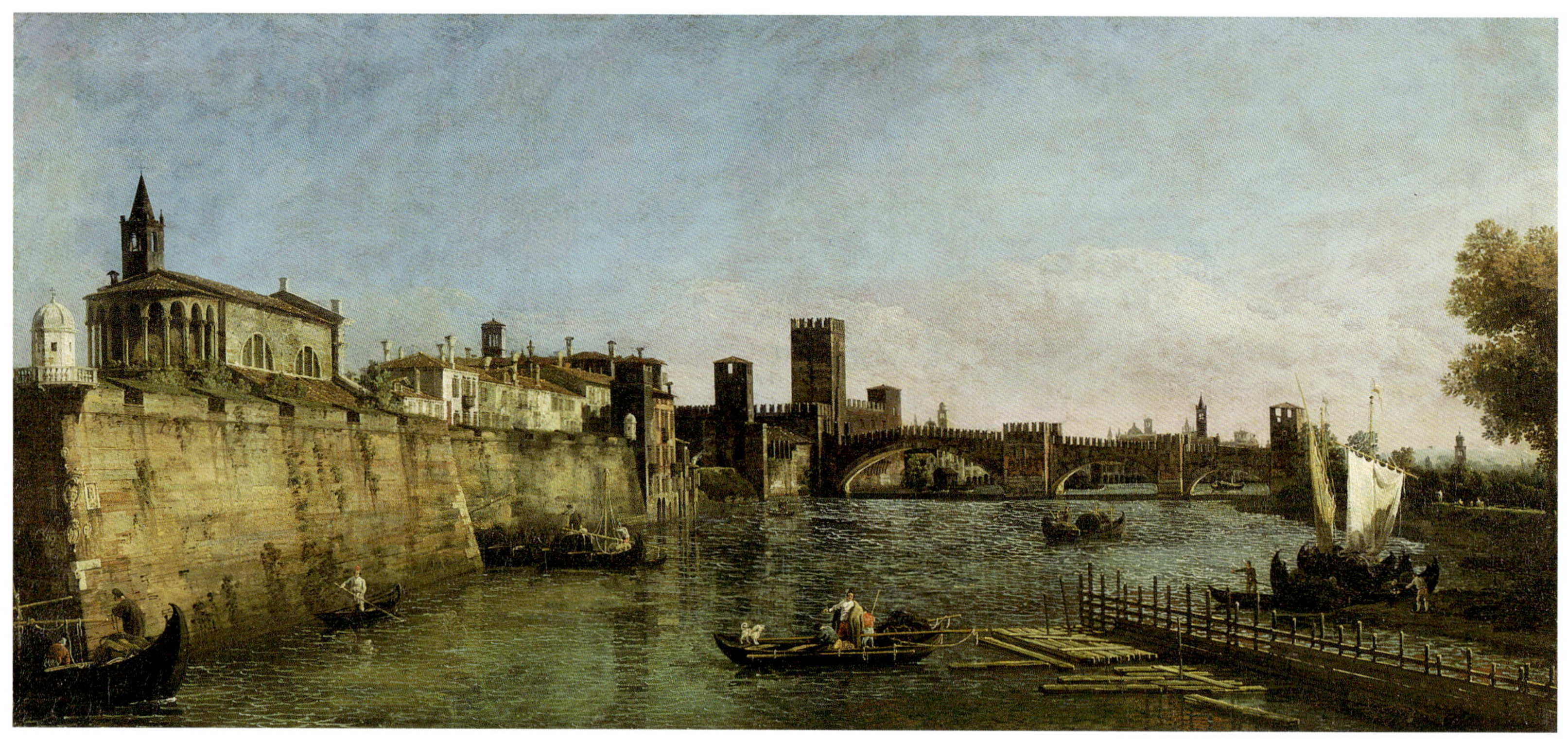

22. Bernardo Bellotto, *Veduta ideata di Verona con Castelvecchio e il Ponte Scaligero*, 1745-1746, olio su tela, 73,7 x 154,3 cm. Philadelphia Museum of Art, The William L. Elkins Collection, E 1924-3-87

vedutista veneziano per dipingere la cattedrale, amatissima dai lucchesi, e un'altra chiesa romanica, Santa Maria Forisportam, era del tutto eccezionale; conoscere il nome del committente, che oggi possiamo solo arguire fosse un personaggio locale della stretta cerchia di Gerini e Zanetti, avrebbe certamente il merito di spiegarci le circostanze.

Attorno al 1740 Andrea Gerini e Vincenzo Riccardi, in contatto con due collezionisti e mecenati lucchesi dell'artista, Francesco Conti e Lodovico Sardini, commissionano raffinate allegorie a Pompeo Batoni (1708-1787)[66]. Può essere uno di loro il committente di Bellotto? Non bisogna dimenticare Alessandro Guinigi, Nicolò Mansi, Michele Barsotti, Francesco Talenti, Tommaso Mazzarosa e Francesco Buonvisi che, sostenendo Batoni, si mostrano interessati all'arte moderna e patrioti. Francesco Conti[67] era nipote di Stefano Conti, che possedeva l'unica collezione di Carlevarijs e Canaletto in città, e un altro suo zio, Carlo Francesco, era penitenziere e vicario generale dell'arcivescovo Fabio Colloredo[68], il che avrebbe potuto spiegare la posizione privilegiata di Bellotto nelle riprese della cattedrale. Né si può scartare l'intelligente candidatura (di Hugh Honour) di Giovanni Domenico Mansi (1692-1769) – o di un altro membro di questa importante famiglia lucchese –, all'epoca segretario e teologo di Fabio Colloredo, consacrato arcivescovo di Lucca a Roma il 24 aprile 1764 (dal cardinale di York!) – occasione in cui Pompeo Batoni dipinse il suo ritratto –, uomo di ampia cultura, a contatto con Muratori e Metastasio, autore di alcune note dell'edizione lucchese dell'*Encyclopédie* di D'Alembert e Diderot[69]. Un palazzo Mansi inquadra uno dei disegni della cattedrale e un altro, che probabilmente era già Mansi nel 1740, domina la veduta di Santa Maria Forisportam (cat. 15 e 18). Il carteggio di Anton Maria Zanetti non fornisce alcuna indicazione e nelle liste dei sottoscrittori dei suoi libri, *Delle Antiche Statue* e *Dactyliotheca* – fonte sicura di informazioni sui suoi contatti –, figurano i nomi di due soli lucchesi, del conte Francesco Trenta e di Vincenzo

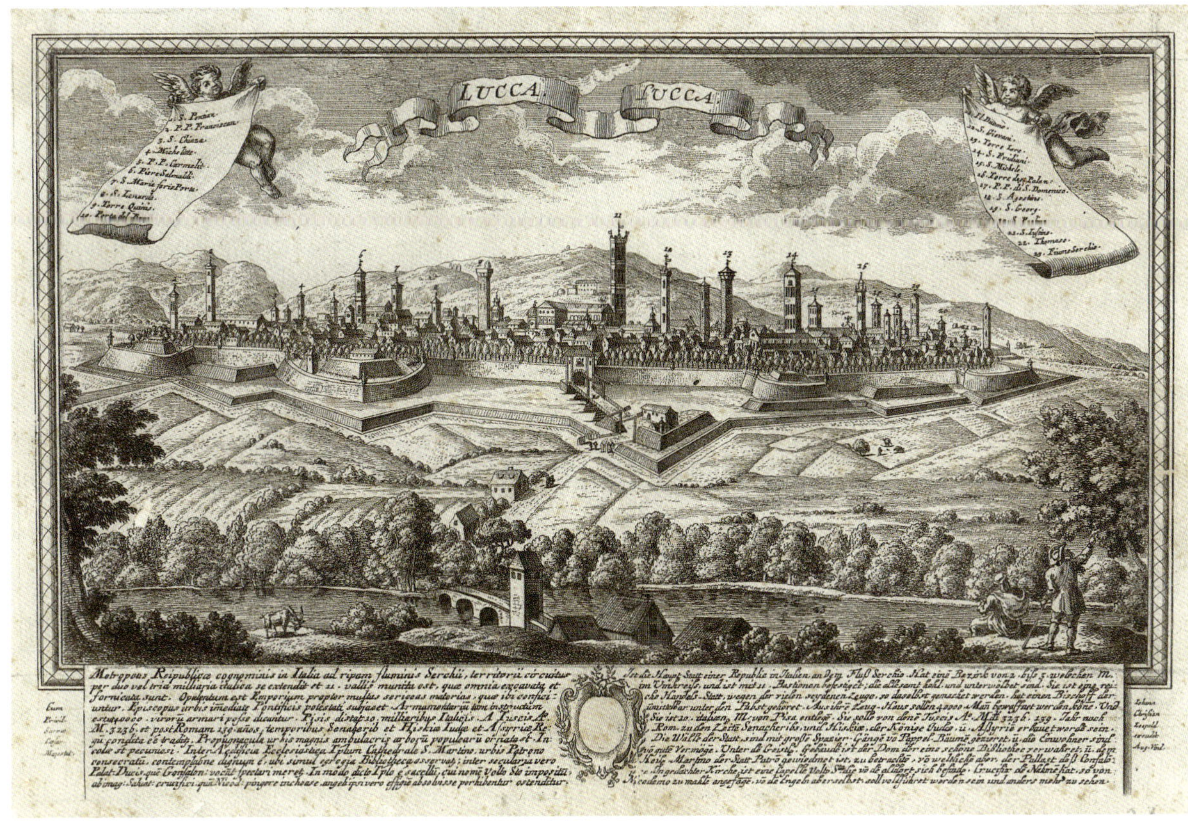

21. Friedrich Bernhard Werner, *Veduta panoramica della città, da nord*, Augusta [1745?], incisione, 338 x 336 mm. Lucca, Archivio di Stato, Fondo Stampe 31 (opera esposta in mostra)

Braccini o Brazzini, forse un parente del libraio e tipografo fiorentino, Antonio Brazzini. Era uno di loro quell'"amico di Lucca" menzionato da Andrea Gerini nella missiva del 13 aprile 1754 a Zanetti?[70]

Un altro mistero è il silenzio dei viaggiatori stranieri e degli storici ed eruditi locali, Tommaso Francesco Bernardi, Giacomo Sardini, Tommaso Trenta, Antonio Mazzarosa, Michele e Enrico Ridolfi. Come ha potuto sfuggire alla loro attenzione l'unica veduta della città, così reale, di straordinaria bellezza e armonia, dalla luce argentata, sicuramente indicata come "Canaletto"? La presenza della tela a Lucca almeno fino ai primi anni dell'Ottocento è testimoniata da un notevole numero di copie, presumibilmente commissionate da collezionisti locali (cat. 20 e 21); sono alcune di queste a figurare nelle carte d'archivio fin dal 1763 come "veduta di San Martino", a volte accompagnate dal pendant, "veduta di San Michele"[71]. "View in an Italian city, with a carriage and figures", di "Canaletti", si presenta alla vendita anonima da Christie's il 10 luglio 1886 (lotto 199); nella copia del catalogo conservata nell'archivio della casa d'aste il nome del collezionista è aggiunto a mano – "Earl of Shaftesbury, deceased" –, come quello della città, "Lucca". Il collezionista era Anthony Ashley-Cooper, VIII conte di Shaftesbury (1831-1886), morto suicida pochi mesi dopo essere succeduto al padre, VII conte (1801-1885); l'acquisto di Colnaghi in quella occasione e il prezzo di 147 ghinee non possono escludere che si tratti di una delle copie. I conti di Shaftesbury erano imparentati con i duchi di Marlborough che possedevano la serie di venti Canaletto, commissionata da Charles Spencer, III duca di Marlborough (1706-1758)[72]. Ma è certamente questo il dipinto che riappare a Londra il 2 luglio 1915 da Christie's, alla vendita postuma dell'ottima, ampia collezione di Charles T.D. Crews (1839-1915) di Londra e Billingbear Park, Wokingham, Berkshire[73], accanto al *Ritratto di Cosimo I de Medici*, di Jacopo Pontormo, della collezione Riccardi[74].

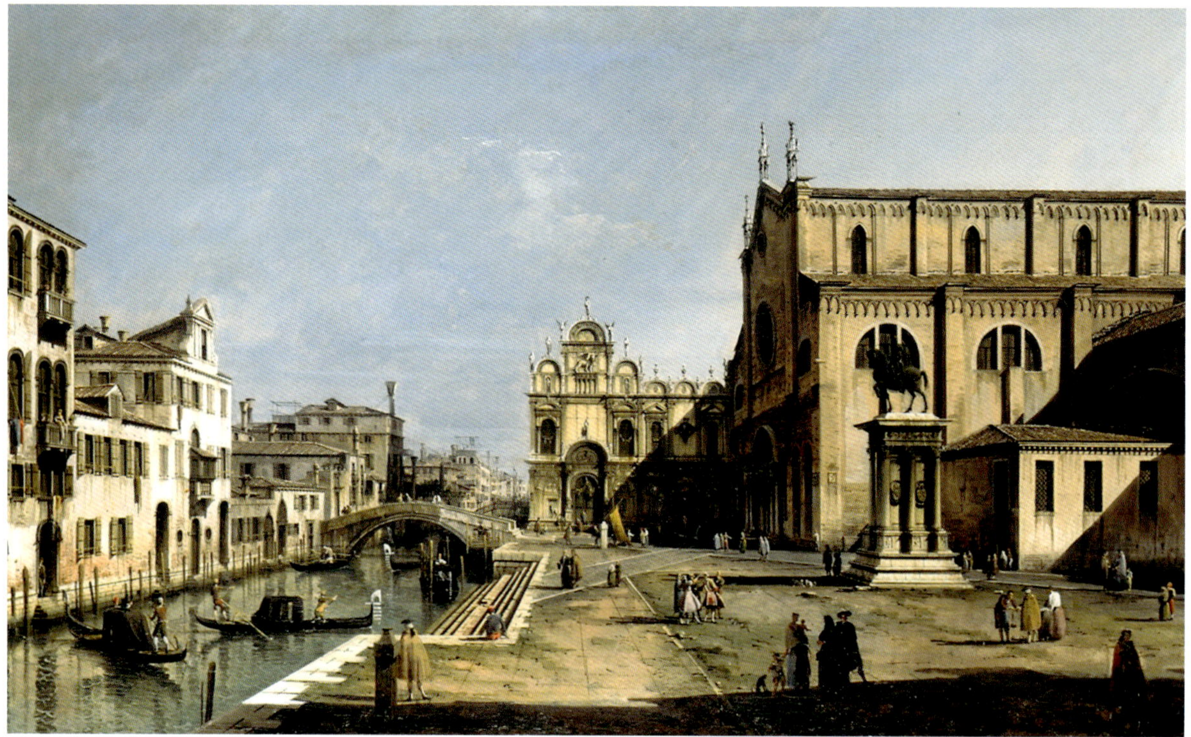

23. Bernardo Bellotto, *Campo Santi Giovanni e Paolo, Venezia*, 1740, olio su tela, 68 x 98,4 cm. Springfield, Mass., Museum of Fine Arts, The James Philip Gray Collection, 36.03

Ricompaiono in Inghilterra anche i cinque disegni di Lucca, menzionati per la prima volta nel 1829, senza nome dell'autore, nel catalogo della straordinaria collezione di mappe, piante e stampe topografiche formata dal re Giorgio III (1738-1820) fin dall'inizio del suo regno (1761) e passata nel 1823 come "King's Maps" al British Museum[75]. Riscopre gli schizzi nel 1950 Adolf Paul Oppé, tra pochi disegni di valore artistico della raccolta, e li attribuisce a Canaletto[76]. L'anno 1740 diventa un riferimento fondamentale per gli inizi di Bellotto. La sequenza delle opere eseguite nei mesi precedenti e successivi al viaggio, che appariva difficile e incerta, si ricompone ora in un definito percorso. Ne risulta ancora più stupefacente la precocità di Bellotto e il numero e la qualità di opere eseguite prima del viaggio in Toscana. Al ritorno a Venezia si riduce di molto la dipendenza da Canaletto e prevalgono composizioni autonome, illuminate dalla stessa luce argentata della Toscana, con le figure dalle tipologie sempre più personali, nei primi mesi dopo il ritorno ancora memori delle conquiste fiorentine e lucchesi. L'8 dicembre 1740 Bellotto firma a Venezia il disegno *Campo Santi Giovanni e Paolo*, preparatorio al dipinto di Springfield, Museum of Fine Art (fig. 23)[77]: è il dipinto più importante realizzato subito dopo il viaggio, ritrae uno dei luoghi dei Canaletto di Stefano Conti (cat. 2), con la prospettiva a cannocchiale, le ombre lunghe dai netti profili e le fantasiose figure nel primo piano all'ombra, come nella *Piazza di San Martino con la cattedrale, Lucca* (cat. 13). Ancora in alcune altre tele, dipinte più tardi, ad esempio *Santa Maria dei Miracoli e l'abside di Santa Maria Nuova,* del Museo di Hannover, del 1741[78] – una rara veduta di un luogo mai frequentato da Canaletto – e il *Canal Grande verso est, dal palazzo Loredan-Cini nel Campo San Vio,* del 1742[79] – una recente scoperta –, l'intensità di esecuzione e la magia della luce sono un retaggio del lavoro autonomo in Toscana.

Firenze nel 1742-1743, un ritorno

L'evidente progresso stilistico e la squisita pittoricità dei due pendant del Fitzwilliam Museum, Cambridge – *L'Arno verso il Ponte Vecchio* e *L'Arno verso il Ponte alla Carraia* (cat. 10 e 11) –,

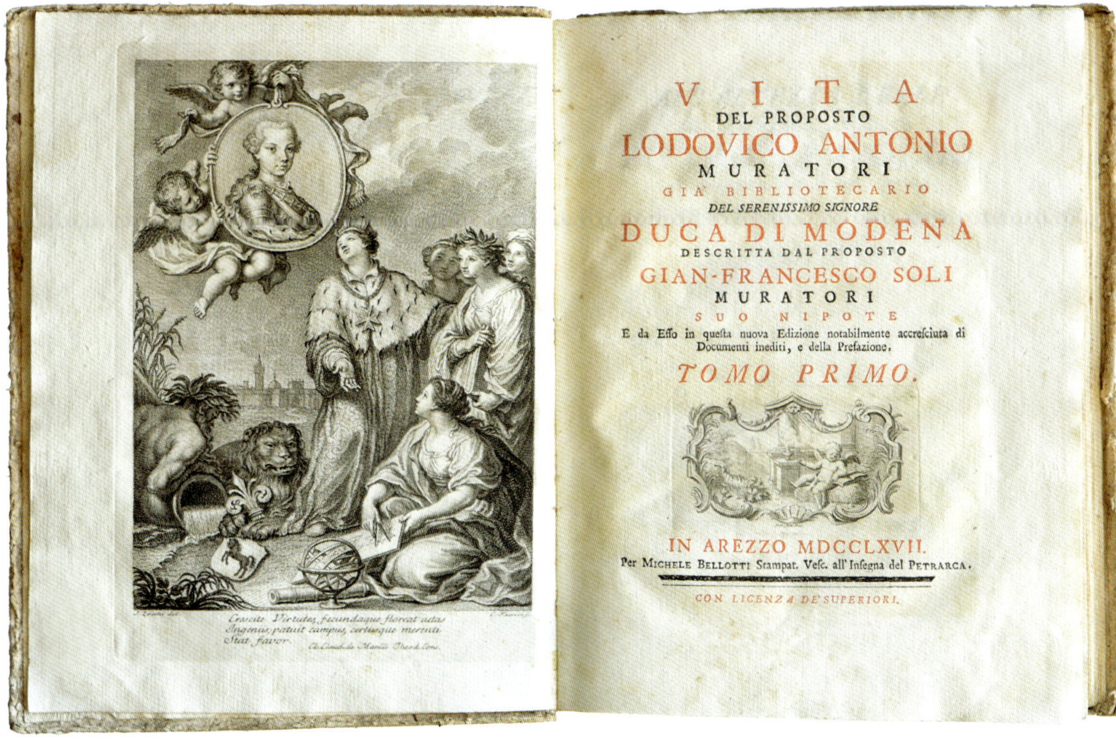
VITA
DEL PROPOSTO
LODOVICO ANTONIO
MURATORI
GIÀ BIBLIOTECARIO
DEL SERENISSIMO SIGNORE
DUCA DI MODENA
DESCRITTA DAL PROPOSTO
GIAN-FRANCESCO SOLI
MURATORI
SUO NIPOTE
E da Eſſo in queſta nuova Edizione notabilmente accreſciuta di Documenti inediti, e della Prefazione.
TOMO PRIMO.
IN AREZZO MDCCLXVII.
Per Michele Bellotti Stampat. Veſc. all'Inſegna del Petrarca.
CON LICENZA DE' SUPERIORI.

24. *Vita del proposto Lodovico Antonio Muratori, già bibliotecario del Serenissimo Signore Duca di Modena, descritta dal proposto Gian-Francesco Soli Muratori suo nipote, e da Esso in quella nuova Edizione notabilmente accresciuta di Documenti inediti, e della Prefazione,* Tomo Primo, in Arezzo, Per Michele Bellotti Stampatore Vescovile all'Insegna del Petrarca, 1767. Collezione privata

le atmosfere più armoniose e naturali, tra il verde smeraldo del fiume trasparente, colto probabilmente in una limpida giornata di primavera, e i cieli percorsi da nuvole soffici, le figure non più caricaturali e allungate sono il risultato di mesi di studio e di lavoro. La vicinanza dei due dipinti alle vedute di Roma, eseguite nel 1743-1744, e la definizione accurata dei rapporti luministici, diversa da quella del disegno preparatorio a uno di essi (cat. 12), suggeriscono un secondo viaggio a Firenze, forse proprio una sosta mentre si reca a Roma. Il viaggio nella Città Eterna, intrapreso "per consiglio del Zio"[80], è certamente avvenuto prima dell'estate 1743: il 16 agosto, a Venezia, alla festa di San Rocco, il "rinomatissimo" nipote di Canaletto espone una veduta di Roma, *Santa Maria d'Aracoeli e il Campidoglio*, di Petworth House (National Trust)[81].

"View of the Arno, with the Ponte Vecchio e "its companion, with the ponte Carraia", di "Canaletti", appaiono a Londra, il 29-30 marzo 1759[82], alla vendita della collezione di Giovanni Battista Borri di Giuseppe, iscritto alla cittadinanza fiorentina, quartiere Santa Croce, gonfalone Ruote[83]. I due pendant risultano divisi alla vendita, il primo acquistato da "Wicker for Blount", il secondo da Barnard, ma il rapporto di Borri con Zanetti e Gerini, indicato dalla presenza nella sua quadreria di Francesco Zuccarelli, Michele Marieschi e Giuseppe Zocchi, induce a credere che le due vedute di Cambridge siano una sua commissione, mediata dal mecenate veneziano di Bellotto.

Epilogo

Bisogna ricordare il legame affettivo che univa Bellotto alla Toscana. Il viaggio del 1740 era stata un'opportunità di incontro per i tre fratelli, i "turbulenti nipoti" di Canaletto[84]. Bernardo viaggia con il più giovane Pietro (1725-1800 circa), probabilmente suo assistente, il cui nome è scarabocchiato nel *verso* di un disegno di Lucca (cat. 15)[85]. Ai tempi della loro visita, il fratello maggiore, Michele (1720-1778), "frateo del Signor Bernardo", era alloggiato in città, "al Ponte Rosso presso i Carmini"; risedeva probabilmente a Firenze fin dal 1736, quando lasciò Venezia[86]. I fratelli di

Bernardo erano anche loro a contatto con il marchese Gerini, godevano pure di una certa benevolenza: Pietro, non meno precoce come pittore del fratello Bernardo, invia da Venezia nel 1741 un suo dipinto, *Piazza San Marco, verso sud*[87]; Michele, in procinto di partire per Venezia[88], il 22 aprile 1741, è incaricato dal marchese di portare a Zanetti una somma di denaro, probabilmente l'anticipo o un rimborso per l'acquisto di qualche libro (doc. 7). Il futuro tipografo vescovile "all'insegna del Petrarca", ad Arezzo – dove è documentato per la prima volta il 2 maggio 1748[89] – deve aver avuto un tirocinio a Firenze, quasi certamente per l'intercessione di Zanetti e delle sue amicizie fiorentine. Questo giovane ben istruito e ambizioso poteva essere molto utile al conoscitore veneziano, raffinato bibliofilo[90], che lo menziona in modo confidenziale in una lettera ad Anton Francesco Gori del 1751, concernente la distribuzione tra amici fiorentini dell'appena uscito catalogo della sua collezione di gemme e cammei, la *Dactyliotheca*[91]; le undici lettere indirizzate da Michele stesso a Gori tra il 18 settembre 1752 e il 13 agosto 1754, confermano la sua appartenenza allo stretto ambiente di Gerini e Zanetti e lo *status* di tipografo colto, attivo e ben introdotto nella professione[92]. Nel 1758 Michele riceve nella sua casa nel palazzo delle Logge vasariane – dove si trovava anche la bottega – la madre Fiorenza che rimane a Arezzo fino alla morte nel 1781[93]. Bernardo non cita nel catalogo della sua biblioteca nessun libro pubblicato dal fratello ma nell'inventario della casa, nella stanza della *Stamperia*, registra, a testimonianza della continuità del loro rapporto, ottanta volumi di *Opere* del senese Giovanni Claudio Pasquini, poeta alla corte di Dresda, edite dal fratello nel 1751[94]. Nel 1767 Michele Bellotti, incoraggiato e sostenuto dal vescovo Jacopo Gaetano Inghirami, intraprende la pubblicazione delle *Opere* di Ludovico Antonio Muratori, probabilmente attesa con impazienza dal fratello a Varsavia; nel primo dei tredici volumi, la biografia dello studioso, riproduce in antiporta una ricercata stampa allegorica dedicata al granduca Pietro Leopoldo di Toscana, di Carlo Faucci da Giuseppe Zocchi, vecchia amicizia fiorentina del nostro (fig. 24)[95]; nel 1773 continua con le *Antiquitates Italicae Medi Aevi* ma gli ultimi due volumi verranno pubblicati dalla vedova nel 1780[96]; Bellotto muore a Varsavia il 17 novembre di quell'anno[97].

[1] Per i documenti su Bellotto e la famiglia, a partire dal suo atto di nascita, rimando ai miei scritti: B.A. Kowalczyk, *Il Bellotto veneziano nei documenti*, in "Arte Veneta", XLVII, 1995, pp. 68-77; B.A. Kowalczyk, *I primi sostenitori veneziani di Bernardo Bellotto*, in "Saggi e Memorie di Storia dell'Arte", XXIII, 1999, pp. 198-218; B.A. Kowalczyk, *Le origini veneziane di Pietro Bellotti*, in "Arte Veneta", LIX, 2002, p. 268-269. Si veda anche G. Marini, *"Con la propria industria e sua professione". Nuovi documenti sulla giovinezza di Bellotto*, in "Verona illustrata", VI, 1993, pp. 125-140.

[2] W.G. Constable, *Canaletto: Giovanni Antonio Canal 1697-1768*, 2ª edizione a cura di J.G. Links con il supplemento e nuove tavole, Oxford 1989, vol. I, tav. 30, vol. II, p. 246, n. 122.

[3] S. Kozakiewicz, *Bernardo Bellotto*, Milano 1972, vol. I, pp. 44 e 45, vol. II, pp. 74 e 79, nn. 98 e 101.

[4] Kozakiewicz, *Bernardo Bellotto* cit., vol. I, p. 20, vol. II, p. 19, n. 20.

[5] R. Longhi, *Viatico per cinque secoli della pittura veneziana*, Firenze 1946, p. 37.

[6] A.M. Zanetti, *Della pittura veneziana e delle opere pubbliche de' veneziani maestri*, Stamperia di Giambattista Albrizzi, Venezia 1771, Libro V, p. 462.

[7] E. Manikowska, *The rediscovery of Bernardo Bellotto's inventory*, in "The Burlington Magazine", CLIV, 1306, gennaio 2012, p. 34; E. Manikowska, *Bernardo Bellotto i jego drezdeński apartament. O tożsamości społecznej i artystycznej weneckiego wedutysty*, Warszawa 2014, pp. 343 (nn. 1009, 1012 e 1015) e p. 347 (nn. 1077 e 1078).

[8] Si veda, per il gruppo di disegni del Museo di Darmstadt, per lo più italiani, *Bernardo Bellotto genannt Canaletto. Zeichnungen aus dem Hessischen Landesmuseum Darmstadt*, catalogo della mostra, a cura di M. Bleyl (Darmstadt, Hessisches Landesmuseum), Darmstadt 1981; B.A. Kowalczyk, *I disegni italiani del Bellotto*, tesi di laurea, Università degli Studi di Venezia, a.a. 1987-1988. Per i disegni di Vienna e Dresda, conservati al Museo Nazionale di Varsavia: J. Starzyński, *Rysunki Canaletta w Warszawskiem Muzeum Narodowem*, in "Biuletyn Historji Sztuki i Kultury", II, 1933-1934, pp. 99-111; B.A. Kowalczyk, in *Bellotto e Canaletto.*

Lo stupore e la luce, catalogo della mostra, a cura di B.A. Kowalczyk (Milano, Gallerie d'Italia in Piazza Scala), Cinisello Balsamo 2016, pp. 238-242, nn. 84- 86.
[9] C. Miller, *Fifty Drawings by Canaletto from the Royal Library, Windsor Castle*, London - New York 1983; si veda anche B.A. Kowalczyk, in *Bellotto e Canaletto. Lo stupore e la luce* cit., pp. 154-155, n. 48.
[10] Si veda anche, B.A. Kowalczyk, *Bellotto e Zocchi tra Venezia, Firenze e Roma*, in *Venezia Settecento. Studi in memoria di Alessandro Bettagno*, Cinisello Balsamo 2016, pp. 75 83.
[11] B.A. Kowalczyk, *Canaletto e Bellotto: l'arte della veduta*, in *Canaletto e Bellotto. L'arte della veduta*, catalogo della mostra, a cura di B.A. Kowalczyk (Torino, Palazzo Bricherasio), Cinisello Balsamo 2008, pp. 13-21.
[12] B.A. Kowalczyk, in *Bellotto e Canaletto. Lo stupore e la luce* cit., pp. 64-65, n. 7.
[13] Constable, *Canaletto* cit., vol. I, tav. 198, vol. II, p. 287, n. 204; B.A. Kowalczyk, *I primi sostenitori veneziani di Bernardo Bellotto*, in "Saggi e Memorie di Storia dell'Arte", 23, 1999, pp. 189-218; B.A. Kowalczyk, in *Canaletto e Bellotto: l'arte della veduta* cit., pp. 62-63, n. 4.
[14] B.A. Kowalczyk, *Bernardo Bellotto. La formazione di uno stile originale*, in *Bernardo Bellotto 1722-1780*, catalogo della mostra, a cura di B.A. Kowalczyk e M. Da Cortà (Venezia, Museo Correr), Milano 2001, pp. 11-12 (ed. inglese, *Bernardo Bellotto and the Formation of an Original Style*, in *Bernardo Bellotto and the Capitals of Europe*, catalogo della mostra, a cura di E.P. Bowron [Houston, Museum of Art], New Haven & London 2001, p. 9).
[15] D. Succi, in *Bernardo Bellotto detto il Canaletto*, catalogo della mostra, a cura di D. Succi (Mirano, Barchessa di Villa Morosini), Venezia 1999, p. 62.
[16] Per un recente compendio di studi su Zanetti, si veda: *Della grafica veneziana. Das Zeitalter Anton Maria Zanettis (1680-1767)*, catalogo della mostra, a cura di M. Matile (Graphische Smmalung ETH Zürich), Petersberg 2016 (e la recensione, B.A. Kowalczyk, *Anton Maria Zanetti the Elder and His Time, in* "Print Quarterly", XXXV, 1, pp. 98-101); *La vita come un'opera d'arte. Anton Maria Zanetti e le sue collezioni*, catalogo della mostra, a cura di A. Craievich (Venezia, Museo del Settecento Veneziano Ca' Rezzonico), Crocetta del Montello 2018. La corrispondenza di Zanetti – *Anton Maria Zanetti. Il carteggio*, a cura di M. Magrini – è in corso di pubblicazione presso la Fondazione Giorgio Cini, in collaborazione con la Fondazione Musei Civici di Venezia.
[17] M. Magrini, *Canaletto e dintorni. I primi anni di Canaletto attraverso le lettere dei contemporanei*, in *Canaletto prima maniera*, catalogo della mostra, a cura di B.A. Kowalczyk, con la collaborazione di C. Ceschi e S. Guerriero (Venezia, Fondazione Giorgio Cini), Milano 2001, p. 239, lettera n. 36.
[18] Dublino, National Library, Wicklow Papers, Ms. 38,599/13, *Letters to Hugh Howard, 1723-1729*, lettera del 28 agosto 1728.
[19] Dublino, National Library, Wicklow Papers, Ms. 38,599/13, *Letters to Hugh Howard, 1723-1729*, lettere del 25 marzo 1729, 21 ottobre 1729 e 24 marzo 1730.
[20] Dublino, National Library, Wicklow Papers, Ms. 38,599/13, *Letters to Hugh Howard, 1723-1729*, lettera del 16 aprile 1723.
[21] Erano legati dalla passione per il collezionismo di gemme e cammei; si veda D. Scarsbrick, *Connoisseurship in Gems - the 4th Earl of Carlisle's Correspondence with Francesco de Ficoroni and Antonio Maria Zanetti*, in "The Burlington Magazine", CXXIX, 1007, febbraio 1987, pp. 90-104.
[22] L'idea che fosse stato Zanetti a inviare a Castle Howard i dipinti di Bellotto è stata suggerita da chi scrive (Kowalczyk, *Il Bellotto veneziano nei documenti* cit., pp. 74 e 76, note 43-46); cfr. anche, per un parere diverso, D. Succi, in *Bernardo Bellotto* cit. (1999), pp. 66-67.
[23] Si veda nota 13.
[24] Si veda B.A. Kowalczyk, Delle Antiche Statue Greche e Romane *e i due Zanetti*, in *Venezia Settecento. Studi in memoria di Alessandro Bettagno* cit., pp. 221-227; C. Crosera, *Il volume* Delle Antiche Statue Greche e Romane, in *La vita come un'opera d'arte* cit., pp. 263- 275.
[25] R. Bandinelli, *I due Zanetti ad Anton Francesco Gori*, in *Lettere artistiche del Settecento veneziano, 1*, Vicenza 2002, pp. 360-361, lettera n. 177.
[26] Si veda M. Ingendaay, *"I migliori pennelli". I marchesi Gerini mecenati e collezionisti nella Firenze barocca. Il palazzo e la galleria 1600-1825*, 2 voll., Milano 2013.
[27] Cfr. B.A. Kowalczyk, *L'Apollon et Daphné de Giambattista Tiepolo, au Louvre. Nouveaux documents des archives Gerini*, in "La Revue des Musées de France. Revue du Louvre", 5-2011, pp. 84-92.
[28] Cfr. F. Borroni Salvadori, *I due Zanetti*, Firenze 1956; Bandinelli, *I due Zanetti ad Anton Francesco Gori* cit., pp. 343-370.
[29] M. Ingendaay, *Pompeo Batoni: le lettere, l'autoritratto e il rapporto con tre committenti toscani (Conti, Riccardi, Gerini)*, in *Intorno a Batoni*, atti del convegno (Roma, Palazzo delle Esposizioni), a cura di L. Barroero e F. Mazzocca, Lucca 2009, p. 137; sono probabilmente gli stessi esposti a Londra, St. James's Street, 26, alla *Exhibition of Pictures from the well known Gallery of the Marquis Gerini, Florence* e citati come "*View of Venice*" e "*View of Ducal Palace*" (lotti 10 e 14) nel catalogo senza data, ma presumibilmente del 1800-1813.
[30] Bandinelli, *I due Zanetti ad Anton Francesco Gori* cit., pp. 360-361, lettera n. 177.
[31] B.A. Kowalczyk, *Bellotto and Zanetti in Florence*, in "The Burlington Magazine", CLIV, 1306, gennaio 2012, pp. 24-31.
[32] *Scelta di XXIV vedute delle principali contrade, piazze, chiese e palazzi della città di Firenze* e *Vedute delle ville e d'altri luoghi della Toscana*, due album stampati da Giuseppe Allegrini a Firenze rispettivamente a luglio 1744 (G.M. Guidetti, in *Il Fasto e la Ragione. Arte del Settecento a Firenze*, catalogo della mostra, a cura di C. Sisi e R. Spinelli [Firenze, Galleria degli Uffizi]), Firenze 2009, p. 266; Ingendaay, "I migliori pennelli"cit., vol. I, p. 356) e in autunno-inverno 1745 (Ingendaay, "I migliori pennelli"cit., vol. I, p. 360).
[33] Archivio di Stato di Firenze (d'ora in poi citato come ASF), Fondo Gerini 1436 (*Filza 22*), *Ricevute dal 1736, al 1740*; Kowalczyk, *Bellotto and Zanetti in Florence* cit., p. 27.
[34] ASF, Fondo Gerini 1436 (*Filza 22*), *Ricevute dal 1736, al 1740*; Kowalczyk, *Bellotto and Zanetti in Florence* cit., p. 27. È molto interessante il fatto che Marieschi precisi di aver eseguito anche le figure; può essere una conferma che non in tutti i dipinti le figure sono di sua mano. Una quietanza senza data ritrovata tra le carte Gerini del 1719 (ASF, Fondo Gerini 5353; doc. 20) specifica i soggetti dei due "quadretti", *Piazza San Marco* e *Il ponte di Rialto*. I due pendant così descritti non sono riportati nei cataloghi ed elenchi ottocenteschi della collezione e non si ritrovano nei cataloghi dell'artista (R. Toledano, *Michele Marieschi: catalogo ragionato*, Milano 1995; F. Montecuccoli degli Erri, F. Pedrocco, *Michele Marieschi. La vita, l'ambiente, l'opera*, Milano 1999. D. Succi, *Michele Marieschi 1710-1743*, Castelfranco Veneto 2016.
[35] *Prospectus Magni Canalis Venetiarum*, Giambattista Pasquali, Venezia 1735 (quattrodici tavole); quando Marieschi inizia a incidere i suoi dipinti, Visentini sta già preparando la seconda edizione, aumentata di ventiquattro tavole, che uscirà nel 1742.
[36] La data del gioco del calcio sostenuto il 2 febbraio 1739 in piazza Santa Croce in onore di Francesco Stefano di Lorena e di Maria Teresa – soggetto del disegno inciso come ultima tavola, XXIV, della serie fiorentina (R.M. Mason, *Vues de Florence et de Toscane*, catalogo della mostra [Ginevra, Gabinetto di Stampe, Musée d'Art et d'Histoire], Ginevra 1974, n. 27) è il probabile termine *post quem* dell'intera serie di disegni; altri tre delle feste sono stati incisi come tavole XXI-XXIII.
[37] F.M.N. Gabburri, *Vite di artisti*, Firenze, Biblioteca Nazionale Centrale, Manoscritto Palatino, E.B.9.5., 1719-1741, vol. III, c. 1529.

[38] New York, Morgan Library & Museum; si veda *Views of Florence and Tuscany by Giuseppe Zocchi 1711-1767. Seventy Seven drawings from the Collection of the Pierpont Morgan Library New York*, catalogo della mostra, a cura di E. Evans Dee, New York 1968. Le due lastre incise da Zocchi fanno parte della prima serie delle *Vedute delle ville;* le cinque in cui incide le figure, di Bernardo Sgrilli, appartengono alla *Scelta di XXIV vedute... di Firenze* (Mason, *Vues de Florence et de Toscane* cit., nn. 30 e 47; nn. 7, 13, 18, 19, 24).

[39] L. Lanzi, *Storia pittorica della Italia*, Bassano 1795-1796, I, pp. 261-262.

[40] Gabburri, *Vite di artisti* cit., vol. III, c. 1529.

[41] ASF, Fondo Gerini 1436 (*Filza 22*), *Ricevute dal 1736, al 1740*; Kowalczyk, *Bellotto and Zanetti in Florence* cit., p. 28.

[42] Una serie di quietanze intestate agli incisori e di note dell'archivio Gerini permette di ricostruire la cronologia dell'esecuzione delle lastre e i costi dell'impresa (ASF, Fondo Gerini 1437, *Ricevute 1741-1744*; ASF, Fondo Gerini 1409; si veda G.M. Guidetti, in *Il Fasto e la Ragione* cit., pp. 262-266, n. 94 e pp. 276-280, n. 99; M. Ingendaay, *Un mondo di incisioni. Gerini promotori di imprese calcografiche*, in "I migliori pennelli" cit., vol. I, pp. 351-362, vol. II, pp. 169-188.

[43] Kowalczyk, *Bellotto and Zanetti in Florence* cit., p. 28.

[44] Ingendaay, "I migliori pennelli" cit., vol. I, p. 121, nota 94.

[45] P. Orlandi, G. Guarienti, *Abecedario pittorico del M.R.P. Pellegrino Antonio Orlandi... corretto e notabilmente accresciuto da Pietro Guarienti*, Venezia 1753, p. 101.

[46] G. De Juliis, *Appunti su una quadreria fiorentina. La collezione dei marchesi Riccardi, in* "Paragone", 375, 1981, pp. 56-93 (in particolare, pp. 61-62, 72, 73, 87, nota 57).

[47] Ivi, p. 62.

[48] Kozakiewicz, *Bernardo Bellotto* cit., vol. I, p. 34; G. Marini, *Il fiume e il castello. Precisazioni sul viaggio romano del Bellotto*, in "Artibus et Historiae", 24, 1991, p. 161.

[49] De Juliis, *Appunti su una quadreria fiorentina* cit., pp. 61-62, 87, nota 57.

[50] Un inventario dei dipinti di Andrea Gerini non è stato finora ritrovato. Ottanta dipinti più importanti sono stati incisi per le due edizioni della *Raccolta di stampe rappresentanti i quadri più scelti dei SS. Marchesi Gerini*, del 1759 e del 1786. Il catalogo più ampio della collezione, contenente 328 quadri, è quello noto del 1825, relativo alla prima vendita a Firenze (*Catalogo e stima dei quadri, e Bronzi esistenti nella Galleria del Sig. Marchese Giovanni Gerini*); la vendita successiva si svolge a Londra il 23 novembre 1836, presso Edward Foster. È anche noto l'elenco dei quadri steso per l'esportazione nel 1820 (M. Ingendaay, *Salvator Rosa a Firenze: precisazioni sui dipinti nella collezione Gerini*, in "Arte Cristiana", XCVII, n. 852, 2009, pp. 188-198, p. 192 e p. 197, note 31 e 32; Ingendaay, "I migliori pennelli" cit., vol. II, pp. 252-253) e il catalogo senza data, ma presumibilmente del 1800-1813, di ventisei dipinti, esposti a Londra a St. James's Street (cfr. nota 29).

[51] *Catalogue of Eight highly important Pictures, and Four splendid Drawings by Peter de Wint, the Property of the Right Hon. The Earl of Lonsdale; also, the valuable Collection of ancient and modern Pictures of the Baron Heath, F.R.S., F.S.A., deceased, late Italian Consul-General, which will be sold by Auction, by Messrs. Christie, Manson & Woods ... 8, King Street, St. James's Square ... March 8, 1879...*

[52] *Catalogue of the choice Collection of ancient and modern Pictures of that well-known Amateur Albert Levy, Esq., deceased; also, a valuable collection of Pictures by Old Masters, The Property of a Lady, including a fine series of Works of Canaletti ... .which will be sold by auction, by Messrs. Christie, Manson & Woods ... 8 King Street, St. James's Square... May 3, 1884...*

[53] J. Ingamells, *A Dictionary of British and Irish Travellers in Italy 1701-1800, compiled from the Brinsley Ford Archive*, New Haven - London 1997, p. 481.

[54] La convinzione che Bellotto fosse a Firenze solo nel 1742 ha implicato la precedenza delle invenzioni di Zocchi; si veda M. Gregori, *La veduta nella prima metà del Settecento: Zocchi e Bellotto*, in M. Gregori, S. Blasio, *Firenze nella pittura e nel disegno dal Trecento al Settecento*, Cinisello Balsamo 1994, pp. 155-214; V. Ponticelli e G.M. Guidetti, in *Il Fasto e la Ragione* cit., pp. 264 e 268.

[55] Vincenzo aveva sposato nel 1733 Maddalena Ortensia Gerini, figlia di Carlo, fratello di Andrea Gerini; De Juliis, *Appunti su una quadreria fiorentina* cit., p. 60; per il collezionismo della famiglia Riccardi, si veda *Stanze segrete: gli artisti dei Riccardi; i "ricordi" di Luca Giordano e oltre*, catalogo della mostra, a cura di C. Giannini e S. Meloni Trkulja (Firenze, Palazzo Medici Riccardi), Firenze 2005; per Vincenzo Riccardi, in particolare, De Juliis, *Appunti su una quadreria fiorentina* cit., pp. 60-62.

[56] De Juliis, *Appunti su una quadreria fiorentina* cit., p. 60. Un confronto preciso tra le idee e scelte dei due collezionisti potrà essere fatto quando verrà rinvenuto un inventario della raccolta di Andrea Gerini. È comunque significativo il fatto che tra il 1736 e il 1744 il patrizio fiorentino acquista quasi esclusivamente opere di artisti veneziani moderni, con poche eccezioni, come quella di Pompeo Batoni e Claude-Joseph Vernet. Si veda, per Batoni e Vernet, M. Ingendaay, *"Posso vantarmi di avere un gran Protettore". Il carteggio tra Pompeo Batoni e il marchese Andrea Gerini, 1740-1748*, in *Pompeo Batoni 1708-1787. L'Europa delle Corti e il Grand Tour*, catalogo della mostra, a cura di L. Barroero e F. Mazzocca (Lucca, Palazzo Ducale), Cinisello Balsamo 2008, pp. 372-401.

[57] Ringrazio Carolina Trupiano che, cogliendo la mia segnalazione (Kowalczyk, *Bellotto and Zanetti in Florence* cit., p. 29, nota 52) ha dedicato una ricerca (in corso di preparazione per la stampa) alle opere di Gaspar van Wittel presenti nella collezione Riccardi.

[58] A. Venturi, *I quadri di scuola italiana nella Galleria Nazionale di Budapest, in* "L'Arte", III, 1900, p. 236. I due Bellotto Riccardi sono stati alienati prima del 20 luglio 1810, quando viene steso l'inventario completo della collezione in funzione di un'asta; tra 452 dipinti elencati, un buon numero è semplicemente definito "venduto", senza una indicazione dell'autore e del titolo (ASF, Fondo Riccardi 278); l'inventario è citato in riferimento a Batoni (assieme a quello che documenta le vendite successive, ASF, Fondo Riccardi 279) da M. Ingendaay, *Pompeo Batoni* cit., p. 132, nota 10.

[59] Kowalczyk, *Bellotto e Zocchi* cit., pp. 75-84.

[60] Kozakiewicz, *Bernardo Bellotto* cit., vol. II, pp. 183-184, nn. 233, 235, 238, 241; per il quinto dipinto della serie, si veda E.P. Bowron, *Bernardo Bellotto: The Fortress of Königstein*, Washington 1993.

[61] S. Kozakiewicz, *Bernardo Bellotto* cit., vol. II, pp. 369-370, 374-375, nn. 424-427.

[62] S. Marinelli, *I lumi neri dell'illuminista*, in *Bellotto e Canaletto. Lo stupore e la luce* cit., p. 42. Nella sua biblioteca, distrutta nel bombardamento prussiano di Dresda a luglio 1760, Bellotto possedeva di Ludovico Antonio Muratori: *La Filosofia Morale esposta e proposta ai giovani*, Verona 1737; *Dei difetti della Giurisprudenza*, Venezia 1743; *Annali d'Italia dal principio dell'era volgare sino all'anno 1500*, Milano 1744 (Manikowska, *Bernardo Bellotto i jego drezdeński apartament* cit., pp. 322, 331, nn. 578, 774, 783).

[63] J. Fleming, *Prefazione*, in C. Sardi, *Vita lucchese nel Settecento*, Lucca 1968, pp. 7-20.

[64] H. Honour, in *Bernardo Bellotto. Verona e le città europee*, catalogo della mostra, a cura di S. Marinelli (Verona, Castelvecchio), Milano 1990, p. 64, n. 7.

[65] *Veduta panoramica della città, da nord*, Augusta [1745?] e *Veduta panoramica della città, da nord*, Augusta 1731; G. Bedini, G. Fanelli, *Lucca. Iconografia della città*, con la collaborazione di F. Lucchesi, E. Masiello, B. Mazza, Lucca 1998, vol. I, pp. 116-117 e pp. 112-113, nn. 178 e 167.

[66] A.M. Clark, *Pompeo Batoni. Complete Catalogue*, a cura di E.P. Bowron, Oxford 1985, pp. 220-221, 228-230, nn. 41, 44, 67-68, 69-70.

[67] Ingendaay, "I migliori pennelli"cit., vol. I, p. 192.
[68] A.V. Migliorini, *I Conti. Una famiglia di collezionisti del Settecento lucchese*, in *Le dimore di Lucca. L'arte di abitare i palazzi di una capitale dal Medioevo allo Stato Unitario. Convegno di Studi, Lucca, Palazzo Tucci, (2005), promosso e organizzato dall'Associazione Dimore Storiche Italiane-Sezione Toscana,* a cura di E. Daniele, Firenze 2007, pp. 257-261.
[69] Clark, *Pompeo Batoni* cit., pp. 297-298, n. 280, fig. 254; P.B. Kerber, in *Pompeo Batoni. 1708 1787. L'Europa delle Corti* cit., p. 300, n. 54
[70] *Anton Maria Zanetti. Il carteggio,* in corso di pubblicazione.
[71] Archivio di Stato di Lucca, *Pubblici Banditori*, 43, 1763 (Margherita Tegrimi); *Pubblici Banditori*, 48, 1783 (Andrea Bonseschi o Borreschi); *Pubblici Banditori*, 48, 1787 (Paolo quondam Giovanni Battista Sardini); *Pubblici Banditori*, 51, 1800 (Pietro e Giovanni Battista Pellini); S. Nelli, *Indicazioni archivistiche per l'arredamento lucchese dei secoli XVI-XVIII. Guida per l'accesso ai documenti*, in *Le dimore di Lucca*..., pp. 335-336; L. Tori, *Inventari delle quadrerie lucchesi contenute in alcuni fondi dell'Archivio di Stato di Lucca (gentilizi, notarili, dei* Pubblici Banditori), ricerca condotta nell'ambito del progetto del Ministero dei Beni Culturali, *500 giovani per la cultura*, 2016.
[72] F. Russell, *A Supplement to W.G Constable's Canaletto. Giovanni Antonio Canal, 1697-1768. By J.G. Links* (recensione), in "The Burlington Magazine", CXLI, 1152, marzo 1999, pp. 180-181.
[73] *Catalogue of the Collection of Important Pictures by Old Masters of Charles T.D. Crews, Esq., D.L., J.P., F.S.A., Deceased, Late of 41 Portman Square, W., and Billingbear Park, Berks... Will be Sold by Auction by Messr Christie's Manson &* Woods ... *on Thursday, July 1, and Friday, July 2, 1915*...; C. Beddington, in *Bernardo Bellotto and his circle in Italy & a masterpiece by Francesco Guardi*, catalogo della mostra (Londra, Charles Beddington Limited), London 2014 [s.p].
[74] *The Barbara Piasecka Johnson Collection, Renaissance & Baroque Masterworks*, Sotheby's, London, 8 luglio 2009, lotto 15.
[75] *Catalogue of Maps, Prints, Drawings, etc. Forming the Geographical and Topographical Collection attached to the Library of His late Majesty King George the Third, and presented by His Majesty King George the Fourth to the British Museum*, London 1829, vol. I, p. 722.
[76] A.P. Oppé, *English Drawings, Stuart and Georgian Periods, in the Collection of His Majesty the King at Windsor Castle*, London 1950, p. 10.
[77] Kozakiewicz, *Bernardo Bellotto* cit., vol. I, pp. 20, 62-63, vol. II, pp. 20, 25, nn. 25 e 24.
[78] Ivi, vol. I, pp. 25-26, vol. II, pp. 80, 83, n. 105; B.A. Kowalczyk, in *Bellotto e Canaletto. Lo stupore e la luce* cit., pp. 75-76, 273, n. 12.
[79] B.A. Kowalczyk, in *Bellotto e Canaletto. Lo stupore e la luce* cit., pp. 75, 78, 273, n. 13.
[80] Orlandi, Guarienti, *Abecedario pittorico* cit., p. 101.
[81] Kozakiewicz, *Bernardo Bellotto* cit., vol. I, p. 38; vol. II, p. 55, n. 77.
[82] Londra, Langford, 29-30 marzo 1759, lotti 34 e 35 del secondo giorno di vendita (Lugt, *Ventes*, 1041).
[83] ASF, *Raccolta Sebregondi*, n. 977; *Decima Granducale*, Campione del 1715, n. 3598: risulta di nuovo iscritto nella cittadinanza fiorentina nel 1746 e si richiama l'arroto del 1746, n. 2537 (nuova iscrizione, quartiere di Santa Croce, gonfalone Ruote); per questa notizia ringrazio la dottoressa Paola Conti dell'Archivio di Stato di Firenze.
[84] F. Mauroner, *Case di artisti veneziani del Settecento*, in "Le tre Venezie", XIX, 1944, nn. 7-12, p. 63.
[85] Per il fratello più giovane di Bernardo, si veda *Pietro Bellotti. Un altro Canaletto*, catalogo della mostra, a cura di C. Beddington, D. Crivellari (Venezia, Ca' Rezzonico, Museo del Settecento Veneziano), Verona 2013.
[86] B.A. Kowalczyk, *Il Bellotto veneziano* cit., pp. 69-72. Per la data di nascita di Michele (Michiel Bernardo Antonio Eugenio), B.A. Kowalczyk, *Il Bellotto veneziano* cit., pp. 68-69 e p. 76, *Appendice documentaria*, n. 2; per la data di morte, E. Boffa, *La stampa delle opere del Muratori (1767-1780) per Michele Bellotti stampatore vescovile*, in "Annali Aretini", XXI, 2013, p. 143, nota 6; Il *Registro dei Morti* della Fraternità dei Laici di Arezzo recita alla data 21 novembre 1778: "Michele fu Lorenzo Bellotti di Rovigo abitante in Arezzo sepolto in Pieve" (Reg. 897, c. 232v); la menzione di Rovigo, fuorviante per gli storici aretini che non hanno associato il loro amato tipografo con il pittore veneziano, si riferiva al padre Lorenzo che ha abbandonato la famiglia e Venezia nel 1725 circa.
[87] Christie's, Londra, 13 dicembre 2000, lotto 99 (come "attributed to Antonio Joli"; 63 x 76,5 cm; ubicazione attuale sconosciuta). Il dipinto, attribuito a Pietro Bellotti da C. Beddington (C. Beddington, in *Bernardo Bellotto and his circle* cit., p. 25, fig. 20) porta la falsa firma "ANT. CANAL F." e la scritta sulla tela di rifodero: "No. 68. Antonio Canaletto. F. 1741. Raccolta di quadri del Signor Marchese Gerini. Firenze". La scritta è di grande importanza, perché indica l'esistenza di un catalogo o l'inventario della raccolta, a tutt'oggi non ancora rinvenuto.
[88] Il Ponte Rosso fuori della Porta San Gallo a Firenze, costruzione della prima metà del XVI secolo in mattoni rossi sul torrente Mugnone, è ancora esistente, ma venne ricostruito in pietra nel 1868; nel Settecento era una zona di campagna. Michele richiede a Venezia, in vista del matrimonio, il certificato di stato libero, registrato dalla Curia Patriarcale il 19 novembre 1742 (Archivio della Curia Patriarcale di Venezia, Libro *Matrimoniorum 1742*, Foscari, n. II, n. 78, p. 476).
[89] Boffa, *La stampa delle opere del Muratori* cit., p. 144, nota 3.
[90] B.A. Kowalczyk, *Il 'prezioso' manoscritto della collezione Bettagno: l'*Indice *della Biblioteca di Zanetti*, in *Venezia Settecento* cit., pp. 31-36; B.A. Kowalczyk, *L'*Indice de' libri *di Zanetti e la ricostruzione della raccolta di disegni e stampe*, in *La vita come opera d'arte* cit, pp. 200-211.
[91] M. Ingendaay, *Epistolario di Anton Francesco Gori*, in *Marcantonio Franceschini. I cartoni ritrovati*, catalogo della mostra, a cura di G. Testa Grauso (Genova, Palazzo Ducale, Salone del Maggior Consiglio), Cinisello Balsamo 2002, p. 289, doc. 24 (parziale).
[92] De Benedictis, M.G. Marzi, *L'Epistolario di Anton Francesco Gori. Saggi critici, antologia delle lettere e indice dei mittenti*, Firenze 2004, p. 231.
[93] Archivio di Stato di Arezzo, *Tassa Macinato, 74, Trascrizioni Bocche*, anno 1758-1759, c. 79v e *Tassa Macinato, 96, Trascrizioni Bocche*, anno 1781, c. 118.
[94] Manikowska, *The rediscovery of Bernardo Bellotto's inventory* cit., p. 36; Manikowska, *Bernardo Bellotto i jego drezdeński apartament* cit., pp. 214, 351.
[95] *Vita del proposto Lodovico Antonio Muratori, già bibliotecario del Serenissimo Signore Duca di Modena, descritta dal proposto Gian-Francesco Soli Muratori suo nipote, e da Esso in quella nuova Edizione notabilmente accresciuta di Documenti inediti, e della Prefazione,* Tomo Primo, in Arezzo, Per Michele Bellotti Stampatore Vescovile all'Insegna del Petrarca, 1767.
[96] Boffa, *La stampa delle opere del Muratori* cit., pp. 143-144.
[97] *Bernardo Bellotto Canaletto i jego widoki Warszawy, XV Wystawa Towarzystwa Opieki nad Zabytkami Przeszlosci*, catalogo della mostra, a cura di T. Sawicki (Varsavia, Kamienica Baryczkòw), Warszawa 1922, p. 25: "È qui trascritto dai registri della chiesa della Visitazione l'atto di morte di Bellotto, avvenuta il 17 novembre 1780: '17. November Bernardus Canallety annos ... maritus Elisabetha morte subitanea extinctus sepultus apud Pres Capucinos de consensu' (*Libro dei Morti*, 1771-1788, p. 299)". Il documento originale è andato distrutto nel 1944, nell'incendio durante la Seconda guerra mondiale.

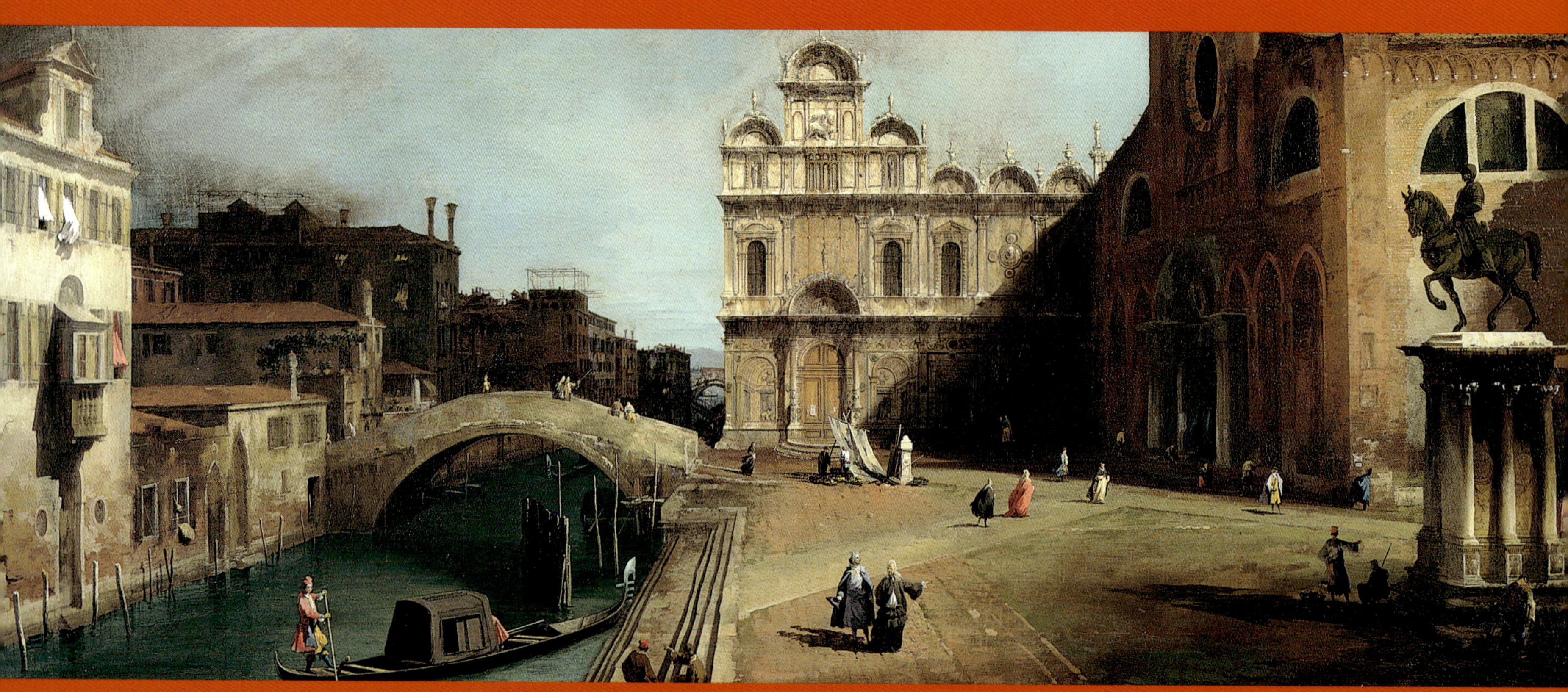

1. CARLEVARIJS E CANALETTO A LUCCA PRIMA DI BELLOTTO

Vedute di Venezia si trovano sovente negli inventari delle collezioni settecentesche lucchesi: per lo più anonime, alcune del pittore locale Gaetano Vetturali (1701-1783). Rarissimo incontrare il nome di Canaletto: le uniche opere sicure sono le quattro vedute commissionate all'artista da Stefano Conti (1654-1739), di famiglia comasca di mercanti, emigrata a Lucca nel Cinquecento e insignita del titolo nobiliare nel 1706. Luca Carlevarijs è l'altro vedutista veneziano collezionato solo da Conti.

La sua quadreria è formata con un'idea degna di un meticoloso uomo d'affari: solo dipinti contemporanei, veneziani e bolognesi (con uniche eccezioni di Guercino e Correggio), eseguiti appositamente e nelle dimensioni imposte, ogni quadro accompagnato da un certificato di mano dell'artista, con la descrizione del soggetto e la data dell'opera. Un agente, Alessandro Marchesini, pittore veronese residente a Venezia, ha il compito di individuare gli artisti più in voga e mediare i rapporti con Conti; egli stesso figura con ben quattordici tele tra i pittori della galleria. Le lettere di Marchesini inviate a Conti da Venezia e da Bologna tra il 29 aprile 1705 e il 9 aprile 1729, trascritte per volere del collezionista in un quaderno di 66 pagine assieme ai certificati (di questi gli originali si conservano alla Biblioteca Estense di Modena), destinato a essere stampato, sono una fonte non ancora esaurita di informazioni, nota e studiata fin da quando, nel 1956, ne diede notizia Francis Haskell (con un giudizio pungente sulla mediocrità delle scelte).

Luca Carlevarijs è tra i primi pittori veneziani entrati nella galleria: tra aprile e agosto 1706 consegna tre vedute di Venezia (doc. 1). Contattarlo assieme ai "veterani" della pittura veneziana di figura del momento (Fumiani, Bellucci, Lazzarini, Balestra) e richiedergli vedute – e non capricci con porti, per cui era noto –, sottraendolo alla committenza di stranieri residenti a Venezia e a quella dei viaggiatori britannici del Grand Tour, è un'idea brillante: i due dei tre dipinti ritrovati sono tra le primissime vedute note del pittore friulano e, datate con certezza, costituiscono un punto di riferimento per ogni considerazione sui suoi inizi (cat. 1).

L'operazione si ripete ancora, nel 1725, con la scoperta di un astro nascente, il giovane Canaletto, e la scelta, acutissima, di commissionare a lui vedute di Venezia e non più a Carlevarijs ("adesso è vecchio" ed è "superato di maggior stima dal signor Antonio Canale, che fa in questo paese stordire universalmente ognuno che vede le sue opere, che consiste sul ordine di Carlevari ma vi si vede lucer entro il sole"; doc. 2). Canaletto dipinge per Conti due coppie di vedute, emblematiche del suo genio, trasmettendo il suo amore per Venezia e per le sue atmosfere: *Il Ponte di Rialto, da nord* e *Il Canal Grande, verso nord, da palazzo Civran*, commissionate il 2 agosto 1725 e finite entro il 17 novembre di quell'anno, *Il Canal Grande con Santa Maria della Carità* e *Il Campo Santi Giovanni e Paolo* (cat. 2), consegnate il 15 giugno dell'anno successivo.

Con i Carlevarijs e i Canaletto Conti Lucca possiede già nei primi decenni del Settecento la più importante collezione di vedute di Venezia in Italia. Il terreno per la visita del giovane Bellotto è preparato.

L'asterisco, se presente nell'intestazione delle schede, indica che l'opera non è esposta

1

LUCA CARLEVARIJS

(Udine 1663 - Venezia 1730)

Il Molo con la Libreria e la Zecca verso la Punta della Dogana e la Salute, Venezia
1706

olio su tela; 63 x 92 cm
siglato entro il cartiglio sulla prima colonna della Libreria: "L.C."
Lucca, Polo Museale Regionale della Toscana, Museo Nazionale di Palazzo Mansi, 751

"Attesto io Luca Carlevarijs Pittore di haver fatto al Illustrissimo Signor Steffano Conti, due quadri di quarte 6 in larghezza e 4 in altezza. Nell'uno de queli vi è rapresentata la pescaria di Venezia con la Frabica della Ceccha, è granari Plubichi, con una parte del Canal Grande, oltre il qualle si vede la Chiesa di Santa Maria della Salute, et la Dogana di Mare, con Barche d'ogni sorte, è quantità di figurine, le maggiori delle quali saranno pocho meno di onze 3.
Nell'altro vi è rapresentata la vedutta di S. Giorgio Magiore oltre il Canal Grande, con varij Bastimenti e Barche piccole è molte figurine come nell'altro. è questi gle'li consegnai il mese d'Aprile 1706" (*Libro in cui si contengono varie Lettere*..., f. 57; doc. 1).
Luca Carlevarijs invia questo certificato di consegna di due vedute di Venezia il 23 luglio 1707, supplicando il suo committente, il nobile lucchese Stefano Conti, "à compatire se' troppo ò tardato in rispondere alla Gentilissima di Vostra Illustrissima à causa di essere statto quasi un mese fori di Venezia, et ora ritornato supliscò à miei doveri col esseguire li Comandi riveriti di Vostra Illustrissima, riceverà qui annesi li Atesttati..." (*Libro in cui si contengono varie Lettere*..., f. 55; doc. 1).

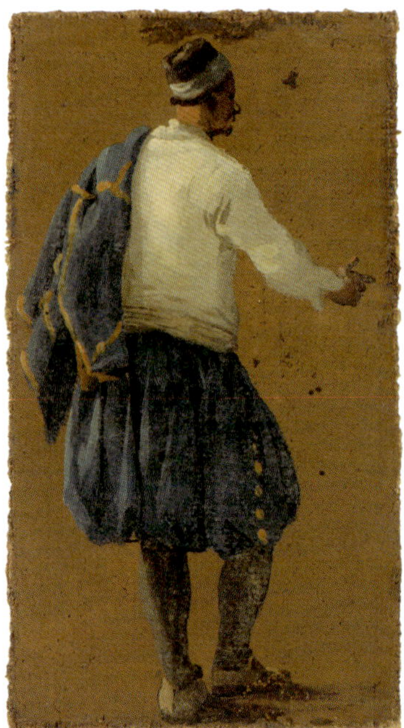

a. Luca Carlevarijs, *Uomo con la mantella sulle spalle*, 1700-1706, olio su tela, 17,4 x 9,4 cm. Londra, Victoria & Albert Museum, P.66-1938
b. Luca Carlevarijs, *Uomo con mantello nero*, 1700-1706, olio su tela, 16,7 x 9,3 cm. Londra, Victoria & Albert Museum, P.63-1938

L'esatta descrizione e la ricostruzione della storia dà certezza del riconoscimento della prima tela nel presente dipinto e della seconda nell'*Isola di San Giorgio Maggiore*, di collezione privata, presentata da Bonhams a Londra, 8 luglio 2009, lotto 90, e successivamente da Christie's a New York il 9 giugno 2010, lotto 102 (Betti 1997) (fig. c). Un terzo dipinto, una veduta più ampia della Piazzetta dal bacino di San Marco, consegnata in agosto 1706 e certificata con lo stesso invio, non è stato ancora ritrovato (*Libro in cui si contengono varie Lettere*..., f. 56; doc. 1).
Luca Carlevarijs, giunto sedicenne a Venezia nel 1679 con la sorella Cassandra, nel 1690 è registrato nella Fraglia tra quei "pittori ancora più instabili et senza fondamento, de' quali si sa semplicemente il nome", con accanto la nota: "al presente è fuori" (Favaro 1975, p. 217); era probabilmente a Roma e in Toscana, a raccogliere aggiornamenti e suggerimenti per la sua attività artistica. Le prime opere che gli si riconoscono sono le due scene bibliche della chiesa veneziana di San Pantalon, raffiguranti *Giuseppe venduto dai fratelli* e *Mosé fa scaturire l'acqua dalla roccia* e i tre ampi *Paesaggi* eseguiti verso la fine del Seicento per il palazzo Zenobio, dimora dei suoi principali mecenati nella parrocchia dell'Angelo Raffaele, dove tuttora si trovano (Rizzi 1967, pp. 23-24, 95, fig. 9-16). La sua preparazione scientifica, di *Mathematicae cultor egregius* e di architetto, gli permette di cogliere l'attualità e l'interesse internazionale per la veduta come genere artistico basato sull'applicazione delle regole dell'ottica e della prospettiva, sulla scia del successo di Gaspar van Wittel (1652/53-1736). Nel giro di pochissimi anni Carlevarijs diventa vedutista acclamato e specialista di scene storiche e delle rappresentazioni delle feste – tradizione introdotta a Venezia dal pittore di Augsburg Joseph Heintz il Giovane (1600 circa - 1678) – al servizio dei turisti del Grand Tour e dei diplomatici stranieri a Venezia, suoi principali clienti. Sono della fine della prima decade del Settecento i suoi capolavori ora a Birmingham, Schleissheim e Frederiksborg, nel J. Paul Getty Museum, Los Angeles, e nella Lehman Collection, Metropolitan Museum of Art, New York.
I due dipinti eseguiti per la celebre collezione del palazzo in via Pantera, oggi Fillungo, a Lucca, costituiscono un punto fermo nell'esiguo *corpus* delle prime vedute note del pittore friulano. Nel 1704, quando il collezionista lucchese e il suo agente Alessandro Marchesini fanno una visita a Venezia per conoscere i migliori artisti locali, Carlevarijs deve essersi già distinto come vedutista e non solo come pittore di capricci e incisore di 103 stampe (104 in edizione definitiva), pubblicate un anno prima presso Giovanni Battista Finazzi, *Le Fabriche, e vedute di Venezia* da lui stesso, come tiene con orgoglio a precisare, "disegnate, poste in prospettiva, et intagliate" (Carlevarijs 1703). I soggetti delle due vedute sono

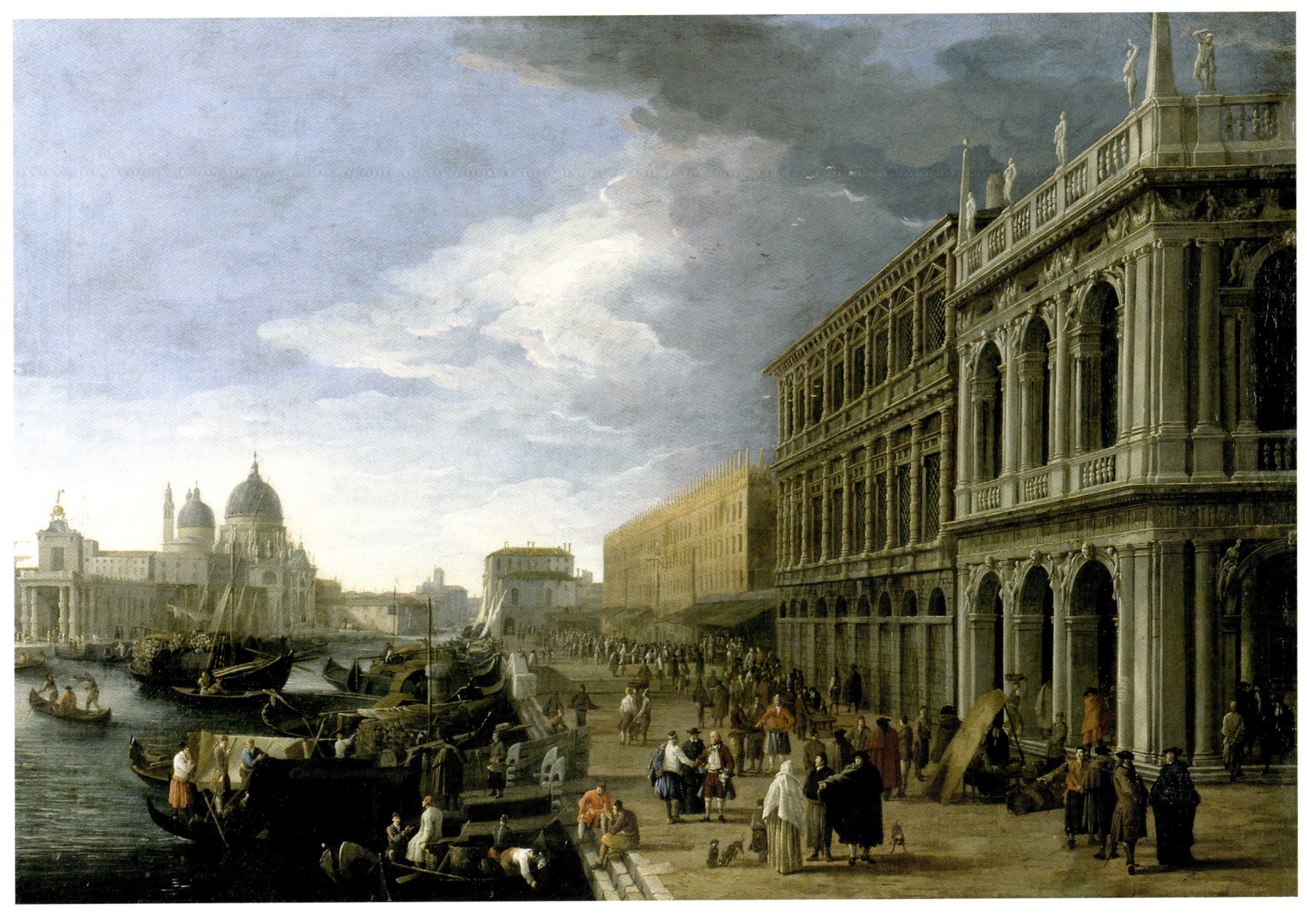

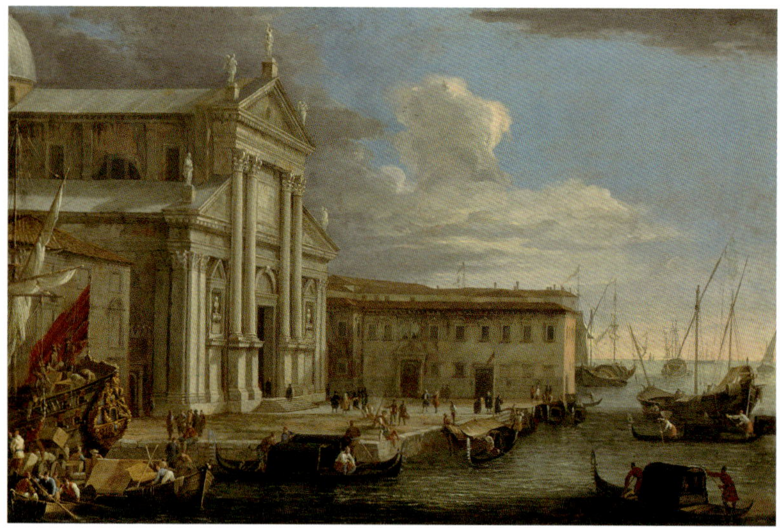

c. Luca Carlevarijs, *L'Isola di San Giorgio Maggiore,* 1706, olio su tela, 62 x 82 cm. Collezione privata, courtesy Chriestie's Images

stati forse discussi con lo stesso Conti, sfogliando l'album di acqueforti ma variando notevolmente le visuali delle stampe scelte (*Fabbriche, e vedute,* nn. 54 e 13). La raccolta, concepita come base compositiva delle proprie opere, diventa nel corso del secolo repertorio imprescindibile di tutto il vedutismo veneziano del Settecento.

Questo dipinto e il suo pendant presentano composizioni prospettiche sapientemente costruite con l'utilizzo della camera ottica e un linguaggio pittorico già formato, una tecnica sicura nella resa delle architetture, con una peculiare enfasi sulle decorazioni scultoree. Carlevarijs ha già iniziato a creare un repertorio di figure, secondo una sua pratica del tutto originale, schizzate dal vivo a penna su carta e riunite in album, alcune elaborate in dettagliati modelli a olio su tela (si vedano gli album al Museo Correr e al British Museum e i 49 studi a olio del Victoria & Albert Museum), per essere utilizzate in più dipinti: tra le colorate figure riunite qui in Piazzetta e sul Molo si distinguono già alcune sue sagome preferite, come l'uomo con la giacca bianca e i pantaloni blu e il gentiluomo avvolto in una mantella scura (fig. a, b). La luminosità contrastata, esaltata da cieli memori delle atmosfere di Pieter Mulier – il Cavalier Tempesta (1637-1701), trasferitosi a Venezia nel 1687 –, che all'azzurro lieve all'orizzonte e ai vaporosi cumuli bianchi e leggermente rosati accostano il grigio-scuro nelle nuvolaglie oblique in alto, e l'acqua dal colore verde cupo, con le onde bianche segnate con sicuri tratti paralleli, sono caratteri comuni alle sue prime vedute note: *L'ingresso dell'ambasciatore francese De Charmont a Palazzo Ducale, Venezia*, di collezione privata, realizzato probabilmente poco dopo il giorno dell'evento raffigurato, il 29 aprile 1703 (Succi 1991), e *San Giorgio Maggiore, dalla Piazzetta*, presentato alla vendita Christie's a Londra il 7 luglio 2000, lotto 81 (C. Beddington, in San Diego 2001, pp. 13, 32, fig. 14 a p. 17), che può essere precedente, per il carattere più arcaico delle figure, simili a quelle dei primi capricci – come i due pendant rinvenuti nei depositi del Museo Statale Ermitage di San Pietroburgo, firmati sul *verso* della tela e eccezionalmente datati 1700, *Capriccio con Ercole Farnese* e *Capriccio con il Ponte Rotto* (Artemieva 2018) –, figure che risentono dell'influenza dei pittori nordici attivi a Venezia, in particolare l'olandese Jacob de Heusch (1657-1701) e l'austriaco Johann Anton Eismann (1604-1698).

Nella versione del presente dipinto conservata alla Galleria Nazionale d'Arte Antica di Palazzo Corsini a Roma (Rizzi 1997, p. 94, tav. 57 e 58) la luminosità è più serena e diffusa, a indicare una datazione posteriore, del 1707-1708 circa.

I due Carlevarijs di Stefano Conti passano, nella divisione ereditaria, al nipote Carlo Giuseppe Innocenzo Conti, per entrare nel corso dell'Ottocento, probabilmente attraverso matrimoni, nella collezione Massoni. Si conservano, almeno per questo dipinto, le cornici descritte nell'inventario steso nel 1750 per la divisione della quadreria Conti, "dorate liscie cangianti" (Betti 1997, pp. 41, 43).

Bożena Anna Kowalczyk

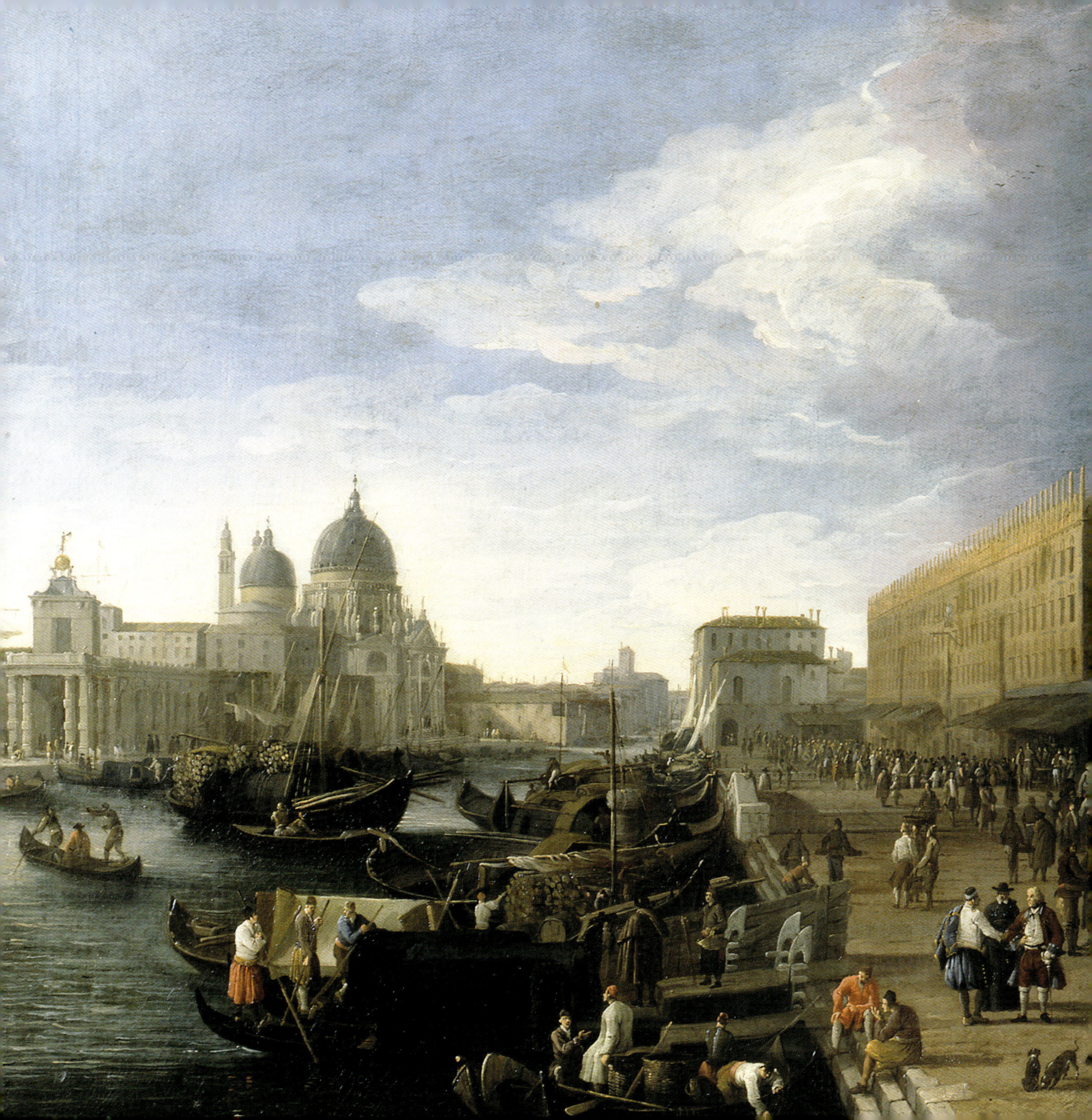

2

CANALETTO
(Venezia 1697-1768)

Campo Santi Giovanni e Paolo, Venezia
1726

olio su tela; 92,1 x 134,9 cm
*Torino, Pinacoteca Giovanni e Marella Agnelli

La bellissima storia delle quattro vedute di Venezia per Stefano Conti di Lucca inizia il 14 luglio 1725, con la lettera di Alessandro Marchesini al nobile lucchese (doc. 2). Marchesini, incaricato da Conti di commissionare due vedute a Luca Carlevarijs, scartato il pittore friulano ("superato di maggior stima dal signor Antonio Canale"), decide di rivolgersi al più giovane vedutista: "questo è mio amico che appoggerò le due opere" (doc. 2). Il 2 agosto Canaletto firma la ricevuta "a conto di due quadri di vedute" e il 4 del mese Marchesini attesta che il pittore "ha intrapreso le opere col maggiore sentimento di onore per servire Vostra Signoria Illustrissima" (Magrini 2001, lettere nn. 3 e 4). Si tratta di due vedute del Canal Grande, *Il Ponte di Rialto, da nord* e *Il Canal Grande, verso nord, da palazzo Civran* (C/L 234 e 230).
Agosto 1725: è un momento cruciale per il giovane Canaletto. Il suo *Campo Santi Giovanni e Paolo* (di maggiori dimensioni rispetto alla successiva versione Conti) viene acquistato il 16 del mese, alla festa di San Rocco, dall'ambasciatore imperiale conte Colloredo (Dresda, Gemäldegalerie; C/L 305; fig. a), il quale, oltre al probabile pendant, *Il laboratorio dei marmi* (Londra, The National Gallery; C/L 199), gli commissiona un'altra opera; lavora già per i suoi mecenati britannici, Joseph Smith e Owen Mc Swiny, dipinge per l'ambasciatore di Francia, conte

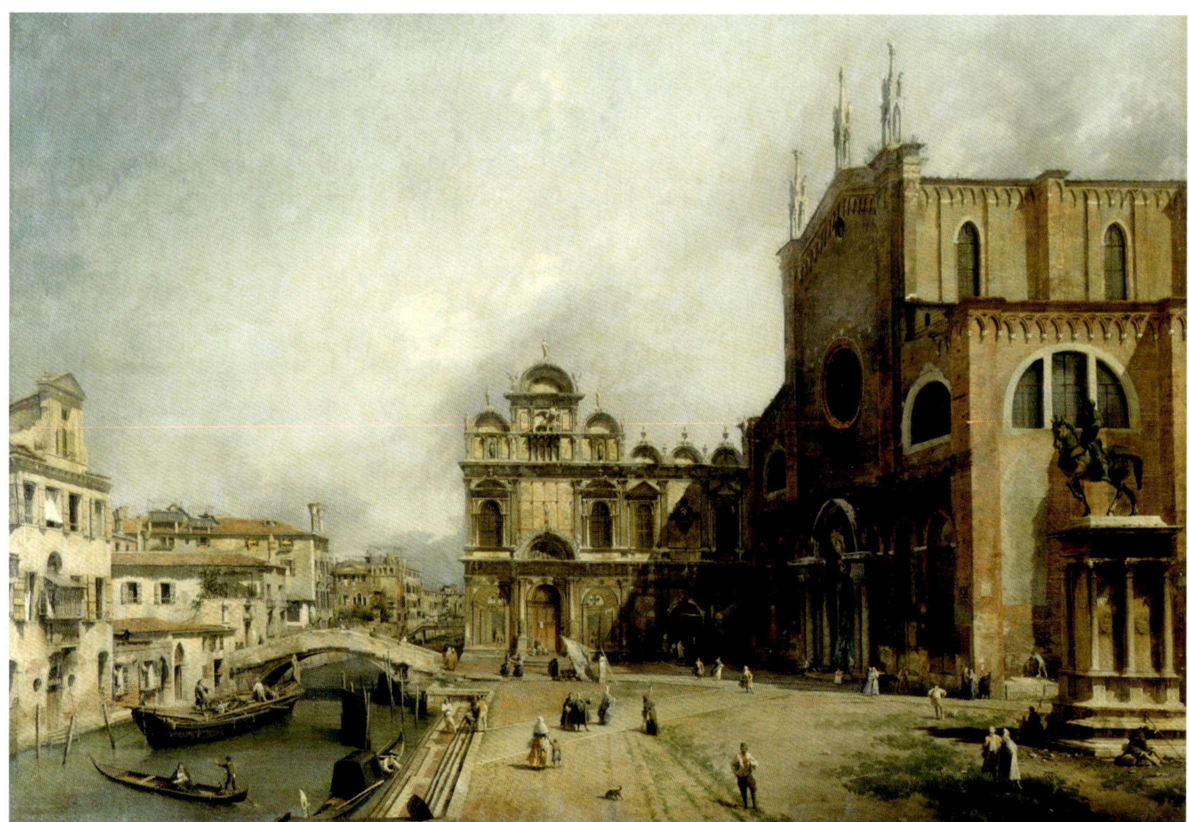

a. Canaletto, *Campo Santi Giovanni e Paolo, Venezia*, 1725, olio su tela, 126 x 167 cm. Dresda, Gemäldegalerie Alte Meister, Staatliche Kunstsammlungen Dresden, 582

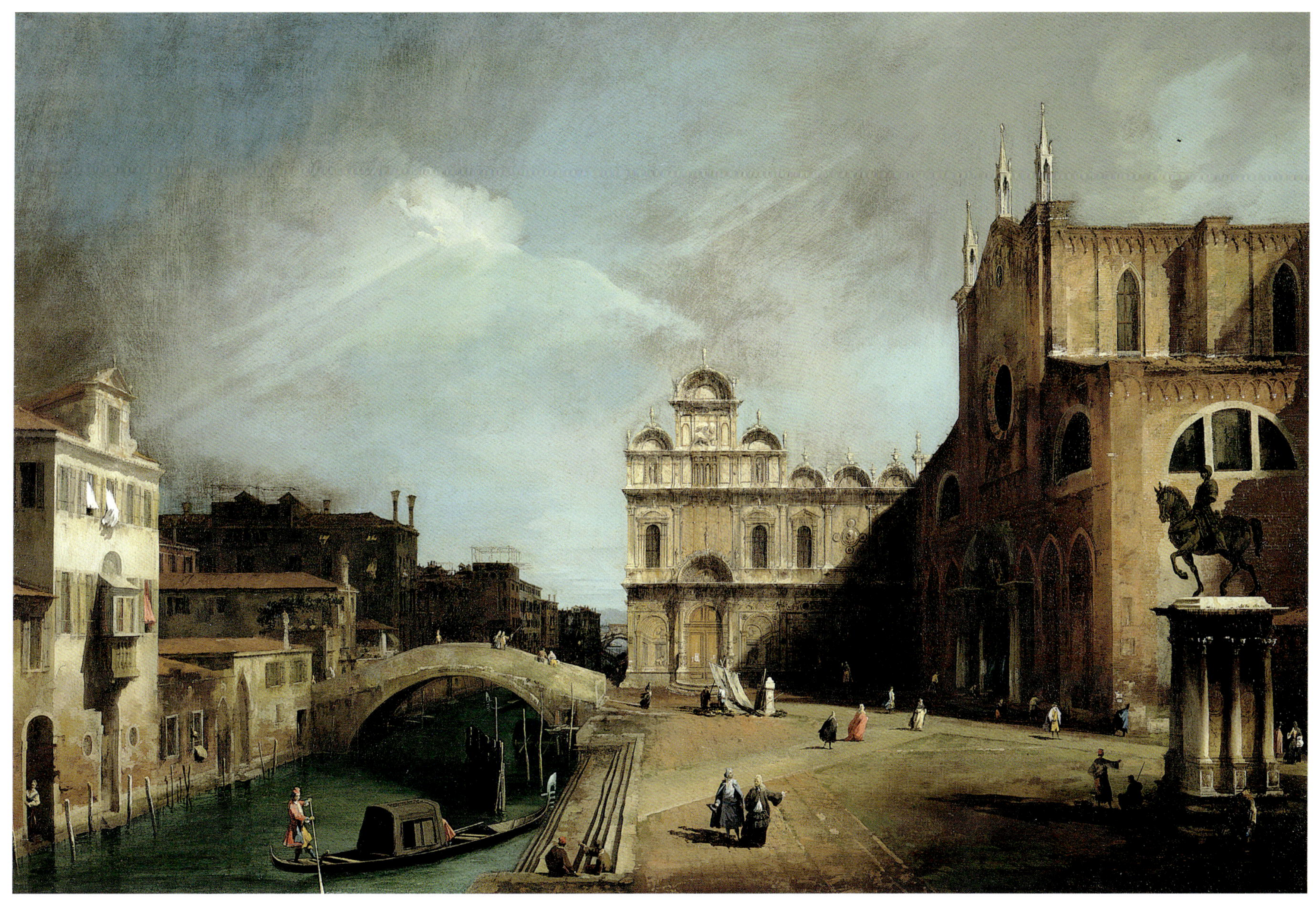

Jacques Languet de Gergy; ma la commissione di Stefano Conti, nonostante il nobile lucchese abbia ridotto il prezzo richiesto da 25 a 20 zecchini per quadro, viene accolta con un autentico entusiasmo e portata a termine, entro il 17 novembre 1725, con una singolare energia e spirito innovativo.
Già in quelle prime due vedute Canaletto abbandona la prepotente scenografia delle opere giovanili, abbozzate con colpi impetuosi di pennello, a favore di una rappresentazione più naturale, atmosferica, costruita attraverso il gusto del dettaglio e ben studiati episodi luministici; prosegue questo processo nella seconda coppia, ordinata ancora prima della consegna delle due vedute del Canal Grande. Il 2 febbraio 1726 Marchesini assicura che Canaletto "immediate darà dietro agl'altri due"; e solo il 4 maggio svela i soggetti, sorvolando, per il dipinto qui presentato, sul fatto che la composizione riprenda il dipinto dell'ambasciatore Colloredo, ma per il secondo, "la veduta della Carità", *Il Canal Grande con Santa Maria della Carità* (C/L 304), non può celare la derivazione dalla tela vista dal figlio Giovanni Angelo nella casa di Zaccaria Sagredo (Magrini 2001, lettere nn. 22 e 26; Kowalczyk 2018, p. 19, fig. 3).
In poco più di due mesi, lavorando anche su altre commissioni, Canaletto porta a termine le due opere, questa e il suo pendant; il risultato è spettacolare, per "the effective massing of light and shade, the sense of weight in the buildings and their distribution in space, and the mingled breadth and delicacy of handling" (Constable 1923). Le due composizioni sono in realtà tutte ridisegnate rispetto alle versioni precedenti, in ambedue cambiano i rapporti tra le architetture, alla ricerca di un maggiore equilibrio; e come nel caso della prima coppia Conti, Canaletto pensa all'effetto d'insieme, "per maggiormente che si vedesse in comparsa l'uno con l'altro, mentre così anco le due vedute va assieme" (Magrini 2001, lettera n. 12); ombre profonde avvolgono da destra metà delle due tele. Qui, le cuspidi della Scuola Grande di San Marco, inizialmente della stessa altezza di quelle del dipinto Colloredo, sono più alte, un ripensamento per bilanciare quelle della chiesa della Carità nel pendant; il monumento al Colleoni spostato in avanti e la statua equestre decisamente più grande e vigorosa; il Rio dei Mendicanti si allarga, avvicinandosi al Canal Grande del pendant e si apre la vista sulla laguna fino alla lontana catena montuosa, innovazione che verrà ripresa in una versione eseguita nel 1739 circa per Thomas Brand di Hoo (C/L 304, nota). La differenza più importante con il dipinto dell'ambasciatore cesareo si riscontra negli accentuati contrasti luministici e nella pittura drammatica del cielo, dove lo strato pittorico è talmente sottile da lasciare trasparire in alcuni punti la tela. Nella ricerca degli effetti atmosferici Canaletto traccia i particolari delle architetture "con una sostanza nera che, seccandosi, si è frantumata in segmenti composti di microscopici granuli, riuscendo così ad ammorbidire le linee e a fonderle con elementi circostanti"; così riesce a "insinuare" nella facciata della Scuola Grande di San Marco dalla meravigliosa decorazione scultorea e a trompe-l'oeil "le folate di nebbia così tipiche del clima veneziano" (Pemberton-Pigott 2001, p. 214).
I quattro dipinti, che hanno lasciato Lucca nel 1832, sono ritornati in Italia nel 2001 ed esposti a Venezia, alla Fondazione Giorgio Cini. L'avvocato Gianni Agnelli volle generosamente rendere queste importanti opere partecipi della mostra dedicata alla *prima maniera* di Canaletto, appena dopo il magnifico acquisto, ancor prima di esporle nella sua nuova Pinacoteca al Lingotto.

Bożena Anna Kowalczyk

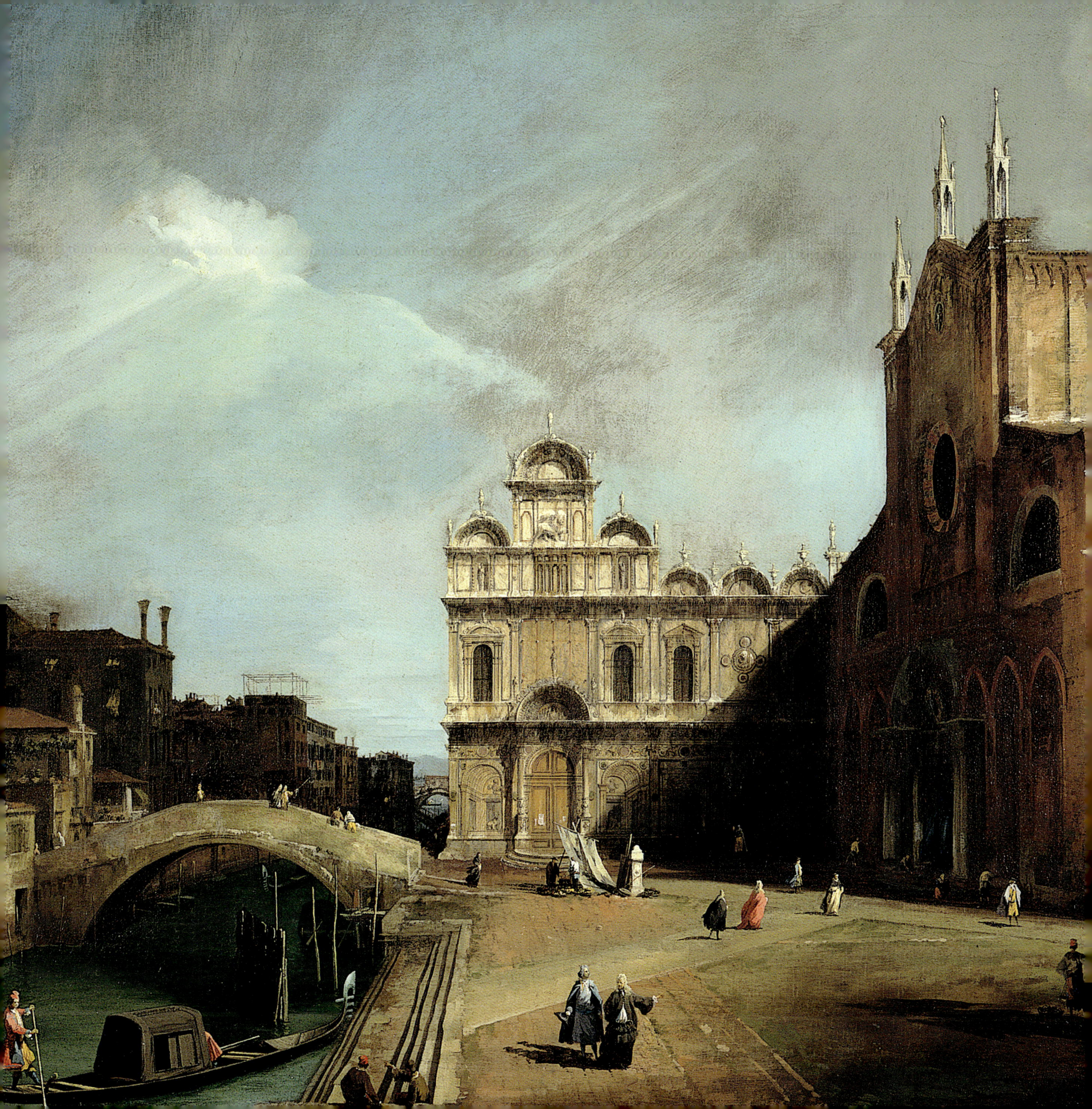

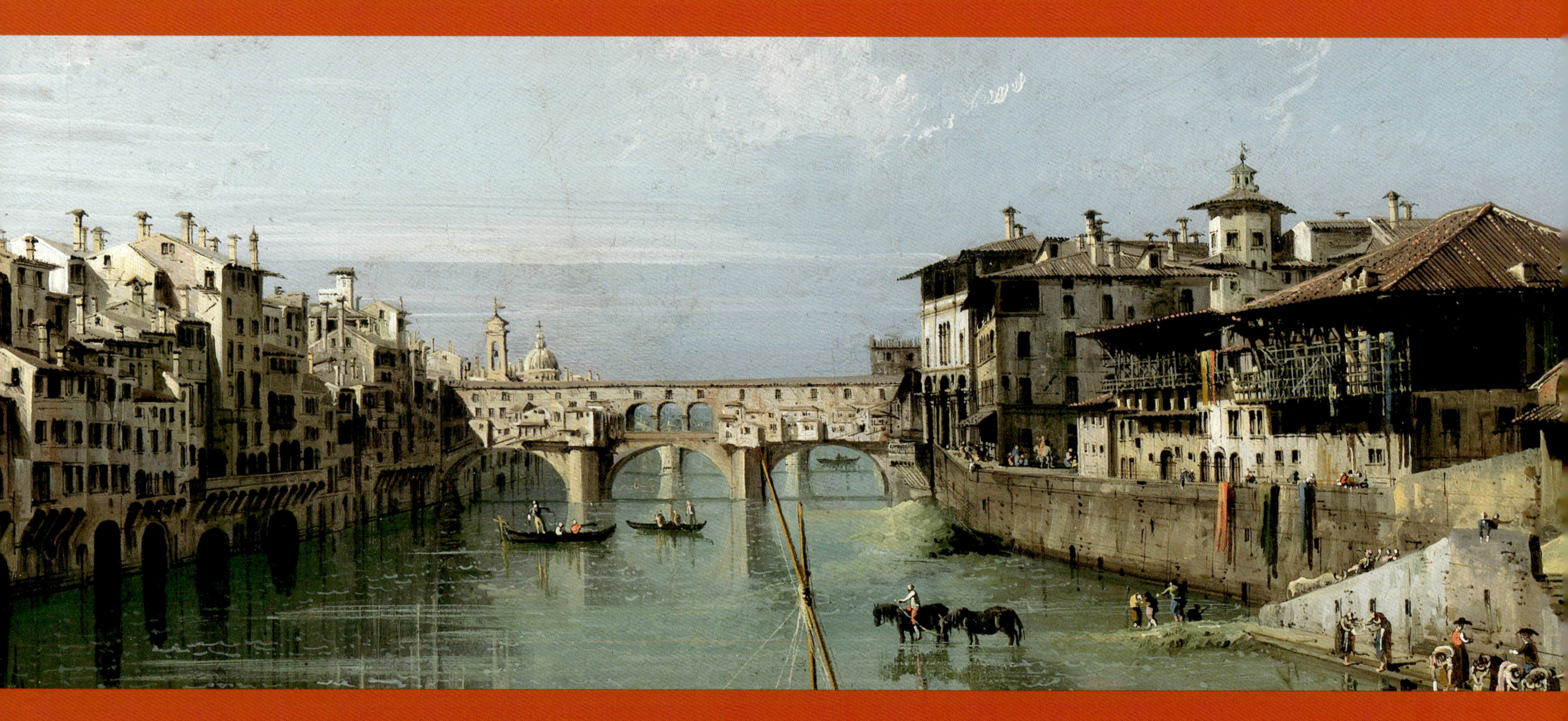

2.
BELLOTTO A FIRENZE

Una concorrenza di idee coraggiose e brillanti è all'origine del viaggio di Bellotto a Firenze nel 1740. La prima, e fondamentale, è quella architettata dal marchese Andrea Gerini (1692-1766) con il conoscitore e antiquario veneziano, Anton Maria Zanetti di Girolamo (1680-1767), suo amico e consigliere, di dare vita al vedutismo fiorentino (cfr. cat. 3). Due serie di stampe, *Scelta di XXIV vedute delle principali contrade, piazze, chiese e palazzi della città di Firenze* e *Vedute delle ville e d'altri luoghi della Toscana*, pubblicate a spese del marchese a Firenze nel 1744-1745, ne sono il risultato più clamoroso. La seconda idea è quella di conferire al nascente vedutismo fiorentino del Settecento la modernità illuminista di Canaletto, invitando a Firenze il nipote e allievo Bernardo Bellotto, come maestro di prospettiva e tecnica pittorica e d'esempio per Giuseppe Zocchi (1717-1767), squisito pittore di figura e di paesaggio di casa Gerini (cfr. cat. 9). Affidare questa impresa a un artista diciottenne significava riconoscere il suo genio: Zanetti, mecenate di Bellotto, uno dei personaggi più abili, brillanti e innovativi nel mondo culturale del Settecento, era infallibile nelle sue intuizioni. Per Bellotto, lasciare Venezia per qualche mese, nel momento del maggiore successo della pittura di vedute, era una scelta audace ma ponderata: sulla laguna, dove imperava Canaletto, il giovane nipote e allievo che anelava all'autonomia era solo un ripiego.

Il 22 aprile 1740 Bernardo Bellotto riceve da Zanetti trentasei filippi (equivalente a 20 zecchini, poco più del prezzo di un quadro piccolo di Canaletto) per conto di Gerini (doc. 3); poco dopo arriva a Firenze, dove dipinge quattro tele per il nobile fiorentino, pagate il 30 settembre di quell'anno la considerevole somma di 84 zecchini (oltre all'"imprestito" di 20 zecchini del 20 agosto) (doc. 4-6): due sono ora individuati, *L'Arno al Tiratoio verso il Ponte Vecchio* e *L'Arno dalla Vaga Loggia, con San Frediano in Cestello*, di collezione privata (cat. 7 e 8). Un'altra coppia di vedute di Firenze è registrata nel 1741 nella collezione del marchese Vincenzo Riccardi (1704-1752), amico e parente di Gerini (doc. 8): *Piazza della Signoria, verso est* e *L'Arno dal Ponte Vecchio* del Museo di Budapest (cat. 5 e 6). I documenti fiorentini sono i primi ad attestare l'attività di Bellotto come vedutista che nella città toscana si firma orgogliosamente "Bernardo B. detto il Canaletto"; nell'inventario Riccardi è chiamato *tout court* "Canaletto".

La dipendenza della composizione dell'*Arno dalla Vaga Loggia, con San Frediano in Cestello* (cat. 8) da un disegno di Zocchi, preparatorio per una stampa della *Scelta di XXIV … vedute di Firenze*, già intuita da Mina Gregori, si conferma ora e si spiega con la committenza di Andrea Gerini, anche sulla base di altri documenti recentemente rinvenuti nel formidabile archivio di famiglia (Ingendaay 2013), dal 2004 parte dell'Archivio di Stato di Firenze (cat. 8 e 9). Nel 1743-1744 circa Bellotto riceve l'incarico di eseguire altre due vedute dell'Arno, forse da parte del nobile fiorentino Giovanni Battista Borri, a contatto con Zanetti e Gerini (cat. 10 e 11). Mentre a Venezia i principali clienti della veduta sono i turisti britannici del Grand Tour, a Firenze è il patriziato a contendersi le opere di Bellotto e Zocchi, un riconoscimento della veduta come espressione artistica e dichiarazione dell'amore per la propria città nei primi anni del governo dei Lorena.

3

GIUSEPPE ZOCCHI

(Firenze 1717-1767)

Ritratto di Anton Maria Zanetti di Girolamo e del marchese Andrea Gerini
anni quaranta del Settecento

olio su rame; 37,5 x 29 cm
Venezia, Ca' Rezzonico, Museo del Settecento Veneziano, Cl. I. 144

Iscrizioni: sulla lettera, "ILL.MO SIG. A.M. ZANETTI Q. JER.VENEZIA"

"De' disegni ho ciò che mi basta, e di tutti gli autori", afferma Anton Maria Zanetti di Girolamo il 24 luglio 1728, rivelando a Francesco Maria Nicolò Gabburri, amico fiorentino e anch'egli collezionista di altissimo rango, il desiderio di dedicarsi quindi allo "studio distinto di pietre antiche e cammei" (Bottari, Ticozzi 1827, lettera n. LXXIV, p. 185).

La passione per gemme e medaglie, coltivata nei decenni a seguire e coronata nel 1750 dall'edizione dalla *Dactyliotheca*, il catalogo della propria raccolta, è documentata dal fitto carteggio con i maggiori intenditori e collezionisti del tempo, William Cavendish, II duca di Devonshire (1672-1729), Hugh Howard (1675-1737), Henry Howard, IV conte di Carlisle (1694-1758), Charles Spencer, IV duca di Marlborough (1739-1817), Joseph Wenzel I, principe del Liechtenstein (1696-1772) e l'erudito fiorentino Anton Francesco Gori (1691-1757).

Questo piccolo rame è un ulteriore documento del coinvolgimento del conoscitore veneziano nel nobile e colto piacere collezionistico. Nello stesso tempo, costituisce una squisita conferma del rapporto di stretta, intima amicizia con il marchese Andrea Gerini e della condivisa passione per le gemme. Del loro carteggio che doveva essere fittissimo – alluso qui dalla lettera in mano a Zanetti – si conservano solo due lettere tarde, del 13 aprile 1754 e del 3 gennaio 1761, ambedue a testimonianza del comune vivissimo interesse per il mercato antiquario dei dipinti (*Anton Maria Zanetti. Il carteggio* c.s.). Dagli ultimi mesi del 1737 Zanetti è documentato come agente di Gerini, artefice delle commissioni e degli acquisti dei dipinti veneziani contemporanei di Francesco Zuccarelli, Michele Marieschi, Bernardo Bellotto, Bartolomeo Nazzari e Giambattista Pittoni: le loro opere arricchiranno notevolmente la collezione del marchese.

Terisio Pignatti nel 1960 è stato il primo a collegare questa piccola *conversation piece* con Zanetti ma il corretto riconoscimento di ambedue i protagonisti e dell'autore è merito di Francis Haskell che associò il rame, nello stesso 1960, a un dipinto della collezione di Giovanni Maria Sasso, messo in vendita nel 1803 poco dopo la morte del collezionista e antiquario veneziano e così descritto nel catalogo: "Ovato in rame, col Ritratto del celebre Anton-Maria Zanetti, in compagnia del Marchese Gerini, che osservano Cammei, del Zocchi, ovale altezza 1 piede, lunghezza 10 oncie" (*Catalogo de' quadri* [1803], n. 381). Il fatto che i cammei e le medaglie siano al centro dell'attenzione dei due suggerisce a Haskell una datazione vicina alla pubblicazione della *Dactyliotheca*, il 1749 circa. A questa cronologia àncora il dipinto anche Martina Ingendaay, concorde D. D'Anza, ritenendo la figura di Gerini una ripetizione da un'altra opera di Zocchi, *Ritratto di un gruppo di gentiluomini*, di collezione privata, da lei datata al 1749, soprattutto sulla base del riconoscimento di uno dei personaggi, l'abate Lorenzo Lorenzi (?-1797/8), il cui arrivo a Firenze "la storiografia fissa" a quell'anno (Ingendaay 2013, pp. 91, 113-114).

Giuseppe Zocchi era un artista versatile e poliedrico ma il ritratto è raro nel suo repertorio. L'unica prova datata con certezza in questo campo è il suo arguto autoritratto, disegnato prima della partenza per Roma nel luglio 1744 e inciso da Johann Gottfried Seuter nel 1745 per il frontespizio delle *Vedute delle ville, e d'altri luoghi della Toscana* (Genève 1974, n. 28).

Andrea Gerini è qui serenamente impegnato a esibire un cammeo o una medaglia di notevoli dimensioni con una testa femminile; non solo la porge all'attenzione dello spettatore, tenendola dispiegata nella mano destra, ma la indica anche con la sinistra; nello stesso tempo Zanetti mostra soddisfatto una lettera a lui stesso indirizzata. Il contenuto di questa lettera è destinato a rimanere misterioso fino al suo auspicato ritrovamento, ma è certamente collegato alla medaglia esibita da Gerini. La commissione di questo dipinto appare dunque direttamente stimolata da una conquista collezionistica, importante e appagante per ambedue i protagonisti. Il committente dell'opera è certamente Andrea Gerini – era mecenate di Zocchi – e la scelta delle piccole dimensioni, del supporto metallico e il formato ovale, del tutto eccezionali nella produzione dell'artista, sono una ben pensata allusione alla comune passione, qui celebrata. L'età dei personaggi ritratti indica una datazione certamente contenuta entro il quinto decennio.

Gerini può aver incontrato Zanetti a Venezia nel 1737, ma non risulta che il veneziano sia stato suo ospite a Firenze; Zocchi è documentato nella città lagunare solo nel 1749 e le ipotesi dei suoi soggiorni precedenti non trovano sostegno nelle carte d'archivio (Kowalczyk 2012, p. 27; Ingendaay 2013, p. 107). Questo doppio ritratto, in cui le fisionomie sono definite con spirito e finezza, è dunque una scena puramente immaginaria. L'ambientazione è fiorentina, il tavolo e il busto scultoreo sono quelli del *Ritratto di un gruppo di gentiluomini* qui sopra citato, ripreso in una stanza del palazzo Gerini. Anton Maria Zanetti è raffigurato nella stessa angolazione in cui l'aveva ritratto Rosalba Carriera negli anni venti per la nota stampa di Giovanni Antonio Faldoni, parte degli album di *Chiaroscuri*. Un esemplare di questa ammirevole impresa incisoria, menzionato al suo arrivo a Firenze nelle "Novelle letterarie" del giugno 1741, era nella biblioteca di Gerini, dono dell'amico Zanetti.

Bożena Anna Kowalczyk

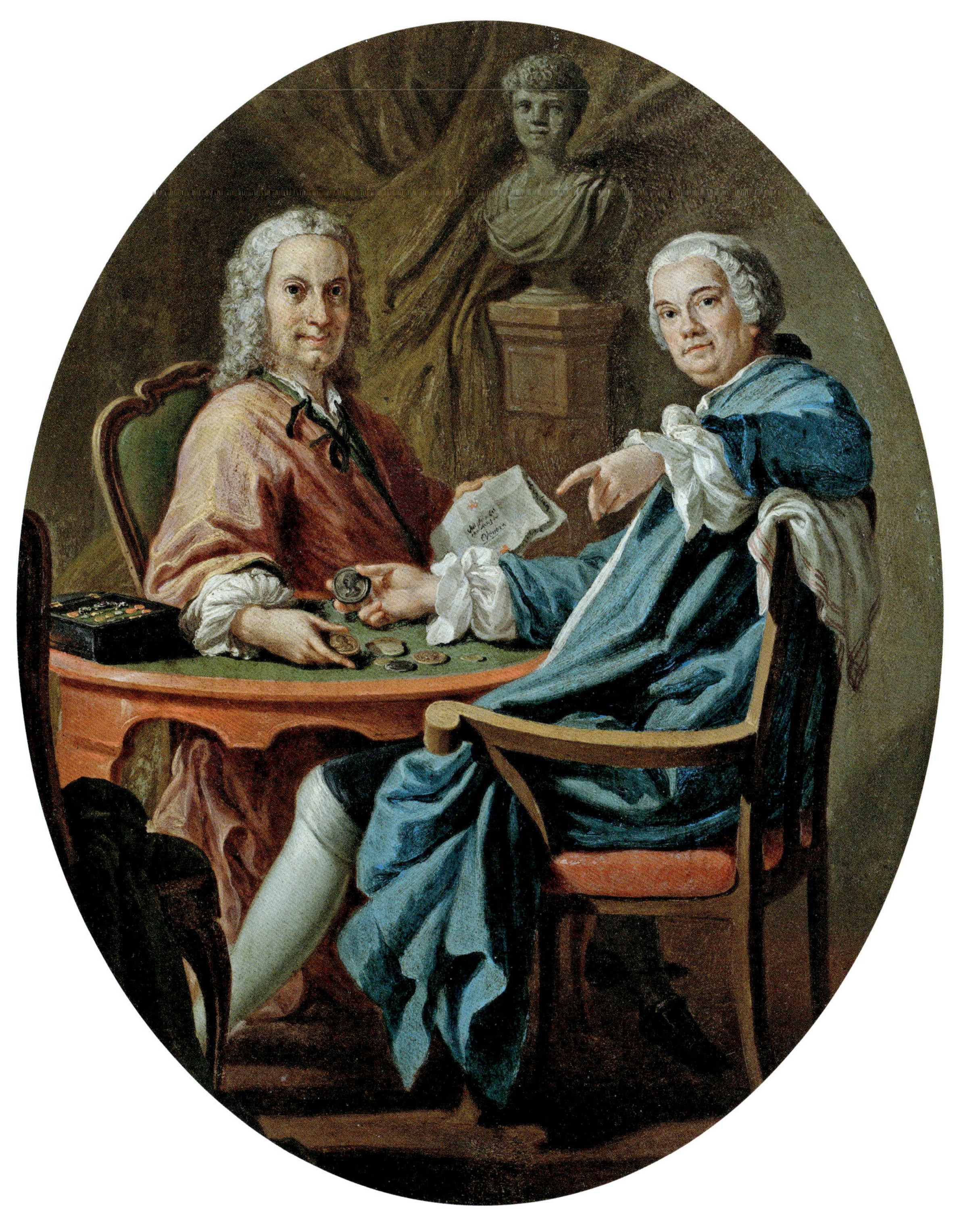

4

Camera ottica
Venezia, XVIII secolo

legno, vetro e specchio; 38 x 24,2 x 22,5 cm
Venezia, Fondazione Musei Civici di Venezia, Museo Correr, Cl. XXIX, s.n. 30

Iscrizioni: a solchi sulla ribalta, "A. CANAL".

La camera ottica o oscura è uno strumento basato sul principio della proiezione di un'immagine su una superficie attraverso un foro su cui è applicata una lente. Il principio, lo stesso della visione dell'occhio umano, è noto fin da Aristotele. Applicato nella costruzione di apparecchi ottici, trova utilizzo nel campo topografico, scientifico, militare e soprattutto artistico fin dalla prima metà del Quattrocento. Il perfezionamento di questi strumenti procede di pari passo con il progresso degli studi nel campo della prospettiva e dell'ottica, da Leonardo da Vinci a Giovanni Keplero. Nel Settecento vengono prodotte le apparecchiature più sofisticate, come la camera ottica a operatore interno e specchio esterno, illustrata nell'*Encyclopédie* di Diderot e D'Alembert nel 1753, o quella portatile, "a libro", utilizzata dal pittore Sir Joshua Reynolds, ora allo Science Museum di Londra. È noto che l'inventore della fotografia – Nicephore Niepce (1765-1833) – si servì per le sue ricerche del metodo di fissare l'immagine di due camere oscure con lenti concave, acquistate a Parigi nel 1826.
La camera ottica del Museo Correr di Venezia, dono di Luigi Vason nel 1901, recante la scritta "A. CANAL" che suggerisce la sua appartenenza a Canaletto, è una semplice scatola in legno. Di piccole dimensioni, dunque portatile e utilizzabile *en-plein-air*, rappresenta il genere più noto, a specchio interno, utilizzato dai pittori di paesaggio e di vedute sin dalla seconda metà del Seicento.
Lo specchio interno, inclinato a 45 gradi, riflette l'immagine, introdotta all'interno attraverso il piccolo foro stenopeico fornito di lente concava, sullo schermo di vetro opalino smerigliato, collocato nella parte superiore della scatola. Appoggiando la carta oleosa e trasparente sul vetro, è possibile disegnare i contorni dell'immagine, riflessa invertita destra/sinistra. Da questo dato documentario parte il lavoro dell'artista, agevolato nella ripresa dei dettagli e della prospettiva; i risultati tuttavia dipendono soprattutto dalla sua preparazione e sensibilità artistica. L'utilizzo di strumenti ottici, professato e anche consigliato nel Settecento dai critici d'arte – si vedano gli scritti di Anton Maria Zanetti di Alessandro (1771), di Francesco Algarotti (1792) e di Pierre-Jean Mariette (*Abecedario* 1851-1853) –, porta infatti a creazioni d'arte originali solo se si è capaci di "correggerne i difetti", come lo era, notoriamente, Canaletto. Gli esperimenti condotti con lo strumento del Museo Correr, a iniziare da Terisio Pignatti, che confrontano gli schizzi dell'album delle Gallerie dell'Accademia di Venezia con riprese effettuate con questo strumento, mettono tuttavia in dubbio il suo utilizzo da parte del maestro.

Bożena Anna Kowalczyk

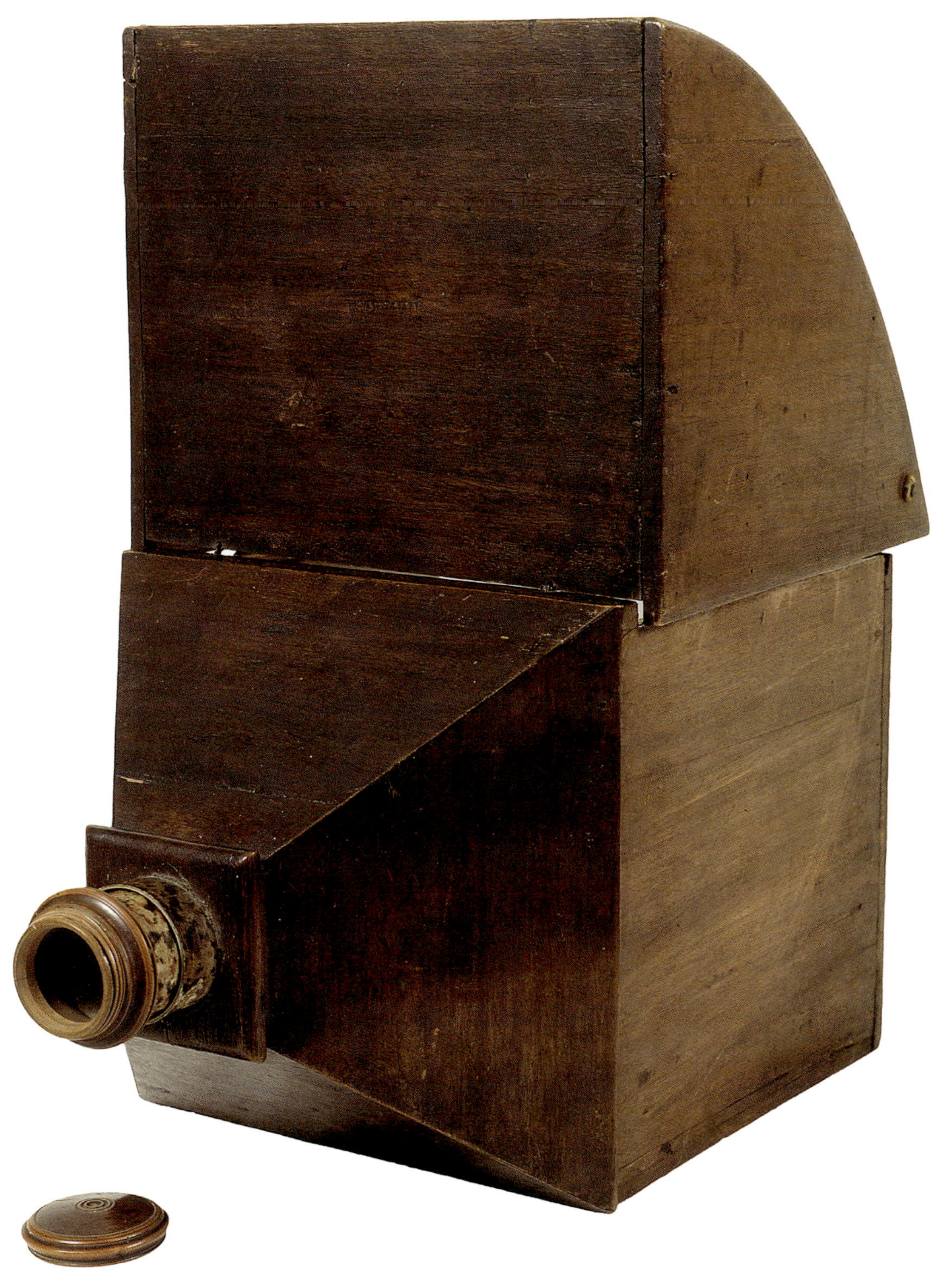

5

BERNARDO BELLOTTO

(Venezia 1722 - Varsavia 1780)

Piazza della Signoria, verso est, Firenze
1740

olio su tela; 61 x 90 cm
Budapest, Szépművészeti Múzeum, 645

Questo straordinario dipinto è unico nel repertorio del vedutismo fiorentino a documentare l'aspetto della Piazza della Signoria, cuore politico e culturale della capitale toscana, vista dal lato ovest verso il Palazzo Vecchio. Un precedente è l'acquaforte di Jacques Callot (1592-1635), a Firenze tra il 1612-1721 al servizio di Cristina di Lorena, dalla serie dei *Capricci*, parte di un piccolo nucleo di stampe con le rappresentazioni delle feste, del 1617-1720 circa; ma Bellotto adotta una composizione prospettica diversa, serrata e frontale, e una descrizione accurata, precisa, "pietra per pietra", conformi alla lezione di Canaletto. Una 'venezianità' che colpisce Adolfo Venturi alla sua visita al Museo di Budapest nel 1900, che definisce questa tela e il pendant, *L'Arno dal Ponte Vecchio fino a Santa Trinità e alla Carraia* (cat. 6): "Le curiose vedute fiorentine interpretate alla veneziana da Bernardo Bellotto" (Venturi 1900, p. 236). Agli ampi tagli prospettici del vedutismo fiorentino del Seicento s'ispira con maggiore coesione Giuseppe Zocchi (Firenze 1717-1767), come dimostra il disegno preparatorio all'acquaforte raffigurante "la Festa degli Omaggi" ai sovrani di Lorena in visita in Toscana, del 24 giugno 1739, nello scenario della Piazza raffigurata da nord, verso la Loggia dei Lanzi (fig. 6, p. 21) (New York, Morgan Library & Museum, 1952.30:25; New York 1968-1969, n. 25; Genève 1974, n. 26); Zocchi dipinge nel 1740-1742 circa la stessa composizione prospettica con scene di vita quotidiana, dimostrando invece con la descrizione delle architetture e la profondità delle ombre una stretta adesione a Bellotto (Sotheby's, Londra, 11 dicembre 2003, lotto 44; fig. a).

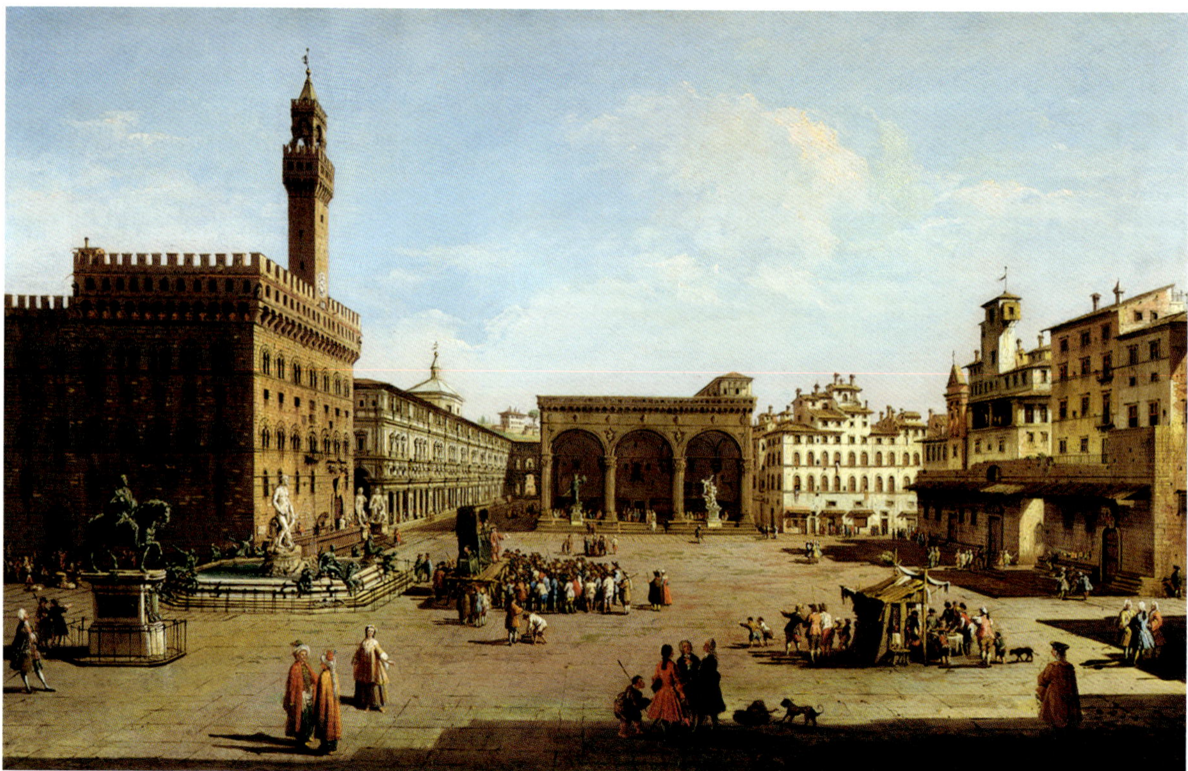

a. Giuseppe Zocchi, *Piazza della Signoria, Firenze*, 1741-1742, olio su tela, 56,6 x 87,2 cm. Collezione privata, courtesy Sotheby's 2019

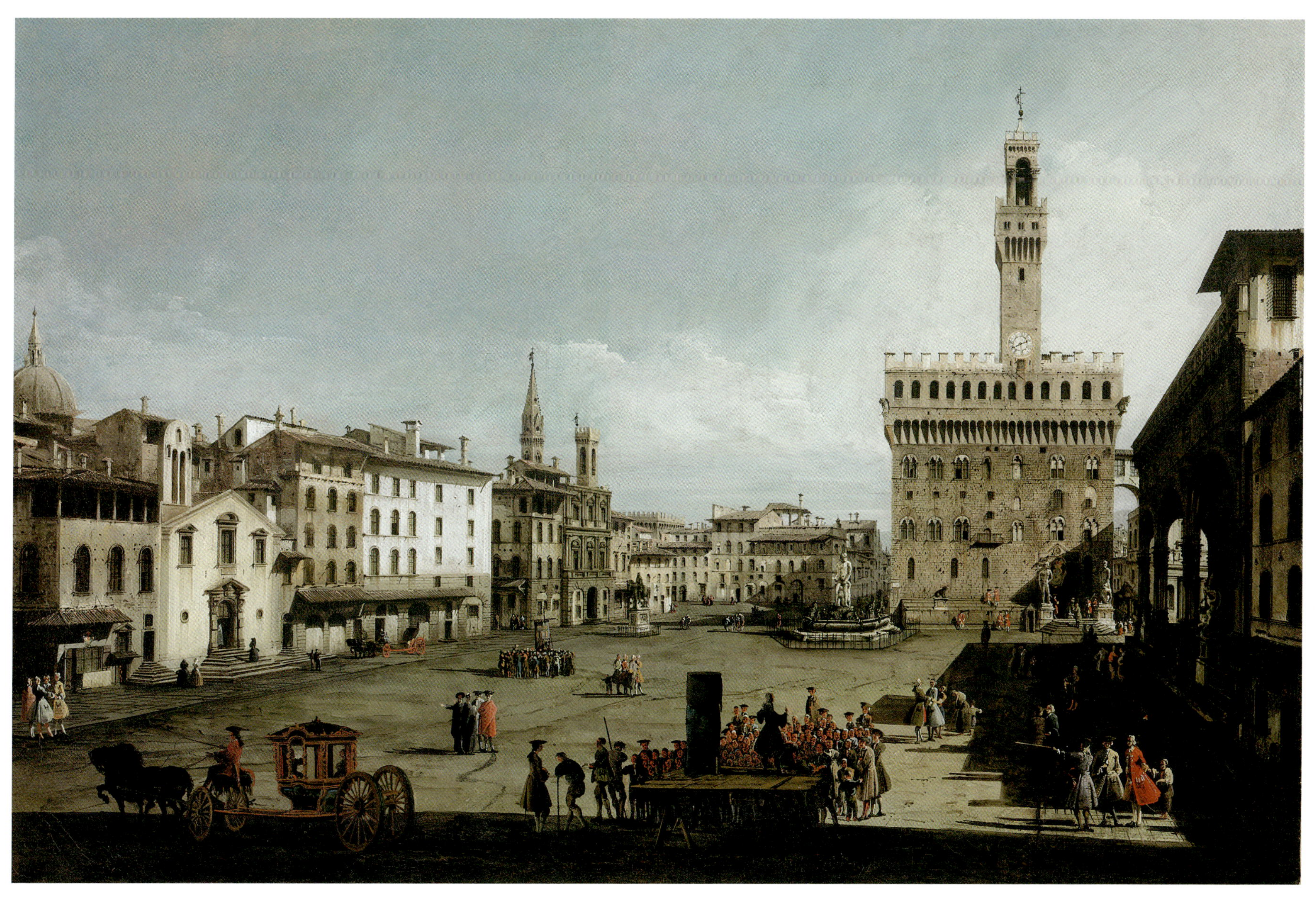

Bellotto affronta la Piazza della Signoria come se fosse un campo veneziano raffigurato verso la sua chiesa e direziona l'attenzione sull'edificio più importante, il Palazzo Vecchio con la Torre di Arnolfo, ripresi con la camera oscura, a cannocchiale, ambedue più slanciati e descritti con puntiglio nei dettagli di pietre e merlature; decide di raffigurare la Loggia dei Lanzi di scorcio, nell'ombra profonda, di far emergere appena il *Perseo* di Benvenuto Cellini (1554) e il *Ratto delle Sabine* di Giambologna (1583) e dispiegare invece le case e i palazzi sul lato nord, in piena luce. Era incuriosito forse da quell'alternarsi di facciate rinascimentali – dal palazzo Uguccioni (1550-1559) in fondo, di gusto bramantesco, alla chiesetta di San Romolo con il suo campaniletto a vela e la palazzina quattrocentesca all'estrema sinistra, non più esistenti – e architetture medievali, dalle torri della badia fiorentina a palazzo del Bargello, visibile in lontananza con i suoi merli. L'oscurità che occupa il primo piano ricorda la presenza di un palazzo dietro alle spalle del pittore; il gioco dei contorni irregolari e frastagliati dell'ombra gettata dalla Loggia dei Lanzi è puntualmente tracciato sulla terra battuta della piazza, assieme a quello delle ombre lunghe delle figure, conducendo lo sguardo verso le due statue marmoree su alti piedistalli che si fronteggiano in luce, contro una zona diagonale d'ombra, davanti alla porta di Palazzo Vecchio, il *David* di Michelangelo (1501-1504), simbolo del Rinascimento, e il gruppo di *Ercole con Caco*, di Bacio Bandinelli (1530-1534), suo grottesco rivale. La statua di Nettuno di Bartolomeo Ammannati (1560-1565), che domina la fontana dalla parte opposta del palazzo, emerge similmente dall'ombra proiettata sulla facciata del palazzo trecentesco del tribunale di Mercatanzia. Questa complicata struttura luministica della tela è costruita secondo un sistema collaudato da Canaletto ma i contrasti luministici sono fortemente accentuati, potenziati dalla preparazione rossa sotto le architetture, ed è aumentata l'oscurità delle ombre, dai contorni incisi nella pittura fresca, come era nelle attitudini dell'allievo fin dalle prime prove. Sono questi i caratteri dei due dipinti, questo e il suo pendant (cat. 6), che colpiscono Nicolas Cochin nella sua visita del 1768 a palazzo Riccardi a Firenze, dove allora si trovavano: "Deux vues de Florence, par *Gasparo delli Occhiali* [*sic!*]*:* elles sont bien exécutées, mais les ombres en sont noircies & dures" (Cochin 1769, p. 79).
A Firenze Bellotto rivela per la prima volta un atteggiamento di cronista, da pittore illuminista degno *alter ego* di Canaletto, e con questo spirito percorrerà le capitali d'Europa, registrandone i dettagli delle architetture e della vita che le anima. Annota qui le strisce di lastricato per i pedoni e i cavalli lungo i due lati sulla piazza in terra battuta; registra sul prospetto di Palazzo Vecchio il *Marzocco* di Donatello (1419-1420), simbolo della città; né gli sfuggono la garitta vicino al basamento di David e le ringhiere di protezione attorno alla fontana di Nettuno (1592) e alla statua equestre di Cosimo I, di Giambologna (1591-1594), commissionata da Ferdinando de' Medici per commemorare il padre.
I due dipinti, questo e il pendant, figurano con il nome di "Canaletto" nell'inventario del 1741 della collezione personale del marchese Vincenzo Riccardi (1704-1752) (doc. 8); Bellotto stesso firma le ricevute dei pagamenti dell'altro committente fiorentino, il marchese Gerini, come : 'Io Bernardo B. detto il Canaletto' (doc. 6).
Tra le quattro note vedute di Firenze eseguite nel 1740, solo questa e il pendant si distinguono per la 'venezianità' delle composizioni; sono anche gli unici dipinti della serie a conservare le dimensioni vicine a quelle impiegate usualmente da Bellotto a Venezia. Questo fa pensare che siano precedenti, ma sappiamo che Bellotto arriva a Firenze nel 1740, su invito di Andrea Gerini e che il marchese gli commissiona quattro dipinti, eseguiti prima del 30 settembre di quell'anno, due finora individuati con certezza (cat. 7 e 8). È possibile considerare che Vincenzo Riccardi abbia voluto espressamente delle immagini 'canalettiane'. Il modello compositivo della presente tela, con il primo piano invaso dall'ombra, la ripresa a cannocchiale e le simili figure allungate con le teste piccole, viene adottato nella veduta della *Piazza San Martino con la cattedrale, Lucca* (cat. 13) e nel *Campo Santi Giovanni e Paolo, Venezia* del Museum of Fine Art, Springfield, eseguito al ritorno dal viaggio in Toscana, come conferma la data 8 dicembre 1740 posta sul disegno preparatorio dello Hessisches Landesmuseum di Darmstadt (Kozakiewicz 1972, nn. 24 e 25).
Il dipinto, come anche il pendant e altre opere della collezione Esterhazy (cfr. cat. 6), è stato seriamente danneggiato da un incendio all'inizio del XIX secolo e successivamente sottoposto a un intervento di restauro. La tela originale è stata rimossa e sostituita da un sottile intreccio di seta, rinforzata con una tela di lino. Più tardi il dipinto è stato nuovamente rifoderato e, come afferma Mária Velekei's, restauratrice del Museo di Budapest, l'intervento fu talmente riuscito che questo rifodero antico tiene ancora e la trama della tela originale è rimasta impressa sia sulla preparazione che sugli strati di pittura. La superficie del cielo, per circa il 40% danneggiata o scolorita, è stata ritoccata ma è ben visibile la sua struttura originale, simile a quella delle altre contemporanee vedute toscane, con forti tratti diagonali dall'angolo destro verso la sinistra in basso e le bianche nuvole consistenti, dai bordi a rilievo.

Bożena Anna Kowalczyk

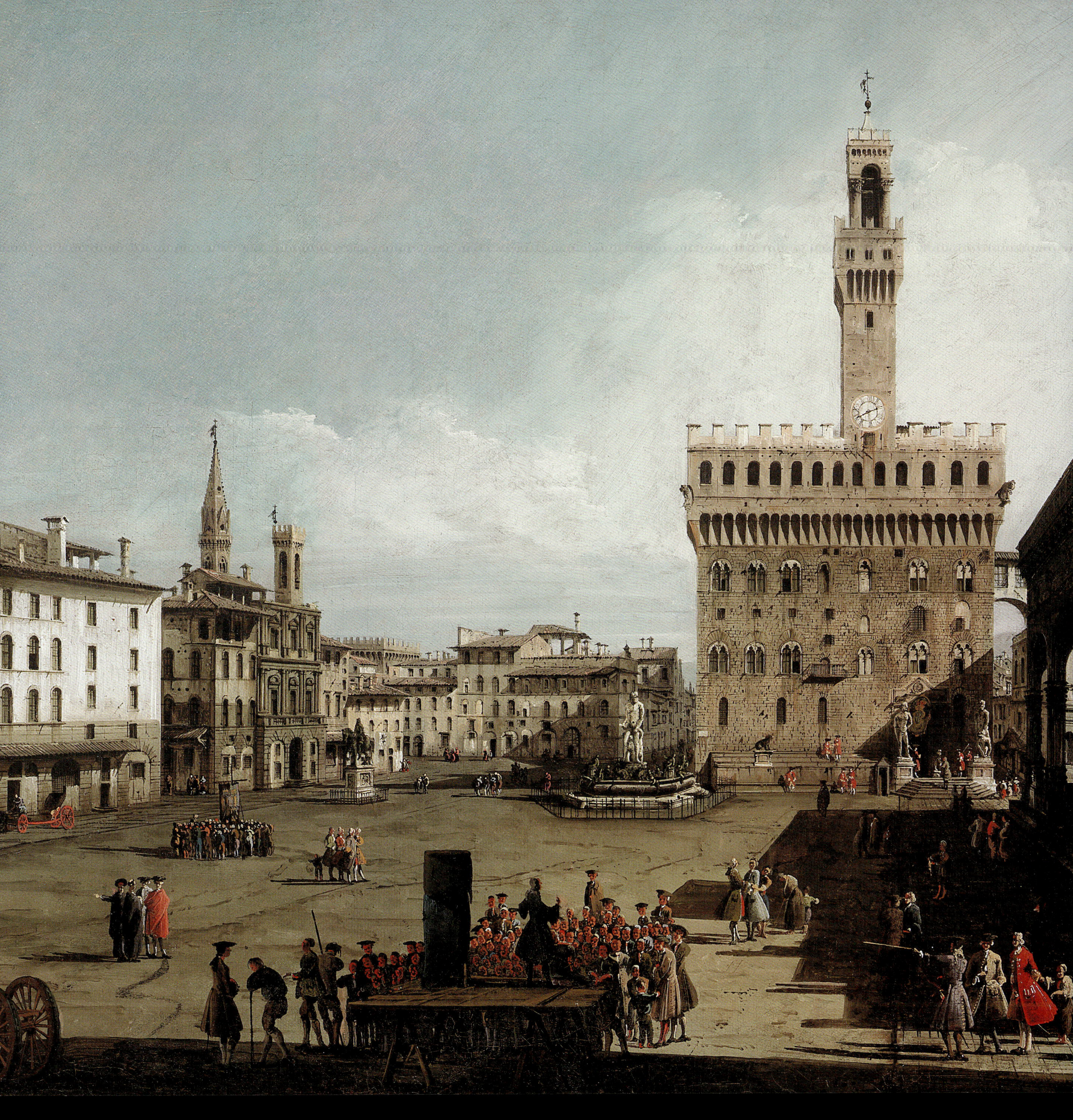

6

BERNARDO BELLOTTO

(Venezia 1722 - Varsavia 1780)

L'Arno dal Ponte Vecchio fino a Santa Trinita e alla Carraia, Firenze
1740

olio su tela; 62 x 90 cm
Budapest, Szépművészeti Múzeum, 647

Questa veduta dell'Arno, dal Ponte Vecchio verso Santa Trinita e oltre, con il ponte alla Carraia e la cupola di San Frediano in Cestello in lontananza, pendant della *Piazza della Signoria* della stessa collezione (cat. 5), ricorda nel taglio prospettico e nella distribuzione delle ombre *Il Canal Grande dal palazzo Flangini fino al palazzo Vendramin Calergi* di collezione privata, di poco precedente al viaggio a Firenze nei mesi centrali del 1740 (Kowalczyk 2001, pp. 11-12), ma rispecchia con maggiore incisività in ogni brano la personalità ambiziosa del giovane artista, nella luce fortemente contrastata, la descrizione elaborata e precisa delle architetture, le figure non convenzionali, la tonalità fredda, argentata. Un veloce scorrere dei palazzi in ombra e una maggiore distensione prospettica di quelli alla luce caratterizzeranno anche *Il Rio dei Mendicanti*, delle Gallerie dell'Accademia di Venezia, eseguito al ritorno dal viaggio in Toscana (Kozakiewicz 1972, n. 23). Per la consuetudine all'uso della camera ottica e per l'attitudine a una precisa costruzione prospettica a cui piegare ogni composizione, Bellotto riprende l'Arno come fosse uno dei canali veneziani; ma il rilievo della descrizione, definita da forti contrasti luministici e con un accenno di prospettiva aerea – sulle case lontane, sui ponti e sulle colline all'orizzonte –, comporta elementi stilistici ed espressivi nuovi. Ogni acquisizione linguistica delle vedute veneziane viene qui accentuata, quasi fosse un saggio dei propri mezzi: nella descrizione delle case, in quella, accuratissima, dell'acqua e nella sicura scelta della tipologia delle figure.
La consonanza compositiva con il pendant è talmente stringente, da far pensare che la commissione del marchese Vincenzo Riccardi, nella cui collezione i due dipinti sono registrati nel 1741 (cfr. doc. 8), prevedesse una serie di quattro, come era probabilmente quella dell'amico e parente Andrea Gerini (cfr. cat. 7 e 8): nella tradizione veneziana di Canaletto i pendant erano composizioni simmetriche. Qui allo scorcio potente della Loggia dei Lanzi in ombra nel pendant corrisponde la fuga veloce dei palazzi sul Lungarno a destra, e la sequenza di case in luce sulla riva opposta del fiume è dispiegata come il lato nord della Piazza della Signoria. Persino i campanili in lontananza sopra i tetti – quello seicentesco di San Jacopo sopr'Arno e la cuspide di Santo Spirito (Baccio d'Agnolo) – appaiono in posizione simile a quella delle torri della badia fiorentina e del Bargello nel pendant.
La vera e propria veduta complementare di questo dipinto è *L'Arno verso il Ponte Vecchio* del Fitzwilliam Museum di Cambridge (cat. 10) – ripreso qualche anno più tardi nella direzione opposta – in cui l'artista si concentra nel rendere il gioco luministico degli sporti che si riflettono nell'Arno, riprendendoli là dove sono più pittorici, a partire dall'absidiola sospesa e dal campanile di San Jacopo sopr'Arno, vicini al ponte di Santa Trinita. Sono proprio solo questa chiesetta e qualche palazzina addossata che si salveranno dalla distruzione del Lungarno durante la seconda guerra mondiale, quando nel 1944 i tedeschi minarono tutti i ponti di Firenze per ostacolare l'arrivo degli alleati. I dipinti di Bellotto di questo tratto del fiume ne rimangono una formidabile documentazione.
Nella veduta di Budapest l'artista, affascinato dalle architetture fiorentine, indaga con curiosità i dettagli dei palazzi in luce sulla riva sinistra, descrive con una pennellata minuta la profusione di mensoline, sporti, balaustre, abbaini, camini; registra le minime variazioni di colore degli intonaci beige e bianchi, con piccoli punti di biacca fa brillare le tegole dei tetti e ne delinea i bordi. Non meno magistrale è la descrizione delle facciate in ombra sulla riva opposta – si distingue il palazzo Acciaioli, con la balconata per assistere agli spettacoli sul fiume (M. Chiarini, in Firenze 1994) – dove sottili raggi di luce scivolano sugli spigoli, incisi con l'ausilio del righello. In questa interpretazione "alla veneziana" (Venturi 1900, p. 236) Bellotto non manca di annotare la diversa foggia delle barche e delle vesti dei barcaioli. Sulla tela dalla trama grossa e con il fondo rosso, egli dà un saggio delle sue capacità di esordiente, a partire dal cielo virtuosistico, steso in diagonale, con le nuvole grigie all'orizzonte, segnate con pennellate spesse e bordi delineati con sottili tratti bianchi, sormontate da altre, vaporose, increspate, rese con impetuosi colpi di spazzola. Più controllata l'esecuzione dell'acqua trasparente, a minute ondine bianche, in cui i riflessi delle case con i loro barbacani hanno contorni incisi con cura nella pittura fresca.
Negli inventari della collezione Riccardi le due vedute di Budapest sono registrate con il nome di Canaletto (cfr. doc. 8); Nicolas Cochin, nel 1768, ne confonde l'autore con Gasparo degli Occhiali, ma il riferimento a "ombres... noircies & dures" toglie ogni dubbio sulla loro identità (Cochin 1769, p. 79). Attribuite ancora a Canaletto nel primo inventario manoscritto dell'antica galleria Esterházy a Vienna, del 1820 (Meller 1915, nn. 899 e 898, pp. 233), vengono riconosciute a Bellotto nel catalogo della Galleria di Pittura di Budapest del 1871 (*Magyar Nemzeti Múzeum* 1871, nn. 56 e 57, p. 27).
Il principe Miklos Esterházy (1756-1833) arricchì la collezione della sua famiglia, la più potente e ricca d'Ungheria, acquistando dipinti di altissima qualità in Italia, in Francia e a Vienna, tra cui questa coppia di pendant, comperati probabilmente alla fine del Settecento, quando veniva dispersa la quadreria Riccardi. La collezione Esterházy di 637 dipinti è stata acquistata dallo Stato ungherese nel 1870, formando il nucleo fondamentale della Galleria Nazionale di Pittura che ha preceduto la fondazione nel 1906 del Museo delle Belle Arti (Garas 1995, p. 40). La magnifica raccolta di arte italiana, olandese e spagnola si trovava dal 1815 al 1865, prima del trasferimento a Budapest, nel palazzo Kaunitz-Esterházy a Vienna che, per una affascinante coincidenza, Bernardo Bellotto aveva rappresentato, per il principe cancelliere Kaunitz, nel suo soggiorno viennese del 1759-1761; il *Palazzo del principe Wenzel Kaunitz nel sobborgo viennese di Mariahilf* è conservato oggi nello stesso museo di Budapest (Kozakiewicz 1972, n. 270).

Bożena Anna Kowalczyk

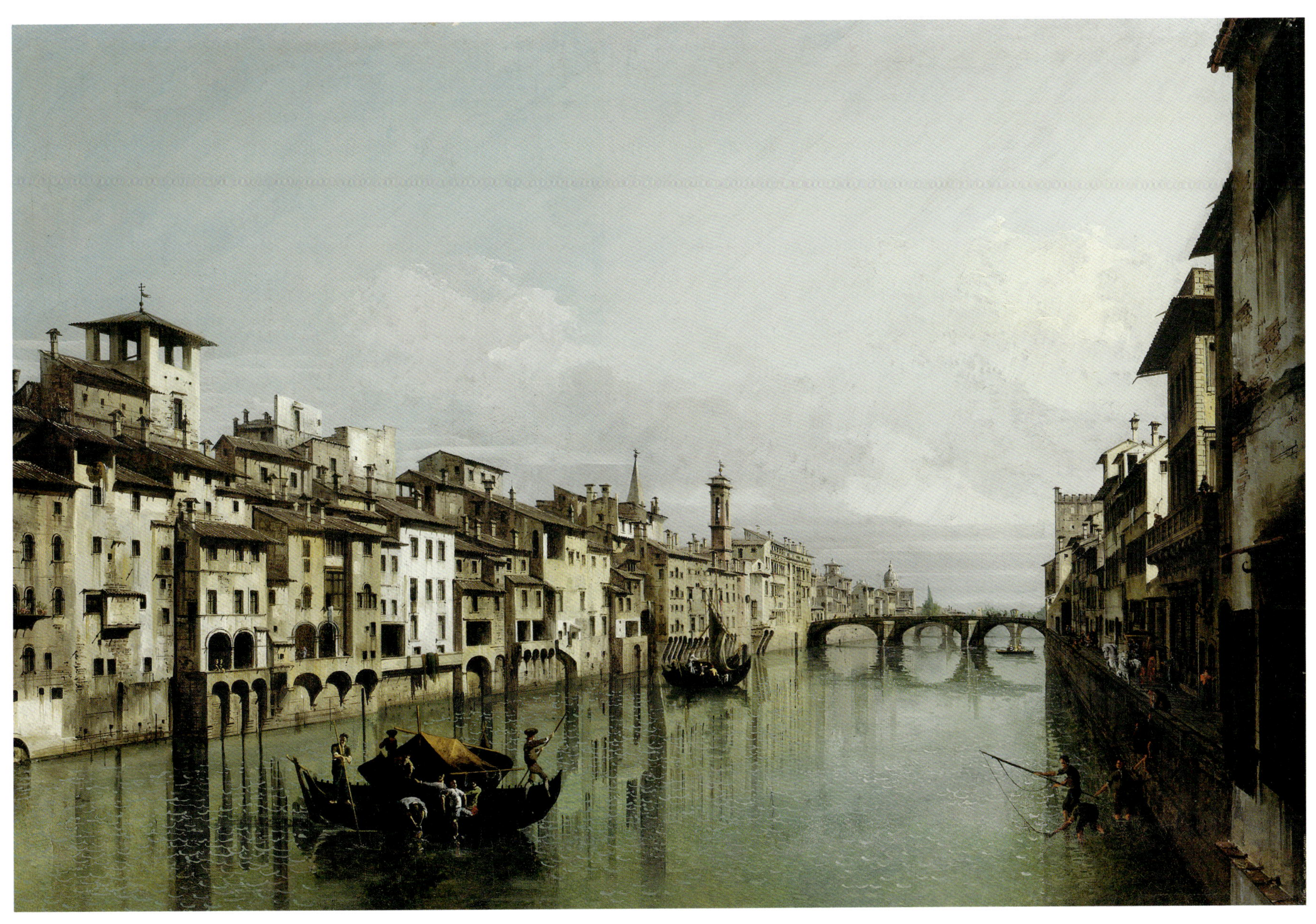

7

BERNARDO BELLOTTO

(Venezia 1722 - Varsavia 1780)

L'Arno al Tiratoio verso il Ponte Vecchio, Firenze
1740

olio su tela; 50 x 75 cm
*collezione privata

Bernardo Bellotto esegue questo dipinto e il suo pendant (cat. 8) per il marchese Andrea Gerini (1691-1766), continuatore appassionato della tradizione collezionistica di famiglia. Le due tele sono parte della commissione di quattro "quadri di vedute vendutili, e fattigli a posta", pagati a saldo il 30 settembre 1740 (doc. 5 e 6; si veda anche il saggio in questo volume).
Sono immagini brillanti e vive della vita sull'Arno nella Firenze del Settecento; la luce limpida è quella della piena estate, qui pomeridiana, nel pendant mattutina. La coppia è perfettamente complementare: l'Arno è qui raffigurato a monte del Ponte Vecchio, nell'altra tela a valle; di San Frediano in Cestello, sulla riva destra del fiume nel pendant, qui si scorge la cupola in lontananza, vicino al campanile di San Jacopo sopr'Arno. Se la composizione dell'altra tela si ritrova nelle opere di Giuseppe Zocchi (cfr. cat. 9) e ha dei precedenti nelle vedute seicentesche di Pandolfo Reschi e Gaspar van Wittel – che, ancora più panoramiche, sono riprese dalla Cascine –, questa, nel vedutismo fiorentino del Settecento, è del tutto originale e unica (M. Chiarini, in Verona 1990, pp. 56-58, n. 4).
Bellotto dipinge le due rive dell'Arno, compiacendosi del movimentato alternarsi dei tetti con le tegole rossastre luccicanti al sole, degli spigoli illuminati, dei panni stesi, degli intonaci dalle varie sfumature di beige, grigio e azzurro, della vivace e colorata moltitudine delle lavandaie sullo scalone sul fiume. Il Tiratoio in particolare – l'ampio padiglione sulla curva del fiume dove si "tiravano" i panni lavati – offre al pittore, con le sue impalcature, l'occasione di una delle sue preferite, lucide descrizioni, come avverrà per il Palazzo Reale a Torino, in fase di rimodernamento o per la Hofkirche in costruzione a Dresda (B.A. Kowalczyk, in Milano 2016-2017, pp. 66, 206, n. 71). La Torre di Arnolfo svetta altissima sopra i merli del Palazzo Vecchio contro il cielo; a destra, la cima del campanile di Giotto, la cupola di Santa Maria del Fiore e la torre della badia fiorentina. È mirabile la perfetta finalità ed efficacia di ogni pennellata. Sul cielo di un azzurro brillante, dipinto impetuosamente in diagonale, per nulla scolorito, nonostante le drammatiche vicende conservative, il pennello intriso di bianco piroetta per disegnare le nuvole. Il colore conserva la freschezza d'impasto.
Il dipinto subì una serie di furti da quando, negli anni sessanta del Novecento, Sir Alfred Beit (1903-1994) trasferì la collezione formata da suo padre, Sir Otto Beit (1865-1930), da Londra alla residenza estiva di Russborough, sul lago Blessington, nella contea di Wicklow in Irlanda. Ogni furto peggiorava la situazione conservativa della tela, fino all'ultimo, quando il dipinto è stato tolto dal telaio e arrotolato, perdendo frammenti di colore. Come annota Ele von Monschaw (2012), restauratore della National Gallery di Dublino che è intervenuta sul dipinto e ne ha seguito l'integrazione pittorica nel dipartimento di conservazione della National Gallery di Londra, alla caduta del colore contribuì il metodo di lavoro di Bellotto, che tracciava nella pittura fresca con compasso e righello le principali linee costruttive, diminuendo così la coesione dello strato pittorico. Il danno maggiore si riscontra infatti nella zona in cui convergono le linee di fuga, nella parte sinistra del Ponte Vecchio.
La provenienza dei due dipinti dalla collezione Gerini è stata ipotizzata sin da quando sono state rinvenute nell'archivio di famiglia delle ricevute di pagamento per le quattro tele di Bellotto (Kowalczyk 2012, p. 30). L'ipotesi trova ora una sicura conferma con la ricostruzione delle vicende antiquarie dei due dipinti Beit, di cui finora era accertata solo l'appartenenza alla quadreria Tabourier a Parigi verso la fine dell'Ottocento. Nessuna opera di Bellotto figura nel catalogo della collezione Gerini, steso nel 1825 per la vendita (*Catalogo* 1825); ma due vedute di Firenze accompagnate dalla scritta "From the Gerini Collection" appaiono con il nome di "Canaletti" da Christie's a Londra l'8 marzo 1879 nella vendita postuma del barone John Benjamin Heath (1790-1879), console generale dell'Italia. La tela qui discussa è descritta come "Florence and the Arno, the Palazzo Vecchio, from the Ponte delle Grazie"; il pendant come "Florence and Arno; at the fall of the river near the church of San Frodiano in Castello" (lotti 109 e 110). Ritornano da Christie's, citate nello stesso modo, il 3 maggio 1884 (lotti 71 e 72), messe in vendita da L. Gauchez, collezionista parigino di rue Laffitte; che siano da identificare con certezza con le tele Beit è testimoniato dal codice numerico di vendita, 233 T, che si ritrova impresso sull'unico telaio vecchio della coppia, quello del pendant.
Il ritrovamento delle carte Gerini restituisce il valore storico ai due dipinti della Alfred Beit Foundation che nel percorso di Bellotto acquistano l'importanza delle prime opere documentate e precisamente datate. Nella stessa estate 1740 Bellotto deve essersi recato a Lucca, per riprendere i cinque disegni della cattedrale e di Santa Maria Forisportam ed eseguire, nelle medesime dimensioni dei dipinti Beit, *Piazza San Martino con la cattedrale* (cat. 13-18).
Rimangono ignoti altri due dipinti di Bellotto, commissionati "a posta" dal marchese Gerini; sono probabilmente due vedute della capitale toscana ma la dicitura della quietanza "4 quadri di vedute fattigli in Firenze" non dà questa certezza (cfr. doc. 5 e 6).
Un mio vivo ringraziamento per il supporto nelle ricerche va a Linda McLeod del Christie's Archive, a Pauline Swords e Eric Blatchford della Alfred Beit Foundation e a Aoife Brady della National Gallery di Dublino.

Bożena Anna Kowalczyk

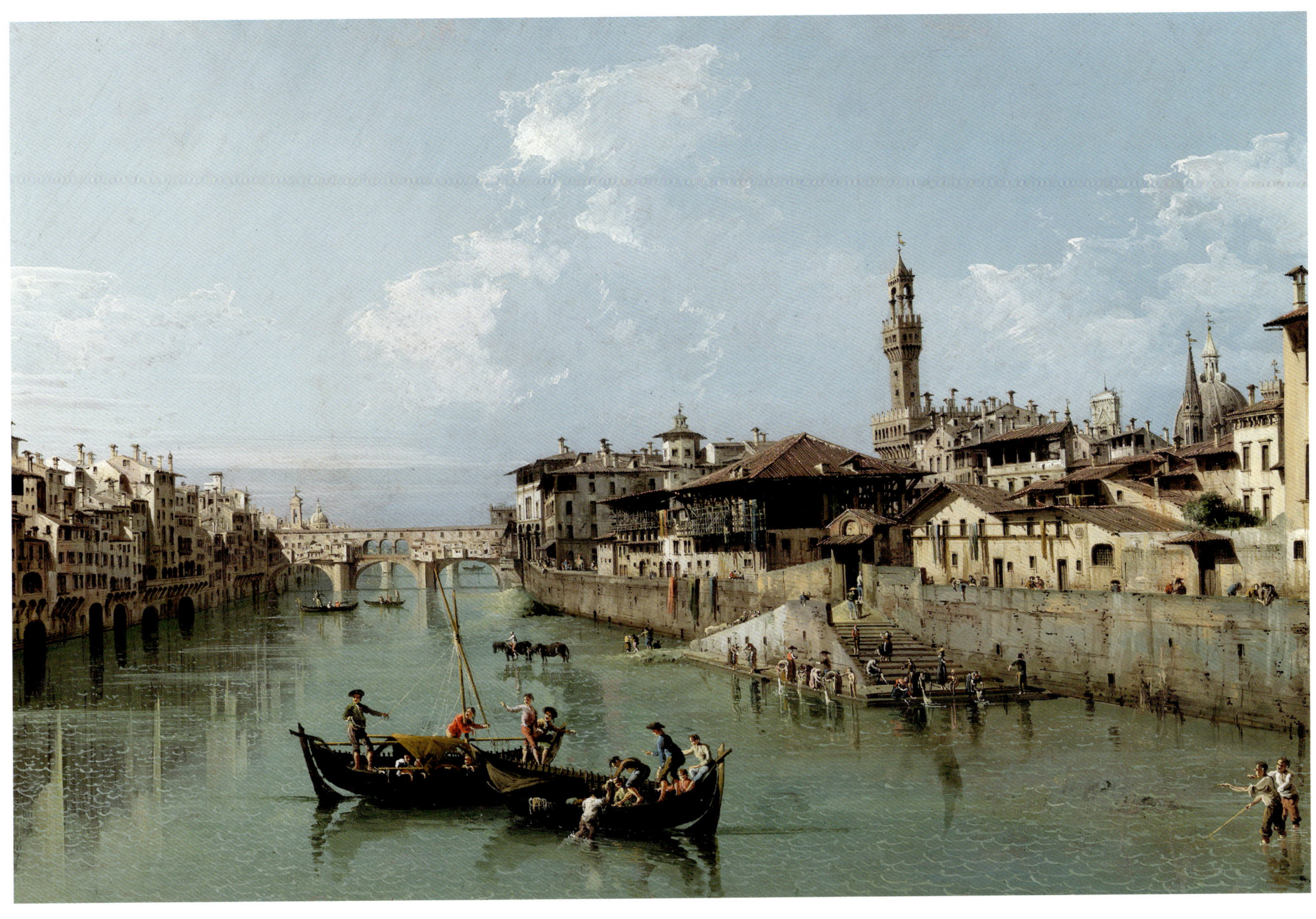

8

BERNARDO BELLOTTO

(Venezia 1722 - Varsavia 1780)

L'Arno dalla Vaga Loggia, con San Frediano in Cestello, Firenze
1740

olio su tela, 50 x 75 cm
*collezione privata

Questa veduta dell'Arno verso i tre ponti – della Carraia, di Santa Trinita e il Ponte Vecchio che appare in lontananza con la parte superiore del Corridoio Vasariano –, inquadrata a sinistra dal mulino della Pescaia di Santa Rosa, detto della "Vaga Loggia", fronteggiata sulla riva opposta del fiume dalla mole di San Frediano in Cestello, dalla cupola e dal campanile di Santo Spirito, è del tutto eccezionale nel repertorio toscano di Bellotto. L'insolita ripresa panoramica che spazia, con delicati effetti di prospettiva aerea, fino al colle di San Miniato, con la chiesa omonima all'orizzonte e quella di San Salvatore al Monte, risponde precisamente a una serie di opere contemporanee di Giuseppe Zocchi (1717-1767). La certezza solo recentemente acquisita che questa tela e il pendant (cat. 7) siano opere commissionate da Andrea Gerini nell'estate del 1740 (cfr. cat. 7 e doc. 5 e 6), è determinante per considerare la genesi della sua realizzazione. Bellotto arriva a Firenze poco dopo il 22 aprile di quell'anno (cfr. doc. 3), quando Zocchi, pittore di casa Gerini, lavora già sui disegni preparatori per la *Scelta*

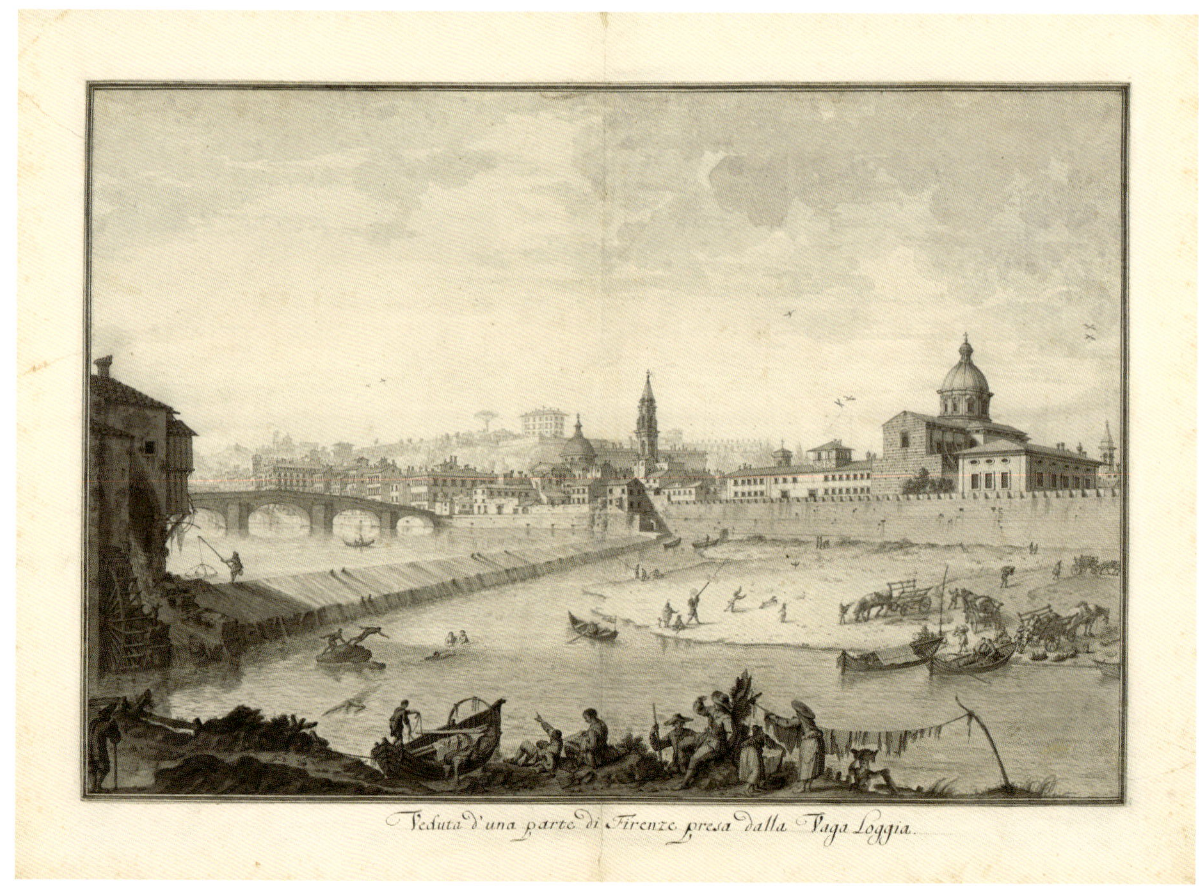

a. Giuseppe Zocchi, *L'Arno dalla Vaga Loggia*, 1740, penna e inchiostro nero su traccia di gesso nero, 472 x 677 mm. New York, Morgan Library & Museum, Gift of Mr. Junius S. Morgan and Mr. Henry S. Morgan, 1952.30:7

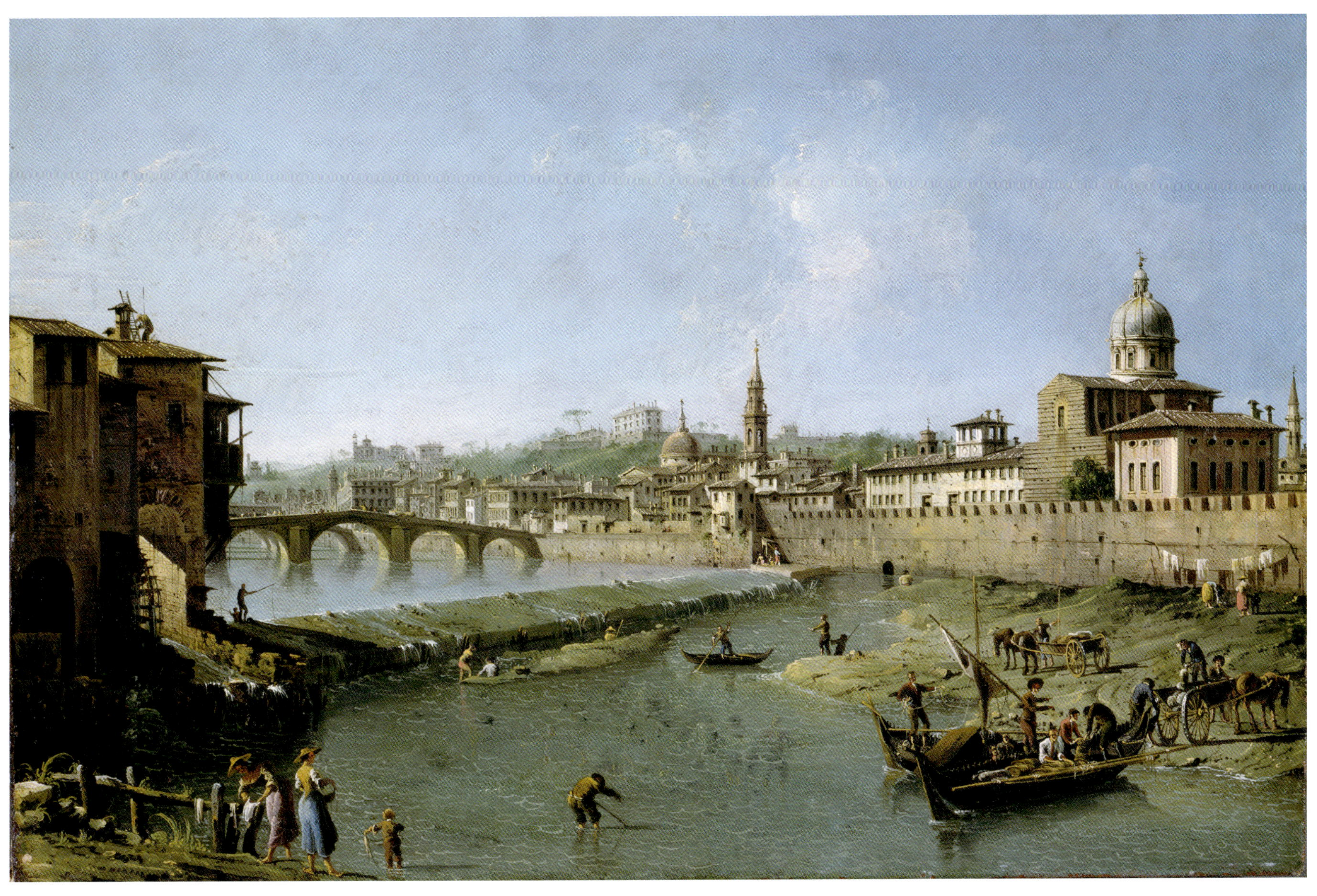

di XXIV Vedute delle principali Contrade, Piazze, Chiese, e Palazzi della Città di Firenze, che uscirà dai torchi di Giuseppe Allegrini nell'estate 1744, patrocinata da Gerini. Tra i primi fogli di Zocchi c'era certamente il disegno di questa composizione, iscritto *Veduta d'una parte di Firenze presa dalla Vaga Loggia*, ora a New York, Morgan Library & Museum (New York 1968-1969, n. 7) (fig. a), e un altro dell'Arno, i soli due incisi per la serie da Pier Antonio Pazzi (1706-1770), che l'1 aprile 1740 riceve un acconto di scudi 11.3 "a conto d'intagliatura dei rami"; i pagamenti a saldo, a lavoro concluso, sono registrati nell'archivio Gerini il 28 giugno 1742 e il 24 marzo 1743 (Genève 1974, nn. 8 e 11, tav. V e VIII; Ingendaay 2013, vol. II, p. 172). Zocchi continua a disegnare: altri cinque fogli vengono consegnati il 30 giugno, data del relativo pagamento (Ingendaay 2013, vol. II, p. 72, doc. 6).

Il disegno di Zocchi è il modello di questo dipinto. Il marchese Gerini deve aver chiesto a Bellotto di seguire la composizione del foglio: la sua chiamata nella capitale toscana, nel momento in cui veniva avviata la gloriosa impresa editoriale delle vedute di Firenze, non poteva avere una ragione diversa da quella di supportare l'appena nato vedutismo fiorentino con le esperienze veneziane di Canaletto.

Bellotto affronta la commissione con la sua peculiare energia, conferendo alla veduta di Zocchi, ancora echeggiante le riprese panoramiche di questa parte dell'Arno di Gaspar van Wittel (1652/1753-1736), a Firenze per la prima volta nel 1695 (Briganti 1996, nn. 173 e 174), un più serrato rigore prospettico e una vitalità dei dettagli sconosciuta al fiorentino. Elimina il primo piano con varie figure – tra le quali R. Mason distingue Zocchi stesso intento a disegnare secondo le indicazioni del marchese Gerini adagiato al suo fianco (Genève 1974, p. 40) –; aumenta la sezione del mulino e i volumi di San Frediano in Cestello e restringe il fiume, creando la simmetria compositiva con il pendant, due immagini complementari della vita sul fiume (cat. 7). Le figure, le barche, i carri con i cavalli, vengono ora disposti secondo le precise direttive prospettiche, diversamente dalla maniera di Zocchi, dal gusto ancora seicentesco memore di Van Wittel; un vistoso pentimento sulla superficie dell'acqua dove si scorgono tracce di uomini e cavalli poi ridipinti testimonia un intenso lavoro creativo. Uno spazzacamino sul tetto del mulino, i panni stessi su una corda attaccata al muro dagli intonaci scoloriti che fiancheggia il fiume, l'evidenza dei dettagli delle architetture, l'acqua trasparente percorsa da ondine bianche e il cielo dalle nuvole vigorosamente tracciate, sono tutti elementi del vedutismo veneziano che Bellotto conferisce alla composizione di Zocchi.

È certo che Bellotto abbia studiato la veduta anche in un sopralluogo. La ripresa dei tre ponti è diversa da quella del disegno, qui è più evidente la presenza dei pilastri del ponte di Santa Trinita, sotto gli arconi di quello alla Carraia e maggiore spazio è assegnato al Ponte Vecchio. Il pittore veneziano deve anche aver studiato i dettagli del vecchio mulino (verrà distrutto nel 1854), per darne una propria, intensa descrizione nell'ombra profonda, dietro la cinta di pali in luce, da cui emergono solo la ruota e l'acqua che scorre, dimostrando, forse per la prima volta, una sua predilezione per gli edifici sconnessi; sulla piccola diga una figuretta controluce, una sorta di firma.

Non sono note le composizioni di altre due vedute eseguite da Bellotto "a posta", "in Firenze" per il marchese Gerini (doc. 5 e 6) ma la lezione di tecnica e di stile impartita con questo lavoro viene prontamente assorbita da Giuseppe Zocchi (cfr. cat. 9). Deboli tracce se ne ritrovano in una replica tarda da un probabile, ignoto originale del pittore fiorentino, che riprende fedelmente questo dipinto di Bellotto anche nelle figure, presentata assieme al pendant con il nome di Zocchi da Sotheby's, Londra, il 3 luglio 2019, lotto 37.

Bożena Anna Kowalczyk

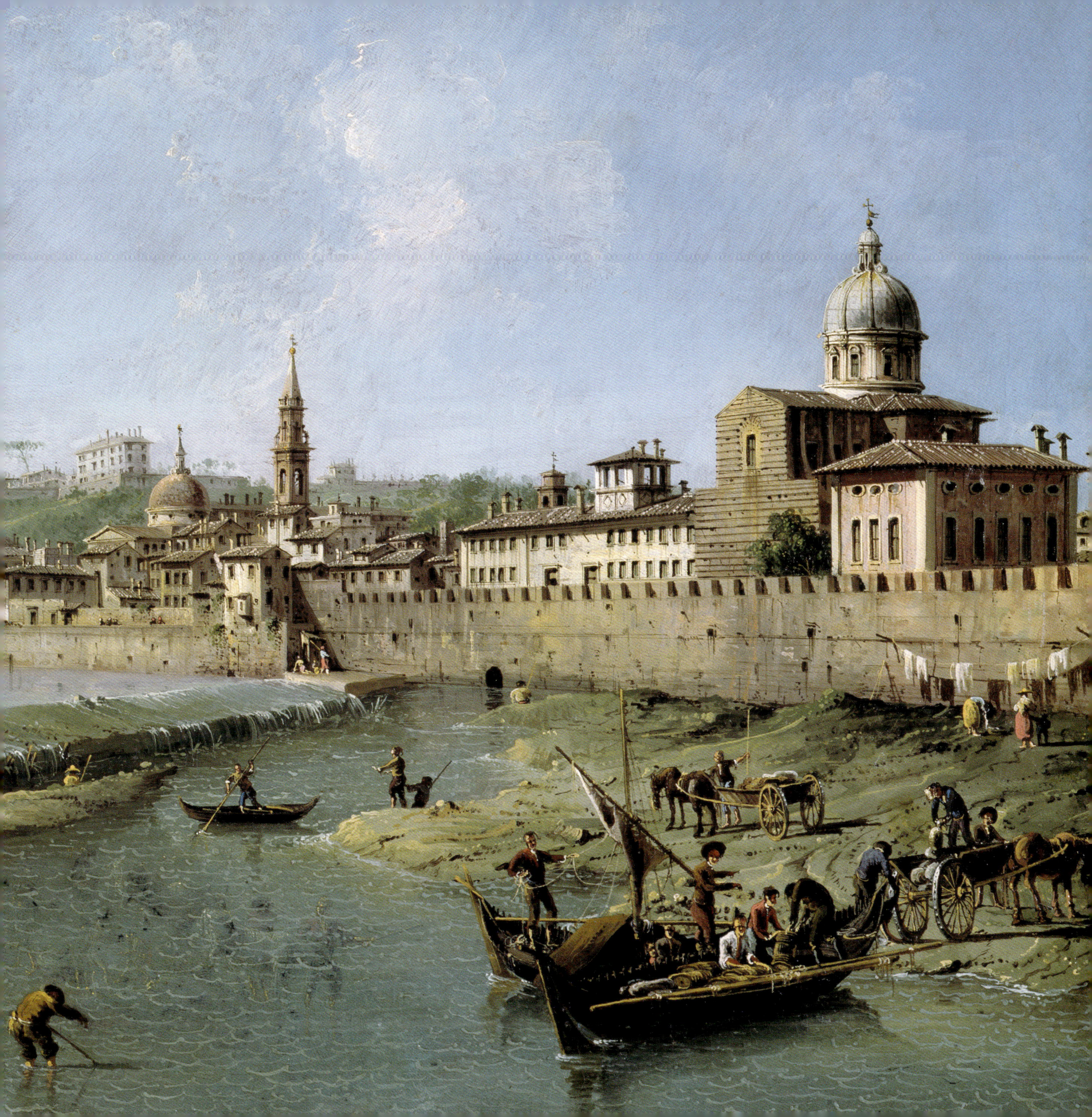

9

GIUSEPPE ZOCCHI

(Firenze 1717-1767)

L'Arno dalla Vaga Loggia, con San Frediano in Cestello, Firenze
1740-1742

olio su tela, 50,8 x 74,5 cm
*Fiesole, collezione privata

"Il signor marchese Andrea Gerini gran dilettante e intelligentissimo della Pittura, avendo riconosciuto il gran talento e lo spirito di questo giovane, lo prese a proteggere, e attualmente [1741] lo tiene in sua Casa, impiegato a dipingere diverse vedute a olio, della quali in buon numero ne ha fatte in disegno, che presentemente stanno intagliandosi in rame da vari primari intagliatori" (Gabburri 1719-1741, III, c. 1529).
Giuseppe Zocchi, l'artista più versatile e aggiornato del Settecento fiorentino, inizia nel 1739 a preparare i settantasette disegni destinati alla *Scelta di XXIV vedute di Firenze* e alle *Vedute delle ville, e d'altri luoghi della Toscana*, i due album di stampe, editi rispettivamente nell'estate 1744 e in autunno 1745; incide due lastre intere e le figure per altre cinque; contemporaneamente, come annota il suo primo protettore, Francesco Maria Niccolò Gabburri (1676-1742), inizia a dipingere le sue composizioni. Il vedutismo è un episodio breve della sua carriera di pittore di figure, educato nell'atelier di Ranieri del Pace, decoratore di palazzi, autore di paesaggi e capricci, disegnatore per l'Opificio delle Pietre Dure; ma è quello che gli porta il maggiore riconoscimento e fama.
Questo dipinto riprende la composizione del disegno iscritto *Veduta d'una parte di Firenze presa dalla Vaga Loggia*, conservato, come tutti gli altri, alla Morgan Library & Museum (New York 1968-1969, n. 7). Il foglio deve essere stato approntato prima dell'estate 1740: viene utilizzato da Bernardo Bellotto, nella capitale toscana da maggio a settembre di quell'anno, come modello per una propria versione pittorica, probabilmente su precisa richiesta del marchese Gerini (cfr. cat. 8).

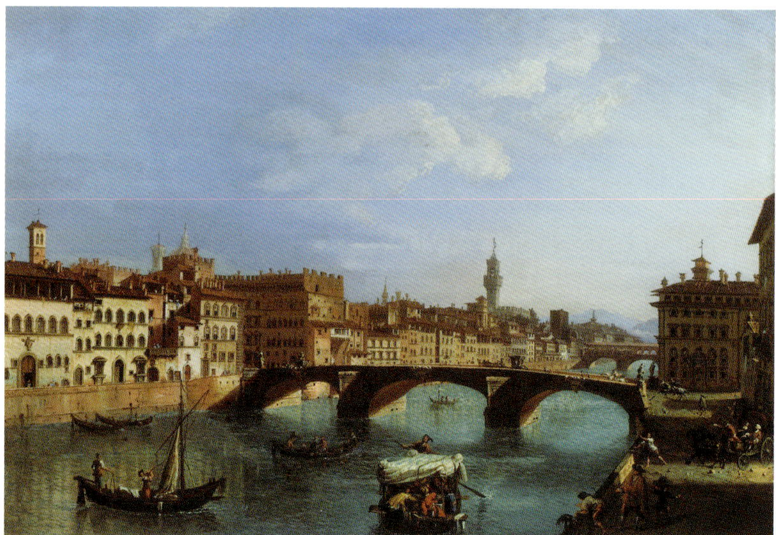

a. Giuseppe Zocchi, *L'Arno al Ponte Santa Trinita, Firenze*, 1740-1742, olio su tela, 50,8 x 74,5 mm. Fiesole, collezione privata

Nel dipinto Zocchi segue fedelmente la composizione del suo disegno, riprodotta ad acquaforte da Pier Antonio Pazzi (1706-1770) nel 1742 o nel 1743 (cfr. cat. 8), ma ne diminuisce l'ampiezza panoramica, abbassando il punto di ripresa; mantiene l'animata presenza di numerose, grandi figure nel primo piano, anche se diverse da quelle del disegno, e raffigura la stessa piccola sezione del mulino. La tecnica utilizzata nella descrizione delle architetture, del cielo e dell'acqua e alcuni dettagli testimoniano chiaramente l'impatto esercitato dalla versione del pittore veneziano; le dimensioni sono quasi identiche.
La conoscenza della tecnica di Canaletto, evidente nelle vedute di Firenze di Zocchi, da tutti gli autori che si sono occupati dell'argomento era stata spiegata con il suo soggiorno a Venezia, avvenuto poco prima dell'inizio del grande lavoro per le due serie di stampe, ma l'ipotesi è smentita dalla mancanza di documentazione su quel viaggio (Kowalczyk 2012, p. 27, nota 29). Si è dunque cercato di spiegarla con lo studio delle opere di Canaletto e Michele Marieschi (1710-1743) presenti nelle collezioni fiorentine, ma i dipinti del primo che Zocchi poteva vedere nelle collezioni di Gabburri e Gerini appartengono a fasi stilistiche diverse, rispettivamente del 1728 e del 1731-1732 circa, e l'influenza di quelli di Marieschi può, semmai, riflettersi solo nell'intonazione più calda.
È Bellotto che porta a Firenze la tecnica contemporanea di Canaletto nella descrizione dei monumenti cittadini. Zocchi impara a cogliere le irregolarità degli intonaci e l'effetto di dilavamento atmosferico, i riflessi multipli, scuri delle barche sull'acqua, segnata con ondine piccole, le ombre profonde dai bordi taglienti che plasmano i volumi; come il veneziano, colloca sul muro che fiancheggia l'Arno una corda con i panni stesi, ne rileva le ombre, e accentua, rispetto al disegno, il chiarore che penetra il mulino; sul cielo, diverso da quello del disegno e della stampa, dipinge nuvole vibranti e vaporose, leggermente rosate.
Questo dipinto e il suo pendant *L'Arno al Ponte Santa Trinita*, della stessa collezione privata (fig. a), sono le più belle e intense immagini dello Zocchi vedutista, da identificare con due dipinti esposti dal conte Agnolo Baldassare Galli Tassi (1734-1770) nel 1767 alla mostra di Santissima Annunziata (*Una Veduta della Pescaia* e una *Veduta del Ponte a Santa Trinita*). Il conte possedeva anche un'altra *Veduta del Ponte a Santa Trinita*, prestata per la stessa esposizione, in coppia con *Una Veduta della Piazza di San Firenze* (*Il Trionfo delle Bell'Arti* 1767, pp. 44, 45, 46); potrebbe essere la versione conservata al Museo Thyssen Bornemisza, Madrid (Contini 2002, pp. 368-373; si veda, per le varie ipotesi, V. Conticelli, in Firenze 2009).

Bożena Anna Kowalczyk

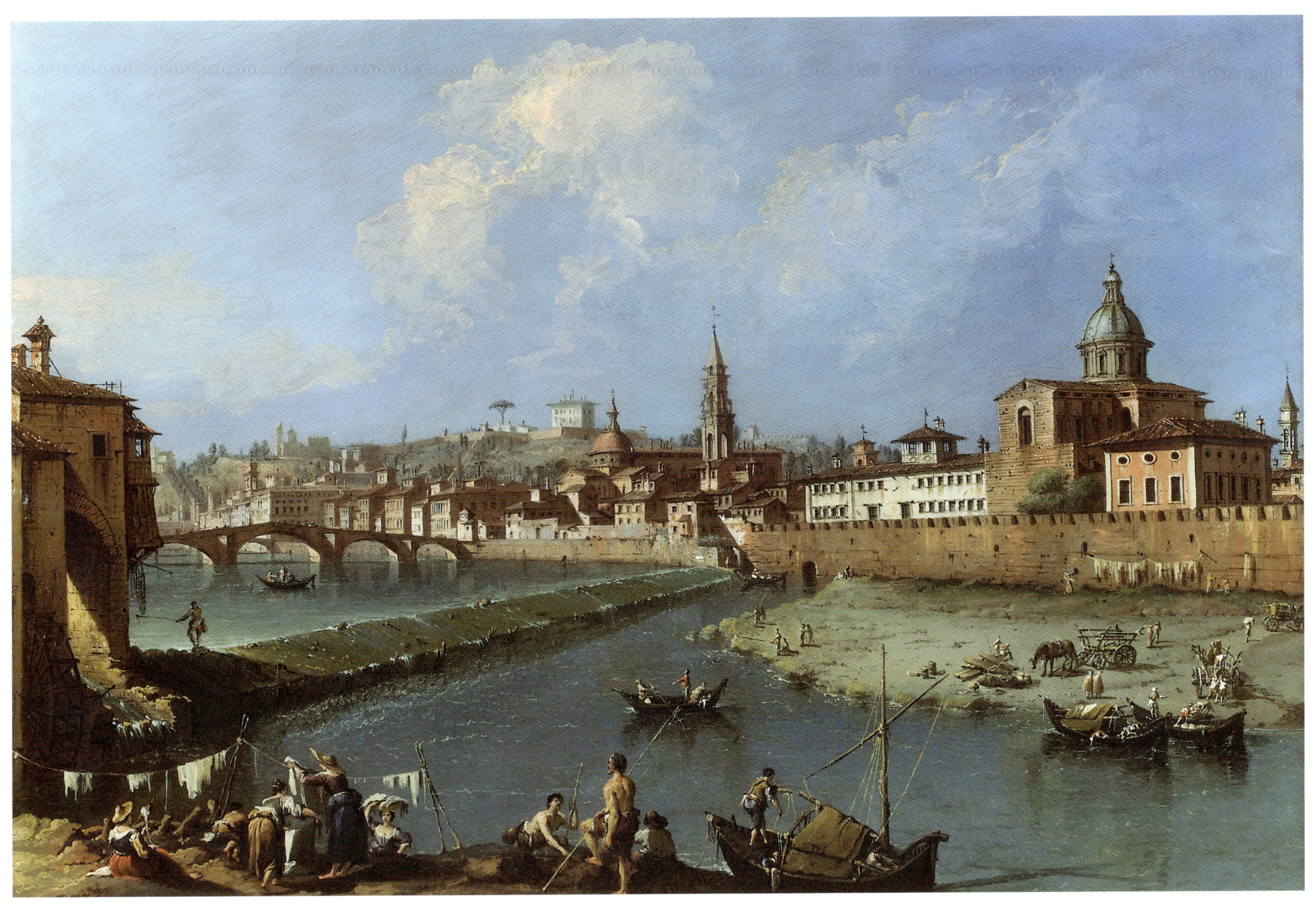

10

BERNARDO BELLOTTO

(Venezia 1722 - Varsavia 1780)

L'Arno verso il Ponte Vecchio, Firenze
1743-1744

olio su tela; 73,3 x 105,7 cm
Cambridge, The Syndics of the Fitzwilliam Museum, University of Cambridge, 192

Questa splendida veduta dell'Arno, reso con ampie pennellate parallele di colore smeraldo, lucente di incantevoli riflessi, è ripresa dal parapetto del Ponte Santa Trinita guardando a monte, verso il Ponte Vecchio e l'Oltrarno; a destra l'absidiola sospesa e il campanile di San Jacopo sopr'Arno, a sinistra il Lungarno Acciaioli in ombra. Il pendant dello stesso museo raffigura *L'Arno verso il Ponte alla Carraia, Firenze* (cat. 11): è la veduta complementare, ripresa in direzione opposta, continuazione ideale del dipinto del Museo di Budapest, *L'Arno dal Ponte Vecchio fino a Santa Trinita e alla Carraia, Firenze* (cat. 6). Altri due pendant fiorentini noti, di collezione privata, raffigurano l'Arno verso il Ponte alla Carraia, con San Frediano in Cestello a destra e verso il Ponte Vecchio, ma dalla parte del Tiratoio (cat. 7 e 8). Con le cinque vedute dell'Arno a Firenze, Bellotto percorre il fiume in ogni suo tratto, in diverse direzioni, studiando effetti di luce nelle varie ore della giornata.

Nel nucleo di dipinti toscani di Bellotto solo le due vedute di Cambridge devono essere datate sulla base stilistica, in mancanza di riferimenti precisi sulle circostanze della commissione. È evidente una maggiore maturità stilistica e luministica di queste composizioni rispetto alle altre vedute dell'Arno: la materia è più corposa, le architetture descritte con un maggiore pittoricismo, il cielo è percorso da cumuli vaporosi al di sopra delle nuvole grigie all'orizzonte, come nelle vedute di Roma, del 1743-1744 e in quelle eseguite in Lombardia nel 1744. L'acqua non è più segnata con le piccole ondine bianche ma stesa a pennellate decise e parallele, osservata dal vero in una limpida giornata di primavera, e le figure, ancora canalettiane come nelle vedute di Roma – ad esempio *Santa Maria d'Aracoeli e il Campidoglio*, Petworth House, Sussex, The National Trust, la tela esposta a Venezia il 16 agosto 1743 (Kozakiewicz 1972, n. 77) –, sono eseguite con tratti più decisi e ricchi di materia, rispetto a quelle delle altre vedute toscane.

Helmuth Alwill Fritzsche, il primo studioso di Bellotto, registra un disegno di questa composizione, messo all'asta con la collezione Rudolph Philip Goldschmidt (Prestel, Francoforte sul Meno, 4-5 ottobre 1917, n. 104) (Fritzsche 1936, p. 134, VZ 70), finora non ritrovato. Era forse simile al disegno preparatorio al pendant, conservato agli Uffizi (cat. 12), eseguito probabilmente nel viaggio del 1740, come induce a pensare la qualità stilistica. Bellotto avrebbe potuto eseguire i dipinti di Cambridge sulla base dei disegni ripresi qualche anno prima; ma M. Chiarini (in Verona 1990, n. 6) rileva che la situazione luministica studiata nel disegno non è seguita nel dipinto relativo, che coglie un momento di luce diversa, del primo mattino, e ne presenta con accuratezza gli effetti sul ponte e nelle ombre lunghe riflesse nell'acqua, così da suggerire una nuova ripresa sul posto, forse nel viaggio di andata o di ritorno da Roma, nel 1742 o 1743.

Nella collezione fiorentina di Giovanni Battista Borri, messa all'asta dagli eredi presso Mr Kents a Londra il 29-30 marzo 1759, si trovava con il nome di "Canaletti" una coppia di vedute di Firenze, descritte come "*View of the Arno, with the Ponte Vecchio*" e "*its companion, with the ponte Carraia*" (*Sale Catalogues* 1760, pp. 173-178; *A Catalogue of a Collection* 1759, lotti 34 e 35; Lugt, *Ventes*, n. 1041). Probabilmente a questa vendita si riferisce Ignazio Hugford (1703-1778), pittore e antiquario inglese a Firenze, quando scrive nel 1761 che la raccolta Borri "fu dagli eredi venduta a un signore inglese" (Borroni Salvadori 1974, p. 45, nota 217). Non c'è dubbio alcuno che si trattasse di opere di Bernardo Bellotto e non di Giuseppe Zocchi o di un altro pittore fiorentino: Giovanni Battista Borri della contrada di Santa Croce deve essere stato a stretto contatto con Anton Maria Zanetti di Girolamo (1680-1767), mecenate di Bellotto, alla cui mediazione è certamente dovuta anche la presenza nella quadreria Borri di sei dipinti di Francesco Zuccarelli, di due vedute di Venezia e di due capricci di Michele Marieschi, altri artisti protetti dall'antiquario e conoscitore veneziano. L'esistenza nella stessa collezione, messa all'asta nel 1759, di quattro tele di Giuseppe Zocchi e di altre quattro, curiose, raffiguranti "feste fiorentine", attribuite nel catalogo di vendita a Zocchi e Marieschi, indica inoltre un rapporto con il marchese Andrea Gerini, di cui Zocchi era pittore di casa. Nel 1767 il figlio di Giovanni Battista, Giuseppe Borri, espone ancora alla mostra della Santissima Annunziata due "Architetture" di Zocchi e altri due "paesi" di Francesco Zuccarelli, assieme al nutrito gruppo di bronzi di Giovanni Battista Foggini (Borroni Salvatori 1974, pp. 136 e 140).

I due dipinti sono stati donati al museo di Cambridge nel 1876 dallo studioso inglese Augustus Arthur Vansittart (1824-1872), figlio di George Henry Vansittart (1768-1824), di Bisham Abbey, Berkshire, generale dell'armata inglese durante le guerre napoleoniche. Il fatto che della stessa donazione facesse parte una notevole veduta di Venezia di Michele Marieschi, *Il Canal Grande dal Palazzo Michiel dalle Colonne e la Pescheria, verso il Ponte di Rialto*, del 1742 circa, e un'altra tela, *Il Canal Grande con San Simeone*, classificata come copia da Marieschi (Goodison, Robertson 1967, p. 97, n. 190 e pp. 98-99, n. 182), può indicare la provenienza dell'intero gruppo dalla collezione Borri, acquistato all'asta Kent o poco più tardi da parte di un antenato di Augustus Arthur della famiglia Vansittart. I telai antichi dei due dipinti non portano alcuna traccia di vendite antiquarie, la sola etichetta appostavi è quella ottocentesca del Fitzwilliam Museum.

A favore della commissione fiorentina e della permanenza in città dei dipinti almeno per qualche anno testimonia invece l'esistenza di una copia, con varianti e misure più ristrette, eseguita da un seguace di Giuseppe Zocchi (1717-1767), al Museum of Fine Arts di Boston, dove, a lungo attribuita a Bellotto, porta ora l'attribuzione alla sua cerchia e la datazione 1740-1780 (Kozakiewicz 1972, n. A 311).

Bożena Anna Kowalczyk

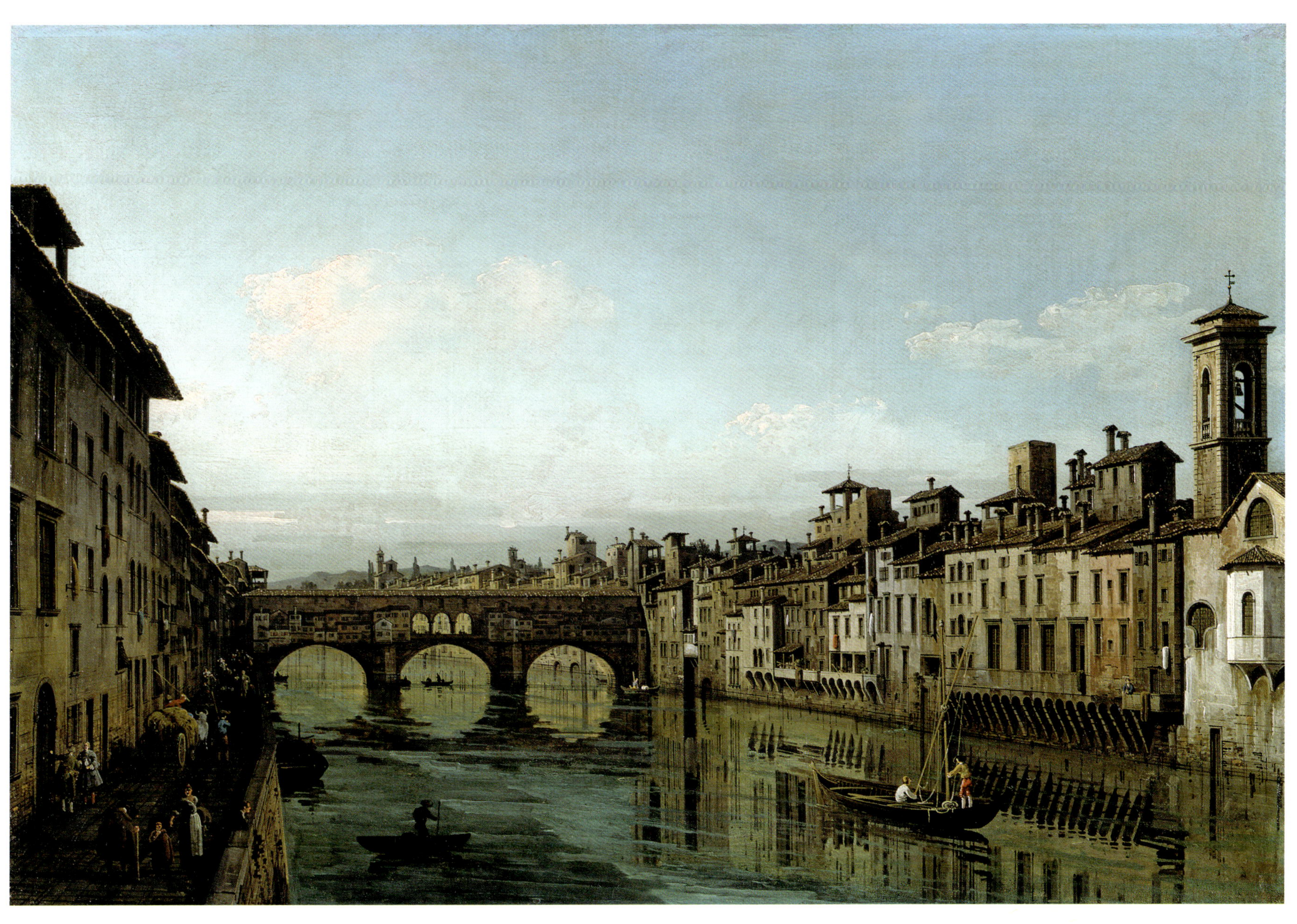

11

BERNARDO BELLOTTO

(Venezia 1722 - Varsavia 1780)

L'Arno verso il Ponte alla Carraia, Firenze
1743-1744

olio su tela; 73,7 x 105,4 cm
Cambridge, The Syndics of the Fitzwilliam Museum, University of Cambridge, 195

Dalle vicinanze del Ponte Santa Trinita, guardando a valle nella direzione nord-ovest, opposta rispetto alla veduta verso il Ponte Vecchio del pendant (cat. 10), Bellotto riprende a destra, fortemente di scorcio, il Lungarno Corsini in ombra; la sequenza di case dall'altra parte del fiume, sul Lungarno Guicciardini, è invece dispiegata in luce, da Santo Spirito a San Frediano in Cestello, con le colline in lontananza, secondo lo stesso schema compositivo e la distribuzione di luci e ombre già impiegate nella veduta dell'*Arno dal Ponte Vecchio fino a Santa Trinita e alla Carraia* (cat. 6) e nel pendant di Cambridge (cat. 10). Una carrozza a due cavalli bianchi con un personaggio salutato con l'inchino da un passante avanza sul Lungarno Corsini; un carro di fieno tirato dai buoi procede nel pendant nella stessa direzione, verso il Ponte Vecchio, a ribadire la complementarietà e la continuità delle due vedute che assieme raffigurano l'ampio tratto dell'Arno. Se il cielo rosato del pendant indica l'ora vicina al tramonto, qui è colta la prima mattina, con le ombre che avvolgono il Ponte alla Carraia, lì dove passa una carrozza, e si proiettano lunghe sul fiume, gettate dalle case sul Lungarno, esattamente descritte nei contorni. Come nel pendant, la superficie dell'acqua con i suoi riflessi e ombre è soggetto di una formidabile descrizione, brano pittorico indimenticabile e unico.
Stefan Kozakiewicz, lo studioso polacco di Bellotto e autore della fondamentale monografia, non esclude "che i due dipinti [del Fitzwilliam Museum] siano di qualche tempo posteriori alle altre vedute fiorentine"; esse "si direbbero più sicure ed energiche" (Kozakiewicz 1972, vol. II, p. 34). L'idea della loro esecuzione più tarda, nel 1742-1743, è ribadita da Edgar Peters Bowron (in Venezia-Houston 2001), quando si credeva ancora che Bellotto fosse stato a Firenze nel 1742: "The grayish-brown buildings, warmer in the roofs and greenish in the shadows, the green-gray water, and greenish-blue sky with slightly rosy clouds share much greater affinity with Bellotto's various views of Rome and even Verona than his earlier views of Florence now in Budapest".
Con le conoscenze di oggi sull'evoluzione dello stile e della tecnica, possiamo affermare con certezza una datazione significatamene più tarda rispetto alle altre cinque note vedute della Toscana. La materia corposa, la stesura particolarissima dell'acqua lucente, piena di riflessi, ad ampie pennellate parallele di colore smeraldo, e del cielo con le nuvole bianche consistenti, grigie qui all'orizzonte, stese con pennellate orizzontali, a rilievo, esprimono la maturità acquisita a Roma e poi arricchita con l'osservazione della natura in Lombardia; conferma questa idea anche il modo di dipingere gli alberi che si profilano in lontananza contro le colline, come nelle vedute della Gazzada, i tocchi ben distinti di luce sulle tegole e sui bordi dei tetti, i muri eseguiti a strati corposi di colori sovrapposti, le figure tracciate con pennellate sicure e tondeggianti. È in Lombardia che Bellotto esegue per la prima volta coppie di vedute perfettamente complementari come questa: i due pendant di Vaprio, di collezione privata e le vedute di Gazzada, di Brera (B.A. Kowalczyk, in Milano 2016-2017, nn. 57, 59, 60, 61).
Un magistrale disegno preparatorio della composizione, intensamente tratteggiato, eseguito nel viaggio del 1740 in Toscana, è conservato agli Uffizi (cat. 12). Sconosciuto a Kozakiewicz – era tradizionalmente attribuito a Giuseppe Zocchi e solo nel 1990 riconosciuto a Bellotto (M. Chiarini, in Verona 1990, n. 6) –, imposta la composizione prospettica ma coglie un'ora differente del giorno, con le ombre e le luci diversamente disposte e il cielo e l'acqua descritti inun modo ancora veneziano. Kozakiewicz era convinto che "grazie ai disegni, il Bellotto era in grado di dipingere motivi fiorentini anche dopo aver lasciato la città" (1972, vol. I, p. 34); le vedute di Roma sono state eseguite a Venezia nel 1743-1744, al ritorno dal breve viaggio, ipotizzato nel 1742. In questo caso, l'osservazione della diversa situazione luministica e la sensibile descrizione dell'acqua inducono a pensare che Bellotto sia tornato a Firenze, probabilmente nei primi mesi del 1743.

Bożena Anna Kowalczyk

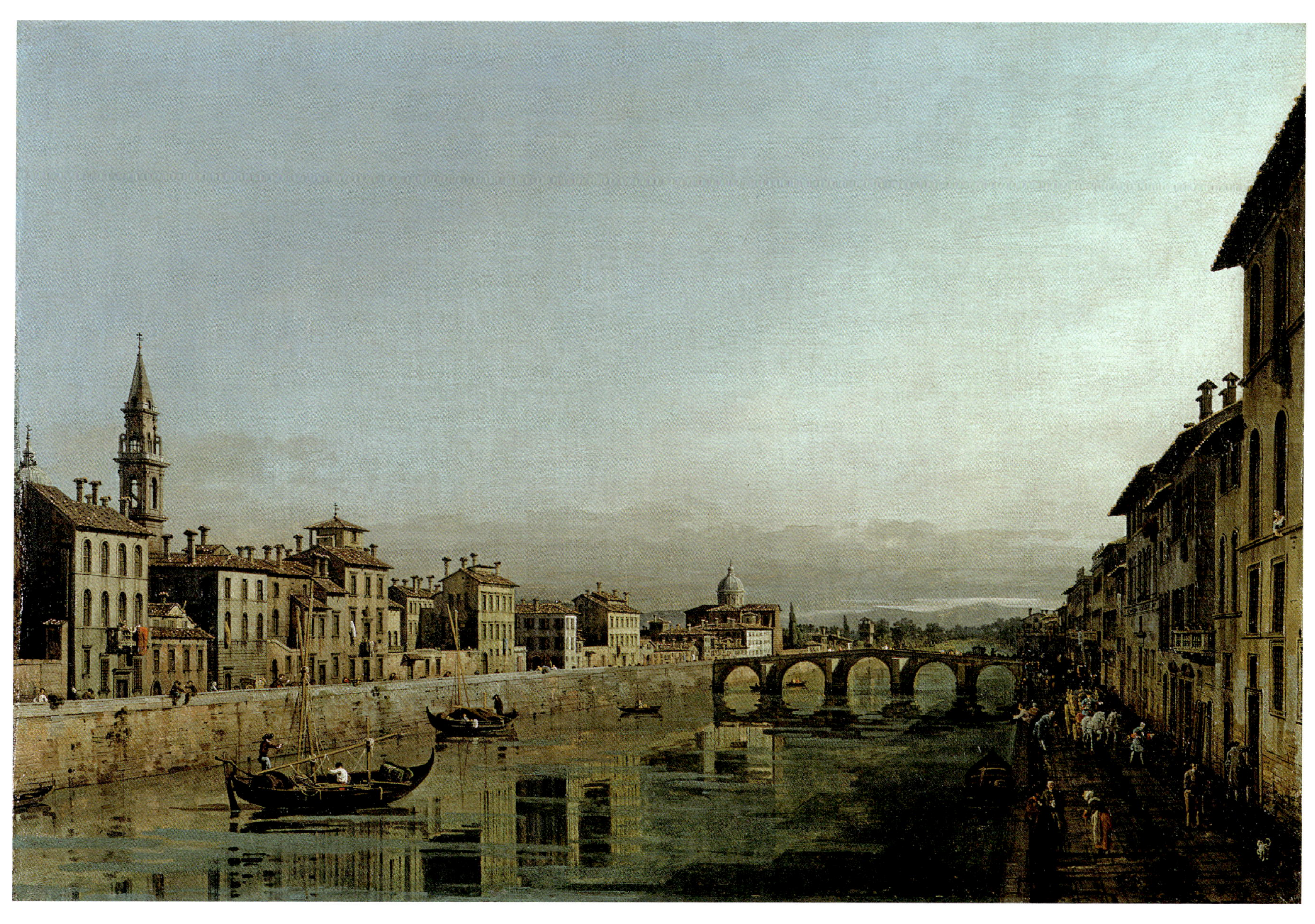

12

BERNARDO BELLOTTO

(Venezia 1722 - Varsavia 1780)

L'Arno verso il Ponte alla Carraia, Firenze
1740

penna e inchiostro bruno, a mano libera e con righello, molti segni da compasso, carta bianca ingiallita; 256 x 370 mm
*Firenze, Gli Uffizi, Gabinetto dei Disegni e delle Stampe, 1842 P

Questo foglio può essere considerato manifesto dello stile e della tecnica del giovane Bellotto, per il tratteggio energico e deciso, impetuoso sul cielo, steso a pioggia, in diagonale, in due direzioni, dall'alto a destra verso la sinistra e al contrario, dall'angolo in alto a sinistra, verso la destra, con le nuvole minacciose, in parte tratteggiate e contornate con le linee nervosamente zigzaganti, tratti paralleli nell'acqua. L'utilizzo dell'inchiostro bruno-scuro, ferro-gallico, in alcuni punti dato con insistenza corrodendo la carta, come nei primi disegni veneziani e in quelli ripresi nel viaggio a Roma, ipotizzato nel 1742, conferma l'idea di un lavoro impetuoso ma sicuro. L'impiego del compasso, appreso da Canaletto, è qui sapiente e particolarmente esteso, ogni spessore delle case e del ponte, delle sue arcate e dei pilastri, sono definiti con un'attenta misurazione, come dimostrano numerosi segni di perforazione; è perforato anche il punto di fuga dell'intera composizione sulla casa in fondo a destra. Anche il righello è utilizzato con metodo, non soltanto per le principali linee costruttive ma anche per tracciare alcune finestre, come quelle della prima casa a destra. Non è percettibile l'usuale traccia di matita, probabilmente cancellata con cura; è forse un progetto di dipinto da presentare al committente. Le impronte digitali che si ripetono in due punti diversi sono una sorta di firma dell'artista, e si ritrovano sia nei suoi disegni che nei dipinti.

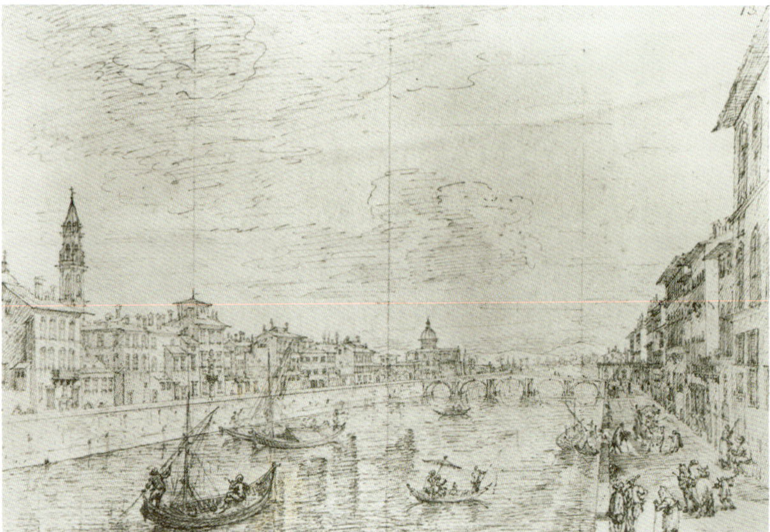

a. Giuseppe Zocchi, *L'Arno verso il Ponte alla Carraia, Firenze*, 1740 circa, penna e inchiostro grigio sopra traccia di matita, 270 x 382 mm. Darmstadt, Hessisches Landesmuseum, AE 2197

Il foglio è pervenuto agli Uffizi con l'attribuzione a Giuseppe Zocchi, parte di una collezione di disegni e stampe di soggetto fiorentino, tra i quali un altro disegno dell'Arno verso il Ponte alla Carraia ma ripreso dal Ponte di Santa Trinita, di sicura autografia del fiorentino (1843 P). Mina Gregori (1983), nel suo studio sui rapporti tra il vedutismo veneziano e quello fiorentino, conferma l'antica attribuzione e, pur notando le affinità stilistiche e compositive con alcuni disegni di Bellotto, vi scorge tratti tipici di Zocchi; dall'altra parte, restituisce giustamente al pittore fiorentino un disegno simile nella composizione prospettica e nei dettagli, dello Hessisches Landesmuseum di Darmstadt, proveniente dall'eredità di Bellotto e attribuito al veneziano da H.A. Fritzsche (1936, p. 131, VZ 21) (fig. a). Il riconoscimento della mano di Bellotto e l'inserimento di questo foglio nell'esiguo catalogo dei disegni italiani dell'artista è merito di Marco Chiarini (in Verona 1990).
I due disegni, questo e quello di Darmstadt, sono emblematici della discussione sul rapporto tra i due pittori. Nonostante le figure diversamente distribuite e di diversa tipologia – appena abbozzate in Bellotto, secondo una sua prassi seguita nei disegni preparatori, caratterizzate invece negli atteggiamenti e nel vestiario nel disegno di Darmstadt, alla Stefano della Bella (l'osservazione è di Mina Gregori) –, i due fogli sono certamente dipendenti. Il carattere costruttivo del presente disegno, qui per la prima volta così in evidenza, esclude che si sia di fronte a una copia, inducendo invece a pensare che sia Zocchi, con il suo tratto tenue di penna intinta di inchiostro grigio, a seguire la composizione del più giovane collega, peraltro tipicamente "veneziana" per il rigoroso impianto prospettico.
Bellotto traccia con questo disegno la composizione che riprenderà qualche anno più tardi nel dipinto del Fitzwilliam Museum, in cui è nuovamente studiata la situazione luministica e differiscono le figure e le barche (cat. 11).
Questo rimane l'unico disegno fiorentino noto; un altro foglio, attribuito a Bellotto da H.A. Fritzsche, *L'Arno verso il Ponte Vecchio*, era nella collezione Rudolph Philip Goldschmidt (1840-1914), Berlino (Lugt, 2926), ma non è stato ancora ritrovato. Dato che lo studioso tedesco lo considera pendant del disegno ora riconosciuto a Zocchi, qui sopra menzionato, la sua autografia rimane incerta (Fritzsche 1936, p. 134, VZ 70).

Bożena Anna Kowalczyk

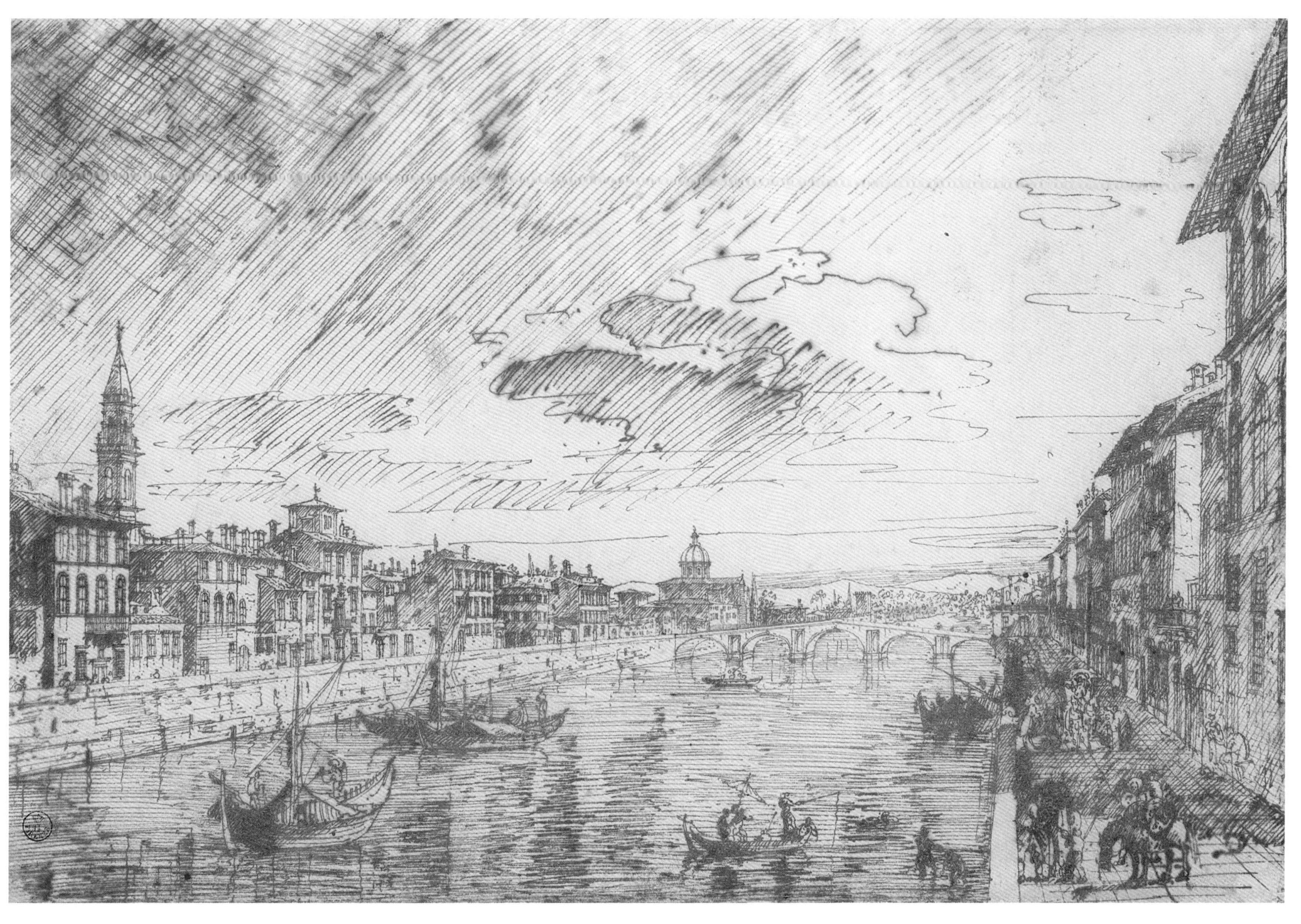

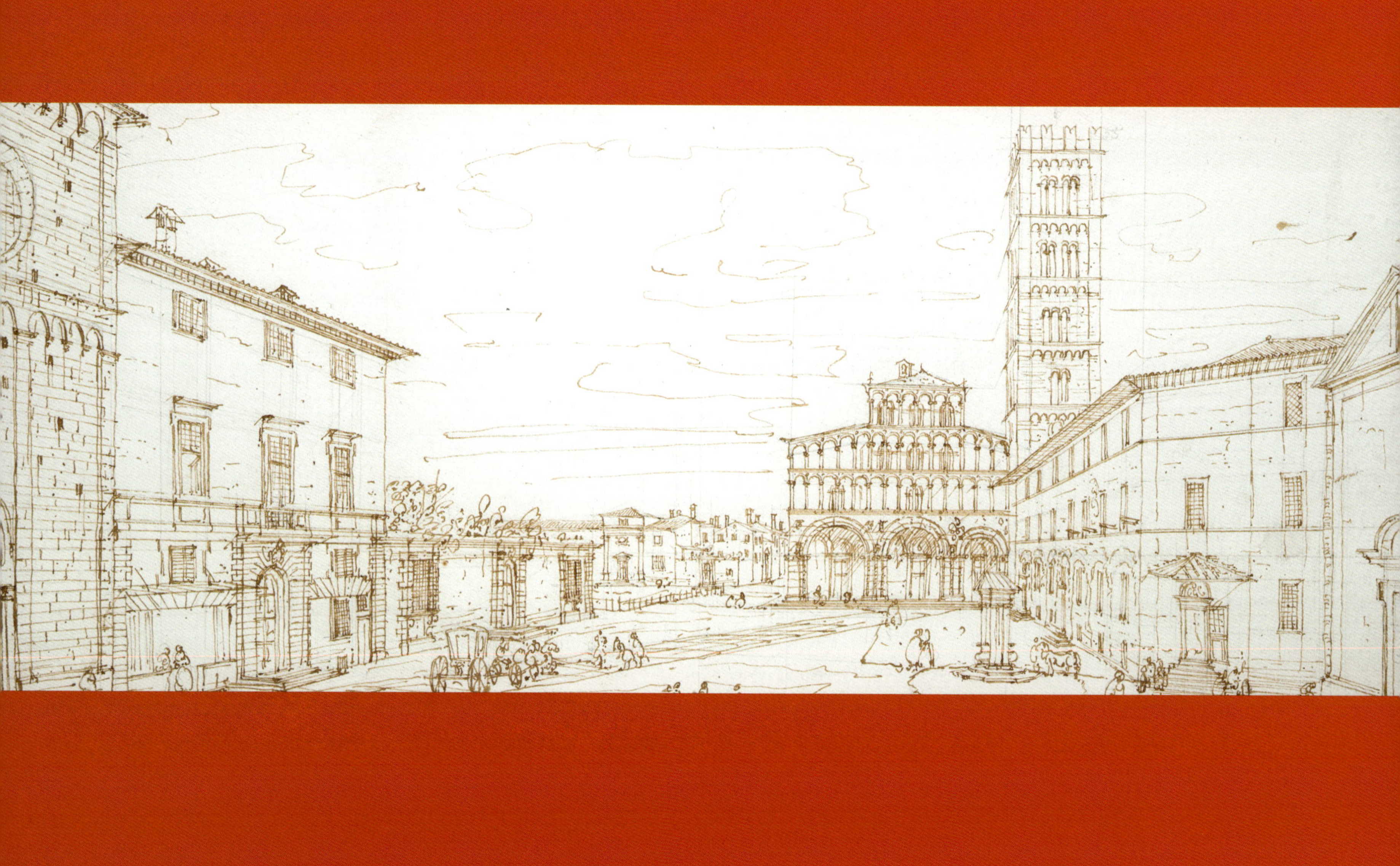

3.
BELLOTTO A LUCCA E A LIVORNO

I cinque disegni di Lucca, parte della collezione topografica del re Giorgio III (1738-1820), e il dipinto che segue la composizione di uno di essi, *Piazza San Martino con la cattedrale*, del Museo di York, costituiscono l'unica documentazione nota del viaggio di Bellotto nella città toscana (cat. 13-18). La stretta vicinanza stilistica e tecnica del dipinto di Lucca alle due vedute di Firenze, eseguite nelle simili, rare per l'artista dimensioni, *L'Arno al Tiratoio con il Ponte Vecchio* e *L'Arno dalla Vaga Loggia, con San Frediano in Cestello*, di collezione privata (cat. 7 e 8) – che si confermano commissionate da Andrea Gerini, eseguite dunque nell'estate 1740 –, indica una data del viaggio di poco successiva, a settembre o a ottobre di quell'anno; *Piazza San Martino con la cattedrale* riprende inoltre, perfezionandola, la composizione prospettica e luministica della *Piazza della Signoria, verso est, Firenze*, nel 1741 registrata nella collezione Riccardi (cat. 5).
Il viaggio a Lucca, come quello a Firenze, deve essere stato orchestrato da Anton Maria Zanetti di Girolamo (1680-1767), mecenate veneziano di Bellotto, probabilmente assieme all'amico Andrea Gerini (1692-1766); che esistesse un loro comune "amico di Lucca", un collezionista o agente, è confermato dallo stesso nobile fiorentino in una lettera del 13 aprile 1754 all'antiquario e conoscitore veneziano (*Anton Maria Zanetti. Il carteggio* c.s.). Difficilmente poteva trattarsi di Giovanni Domenico Mansi (1692-1769) – futuro arcivescovo di Lucca e all'epoca segretario e teologo dell'arcivescovo Fabio Colloredo (1672-1742), autore, tra altri scritti importanti, del *Diario sacro, antico e moderno, delle chiese di Lucca* (1753) –, indicato come il possibile committente di Bellotto da Hugh Honour (1990) ma del tutto ignoto come collezionista; era forse uno dei sottoscrittori lucchesi dei libri di Zanetti, *Delle Antiche Statue* e *Dactyliotheca*, il conte Francesco Trenta o Vincenzo Brazzini; ma tra la nobiltà di Lucca, personaggi di dimensione europea e spirito collezionistico, da essere amici di Zanetti e Gerini, ce n'erano sicuramente anche altri. Certo è che Bellotto a Lucca lavora da privilegiato, un giovane pittore innovativo, all'avanguardia, che descrive la cattedrale e la sua struttura, al centro della *curtis aecclesiae* della città e, ricercando quattro punti di vista diversi, si muove liberamente tra le stanze dell'Arcivescovado, sale persino sul tetto, accede al piano nobile del palazzo Bernardi (Fornaciari) e s'affaccia alla finestra della chiesa di San Giuseppe. L'unico dipinto eseguito, *Piazza San Martino con la cattedrale*, rimane in una collezione lucchese almeno fino ai primi anni dell'Ottocento – per apparire solo all'inizio del Novecento in Inghilterra –, ammirato e copiato da artisti locali, l'unica emblematica veduta della Lucca del Settecento.
Del passaggio per Livorno, forse nello stesso 1740 o più tardi, nel 1742, sulla strada per Roma, rimane l'impressione esercitata dal gruppo bronzeo di *Quattro mori incatenati*, posto dallo scultore toscano Pietro Tacca nel 1623-1626 sulla base del monumento a Ferdinando I de' Medici di Giovanni Bandini. Bellotto deve averne tratto uno schizzo che interpreta nel 1764 a Dresda con fervente fantasia, disponendo similmente gli "schiavi" ai piedi del monumento equestre di Augusto III, re di Polonia ed Elettore di Sassonia. Il grande disegno a capriccio, assieme al pendant, unisce le reminiscenze più significative dei viaggi in Italia e in Europa (cat. 19).

13

BERNARDO BELLOTTO

(Venezia 1722 - Varsavia 1780)

Piazza San Martino con la cattedrale, Lucca
1740

olio su tela, 50,8 x 72 cm
York, York Museums Trust (York Art Gallery), YORAG 771
Presented by F.D. Lycett Green through The Art Fund, 1955

La cattedrale di San Martino è vanto della città di Lucca (fig. a), fin da quando, edificata nell'aerea orientale, vicino alla cerchia muraria romana, dal vescovo Anselmo da Baggio (1010/15-1073) – nominato papa nel 1061 con il nome di Alessandro II – fu consacrata nel 1070, primo grande tempio cristiano in Italia, seguita nel 1084 dalla basilica di San Marco di Venezia. Già la chiesa paleocristiana preesistente, dovuta al vescovo Frediano (VI secolo), svolgeva dal 724 il ruolo di cattedrale, subentrando alla vicina basilica dei Santi Reparata e Pantaleone, che fu la prima sede vescovile con il fonte battesimale di San Giovanni.
Bellotto rappresenta in questo dipinto il cuore religioso della città, la sua *curtis aeclesiae* (Taddei 2016). Studia attentamente i vari punti di ripresa da una finestra del piano nobile del palazzo Bernardi (Fornaciari), per cogliere della cattedrale il solo prospetto della facciata, come se fosse la basilica di San Marco a Venezia dei dipinti propri e di Canaletto: San Martino, ugualmente ad altre chiese di Lucca, era destinata a essere vista di fianco, come nel raro disegno di Giuseppe Civitali, del 1570 (fig. b), l'unico precedente, e nelle numerose stampe dell'Ottocento; abbraccia a sinistra, con una forzatura prospettica, una parte del transetto della prima cattedrale, oggi Santi Giovanni e Reparata, all'estremità del lato della piazza dominato dal palazzo Bernardi (Micheletti) con il suo giardino pensile, progetto di Bartolomeo Ammannati (1578) su commissione di Giovanni Bernardi, canonico di San Martino e poi vescovo di Ajaccio; in fondo, una parte della piazza degli Antelminelli, con la chiesa di San Giuseppe e la sua cinta di pilastrini di ferro; lungo il lato destro, all'ombra, le architetture, in fuga veloce, dall'oratorio della Maddalena al campanile che si erge al di sopra dei tetti della duecentesca Casa dell'Opera del Duomo, dal 1517 sede del Monte di Pietà. Un cavallo sta per essere abbeverato vicino al pozzo, lo stesso del disegno di Civitali, ora protetto da un piccolo tetto sostenuto da due coppie di colonne; una carrozza a due cavalli preceduta da un fantino corre verso la cattedrale; nobili e popolani passeggiano o conversano in piazza.
Le linee di fuga e il gioco congiunto delle ombre e delle diagonali delle passerelle lastricate sulla terra battuta della piazza convergono sulla facciata di San Martino, incompiuta, con i suoi tre ordini di archetti finemente decorati in marmi bianchi, rosa e verdini, opera del maestro Guidetto (1191 - *post* 1204), esempio eccelso del romanico lucchese: l'ombra diagonale oscura i due arconi, pensata forse per diminuire l'effetto della loro inusuale diversità di ampiezza, imposta, come si crede, dal campanile preesistente. Il bassorilievo con la statua equestre di San Martino e il povero – da Toesca (1927) collegata con le sculture del portale est del battistero di Pisa – emerge appena dall'ombra.
L'anonimo autore della nota pubblicata in "The Burlington Magazine" del 1944 ammirava in questo dipinto, considerato allora di Canaletto, il suo straordinario senso atmosferico, la tonalità lieve e argentata e l'esecuzione di alcuni dettagli, come le figure dalle vesti luminose e le delicate nuvole bianche sul cielo blu (*Canaletto in Lucca* 1944).
La connessione con i cinque disegni di Lucca conservati a Londra (cat. 14-18) – allora al British Museum, parte della collezione topografica del re Giorgio III – ha suggerito a Francis Watson l'attribuzione di questo dipinto e dei disegni a

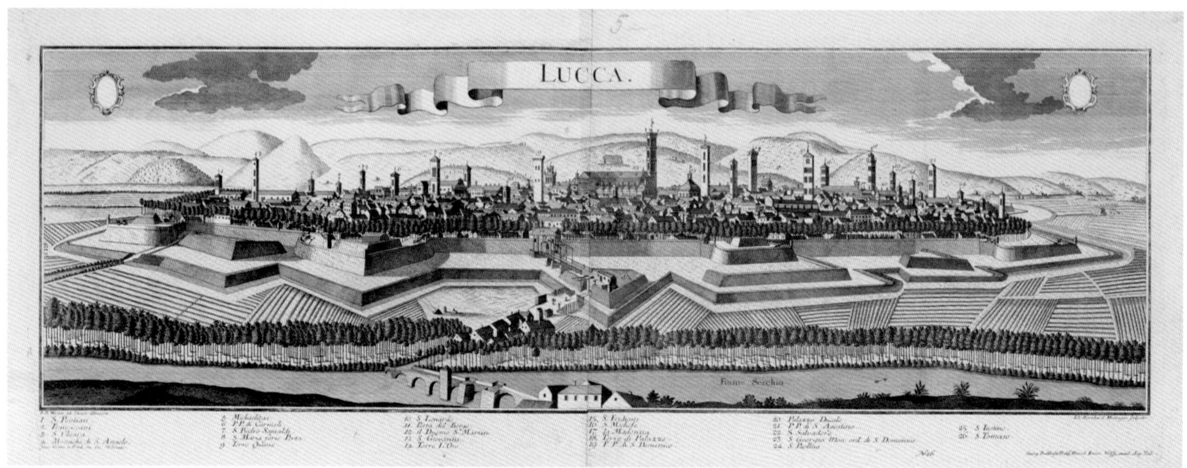

a. F.B. Werner, *Lucca: veduta panoramica della città, da nord*, 1745 (?), incisione su rame, 320 x 987 mm. Lucca, Biblioteca Statale, Elenco II, 5 (opera esposta in mostra)

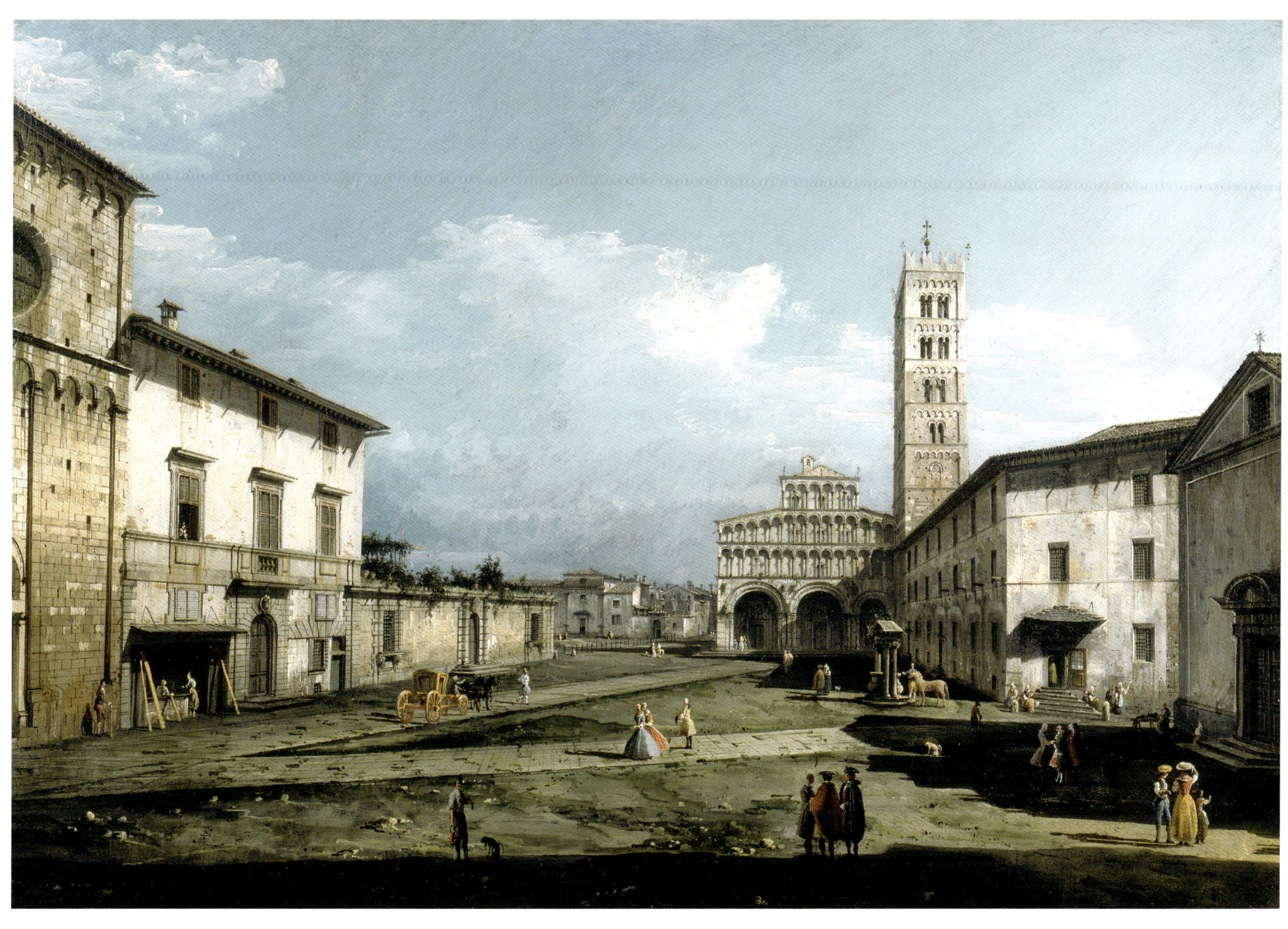

Bernardo Bellotto, in seguito mai messa in discussione. Tutto il nucleo testimonia del soggiorno del pittore almeno di qualche giorno nella città toscana. Pietro Guarienti, biografo dell'artista, non ne fa menzione, elencando solo Roma e Firenze tra le città visitate nell'Italia centrale (Orlandi, Guarienti 1753, p. 101), ma l'impressionante vicinanza stilistica alle due vedute dell'Arno, eseguite nell'estate 1740 per il marchese Gerini, di analoghe dimensioni (cat. 7 e 8), indica che il viaggio a Lucca coincise con il soggiorno a Firenze; la sottigliezza dei passaggi chiaroscurali depone a favore di un momento di poco posteriore ai due dipinti Riccardi (cat. 5 e 6). Bellotto può essersi recato a Lucca dopo aver ricevuto da Gerini, il 30 agosto, "un imprestito di Zecchini 20" oppure dopo il 30 settembre, quando viene pagato a saldo dallo stesso marchese; l'atmosfera limpida e le ombre lunghe suggeriscono "un'ora meridiana di una giornata di mezza stagione" (G. Fanelli, in Bedini, Fanelli 1988). Prima di ritornare a Venezia, Bellotto lascia a Lucca questo suo capolavoro giovanile che rimane in città almeno fino ai primi anni dell'Ottocento, sconosciuto o ignorato dai conoscitori, studiosi e viaggiatori

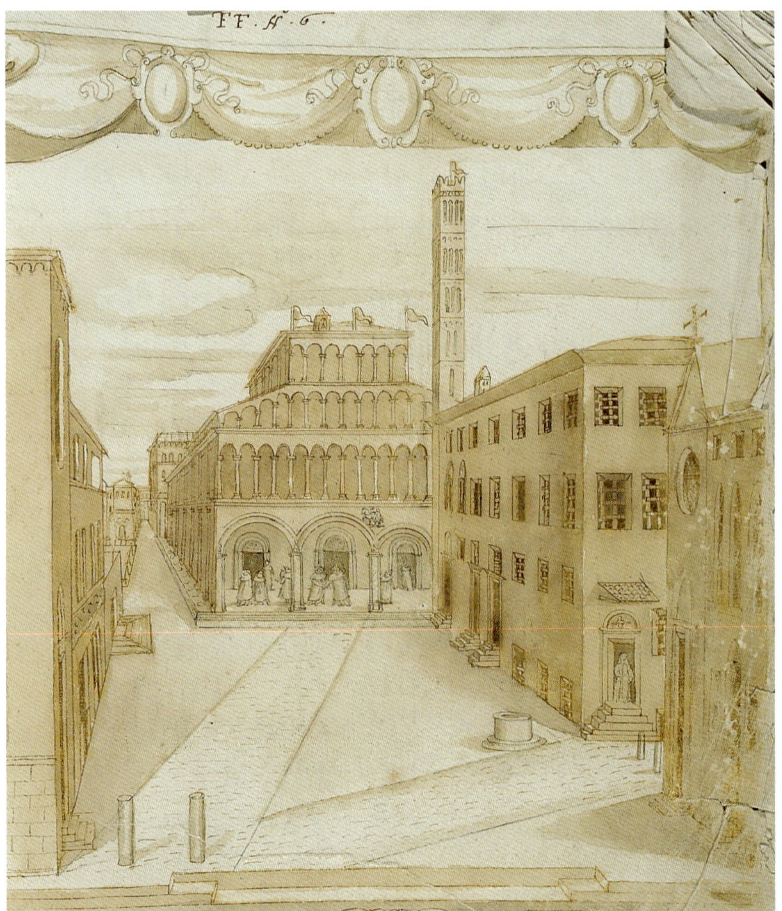

b. Giuseppe Civitali, *Piazza San Martino con la cattedrale, Lucca*, 1570, penna e inchiostro bruno acquerellato, 430 x 319 mm, dal *Martilogio [...] di tutti i beni della Mensa Capitolare*, Lucca, Archivio Storico Diocesano, Archivio Arcivescovile, Enti Religiosi Soppressi, 3032, c. 3r (opera esposta in mostra)

dell'epoca, ma ammirato da uno stuolo di pittori locali, tanto da essere più volte copiato (cfr. cat. 20 e 21).

Riappare come "A. Canaletto" nel catalogo Christie's della vendita postuma dei beni di Charles T.D. Crews (1839-1915, dottore in lettere, giudice di pace, membro della Society of Antiquaries), il 2 luglio del 1915 (lotto 145), quando viene acquistato da Agnews. Tra i capolavori dell'eccezionale collezione messa all'asta, ricca di dipinti olandesi e fiamminghi (92 lotti), britannici (29 lotti) e italiani (40 lotti), oggi conservati nei maggiori musei del mondo – al Metropolitan Museum of Art, al Cincinnati Art Museum, al Rijksmuseum e in altri – c'era il ritratto di Cosimo I de' Medici di Jacopo Pontormo, proveniente dalla collezione Riccardi (Christie's, New York, 29 gennaio 2014, lotto 166; alla vendita del 1915 presentato come lotto 144, "A. Bronzino) e un altro dipinto di Bellotto, *Piazza del Popolo, Roma* (Londra 2014, n. 1).

A questi dati già noti – l'appartenenza del presente dipinto alla collezione Crews, annotata nell'archivio della York Art Gallery fin dalla mostra di Agnew's del 1985, pubblicata da C. Beddington (Londra 2014, al n. 1) e ritrovata indipendentemente da chi scrive nel Christie's Archive con il cortese aiuto di Lynda McLeod – si aggiunge ora un altro elemento che potrebbe servire alla ricostruzione della sua storia. Il dipinto raffigurante "View in an Italian city, with a carriage and figure", di "Canaletti", acquistato da Colnaghi presso Christie's il 10 luglio 1886 (lotto 199) alla vendita postuma dei beni di Anthony Ashley-Cooper, VIII conte di Shaftesbury (1831-1886), presenta certamente la stessa composizione: nella copia del catalogo di vendita del Christie's Archive la città è spiegata in una scritta a mano come "Lucca". Il prezzo d'acquisto, 147 ghinee, è relativamente alto ma nessun dato d'archivio è finora emerso per identificare il dipinto: i registri Colnaghi esistono solo dal 1894.

Dal 1942 *Piazza San Martino con la cattedrale, Lucca*, fece parte di un'altra formidabile collezione, di più di 130 dipinti antichi, quella di F.D. Lycett Green, conservata nella sua casa a York e poi a Finchcocks, Goudhurst, Kent e donata nel 1955 al Museo di York.

La meticolosa codificazione, quasi stenografica, dello schizzo preparatorio (cat. 14) viene corretta e migliorata nell'interpretazione pittorica: il disegno serve come abbozzo della composizione ma nel dipinto Bellotto dedica più attenzione ai particolari delle architetture, al fine disegno delle finestre e del bugnato di Ammannati sul palazzo Bernardi, al gioco chiaroscurale degli archetti di San Martino; segue i ben definiti limiti delle zone d'ombra ma aggiunge le sottili ombre oblique sotto i tetti e introduce o toglie alcune figure, già soggetto di vistosi pentimenti nel disegno; arricchisce la composizione di altri dettagli: le assi di legno e i bastoni appoggiati in fianco alla bottega del falegname, le pietre sparse sulla terra battuta della piazza, la vegetazione in cima al tetto della fontana, croci e bandierine; conferisce, infine, alle nuvole fogge del tutto diverse, le plasma con energia, quasi a rilievo, sopra il cielo steso a forti pennellate diagonali. Le architetture sono definite da linee precise e da incisioni nel colore fresco, entro le quali l'artista crea con pennellate sovrapposte ricche di colore, spontanee, la suggestione delle superfici di marmo, pietra o intonaco. Le figure sono descritte in punta di pennello.

Uno dei primi dipinti eseguiti al ritorno a Venezia, *Campo Santi Giovanni e Paolo* del Museo di Springfield, ritrae il luogo di un Canaletto della collezione Conti (cfr. cat. 2) introducendo le conquiste stilistiche del soggiorno a Firenze e Lucca, e le estrose figure del primo piano, come qui, sul limite della zona d'ombra (Kowalczyk 2012, p. 31).

Dipinta sulla preparazione rosso-bruna che riaffiora in alcuni punti del cielo, la tela è stata restaurata negli anni sessanta e integrata nel cielo sopra la piazza degli Antelminelli e nella parte destra, dove le pennellate diagonali sono particolarmente forti.

Bożena Anna Kowalczyk

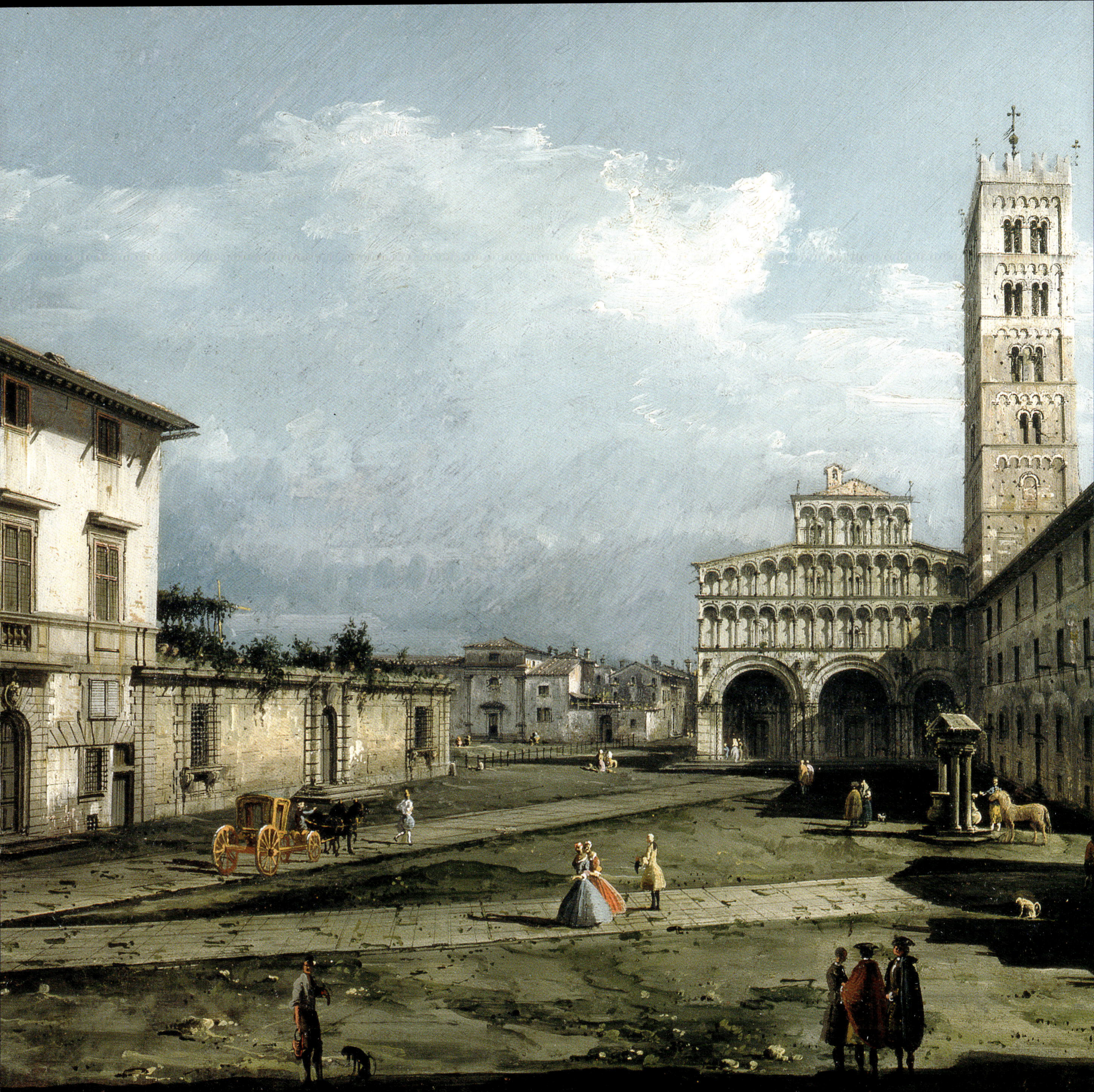

14

BERNARDO BELLOTTO

(Venezia 1722 - Varsavia 1780)

Piazza San Martino con la cattedrale, Lucca
1740

penna e inchiostro bruno su traccia di matita, a mano libera e con righello, segni da compasso; la linea dell'orizzonte a matita e righello, a 81 mm dal margine inferiore; 252 x 372 mm
Londra, The British Library, Map Room, K.Top. LXXX-21a

Iscrizioni: in alto al centro, a penna e lo stesso inchiostro, "Lucca", in alto nell'angolo destro, a matita "55"

I cinque disegni di Bellotto di Lucca della collezione topografica del re Giorgio III, parte della King's Library, sono conservati al Maps Room della British Library, incollati due a due in un album ottocentesco che contiene le mappe della Repubblica di Lucca, dello Stato dei Presidi, di Piombino e Olbia, della Repubblica di San Marino e dello Stato della Chiesa.
L'immensa raccolta, nota come "King's Topographical Collection" o "K. Top.", contenente più di quarantamila oggetti – mappe, piante, mappamondi, disegni architettonici e di fortificazioni, prospetti di ponti e canali, di palazzi e ville di campagna e migliaia di disegni e stampe di vedute –, in parte ereditata e completata con passione da re Giorgio III con l'aiuto di Richard Dalton, suo bibliotecario nel 1760-1773 e conservatore di medaglie e disegni nel 1773-1791, era una delle più importanti e fini della sua epoca (cfr. Felicity Myrone, https://www.bl.uk-picturing-places-articles-what-is-ktop). I disegni vengono per la prima volta menzionati nel 1829 nel catalogo della collezione senza il nome dell'autore, come "taken with the Camera Obscura"; riscoperti nel 1950 da A.P. Oppé come "early drawings of Lucca by Canaletto", sono stati riconosciuti a Bellotto da F.J.B. Watson nel 1953.
Immagini eccezionali della Lucca del Settecento, per la prima volta staccate dal volume per essere esposte, rappresentano, con precisione documentaria, il cuore religioso della città con la cattedrale di San Martino e la chiesa dei Santi Giovanni e Reparata (cat. 14-17) e un altro tempio cittadino, Santa Maria Forisportam sulla piazza omonima (cat. 18). Questo foglio, dalla rigorosa impostazione prospettica – ormai peculiare di Bellotto –, in cui tutte le linee di fuga convergono sull'arcone centrale della cattedrale lontana in fondo alla piazza, è l'unico di cui si conosca la versione pittorica (cat. 13), ma anche gli altri sono dello stesso carattere, abbozzi preparatori eseguiti nello studio, sulla base di riprese sui luoghi. Rivelano tutti un tracciato di linee principali a matita e righello, la linea dell'orizzonte tirata da margine a margine come riferimento della composizione prospettica, segni di misurazioni con compasso, dettagli e figure a mano libera, a testimonianza di un preciso lavoro costruttivo, secondo i basilari metodi di Canaletto.
La composizione di tre fotografie verticali, riprese a livello terra con un'ottica decentrabile, da un solo punto, muovendo l'obiettivo lungo l'asse orizzontale, rende, anche se solo vagamente, l'idea del lavoro di Bellotto con la camera ottica (il pittore riprendeva da più punti di vista e dall'alto e componeva quattro o più riprese) (fig. a).
Qui, come negli altri disegni, il tracciato a matita è ripassato a penna con diversi pentimenti e aggiustamenti, i più vistosi nella posizione delle figure, attentamente disposte nella versione finale lungo le linee diagonali che guidano verso la facciata di San Martino, allontanata in fondo alla piazza, come se fosse vista attraverso un cannocchiale. I limiti delle zone d'ombra sono segnati a sola penna; gli arconi della cattedrale sono ombreggiati a tratteggio. Molte virgolette e trattini a inchiostro sulle superfici dei muri a segnalare le irregolarità delle pietre e le scoloriture degli intonaci, una sorta di codice che viene poi tradotto nel dipinto; tracce digitali impresse con lo stesso colore d'inchiostro, a sinistra della figura con il cane. Se la distorsione prospettica dell'oculo dei Santi Giovanni e Reparata conferma l'utilizzo ancora non esperto di uno strumento ottico, incuriosisce l'errore nell'altezza della torre campanaria di San Martino, più bassa di un piano, che verrà corretto nella versione pittorica.
Il confronto con il dipinto permette di apprezzare una ricerca di perfezione nella definizione dei dettagli delle architetture, in questo foglio abbozzati con un segno stenografico, e nel complicato alternarsi delle luci e ombre. Contrasta con questa diligenza la resa del cielo nel dipinto, impetuoso, a forti pennellate diagonali, a colpi di pennello ricco di materia nelle nuvole, qui nel disegno invece convenzionale e controllato.

Bożena Anna Kowalczyk

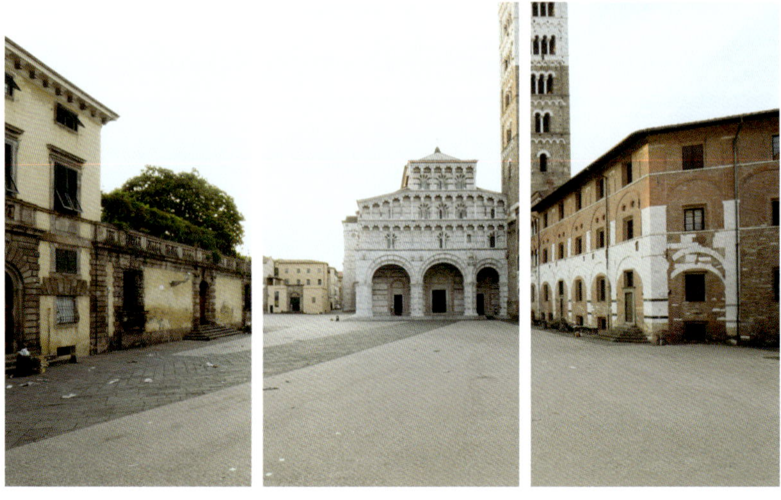

a. Jacopo Valentini (Modena, 1990), *Piazza San Martino con la cattedrale, Lucca, d'après Bellotto*, 2019, stampa a getto d'inchiostro su carta Canson, 50 x 80 cm. Lucca, Fondazione Ragghianti

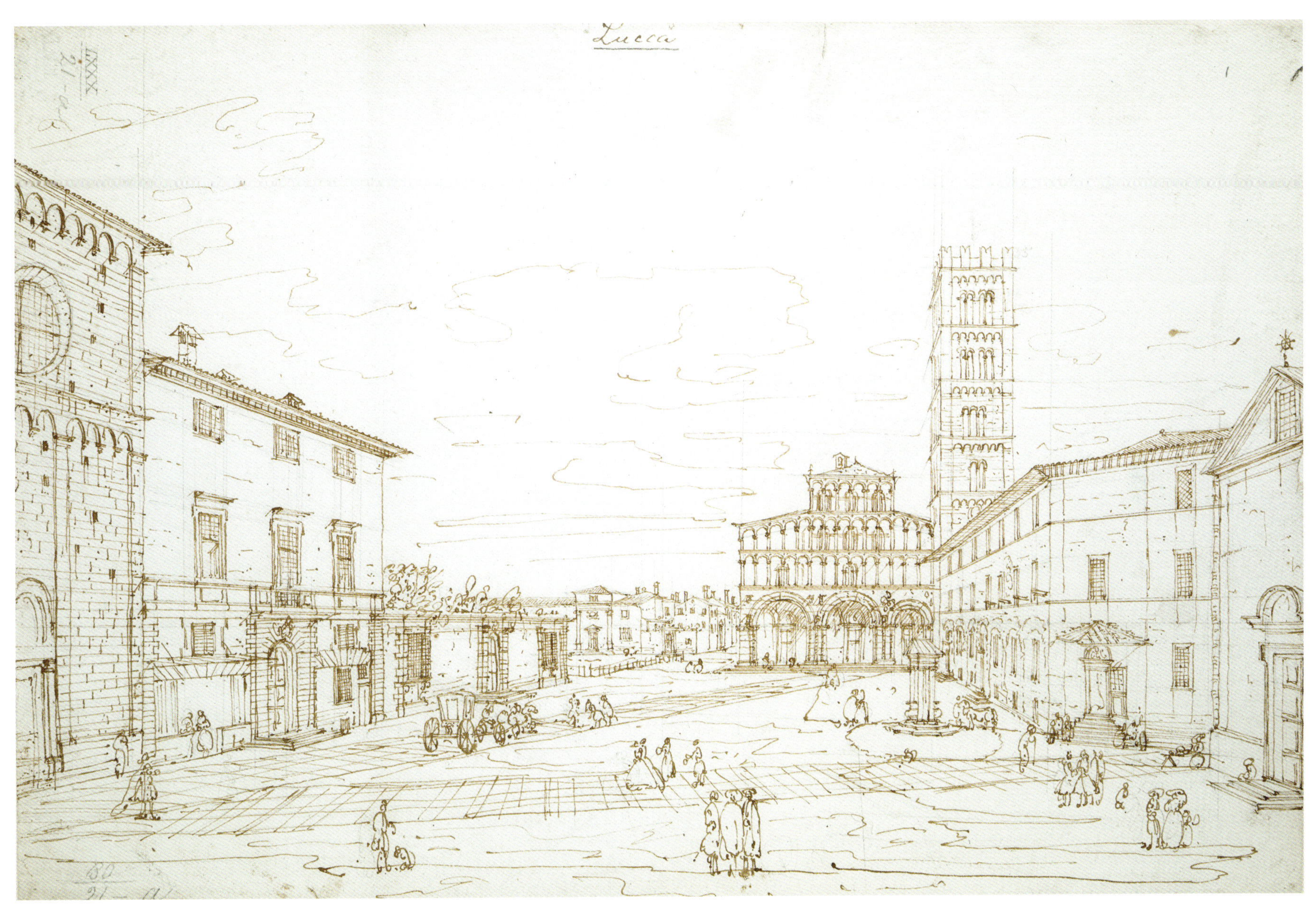
Lucca

15

BERNARDO BELLOTTO

(Venezia 1722 - Varsavia 1780)

San Giovanni dalla Piazza degli Antelminelli, con il fianco della cattedrale, Lucca
1740

penna e inchiostro bruno su traccia di matita, a mano libera e con righello, segni da compasso; la linea dell'orizzonte a 84 mm dal margine inferiore; 252 x 370 mm
Londra, The British Library, Map Room, K. Top. LXXX-21b

Iscrizioni: in alto al centro a penna, con lo stesso inchiostro, "Lucca"; nell'angolo destro, a matita, "2"; vicino al campanile di San Giovanni, a matita, "56"; sul *verso* a penna e inchiostro bruno sbiadito, "pietro Beloti".

Bellotto costruisce questo disegno a pendant della *Piazza San Martino con la cattedrale, Lucca*, a complemento della descrizione della *curtis aeclesiae* della città (cfr. cat. 14). Si pone in alto, alla finestra della chiesa di San Giuseppe, dirimpetto al giardino del palazzo Bernardi (Micheletti), per riprendere il battistero di San Giovanni, il campanile romanico e il transetto dell'antica cattedrale dei Santi Reparata e Pantaleone; spazia verso la sinistra fino alla piazza San Martino dove riprende la facciata quasi intera del palazzo Bernardi (Fornaciari), da una delle cui tre finestre del piano nobile è ripreso il pendant; omette il pozzo vicino all'oratorio della Maddalena e alla duecentesca Casa dell'Opera del Duomo, raffigurata con due arcate del pianterreno originariamente aperte; tralascia anche la cinta rettangolare di ferro sul lastricato della piazza che ha di fronte, eliminata solo nel 1832, quando l'architetto lucchese Lorenzo Nottolini elevò la sua fontana. Inquadra la veduta a sinistra con il fianco nord della cattedrale e a destra con il fronte sulla piazza del palazzo Mansi; una veduta quadrangolare, "impossibile" da abbracciare da un solo punto di vista, sapientemente costruita nello studio con gli schizzi ripresi sul luogo. Come negli altri disegni della serie di vedute di Lucca (cat. 14, 16-18), il tracciato a matita e righello delle principali linee costruttive viene "corretto", qui con i ripensamenti sostanziosi nelle posizioni dei due campanili, nel disegno del timpano e in altri dettagli del battistero; lo spigolo del breve terzo ordine del duomo rimane schizzato a sola matita. Il risultato di questo studio è ammirevole, sia per la resa prospettica delle strutture architettoniche che per l'accuratezza dei dettagli: "il fianco della cattedrale è delineato con puntigliosa precisione: si apprezza il corpo edilizio più basso della navata sinistra, il volume più alto della navata centrale... la torre campanaria emerge nel corretto assetto prospettico... il disegno fornisce anche una preziosa serie di dettagli architettonici successivamente modificati o distrutti: portale a pianterreno [del palazzo Mansi], diversa composizione delle finestre [nel palazzo Bernardi-Fornaciari], portale dell'Oratorio della Maddalena; facciata della fabbrica del Monte di Pietà prima degli interventi ottocenteschi di Enrico Ridolfi" (G. Fanelli, in Bedini, Fanelli 1998). Incuriosito forse dai particolari delle case lucchesi, il pittore veneziano nota anche i dettagli minori, dai coppi grossi sul tetto del palazzo Mansi ai sottotetti e camini e indugia sulla copertura della cupola ogivale del battistero (1393). Bellotto si compiace di rilevare

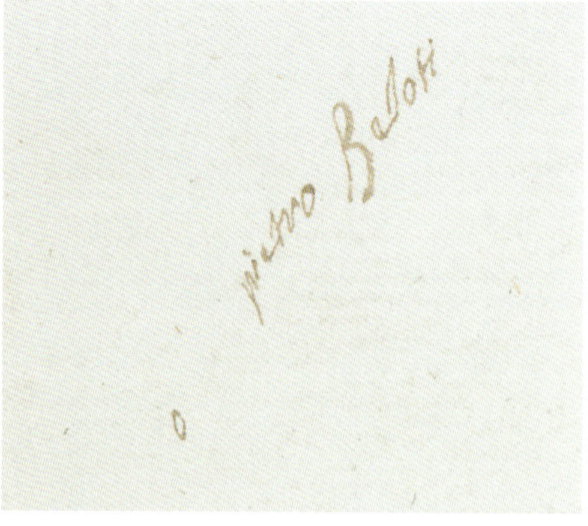

a. *Verso* dello stesso disegno, particolare con il nome di Pietro Bellotti

nelle città toscane la presenza dei cavalli; saranno una sua passione in Sassonia e in Polonia, ne studierà l'anatomia, cogliendoli nei loro vari movimenti nelle vedute di Dresda, rendendoli protagonisti, assieme ai loro cavalieri, dei ritratti equestri eseguiti a Varsavia (B.A. Kowalczyk, in Milano 2016-2017, p. 268). Qui il calesse con i cavalli nel primo piano, come nella *Piazza della Signoria, verso est, Firenze* (cat. 5), è inserita a penna a schizzo già ultimato. Le figure, simili a quelle dei disegni veneziani eseguiti poco prima della partenza per la Toscana (fig. 3, p. 17), sono sagome a soli contorni velocemente abbozzate con un segno tondeggiante ma già ben caratterizzate. Il limite della zona d'ombra segnalato in primo piano conferma che anche questo foglio è stato disegnato in funzione di un dipinto.

Sul *verso* del disegno è iscritto il nome del fratello minore di Bernardo e suo compagno nel viaggio, Pietro Bellotti (1725-1800 circa) (fig. a): non sembra però di mano di Pietro se confrontata con la sua firma sull'atto di battesimo della figlia Barbe del 24 marzo 1749 a Tolosa (Crivellari 2013, p. 21, fig. 4). Il loro sarà un rapporto di maestro e allievo, sancito davanti al notaio il 5 novembre 1741 e risolto il 25 luglio 1742 (Marini 1993); la scritta fa pensare che fosse già a quell'epoca assistente del fratello. Pietro sarà attivo anch'egli come vedutista, principalmente in Francia, ma è difficile attribuirgli compiti precisi nell'esecuzione dei disegni di Lucca: nessuna prova grafica gli è stata finora attribuita e le sue capacità prospettiche non eguagliano quelle del fratello.

Bożena Anna Kowalczyk

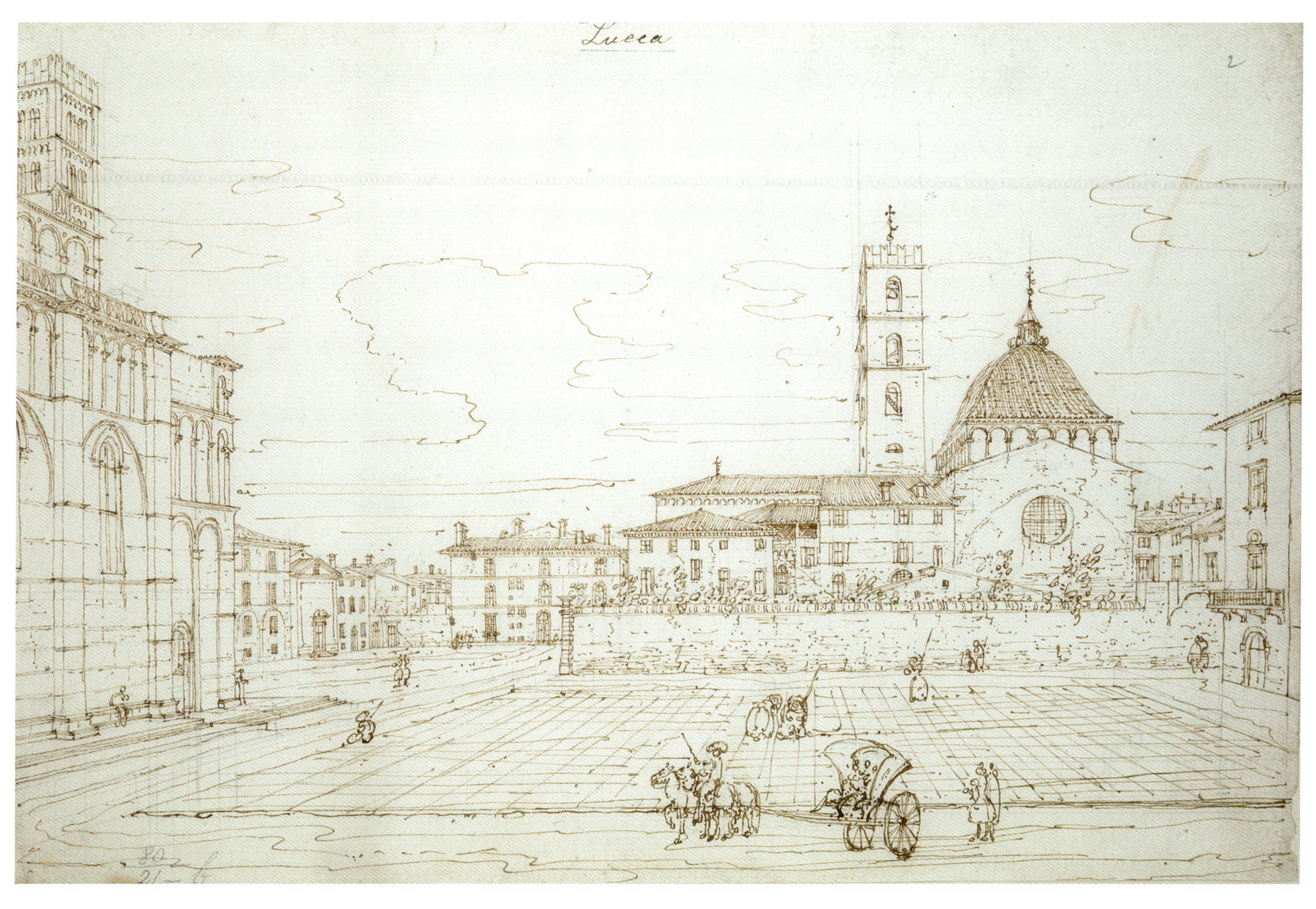
Lucca

16

BERNARDO BELLOTTO

(Venezia 1722 - Varsavia 1780)

La cattedrale di San Martino, dalla parte absidale, Lucca
1740

penna e inchiostro bruno su traccia di matita, a mano libera e con righello, la linea di orizzonte a matita e righello, a 84 mm dal margine inferiore; 248 x 370 mm
Londra, The British Library, Map Room, K.Top. LXXX-21c

Iscrizioni: in alto al centro a penna e con lo stesso inchiostro bruno, "Lucca"; in alto a destra a matita, "3", "57".

I due disegni delle absidi della cattedrale di San Martino, questo e *La cattedrale di San Martino dalla parte absidale, con il campanile* (cat. 17), completano la descrizione del tempio, assieme agli altri due fogli che ritraggono la facciata e il fianco nord (cat. 14 e 15); nell'insieme creano una serie di eccezionale interesse documentario.
Le piante del palazzo arcivescovile (dalle cui finestre sono stati ripresi i disegni) e della zona prospiciente, compilate prima dell'avviamento nel 1783 degli ampi lavori di ristrutturazione, conservate nell'Archivio Diocesano di Lucca e gentilmente segnalate dalla ricercatrice Laura Macchi, aggiungono nuovi, emozionanti elementi per la conoscenza del lavoro di Bellotto nella città toscana. Le due immagini sono riprese da due finestre diverse, localizzate a sinistra e a destra della galleria di collegamento con l'abside, costruita alla fine del XVI secolo ("3. Portico per il quale si va in chiesa"), un elemento invadente ma rilevante per Bellotto nelle sue composizoni prospettiche. Per comporre questa veduta e raffigurare la parte absidale della cattedrale con la sua tribuna, il pittore veneziano si pone sulla finestra della stanza del piano nobile così descritta nella leggenda della pianta: "2. Anticamera grande con soffitto dipinto

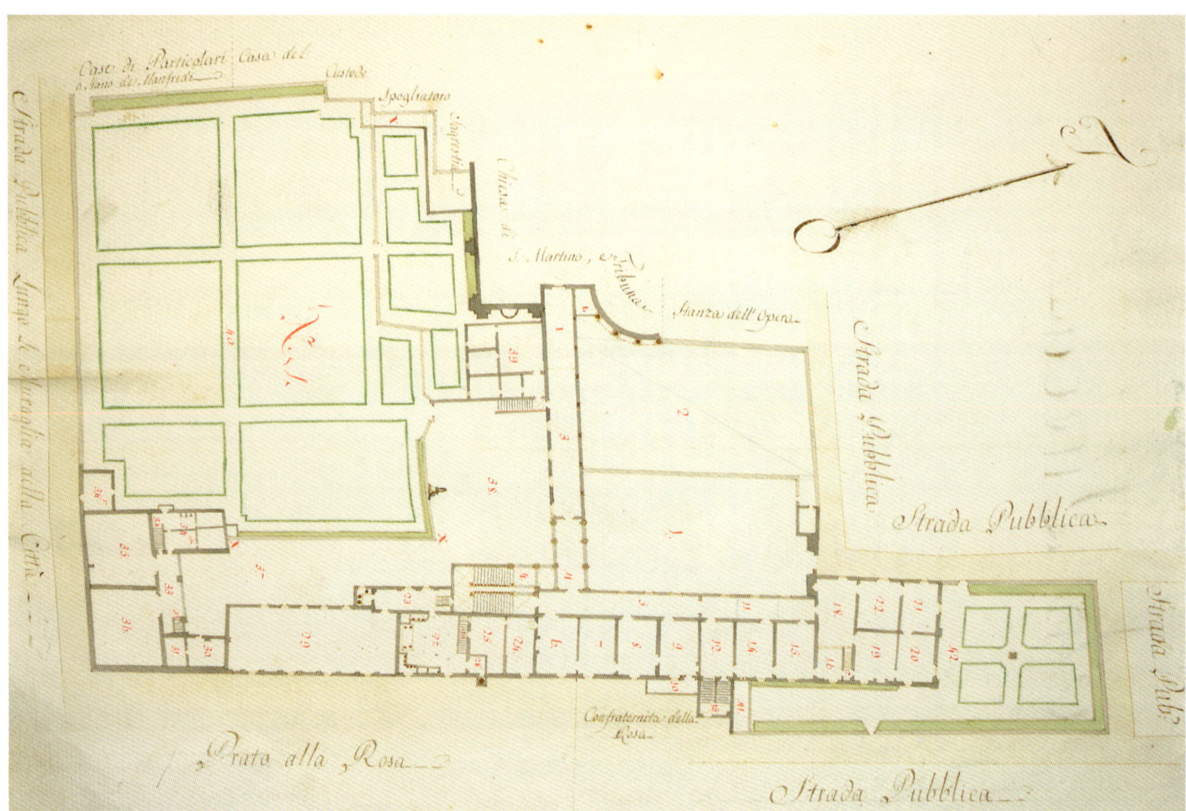

a. *Pianta del Primo Piano del Palazzo Arcivescovile, Lucca*, da *Terrilogio della Mensa Vescovile*, 1782. Lucca, Archivio Storico Diocesano, Archivio Arcivescovile, *Mensa*, 19

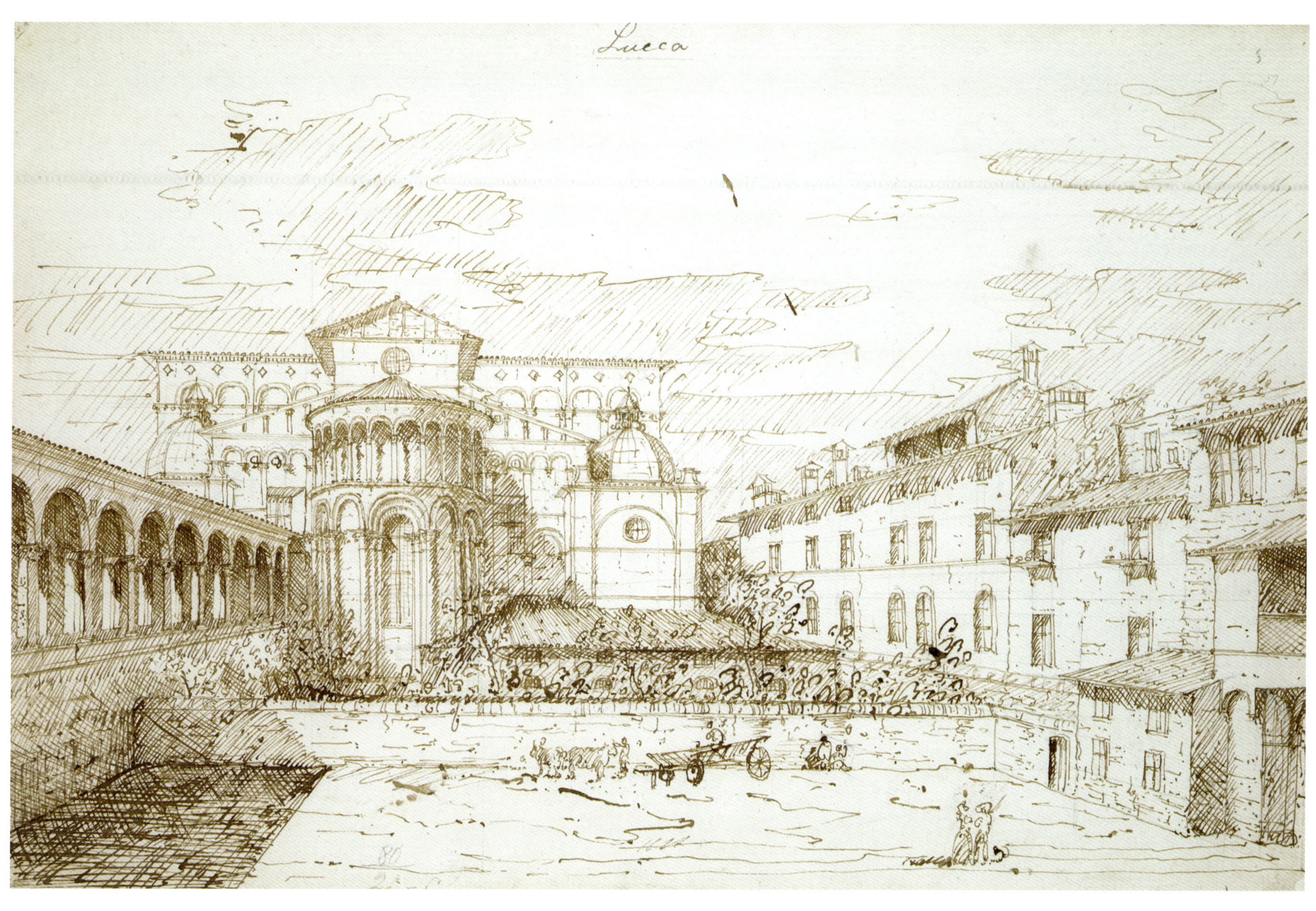
Lucca

dell'appartamento per l'estate nella quale sta eretto il Baldacchino per la credenza, e nel Fregio di Essa stanza vi sono l'effigie di tutti li Vescovi principiando da S. Paolino" (fig. a, b). Si conferma la situazione privilegiata di Bellotto nel suo viaggio toscano, preparato in ogni dettaglio a Firenze, con ogni evidenza anche a Lucca. L'accesso a una stanza di rappresentanza è stato accordato certamente con l'assenso dell'arcivescovo, a quell'epoca Fabio Colloredo (1672-1742), della famiglia friulana di Monte Albano, grandi collezionisti di Canaletto e più tardi di Francesco Guardi.

Questo disegno è il più elaborato di tutta la serie, il più completo nella definizione chiaroscurale e nella descrizione del cielo, dove le nuvole sono tratteggiate in diagonale come nella veduta di Firenze, *L'Arno verso il Ponte alla Carraia* (cat. 12). L'intenso tratteggio incrociato del portico di collegamento e dell'orto ("2. Orto con Gelsi e qualche frutto") risalta nel confronto con la luminosità che invade le cattedrale e le semplici case addossate (che non risultano più nella pianta del 1782).

Mentre della facciata di San Martino Bellotto coglie la preziosità decorativa (cfr. cat. 13 e 14), qui raffigura la parte absidale in tutta la sua monumentalità, dimostrando con i due disegni una straordinaria preparazione prospettica e la sicura conoscenza delle strutture architettoniche. Particolarmente affascinato dalla tribuna, riprende con accuratezza il raffinato gioco chiaroscurale degli archetti; ne deve anche avere eseguito uno schizzo laterale, da destra, che utilizza a capriccio nel 1745-1746, nell'*Adige con Castelvecchio e il Ponte Scaligero, Verona*, del Philadelphia Museum of Art (Kozakiewicz 1972, n. 97) (si veda cat. 17). Annota una carriola con i buoi vicina agli orti che conferisce all'immagine un'aria domestica.

Bożena Anna Kowalczyk

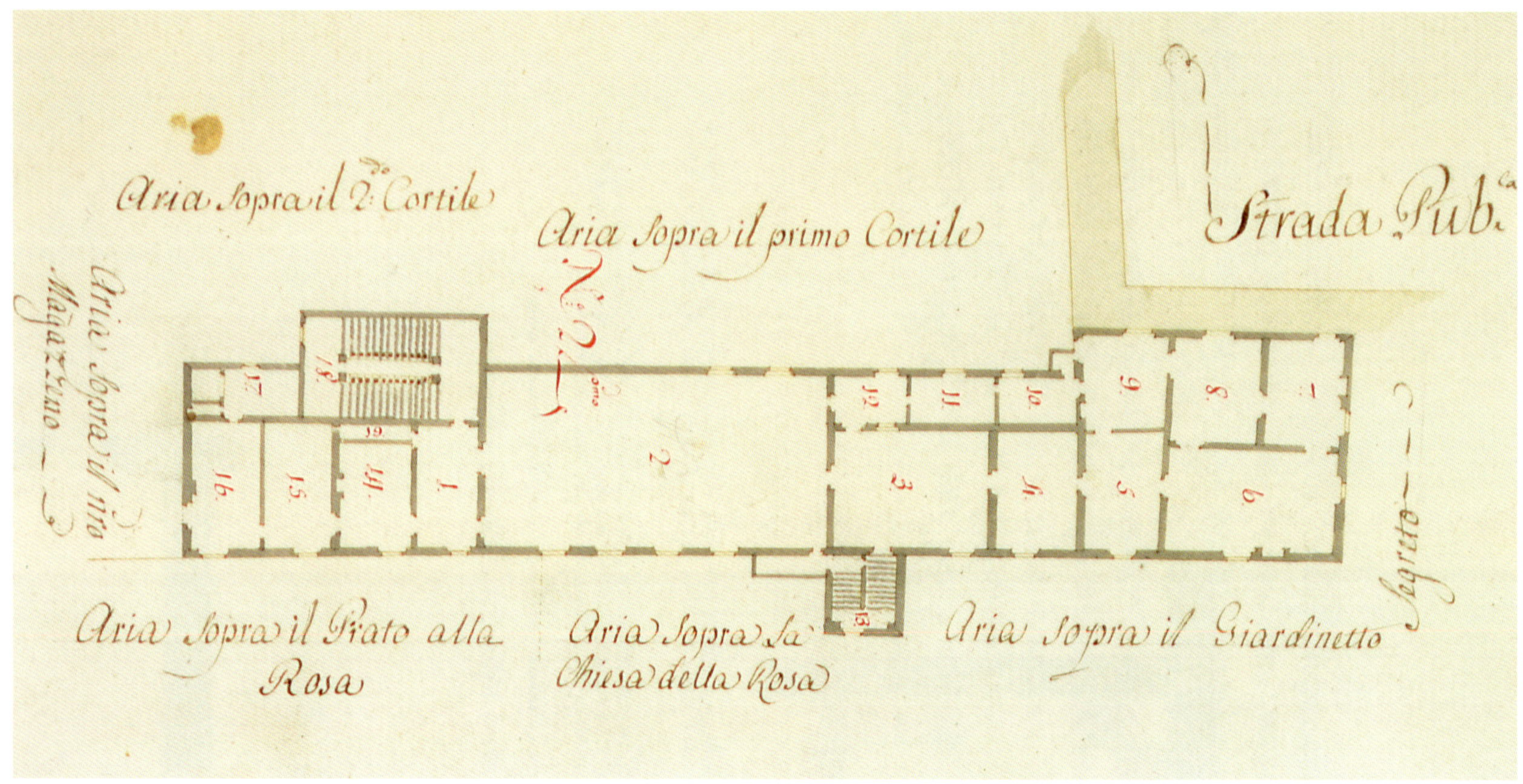

b. *Pianta del Piano Nobile del Palazzo Arcivescovile, Lucca*, da *Terrilogio della Mensa Vescovile*, 1782. Lucca, Archivio Arcivescovile, *Mensa*, 19

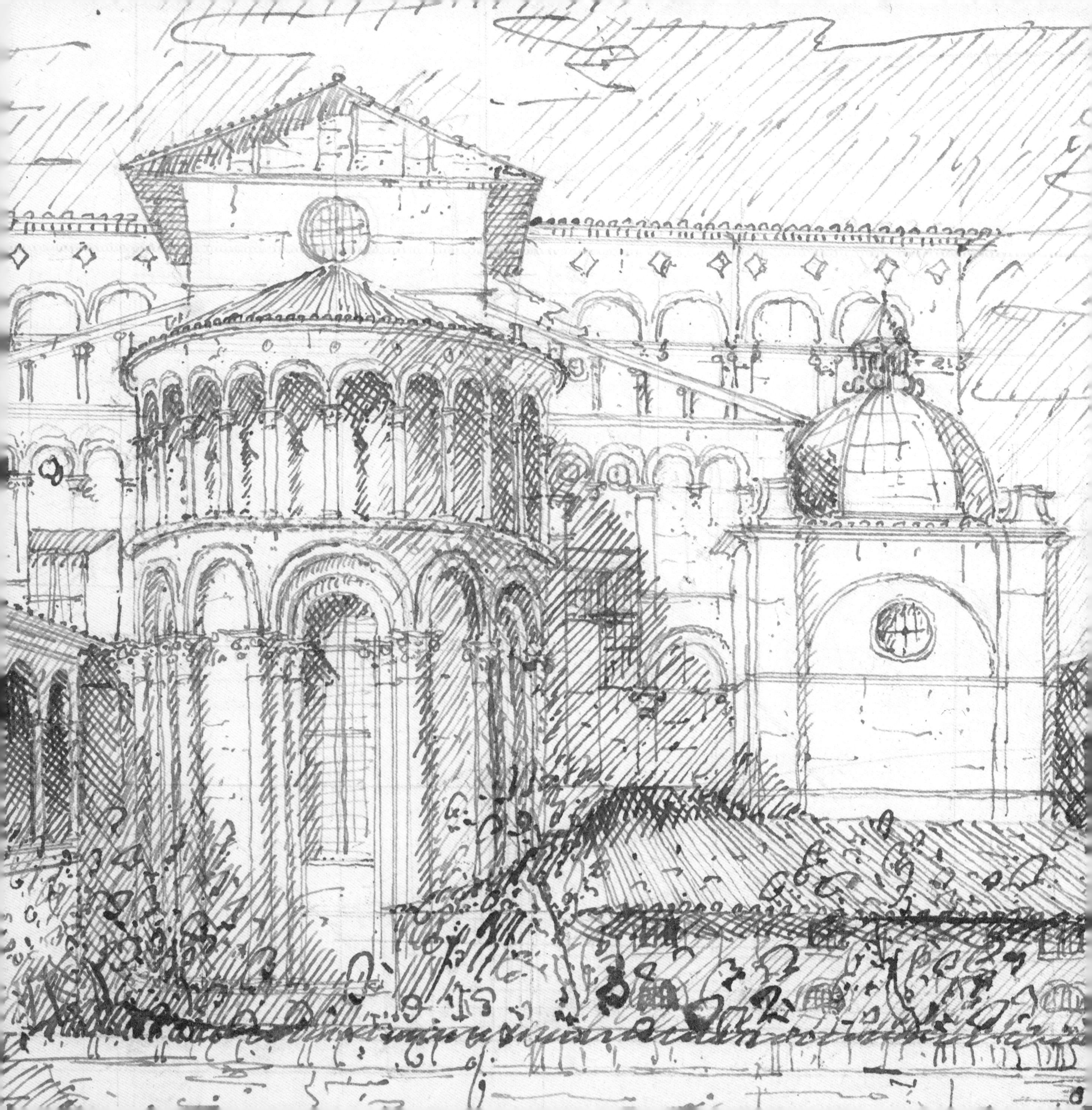

17

BERNARDO BELLOTTO

(Venezia 1722 - Varsavia 1780)

La cattedrale di San Martino dalla parte absidale, con il campanile, Lucca
1740

penna e inchiostro bruno su traccia di matita, a mano libera e con righello, la linea dell'orizzonte a matita e righello, a 90 mm dal bordo inferiore, 247 x 367 mm
Londra, The British Library, Map Room, K.Top.LXXX-21d

Iscrizioni: in alto al centro a penna e inchiostro bruno, "Lucca"; nell'angolo destro in alto, a matita, "4", "58".

Definire il punto di ripresa di questo disegno non è ugualmente semplice come per il suo ideale pendant, *La cattedrale di San Martino, dalla parte absidale* (cat. 16). La mole di San Martino è raffigurata in ambedue i fogli dalla stessa altezza, quella del piano nobile, ma non è chiaro dove Bellotto abbia trovato il punto giusto per disegnare questa veduta, dall'altra parte del portico che univa l'arcivescovado con la cattedrale: il palazzo a quell'epoca era alto solo un piano. Non resta che immaginare Bellotto arrampicarsi sul tetto, in corrispondenza di un ampio granaio ("29. Granaro, e sotto scuderia riformata in sede vacante") (cfr. cat. 16); nel 1764 il pittore a Dresda scalerà la torre della Kreuzkirche crollata in seguito al bombardamento prussiano, per verificare la situazione, fatto annotatto dal giornale locale (cfr. B.A. Kowalczyk, in Milano 2016-2017, p. 256).
La situazione dello spazio dietro la cattedrale era consona alla poetica di Bellotto che in tutto il suo viaggio europeo, da Venezia a Varsavia, ama contrapporre alla magnificenza delle architetture la modestia delle case semplici. Ritrae la casupola con la scala addossata alla splendida parte absidale della cattedrale, le finestre delle stanze sotto il portico ("39. Casa per abitazione del Messo ed altre stanze che già servivano per Carceri"), il rigoglioso orto recintato da un muretto antico ("40. Orto grande con viale"), con dietro la sagrestia. La vista, di poco cambiata nel secolo successivo, suscita l'indignazione di Enrico Ridolfi (1828-1909), storico dell'arte lucchese che ne dà colpa principale al Settecento: "È poi da apporre a quel secolo il maggior deturpamento dell'esteriore del tempio dal lato tergale, già cominciato in antecedenza con la costruzione del porticale che lo collega al palazzo vescovile, ma ora accresciuto e con la chiusura delle arcate del portico, e con le luride fabbricucce addossategli per comodità dei famigli del Vescovo, e col gran muro che toglie alla vista la bella tribuna, sgombrata solo nel secol presente dalle piante di frutta, e dai magazzini di che s'era tutto intorno coperta" (Ridolfi 1877, p. 9). La nota si conclude con l'augurio di vedere "il tergo della cattedrale sbarazzato d'ogni ingombro campeggiare su vasta piazza....". Una fotografia del 1931 mostra per l'ultima volta il porticato che verrà a breve abbattuto: oggi rimane soltanto la traccia della porta nella muratura esterna della cattedrale (Lazzareschi 1931, p. 42).
Possiamo solo immaginare lo splendore del dipinto che doveva seguire questa complessa ripresa. La cattedrale si erge vista con il fianco sud e le absidi in tutta la nobiltà e bellezza della monumentale struttura e delle decorazioni ad archetti, colonnine, patere, formelle, uniche in Toscana: è la parte trecentesca del duomo, che per la verticalità e le grandi finestre già risente del gotico, costruita dal 1308 dall'architetto Matteo Campanari e continuata dopo la sua morte da maestranze pisane. Il disegno è eseguito a puro contorno, senza indicazioni chiaroscurali, ma ricco di virgolette e puntini a indicare la vetustà del campanile e del muro di cinta, le irregolarità delle facciate della casupole, costruite forse con mattoni a vista, e il terreno leggermente scosceso, irregolare. Del porticato lamentato da Ridolfi Bellotto annota le arcate ancora aperte e delle "piante da frutta" coglie la natura selvaggia con una miriade di segni arcuati e veloci; segnalate le poche figure dei "famigli del Vescovo"; i colli pisani all'orizzonte.

Bożena Anna Kowalczyk

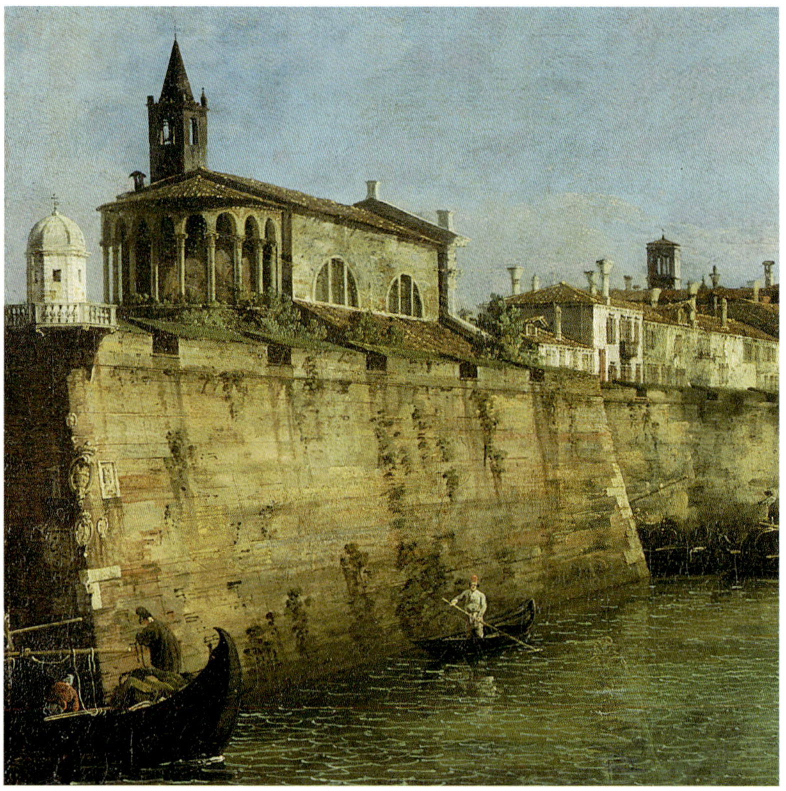

c. Bernardo Bellotto, *Veduta di Verona con Castelvecchio e il Ponte Scaligero*, particolare, 1745-1746, olio su tela, 73,7 x 154,3 cm. Philadelphia Museum of Art, The William L. Elkins Collection, E 1924-3-87

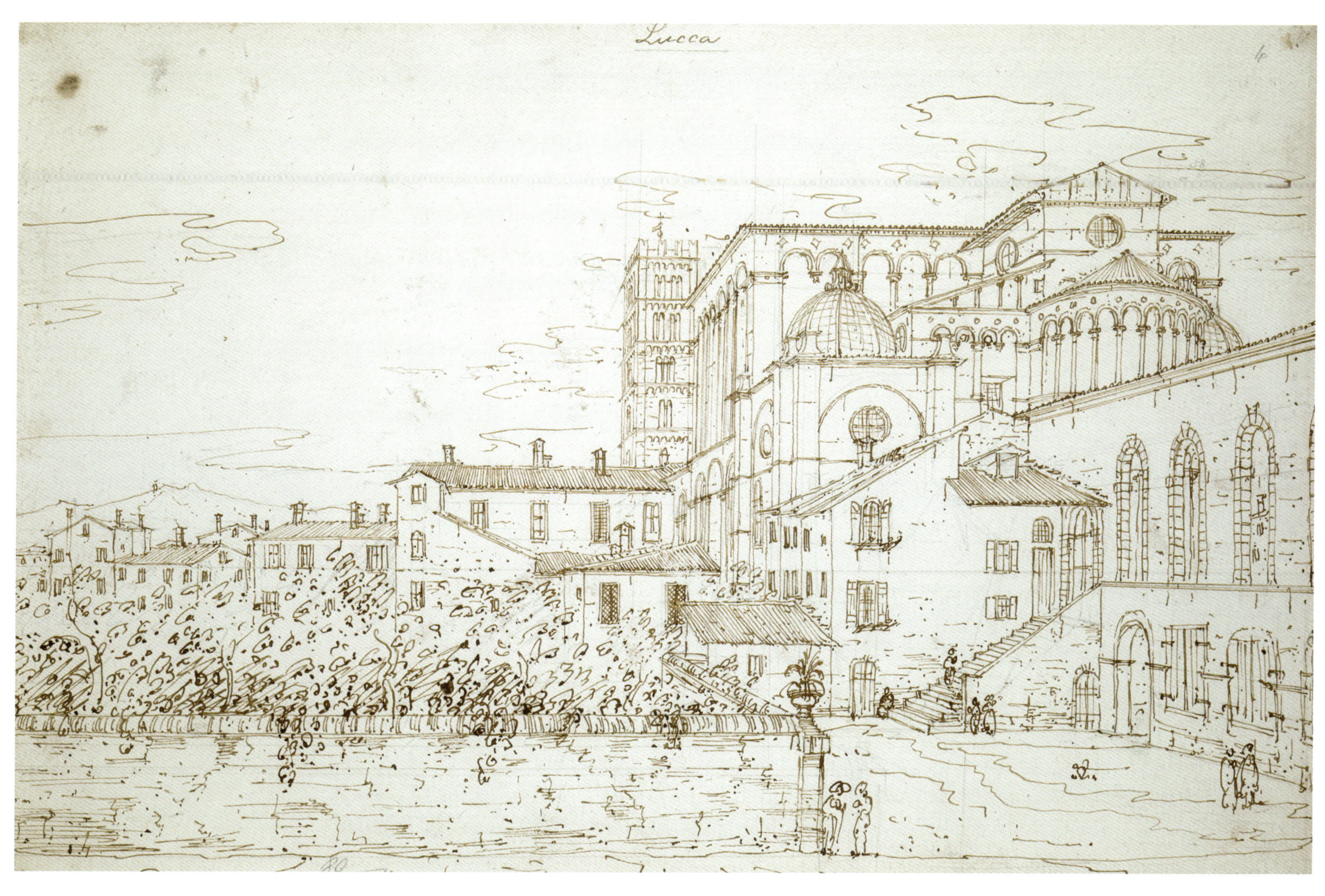
Lucca

18

BERNARDO BELLOTTO

(Venezia 1722 - Varsavia 1780)

Santa Maria Forisportam, Lucca
1740

penna e inchiostro bruno su traccia di matita, a mano libera e con righello, segni di compasso; la linea dell'orizzonte è segnata a matita e righello a 69 mm dal margine inferiore; 235 x 371 mm
Londra, The British Library, Map Room, K. Top. LXXX-21e

Iscrizioni: a penna in alto, "Lucca"; a matita nell'angolo destro in alto, "5", "59".

Un motivo particolare deve aver spinto Bellotto a eleggere Santa Maria Forisportam a soggetto dell'unico disegno lucchese in cui non appaia la cattedrale di San Martino (cat. 14-17). La chiesa, chiamata anche Santa Maria Bianca per i marmi candidi della facciata, è raffigurata di fronte, con il fianco nord e il transetto, decorato nel primo ordine ad archi ciechi come in facciata; il campanile romanico svetta di fianco. La piazza è circondata da palazzi nobiliari, in fondo case modeste, ristrutturate nell'Ottocento, di cui Bellotto registra il curioso coronamento di cinque alti camini; "allontana" la colonna romana che caratterizza il luogo, nell'antichità punto d'arrivo del tradizionale palio all'esterno delle mura romane, qui utilizzata per sostenere le corde con la biancheria stesa. Una carrozza procede provenendo dal viottolo che affianca la chiesa e circonda le absidi.
Nella serie dei cinque disegni lucchesi, il foglio si distingue anche per la geometrica impostazione prospettica, dove il punto di fuga si trova esattamente al centro su una linea dell'orizzonte più bassa; ma il procedimento costruttivo è quello che si riscontra negli altri quattro abbozzi – un tracciato a matita e righello per delimitare i volumi delle architetture e i profili delle finestre, misurazioni con compasso – e il segno a penna è ugualmente preciso ed efficace nel sintetizzare i dettagli delle architetture, ricurvo e uncinato nelle figure.
La ripresa centrale mette in risalto l'imponenza del palazzo sul lato destro, dalla facciata settecentesca e portale barocco coronato da una balconata, attribuiti a Domenico Martinelli (1650-1718), architetto lucchese di successo in Europa centrale, in particolare a Vienna (progettò, tra tanti altri, il palazzo Liechtenstein a Rossau, costruito tra il 1692 e il 1705). Il palazzo appartenne per un breve periodo alla famiglia Sirti: è noto l'atto di acquisto del 1695 dal monastero di San Ponziano, ma rimane sconosciuta la data del passaggio ai Mansi, proprietari certi con Ascanio (1773-1840), senatore della Repubblica di Lucca e membro del governo del Principato dei Baciocchi, che mise a suggello del piano nobile lo stemma di famiglia (Mansi 2006, p. 214). Gli studiosi lucchesi affermano che l'acquisto sia avvenuto "verso la metà del secolo"; è stato anche fatto il nome di Aurelio Mansi (n. 1722), cugino di Ascanio, ricordato come "ambasciatore" a Vienna e amico di Georg Christoph Martini (m. 1745), pittore sassone innamorato della Toscana (Mansi 2007, p. 156). Martini era in realtà amico e segretario del padre di Aurelio, Carlo Domenico Mansi (1682-1750), cui la Repubblica affidò nella prima metà del Settecento delicate missioni diplomatiche (Giuli 2011, pp. 21 e 25). Nella nota dedicata a Carlo Domenico nel suo *Viaggio in Toscana*, stesa tra il 1736 e il 1742, quando il nobile lucchese si trovava alla corte di Vienna, inviato straordinario della Repubblica, Martini ricorda di aver soggiornato a lungo nella sua casa di città, probabilmente il palazzo a Santa Maria Forisportam (Martini 1969, pp. 346-347). Lo stemma in vista su questo foglio offre indicazioni contraddittorie: simili fasce diagonali dentellate caratterizzano le armi di altre famiglie lucchesi, non collegate con la storia del palazzo, come i Tegrimi e un ramo dei Diodato (Archivio di Stato di Lucca, *Cronologia de Signori della Eccellentissima Repubblica di Lucca dall'Anno di N.S. M.CCCLXVIIII fino a tutto l'Anno M.DC*, pp. 108 e 296), ma potrebbero anche sintetizzare la scritta "Libertas" dello stemma della Repubblica. Se il palazzo Sirti fosse dei Mansi già prima del 1736, questa sarebbe la seconda residenza della famiglia delle quattro esistenti in città, registrata da Bellotto, assieme al palazzo di San Donnino che inquadra la veduta della piazza degli Antelminelli (cat. 15). La committenza di un membro della famiglia Mansi potrebbe costituire il filo che lega i cinque disegni di Lucca; il legame con la corte di Vienna di Carlo Domenico e la dimensione europea di questo ramo di famiglia condurrebbero inoltre alla possibilità di un rapporto con Anton Maria Zanetti di Girolamo (1680-1767), amico del principe Joseph Wenzel Liechtenstein nonché artefice del viaggio di Bellotto in Toscana e regista certo delle sue relazioni artistiche a Lucca, come a Firenze. Hugh Honour con motivate intuizioni indicava Giovanni Domenico Mansi (1692-1769), del ramo di San Donnino, come il possibile mecenate lucchese di Bellotto (1990), ma nessun dato d'archivio appoggia la candidatura dell'illustre teologo e studioso, nominato nel 1764 da Clemente XIII arcivescovo di Lucca, collaboratore illuminato della *Encyclopédie* (Lucca, Vincenzo Giuntini, 1758-1771).
Come per gli altri quattro disegni di Lucca composti a pendant, anche di questo deve essere stata eseguita o almeno concepita una veduta complementare; una serie impari non era nelle consuetudini dei vedutisti.

Bożena Anna Kowalczyk

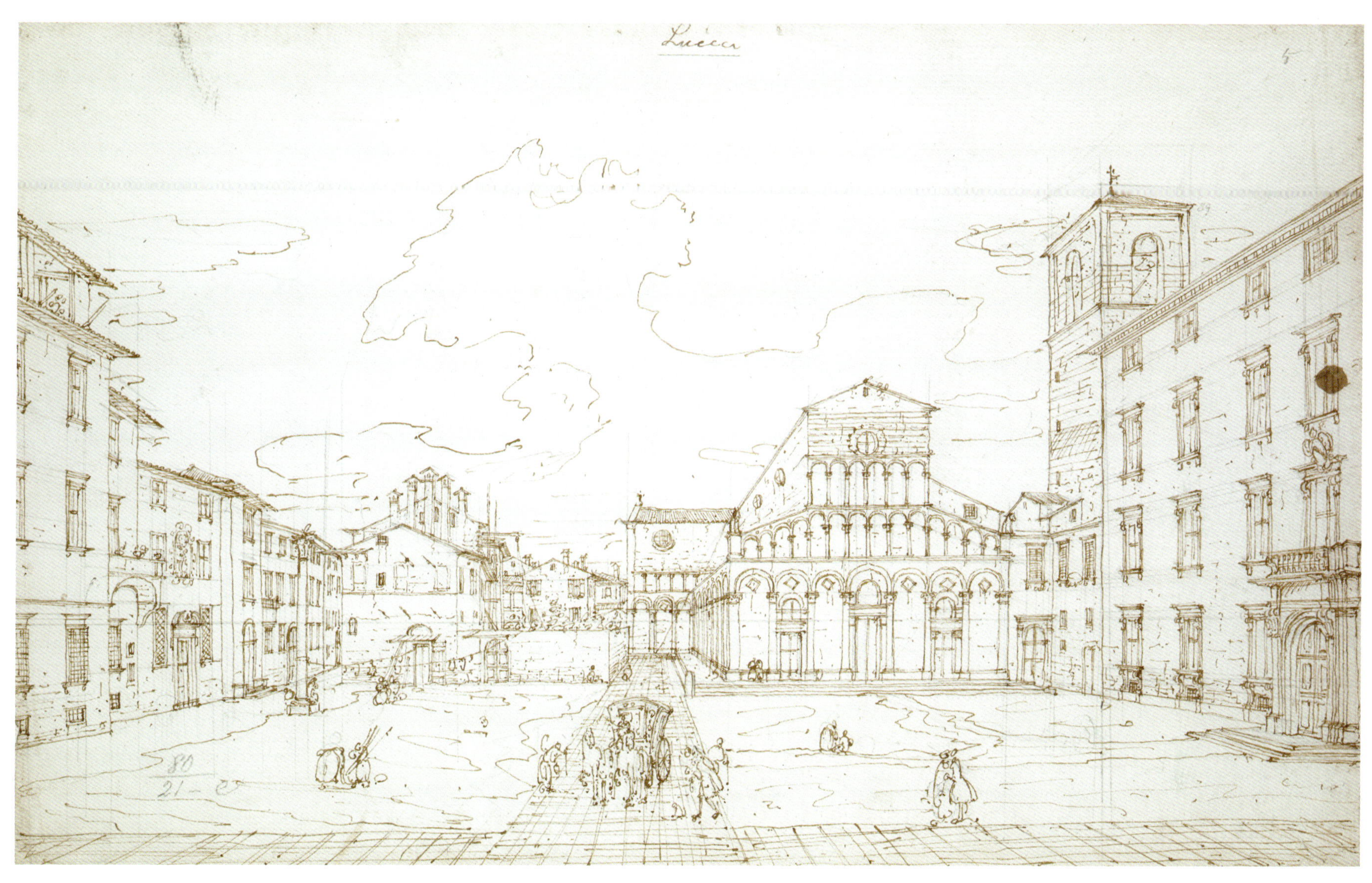
Lucca

19

BERNARDO BELLOTTO

(Venezia 1722 - Varsavia 1780)

Capriccio architettonico con il monumento equestre
1764

penna e inchiostro grigio-nero e bruno a due tonalità su traccia a matita e righello, a mano libera e con righello, segni di compasso;
la patera sul monumento è tracciata con l'ausilio di compasso; 443 x 619 mm
Londra, Victoria and Albert Museum, E. 30.1939.
Given by Miss A. Simonson in memory of her brother George Simonson

Iscrizioni: in basso a sinistra, a penna e inchiostro bruno, "Bernardo Belotto/ de' Canaletto inv: et Fec. 1764".

In una lettera del 27 giugno 1927, conservata alla Wallace Collection, George A. Simonson, autore della prima monografia su Francesco Guardi (1904), informa di avere "two large pen & ink sepia drawings by Bellotto, signed and dated 1764". Von Hadeln menziona i fogli nella nota dedicata ai disegni di Bellotto ma constata che "owing to the certain weaknesses in the execution it appears doubtful whether they are original". S. Kozakiewicz cita la lettera ma non conosce i disegni. Vengono attribuiti a Bellotto da P. Ward-Jackson.
Questo è uno dei disegni, composti a pendant come era uso per i dipinti, accuratamente rifiniti, con architetture di fantasia; con l'altro, *Capriccio architettonico con i Dioscuri*, della stessa collezione (E.31.1939), rappresenta il genere in cui Bellotto si esercita regolarmente in pittura nel secondo periodo di Dresda, tra il 1762 e il 1766; la data apposta, il 1764, può esprimere il collegamento con la nomina nello stesso anno a "membro aggregato per la prospettiva" (insegnante di prospettiva) presso l'Accademia di Dresda. Nello stesso tempo, i due fogli si distinguono per il carattere di disegno teatrale vero e proprio, sull'esempio di Giuseppe Galli Bibiena (1696-1757), conosciuto nel primo periodo di Dresda, sia per la strutturazione dello spazio sia per il modo di assemblare i vari elementi compositivi. La fredda correttezza prospettica, la nitidezza di ogni dettaglio e una luminosità teatrale, sono caratteri con cui Bellotto mostra la sua distanza da Canaletto, negli anni sessanta dedito ai disegni di più squisita libertà e fantasia, ma la tecnica magistrale e l'utilizzo modulato dell'acquerello grigio sono una lezione del maestro. Elementi veneziani e padovani s'incrociano nei due fogli, con un ritmo frenetico, a motivi raccolti nei viaggi a Roma e in Toscana e attinti dalle stampe. I due disegni sono preceduti da precisi schizzi della composizione, conservati a Varsavia e a Darmstadt (Kozakiewicz 1972, nn. 304 e 305), in cui si distingue la mano di un assistente, forse il figlio Lorenzo (1742-1770), secondo le usanze dell'atelier di Canaletto.
Nelle due quinte di questo foglio si riconoscono gli spigoli della Libreria Marciana, seguite a destra da alcune arcate dell'edificio di Sansovino, a sinistra dal portico delle Prigioni, sormontato da una loggia simile a quella del Palazzo Ducale, ma con colonne binate; più in fondo, lo *squero* con una barca in lavorazione. Al centro, le rovine di un arco di trionfo, simile a quello dei Sergi a Pola, sovrastato da una torre medievale; nel fornice dell'arco, un tempio rotondo e una città in lontananza, sulla laguna, dominata dall'alta torre circolare, attinta dalla stampa pubblicata nel 1740 su disegno di Giuseppe Galli Bibiena (G. Marini, in London-Washington 1994-1995), con la chiesa palladiana di San Francesco della Vigna, la cupola della Basilica della Salute con una torresella. La base del monumento vicino alla Libreria è ispirata a quello veneziano di Bartolomeo Colleoni, ma la statua equestre ricorda quella di Augusto III nella Neustadt di Dresda, mentre le statue degli schiavi alla base sono un ricordo di quelle scolpite da Pietro Tacca e collocate nel 1624 sul monumento di Ferdinando I de' Medici a Livorno: una di queste, ma colta in posizione diversa, riappare in un olio di Bellotto conservato al Museo di Stato d'Arte Occidentale e Orientale di Kiev (Kozakiewicz 1972, n. 347). Due *bissone* veneziane all'attracco. Effetti di luce abbagliante, a sinistra, per contrastare l'atmosferico sfondo grigio e l'ombra che avvolge la base del monumento. Uso magistrale di acquerello. Tipici tocchi grigi paralleli per segnare le onde, il cielo appena oscurato, con segnati nervosamente i contorni delle nuvole.
Nel secondo foglio due ponti s'incrociano sopra uno specchio d'acqua, uno sale da destra verso un arco di trionfo, sormontato dalla quadriga di San Marco posta sull'alto piedestallo; al di là del ponte, due palazzi gemelli, somiglianti alla sansoviniana Ca' Corner della Ca' Granda a Venezia, con addossata una torre medievale, simile a quella di Ezzelino di Padova; nello sfondo la cupola del Pantheon e la piramide di Caio Cestio, più a destra, dietro un giardino, una fondamenta veneziana, con una casa rinascimentale e un palazzo simile alle Prigioni; nel giardino, la colonna Traiana. Due quinte di portici inquadrano l'immagine, con le statue di Dioscuri sui piedestalli.
Un caleidoscopio di ricordi della vita di un artista in viaggio, reso con perfetto tecnicismo, una sorta di testamento spirituale.

Bożena Anna Kowalczyk

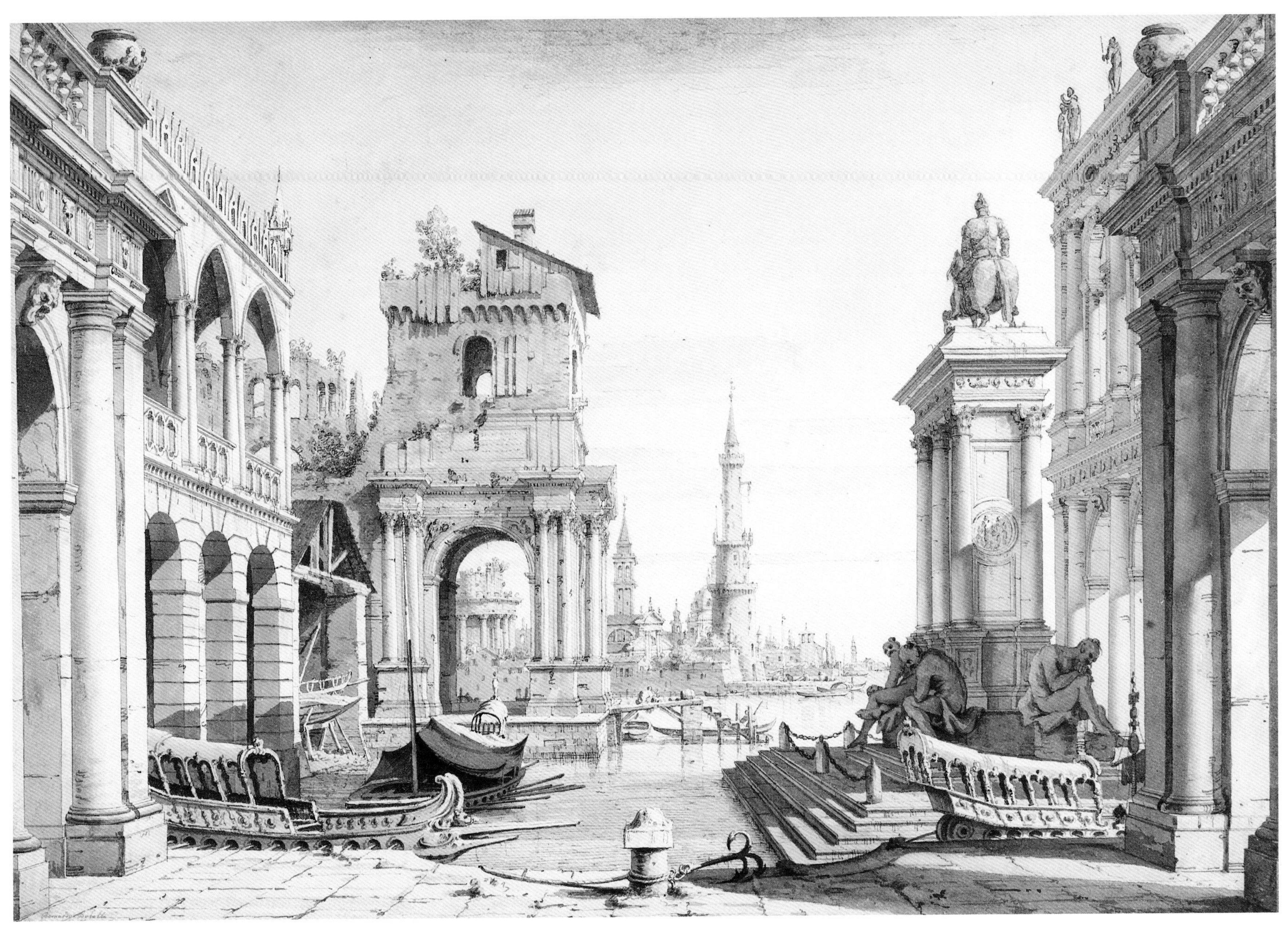

20

ANONIMO

Piazza San Martino con la cattedrale, Lucca
ultimo quarto del XVIII secolo

tempera su pelle di capretto fissata su tavola; 21 x 28,5 cm
Lucca, collezione privata

Tra le varie repliche non autografe della veduta della *Piazza San Martino* di Bellotto (cat. 13), questa si distingue decisamente per lo spirito creativo che influisce anche sulla scelta originale del supporto e del medium. Le dimensioni sono quelle di un disegno – le altre copie sono più ampie (cfr. cat. 21) – e le architetture sono tracciate con un sottile pennello, intinto di inchiostro nero, da esperto disegnatore; il tratto è finissimo nei dettagli. Solo qui il cielo è steso in diagonale, con le nuvole bianche oblique e corpose e zone grigie all'orizzonte, avvicinandosi maggiormente a quello di Bellotto. La composizione prospettica è affine al modello, dove abbraccia a sinistra la metà del transetto dei Santi Giovanni e Reparata, ma differisce leggermente a destra, dove s'aggiunge una piccola sezione dell'oratorio della Maddalena, a scapito della facciata dell'Opera del Duomo, più ristretta. Le figure sono meno numerose e diverse; uguali o quasi nelle altre versioni.
Questa potrebbe essere la prima: fedele ai dettagli delle architetture descritti nel 1740 da Bellotto, registra una croce sul campaniletto a vela di San Martino, che deve esservi stata collocata solo provvisoriamente, per transitare poi sulla sommità della cattedrale – forse a conclusione dei lavori del rifacimento del tetto, protrattisi dal 1782 per più di un decennio – dove figura nelle altre più tarde copie (cfr. cat. 21). La facciata della chiesa di San Giuseppe è ancora priva delle due finestre che fiancheggiano il portone d'ingresso, come era nel 1740. Le passerelle lastricate appaiono sconnesse come le ha viste Bellotto, le pietre ugualmente sparse sulla terra battuta nei primi piani.

Il dipinto è stato sottoposto prima della mostra a un intervento di pulitura e restauro. Si presentava ricoperto di uno strato ingiallito – probabilmente una colla applicata su tutta la superficie per bloccare il processo di sollevamento del colore – che, una volta cautamente rimosso, ha rivelato i colori limpidi, azzurri e bianchi nel cielo, lievemente grigi nelle ombre, corposi nel cielo, finemente stesi, con la punta di pennello, nelle figure.
I dettagli, prima illeggibili, ora si scoprono stesi con gusto e accuratezza. Pur raffigurando le architetture come Bellotto, l'autore si diletta ad apportare delle variazioni: trascura del tutto i bastoni che sorreggono la bottega di falegname nel pianterreno del palazzo Bernardi (Micheletti), apre o chiude in modo diverso alcune finestre del palazzo ma rileva il colore ocra dei sottili serramenti e il grigio-azzurro delle persiane, ignora le piccole ombre oblique delle grondaie – elemento distintivo della cura dell'impianto luministico di Bellotto – e sulla facciata in luce dell'Opera del Duomo elimina anche lo stemma sopra la porta. La colonnina a sostegno del pergolato del giardino pensile a sinistra è affiorata dopo la pulitura. Le foto al microscopio mostrano la minuzia e finezza di ogni stesura, anche nel fogliame disordinato del giardino e particolarmente nelle figure, che devono essere state eseguite con l'ausilio di una lente d'ingrandimento.
Rimane a Lucca, nella collezione Mansi di San Pellegrino e poi, dagli inizi di questo millennio, in una collezione privata, uno squisito "ricordo" della visita in città di Bellotto.

Bożena Anna Kowalczyk

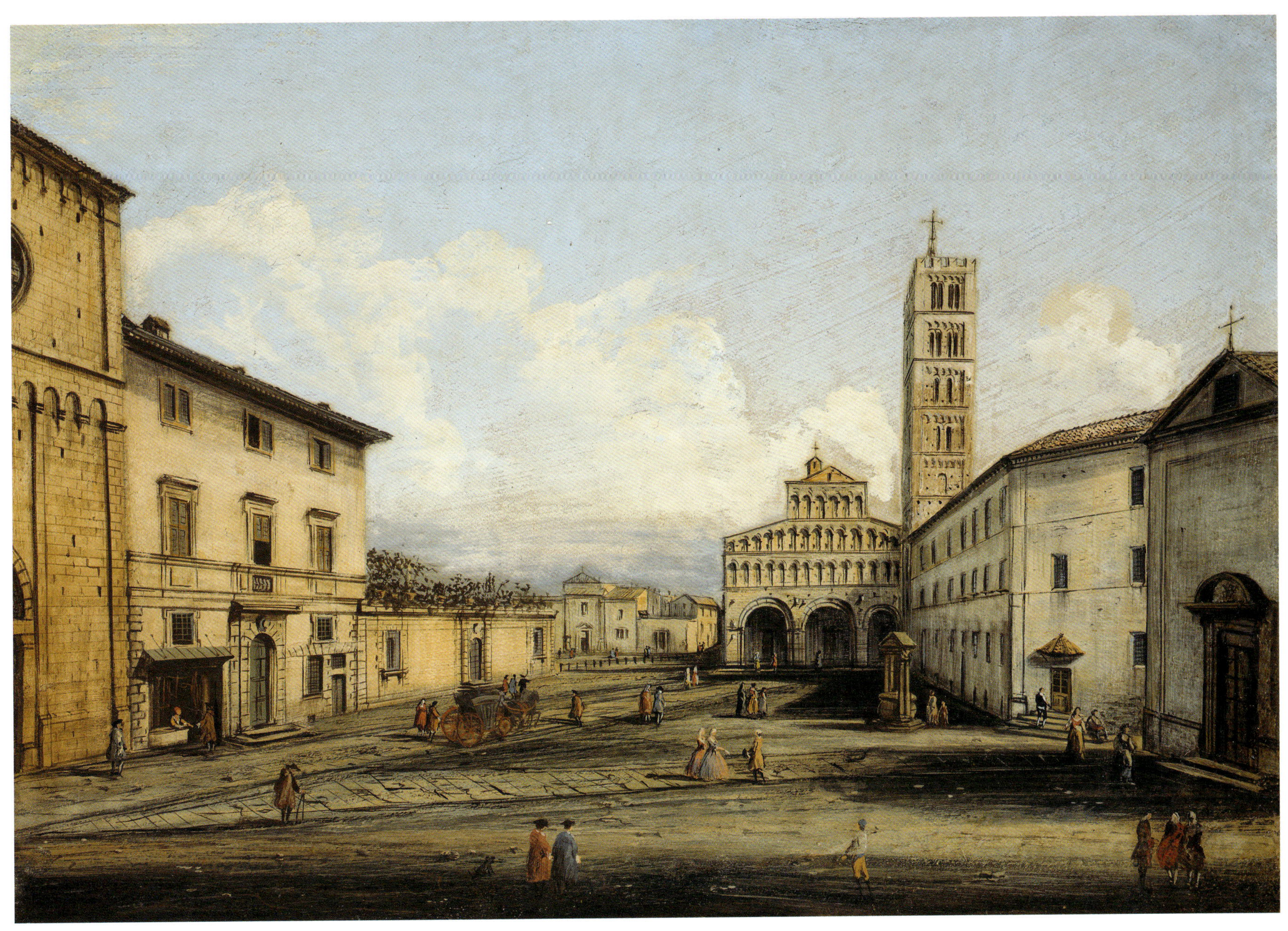

21

ANONIMO

Piazza San Martino con la cattedrale, Lucca
1795-1800

olio su tela; 51 x 81,5 cm
Lucca, collezione privata

Il dipinto, eseguito probabilmente a Lucca negli ultimi anni del Settecento, ritorna nella città toscana con John Winter (1944-2014), grande antiquario britannico innamorato dell'Italia e della Toscana, che lo acquista a Milano, da Gilberto Algranti e poi vende all'attuale proprietario.
John Winter ne doveva apprezzare l'importanza documentaria anche se la qualità non uguaglia la raffinatezza di opere d'arte da lui amate, tra cui il raro *Capriccio con un arco di trionfo in rovina e una città di fantasia sul fiume*, di Bellotto, parte della collezione di famiglia (Kozakiewicz 1972, n. 35). Con lo stesso spirito l'opera è conservata dal proprietario attuale.
Si tratta di una delle varie copie tratte dalla tela di Bellotto, ora a York (cat. 13); chi scrive ne ha individuate almeno cinque. Questo dipinto, a olio su tela, è di dimensioni superiori all'originale, come, con certezza, altri tre della serie, tra loro simili; tutti e quattro allargano la visuale a destra e a sinistra, rallentando il rigore prospettico della composizione di Bellotto. Devono essere in qualche modo dipendenti l'uno dall'altro – alcuni forse dovuti alla stessa mano – ma realizzati in tempi diversi, tra la fine del Settecento e i primi tre decenni del secolo successivo: alcuni aggiornano l'aspetto della piazza con piccoli cambiamenti topografici nel frattempo avvenuti. Questa attenzione e le verifiche sul luogo inducono a pensarli come opera di pittori lucchesi, realizzati probabilmente su richiesta di collezionisti locali. Un solo dipinto riprende fedelmente la composizione prospettica di Bellotto e ne riporta i dettagli, ma introduce variazioni nelle figure e nella loro disposizione, con un atteggiamento più pittorico, e si distingue tra le altre versioni anche per le misure piccole e la tecnica, tempera su pelle di capretto (cat. 20).
Il numero di copie conferma l'importanza dell'originale nell'iconografia lucchese e testimonia dell'autentico interesse suscitato tra gli artisti e collezionisti della città toscana; dal punto di vista storico, depone a favore della conservazione del dipinto di Bellotto in città, in una quadreria aperta alle visite, almeno fino al secondo decennio dell'Ottocento. I confronti con le copie mettono in risalto la bellezza dell'originale e la sicura conoscenza delle strutture architettoniche da parte del giovanissimo pittore veneziano, evidente anche nel modo in cui coglie i più minuti dettagli, come il rilievo delle pietre del transetto dei Santi Giovanni e Reparata a sinistra o il disegno delle finestre del palazzo Bernardi (Micheletti); nessuna delle copie giunge a rivaleggiare con le sue qualità.
Questo dipinto abbraccia a sinistra il transetto dei Santi Giovanni e Reparata con l'intero finestrone sopra la porta murata e a destra tutta la facciata dell'oratorio della Maddalena, dimezzati in Bellotto; concordano i dettagli della facciata e del pergolato del palazzo Bernardi (Micheletti), ma sul prospetto della chiesa di San Giuseppe, in fondo alla piazza degli Antelminelli, compaiono due finestre accanto al portone d'ingresso, non ancora aperte in Bellotto; sulla sommità della cattedrale, in fianco al campaniletto a vela, si erge una croce, ancora oggi esistente. Le figure riprendono quelle dell'originale anche nei colori delle vesti, differenti solo nel mantello del gentiluomo al centro del gruppetto di tre in primo piano e nell'uomo con il cane; simile andamento delle nuvole e disposizione delle ombre. Le passerelle lastricate sembrano sistemate rispetto a quelle sconnesse di Bellotto, ma sulla terra battuta nei primi piani sono ancora sparse le pietre, apparentemente predisposte per la messa in posa.
Questi dettagli concordano nella versione già appartenuta al conte di Darnley, Cobham Hall, Kent, presentata da Christie's, 1 maggio 1925, lotto 10 (olio su tela, 50,8 x 83,82 cm; Knoedler, £ 262 e 10 scellini), che estende ancora la visuale a sinistra, aggiungendo due archetti del pianterreno del transetto della chiesa; ma nel primo piano appare un cavaliere a cavallo che s'impenna e l'uomo con cane è descritto con maggiori dettagli (foto Frick Reference Library, A.C. Cooper, Londra W1577).
La versione appartenuta a Mrs. J.H. Dent-Brockelhurst, messa all'asta con il nome di Marieschi da Sotheby's, Londra, 17 maggio 1970, lotto 43 (olio su tela, 52 x 84 cm; acquistata da Bradfield, £ 450 [=$ 1080]), può essere quella di Earl of Derby o un'altra ancora, appartenuta nel 1977 a Mrs. June Courtenay di Reigare, Surrey, di cui riferisce John Ingamells, allora curatore al City Art Museum di York, in una lettera del 2 maggio 1977, conservata negli archivi del museo; mancano le foto ma è anche possibile che siano tutti dipinti diversi.
Una ulteriore versione, conservata in una collezione privata di Lucca, riporta aggiornamenti più tardi nell'aspetto delle architetture della piazza: la bottega al pianterreno del palazzo Bernardi (Micheletti) è chiusa da due portelloni e il muro che cinge il giardino è dominato da una ringhiera e da una pergola, probabilmente in ferro, assenti nelle altre copie. La finestra inferiore del campanile risulta qui per la prima volta aperta (G. Bedini, in Bedini, Fanelli 1998, n. 221). La presenza della recinzione sulla piazza degli Antelminelli, sostituita nel 1832 dalla fontana progettata da Lorenzo Nottolini, indica una sicura data *ante quem*, valida anche per le altre copie.

Bożena Anna Kowalczyk

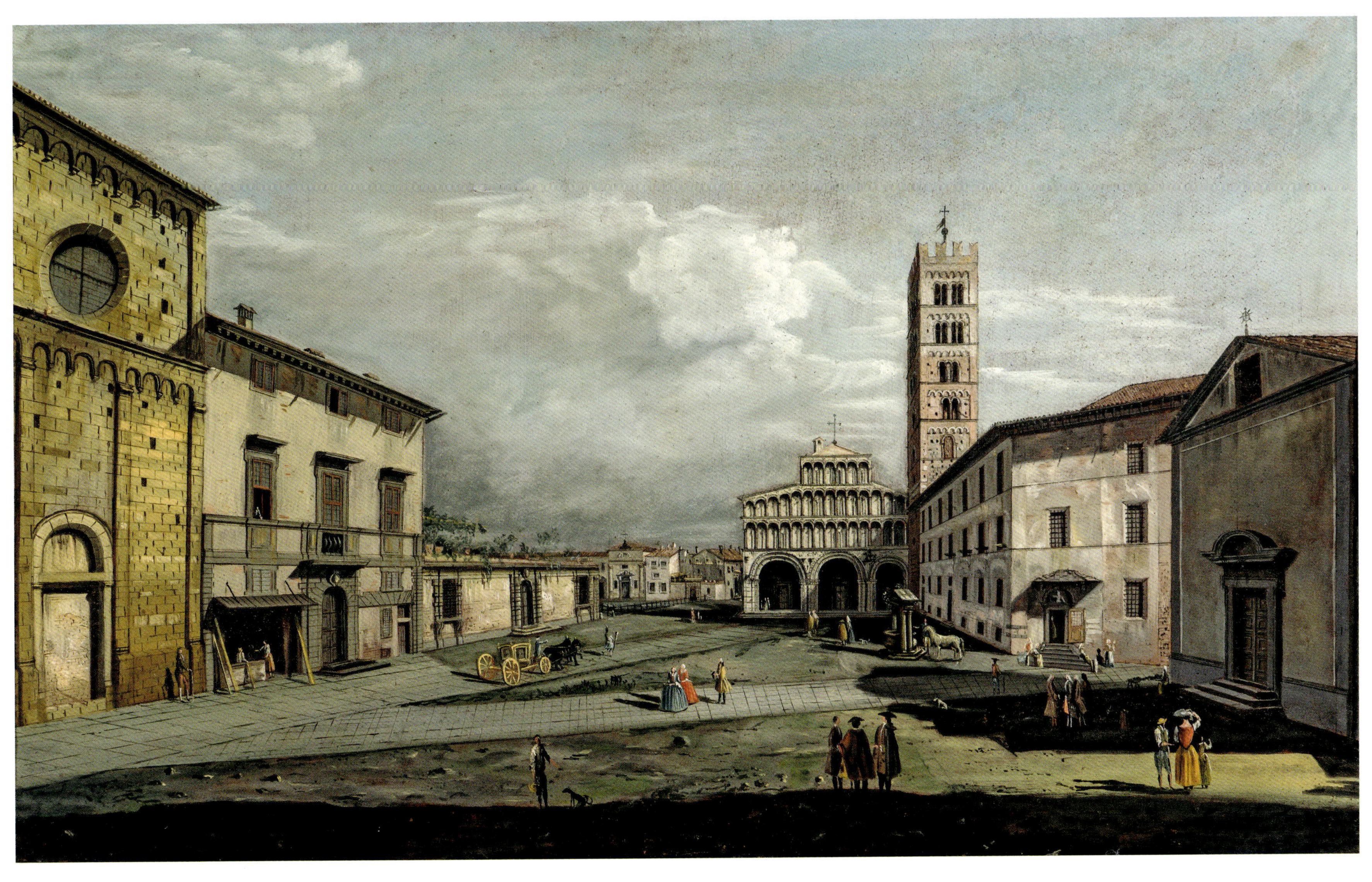

SCHEDE TECNICHE DELLE OPERE

1
LUCA CARLEVARIJS
(Udine 1663 - Venezia 1730)

Il Molo con la Libreria e la Zecca verso la Punta della Dogana e la Salute, Venezia
1706
olio su tela; 63 x 92 cm
siglato entro il cartiglio sulla prima colonna della Libreria: "L.C."
Lucca, Polo Museale Regionale della Toscana, Museo Nazionale di Palazzo Mansi, 751

Provenienza: commissionato da Stefano Conti (1664-1739), Lucca, 1704-1706; per eredità, il nipote Carlo Giuseppe Innocenzo Conti, Lucca, 1750; famiglia Massoni, Lucca; lascito testamentario di Vincenzo Massoni al Museo Nazionale di Palazzo Mansi, 1952.

Bibliografia selezionata: Paoletti 1911, p. 604; Borella, Giusti Maccari 1993, pp. 258-259; Betti 1997, pp. 38-41, 43; I. Reale, in Roma-Venezia 2002-2003, pp. 315-317; Betti 2003, pp. 113-114; P. Betti, in Treviso 2008-2009, pp. 243-244, n. 5; Succi 2015, pp. 163-168, n. 23.

2
CANALETTO
(Venezia 1697-1768)

Campo Santi Giovanni e Paolo, Venezia
1726
olio su tela; 92,1 x 134,9 cm
Torino, Pinacoteca Giovanni e Marella Agnelli

Provenienza: commissionato nella serie di quattro da Stefano Conti (1654-1739), novembre 1725, ed eseguito con il pendant, *Il Canal Grande con Santa Maria della Carità, Venezia*, tra l'inizio di febbraio e il 15 giugno 1726; assegnato, nella divisione ereditaria, a suo nipote, padre Giuseppe Maria Conti, che rinuncia a favore del fratello, Giovanni Stefano Conti, 1745; passa probabilmente alla zia, Anna Maria Conti, che nel 1742 aveva sposato Simone Francesco Boccella; il loro figlio, marchese Cristoforo Boccella (1745-1821), prima del 1819; suo figlio, Cesare Boccella (1810-1877); acquistato da Robert Townley Parker (1793-1879), Cuerden Hall, Preston, Lancashire, 1832; suo nipote, Reginald Arthur Tatton (1857-1926), Cuerden Hall, Preston, Lancashire; Christie's, 14 dicembre 1928, lotto 38; acquistato da P. and D. Colnaghi Co., Londra; M. Knoedler & Co., New York; Elwood B. Hosmer, Montreal; collezione privata; Simon C. Dickinson Ltd., Londra, presso il quale viene acquistato da Gianni Agnelli, 2000.

Bibliografia selezionata: Haskell 1956; Constable 1962, vol. I, tav. 58, vol. II, p. 317, n. 304; W.G. Constable, in Toronto-Ottawa-Montréal 1964-1965, p. 44, n. 8; Puppi 1968, p. 91, n. 22 A; Corboz 1985, vol. II, p. 568, n. P 19; K. Baetjer, J.G. Links, in New York 1989-1990, pp. 93-95, n. 10; V. Pemberton-Pigott, in New York 1989-1990, pp. 54-56; B. Bakker, in Amsterdam 1990-1991, pp. 156-157, n. 22; Links 1994, p. 220; B.A. Kowalczyk, in Venezia 2001, pp. 169, 176-177, n. 65; Pemberton-Pigott 2001, pp. 212-214; Pedrocco 200b, pp. 30-33; Kowalczyk 2005a, pp. 138-139; Beddington 2010, p. 69; Kowalczyk 2012, p. 27; Kowalczyk 2015b, p. 27; Kowalczyk 2018, pp. 20-21; B.A. Kowalczyk, in Roma 2018, p. 90, fig. a.

3
GIUSEPPE ZOCCHI
(Firenze 1717-1767)

Ritratto di Anton Maria Zanetti di Girolamo e del marchese Andrea Gerini
anni quaranta del Settecento
olio su rame; 37 x 28 cm
Venezia, Ca' Rezzonico, Museo del Settecento Veneziano, Cl. I. 144

Iscrizioni: sulla lettera, "ILL.MO SIG. A.M. ZANETTI Q. JER. VENEZIA"

Provenienza: commissionato da Andrea Gerini (1691-1766), Firenze, si crede come dono ad Anton Maria Zanetti di Girolamo (1680-1764), Venezia; eredi Zanetti, Venezia; acquistato da Giovanni Maria Sasso, Venezia, prima del 1803; sua vendita, Venezia, 1803, n. 381; Teodoro Correr (1750-1830), Venezia; donato alla Città di Venezia il 10 gennaio 1830.

Esposizioni: Firenze 2009, n. 86; Milano 2016-2017, n. 18; Venezia 2018-2019.

Bibliografia selezionata: Pignatti 1960, pp. 298-299, n. 144; Haskell 1960, pp. 32-37; Morassi 1962, pp. 3 e 5; Mattioli Rossi 1980, p. 84; Tosi 1997, pp. 54-55, 57; Kowalczyk 2012, p. 27; C. Lenzi Iacomelli, in Firenze 2009, p. 242, n. 86; Ingendaay 2013, pp. 113-114; B.A. Kowalczyk, in Milano 2016-2017, pp. 92-93, 274, n. 18; D. Danza, in Venezia 2018-2019, pp. 196-199.

4
Camera ottica
Venezia, XVIII secolo
legno, vetro e specchio; 38 x 24,2 x 22,5 cm
Venezia, Fondazione Musei Civici di Venezia, Museo Correr, Cl. XXIX, s.n. 30

Iscrizioni: a solchi sulla ribalta, "A. CANAL".

Bibliografia selezionata: Pignatti 1958, p. 21; Gioseffi 1959, p. 22; Puppi 1968, p. 87, fig. p. 86; Nepi Scirè 1997, p. 15; F. Camerota, in Firenze 2001-2002, pp. 227-240; Camerota 2008, pp. 65-66; D. Maran, in Venezia 2012, pp. 46, 49; B.A. Kowalczyk, in Aix-en-Provence 2015, n. 32; B.A. Kowalczyk, in Milano 2016-2018, pp. 72-73, n. 11.

5
BERNARDO BELLOTTO
(Venezia 1722 - Varsavia 1780)

Piazza della Signoria, verso est, Firenze
1740
olio su tela; 62 x 90 cm
Budapest, Szépművészeti Múzeum, 645

Provenienza: commissionato con il pendant (cat. 6) dal marchese Vincenzo Riccardi (1704-1752), Firenze (menzionato per la prima volta nell'inventario della sua collezione privata, 1741); principe Miklos Esterházy (1756-1833), Vienna, 1820, e poi Paul Esterházy, Budapest, 1865; Galleria Nazionale di Pittura, Budapest, 1871.

Bibliografia selezionata: Kozakiewicz 1972, vol. I, pp. 33-34; vol. II, pp. 41-42, n. 57; De Juliis 1981, pp. 61-62, 72, 73, 87, nota 57; B.A. Kowalczyk, in Venezia-Houston 2001, pp. 86-87, 88, n. 13; G. Gruber, in Wien 2005, pp. 74, 77, n. 3; D. Rodríguez, in Madrid 2011-2012, pp. 278-279, n. 80; Kowalczyk 2012, pp. 24-31; B.A. Kowalczyk, in Budapest 2013-2014, p. 414, n. 136; B.A. Kowalczyk, in München 2014-2015, p. 182, n. 16; B.A. Kowalczyk, in Milano 2016-2017, pp. 94-95, 274, n. 19.

6
BERNARDO BELLOTTO
(Venezia 1722 - Varsavia 1780)

L'Arno dal Ponte Vecchio fino a Santa Trinita e alla Carraia, Firenze
1740
olio su tela; 62 x 90 cm
Budapest, Szépművészeti Múzeum, 647

Provenienza: commissionato con il pendant (cat. 5) dal marchese Vincenzo Riccardi (1704-1752), Firenze (menzionato per la prima volta nell'inventario della sua collezione privata, 1741); principe Miklos Esterházy (1756-1833), Vienna, 1820, e poi Paul Esterházy, Budapest, 1865; Galleria Nazionale di Pittura, Budapest, 1871.

Bibliografia selezionata: Kozakiewicz 1972, vol. I, pp. 33-34; vol. II, p. 38, n. 53; De Juliis 1981, pp. 61-62, 72, 73, 87, nota 57; B.A. Kowalczyk, in Venezia-Houston 2001, pp. 88-89, n. 14; G. Gruber, in Wien 2005, pp. 74-75, 77, n. 4; Kowalczyk 2012, pp. 24-31; Z. Dobos, in Compiègne 2007, pp. 124-125, n. 29; D. Ekserdjian, in London 2010, p. 264, n. 158; B.A. Kowalczyk, in Budapest 2013-2014, p. 416, n. 137; B.A. Kowalczyk, in Verona-Vicenza 2013, p. 413, n. 28; B.A. Kowalczyk, in München 2014-2015, pp. 184-185, n. 17; B.A. Kowalczyk, in Milano 2016-2017, p. 94.

7
BERNARDO BELLOTTO
(Venezia 1722 - Varsavia 1780)

L'Arno al Tiratoio verso il Ponte Vecchio, Firenze
1740
olio su tela; 50 x 75 cm
collezione privata

Provenienza: commissionato con il pendant (cat. 8) dal marchese Andrea Gerini (1691-1766), Firenze, 1740, e pagato il 30 settembre 1740 (doc. 5 e 6); barone John Benjamin Heath (1790-1879), 31 Old Jewry, Londra; vendita postuma, Christie's, Londra, 8 marzo 1879, lotto 109; acquistato da Wertheimer per £ 241 10 scellini [=290 ghinee]; L. Gauchez, 41 Rue Laffitte, Parigi; vendita, Christie's, Londra, 3 maggio 1884, lotto 71 (riacquistato con 260 ghinee) (battuto da Agnew fino a 250 ghinee); M.L. Tabourier, Parigi; vendita postuma, Hotel Drouot, Parigi, 20-22 giugno 1898, lotto 149; acquistato da Boussod, Valadon & Cie, Parigi, per 9.250 frs.; tra il 1904 e il 1913 entra nella collezione Sir Otto John Beit (1865-1930) (nominato I baronetto nel 1924), Londra; per discendenza, suo figlio, Sir Alfred Lane Beit, II baronetto (1903-1994), Londra, 49 Belgrave Square, fino al 1936, quando viene dislocato nella casa a Kensington Palace Gardens; trasferito nella residenza di campagna, Roussborough House, sul Lago Blessington, Contea di Wicklow, Irlanda, anni sessanta.

Bibliografia: Catalogue Tabourier, p. 106, n. 149; Bode 1913, pp. 35 e 93; Kozakiewicz 1972, vol. I, p. 34; vol. II, p. 38, n. 52, fig. p. 40; Gregori 1983, pp. 242-250; M. Chiarini, in Verona 1990, pp. 56-58, n. 4; M. Chiarini, in Firenze 1994, pp. 158-159, n. 93; G. Marini, in London-Roma 1996-1997, pp. 48-50, n. 10; E.P. Bowron, in Venezia-Houston 2001, p. 90; B.A. Kowalczyk, in Venezia-Houston 2001, p. 86; Kowalczyk 2012, pp. 24, 30, fig. 36, p. 25; Von Monschaw 2012, pp. 19-22, n. 4; B.A. Kowalczyk, in Milano 2016-2017, p. 94.

8
BERNARDO BELLOTTO
(Venezia 1722 - Varsavia 1780)

L'Arno dalla Vaga Loggia, con San Frediano in Cestello, Firenze
olio su tela, 50 x 75 cm
collezione privata

Provenienza: commissionato con il pendant (cat. 7) dal marchese Andrea Gerini (1691-1766), Firenze, 1740; barone John Benjamin Heath (1790-1879), 31 Old Jewry, Londra; vendita postuma, Christie's, Londra, 8 marzo 1879, lotto 110; acquistato da Wertheimer per £ 241 10 scellini [= 230 ghinee]; L. Gauchez, 41 Rue Laffitte, Parigi; vendita, Christie's, Londra, 3 maggio 1884, lotto 72 (riacquistato con 225 ghinee; battuto da Agnew fino a 220 ghinee); M.L. Tabourier, Parigi; vendita postuma, Hotel Drouot, Parigi, 20-22 giugno 1898, lotto 150; acquistato da Boussod, Valadon & Cie, Parigi, per 9.250 frs.; tra il 1904 e il 1913 entra con il pendant nella collezione Sir Otto John Beit (1865-1930) (nominato I baronetto nel 1924), Londra; per discendenza, suo figlio, Sir Alfred Lane Beit, II baronetto (1903-1994), Londra, 49 Belgrave Square, fino al 1936, quando viene dislocato a Kensington Palace Gardens; trasferito nella sua residenza di campagna, Russborough House, sul Lago Blessington, Contea di Wicklow, Irlanda, negli anni sessanta.

Bibliografia selezionata: *Catalogue Tabourier* 1898, p. 107, n. 150, illustrato; Bode 1913, pp. 35 e 93; Kozakiewicz 1972, vol. I, p. 34, vol. II, p. 41, n. 56; Gregori 1983, pp. 242-250; M. Chiarini, in Verona 1990, pp. 56-8, n. 5; M. Chiarini, in Firenze 1994, p. 158, n. 92; G. Marini, in London-Roma 1996-1997, pp. 48-50, n. 9; E.P. Bowron, in Venezia-Houston 2001, p. 90; B.A. Kowalczyk, in Venezia 2001, p. 86; B.A. Kowalczyk, in Venezia-Houston 2001, p. 86; Kowalczyk 2012, pp. 24. 30, fig. 37; Von Monschaw 2012, p. 19; B.A. Kowalczyk, in Milano 2016-2017, p. 94.

9
GIUSEPPE ZOCCHI
(Firenze 1717-1767)

L'Arno dalla Vaga Loggia, con San Frediano in Cestello
1740-1742
olio su tela, 50,8 x 74,5 cm
Fiesole, collezione privata

Provenienza: conte Agnolo Baldassare Galli Tassi (1734-1770), Firenze, 1767; collezione Henri Bernstein, Parigi; vendita anonima, Christie's, Londra, 10 luglio 1981, lotto 114, assieme al pendant, *L'Arno al Ponte Santa Trinita, Firenze* (lotto 115), rispettivamente, £ 48,000 e £ 45,000 (prezzo di martello); collezione privata, Francia; vendita anonima, Philippe Rouillac-Vendôme, Orangerie du Château, Cheverny, Francia, 26 aprile 1993, lotto 26 (con pendant), per un valore corrispondente a € 262.212; Richard Green, Londra, 1993; collezione privata, Inghilterra; Richard Green, Londra, 2005; acquistato dal proprietario attuale con il pendant, *L'Arno al Ponte Santa Trinita, Firenze*, luglio 2005.

Bibliografia: Tosi 1997, pp. 73-77, 100, nota 61; V. Conticelli, in Firenze 2009, pp. 268-269, n. 95.

10
BERNARDO BELLOTTO
(Venezia 1722 - Varsavia 1780)

L'Arno verso il Ponte Vecchio, Firenze
1743-1744
olio su tela; 73,3 x 105,7 cm
Cambridge, The Syndics of the Fitzwilliam Museum, University of Cambridge, 192

Provenienza: probabilmente Giovanni Battista Borri, Firenze, contrada di Santa Croce, gonfalone Ruote; sua vendita, presso Langford, Londra, 29-30 marzo 1759, lotto 34 (Lugt *Ventes* n. 1041) ("Canaletti". "View of the Arno, with the Ponte Vecchio"); George Henry Vansittart (1768-1824), di Bisham Abbey, Berkshire (?); A.A. Vansittart (1824-1882) (Lugt *Suppl.*, 449); dono al museo, 1876.

Bibliografia selezionata: Fritzsche 1936, pp. 27, 105, n. VG 17; Goodison, Robertson 1967, p. 15, n. 192; Kozakiewicz 1972, vol. I, pp. 33-34; vol. II, pp. 38, 41, n. 54; M. Chiarini, in Firenze 1994, p. 156, n. 90; Villis 2000, p. 81; E.P. Bowron, in Venezia-Houston 2001, pp. 90-92, n. 15; B.A. Kowalczyk, in Torino 2008, pp. 112, 114, n. 30; Kowalczyk 2012, pp. 24, 30; B.A. Kowalczyk, in München 2014-2015, p. 186, n. 18; B.A. Kowalczyk, in Milano 2016-2017, pp. 130-131, 276, n. 36.

11
BERNARDO BELLOTTO
(Venezia 1722 - Varsavia 1780)

L'Arno verso il Ponte alla Carraia, Firenze
1743-1744
olio su tela; 73,7 x 105,4 cm
Cambridge, The Syndics of the Fitzwilliam Museum, University of Cambridge, 195

Provenienza: probabilmente Giovanni Battista Borri, Firenze, contrada di Santa Croce, gonfalone Ruote; sua vendita, presso Langford, Londra, 29-30 marzo 1759, lotto 35 (Lugt *Ventes* n. 1041) ("Canaletti", "its companion, with the ponte Carraia" [di "View of the Arno, with the Ponte Vecchio"]); George Henry Vansittart (1768-1824), di Bisham Abbey, Berkshire; A.A. Vansittart (1824-1882) (Lugt *Suppl.*, 2449); dono al museo, 1876.

Bibliografia selezionata: Fritzsche 1936, pp. 27, 105, n. VG 16; Goodison, Robertson 1967, p. 15, n. 192; Kozakiewicz 1972, vol. I, p. 34; vol. II, p. 41, n. 55; M. Chiarini, in Firenze 1994, p. 156; Villis 2000, p. 81; E.P. Bowron, in Venezia-Houston 2001, pp. 90, 92, n. 16; B.A. Kowalczyk, in Torino 2008, pp. 112, 114, n. 31; Kowalczyk 2012, pp. 24, 30; B.A. Kowalczyk, in München 2014-2015, p. 186; B.A. Kowalczyk, in Milano 2016-2017, pp. 132-133, 277, n. 37.

12
BERNARDO BELLOTTO
(Venezia 1722 - Varsavia 1780)

L'Arno verso il ponte alla Carraia, Firenze
1740
penna e inchiostro bruno, a mano libera e con righello, molti segni da compasso, carta bianca ingiallita;
256 x 370 mm
Firenze, Gli Uffizi, Gabinetto dei Disegni e delle Stampe, 1842 P

Iscrizioni: sul *verso*, a matita nera, "Zocchi, Veduta dell'Arno dal Pte Da Trinita", "III, 43b", "L 32"; a matita blu, "1842 P"; a matita rossa, "85".

Provenienza: marchese Giovanni Rosselli del Turco, Firenze; acquistato con la sua collezione di disegni e stampe di soggetto fiorentino dall'antiquario P.N. Ferri, il 28 aprile 1908, per 120 Lire.

Bibliografia selezionata: Gregori 1983, pp. 242-250 (Zocchi); M. Chiarini, in Verona 1990, pp. 58, 60, 62-63, n. 6; Marinelli 1993, p. 83; M. Chiarini, in Firenze 1994, pp. 159-160, n. 94; E.P. Bowron, in Venezia-Houston 2001, p. 92; B.A. Kowalczyk, in Torino 2008, p. 114.

13
BERNARDO BELLOTTO
(Venezia 1722 - Varsavia 1780)
Piazza San Martino con la cattedrale, Lucca
1740
olio su tela, 50,8 x 72 cm
York, York Museums Trust (York Art Gallery), YORAG 771
Presented by F.D. Lycett Green through The Art Fund, 1955

Provenienza: Charles T. D. Crews (1839-1915), Londra e Billingbear Park, Wokingham, Berkshire; vendita postuma, Christie's, 2 July 1915 [secondo giorno], lotto 145 (come "A. Canaletto"; "A view in Lucca. A square in the town with the church and figures"); acquistato da Agnew's per £ 94-10 scellini [=90 ghinee]; Sir George William Agnew, II baronetto (1852-1941); suo figlio, George Colin Agnew (1882-1975); acquistato da F.D. Lycett Green tramite Agnew, 1942; F.D. Lycett Green, Finchcocks, Goudhurst, Kent, fino al 1955; donato alla City of York Art Gallery con the National Art-Collections Fund, 1955.

Bibliografia selezionata: *Canaletto in Lucca* 1944, pp. 257-258 ("Canaletto"); Watson 1953, pp. 166, 169; Haskell 1956, pp. 296-300; *York Art Gallery Catalogue* 1961, vol. I, pp. 7-8, n. 771; Kozakiewicz 1972, vol. I, p. 27; vol. II, p. 42, n. 58; Belli Barsali 1986, pp. 23-24; H. Honour, in Verona 1990, pp. 64-65, n. 7; Marinelli 1993, pp. 83-84; Gregori 1994, pp. 201-214; Kowalczyk 1993-1996, parte I, pp. 13, 36, n. 41; G. Fanelli, in Bedini, Fanelli 1998, pp. 113-114, n. 170; B.A. Kowalczyk, in Venezia-Houston 2001, pp. 94-95, n. 17; B.A. Kowalczyk, in Torino 2008, pp. 116-117, n. 32; Perini 2009, p. 114; Kowalczyk 2012, p. 30, fig. 42 a p. 28; B.A. Kowalczyk, in Milano 2016-2017, p. 94; Marinelli 2016, p. 42, figg. a pp. 38 e 43.

14
BERNARDO BELLOTTO
(Venezia 1722 - Varsavia 1780)

Piazza San Martino con la cattedrale, Lucca
1740
penna e inchiostro bruno su traccia di matita, a mano libera e con righello, segni da compasso; la linea dell'orizzonte a matita e righello, a 81 mm dal margine inferiore; 252 x 372 mm
Londra, The British Library, Map Room, K.Top. LXXX-21a

Iscrizioni: in alto al centro, a penna e lo stesso inchiostro, "Lucca", in alto nell'angolo destro, a matita "55".

Provenienza: collezione topografica del re Giorgio III (1738-1820), parte della King's Library, Buckingham Palace, Londra; donato alla nazione da suo figlio Giorgio IV (1762-1830), 1823; King's Library, British Museum, Londra, dal 1828 al 1998; trasferito alla British Library, 1998.

Bibliografia selezionata: *Catalogue of Maps* 1829, vol. I, p. 722; Oppé 1950, p. 10 ("Canaletto"); Watson 1953, pp. 166, 169; Kozakiewicz 1972, vol. I, pp. 34-35; vol. II, p. 42, n. 59, fig. a p. 45; H. Honour, in Verona 1990, p. 64; G. Fanelli, in Bedini, Fanelli 1998, p. 113, n. 169; B.A. Kowalczyk, in Venezia-Houston 2001, p. 94; B.A. Kowalczyk, in Torino 2008, p. 116; Kowalczyk 2012, p. 30.

15
BERNARDO BELLOTTO
(Venezia 1722 - Varsavia 1780)
San Giovanni dalla Piazza degli Antelminelli, con il fianco della cattedrale, Lucca
1740
penna e inchiostro bruno su traccia di matita, a mano libera e con righello, segni da compasso; la linea dell'orizzonte a 84 mm dal margine inferiore;
252 x 370 mm
Londra, The British Library, Map Room, K. Top. LXXX-21b

Iscrizioni: in alto al centro a penna, con lo stesso inchiostro, "Lucca"; nell'angolo destro, a matita, "2"; vicino al campanile di San Giovanni, a matita, "56"; sul *verso* a penna e inchiostro bruno sbiadito, "pietro Beloti".

Provenienza: collezione topografica del re Giorgio III (1738-1820), parte della King's Library, Buckingham Palace, Londra; donato alla nazione da suo figlio Giorgio IV (1762-1830), 1823; King's Library, British Museum, Londra, dal 1828 al 1998; trasferito alla British Library, 1998.

Bibliografia selezionata: Catalogue of Maps 1829, vol. I, p. 722; Oppé 1950, p. 10 ("Canaletto"); Watson 1953, pp. 166, 169; G. Fanelli, in Bedini Fanelli 1998, p. 114, n. 171; Kozakiewicz 1972, vol. I, pp. 34-35; vol. II, p. 47, n. 60, fig. a p. 46; H. Honour, in Verona 1990, p. 64; B.A. Kowalczyk, in Venezia-Houston 2001, p. 94; B.A. Kowalczyk, in Torino 2008, p. 116; Kowalczyk 2012, p. 30.

16
BERNARDO BELLOTTO
(Venezia 1722 - Varsavia 1780)

La cattedrale di San Martino, dalla parte absidale, Lucca
1740
penna e inchiostro bruno su traccia di matita, a mano libera e con righello, la linea di orizzonte a matita e righello, a 84 mm dal margine inferiore; 248 x 370 mm
Londra, The British Library, Map Room,
K.Top. LXXX-21c

Iscrizioni: in alto al centro a penna e con lo stesso inchiostro bruno, "Lucca"; in alto a destra a matita, "3", "57".

Provenienza: collezione topografica del re Giorgio III (1738-1820), parte della King's Library, Buckingham Palace, Londra; donato alla nazione da suo figlio Giorgio IV (1762-1830), 1823; King's Library, British Museum, Londra, dal 1828 al 1998; trasferito alla British Library, 1998.

Bibliografia selezionata: *Catalogue of Maps* 1829, vol. I, p. 722; Oppé 1950, p. 10 ("Canaletto"); Watson 1953, pp. 166, 169; G. Bedini, in Bedini, Fanelli 1998, p. 115, n. 173; Kozakiewicz 1972, vol. I, pp. 34-35; vol. II, p. 47, n. 61, fig. a p. 46; H. Honour, in Verona 1990, p. 64; B.A. Kowalczyk, in Venezia-Houston 2001, p. 94; B.A. Kowalczyk, in Torino 2008, p. 116; Kowalczyk 2012, p. 30.

17
BERNARDO BELLOTTO
(Venezia 1722 - Varsavia 1780)

La cattedrale di San Martino dalla parte absidale, con il campanile, Lucca
1740
penna e inchiostro bruno su traccia di matita, a mano libera e con righello, la linea dell'orizzonte a matita e righello, a 90 mm dal bordo inferiore,
247 x 367 mm
Londra, The British Library, Map Room,
K.Top. LXXX-21d

Iscrizioni: in alto al centro a penna e con lo stesso inchiostro bruno, "Lucca"; nell'angolo destro in alto, a matita, "4", "58".

Provenienza: collezione topografica del re Giorgio III (1738-1820), parte della King's Library, Buckingham Palace, Londra; donato alla nazione da suo figlio Giorgio IV (1762-1830), 1823; King's Library, British Museum, Londra, dal 1828 al 1998; trasferito alla British Library, 1998.

Bibliografia selezionata: *Catalogue of Maps* 1829, vol. I, p. 722; Oppé 1950, p. 10 ("Canaletto"); Watson 1953, pp. 166, 169; G. Bedini, in Bedini, Fanelli 1998, p. 115, n. 172; Kozakiewicz 1972, vol. I, pp. 34-35; vol. II, p. 47, n. 62, fig. a p. 46; H. Honour, in Verona 1990, p. 64; B.A. Kowalczyk, in Venezia-Houston 2001, p. 94; B.A. Kowalczyk, in Torino 2008, p. 116; Kowalczyk 2012, p. 30.

18
BERNARDO BELLOTTO
(Venezia 1722 - Varsavia 1780)

Santa Maria Forisportam, Lucca
1740
penna e inchiostro bruno su traccia di matita, a mano libera e con righello, segni di compasso; la linea dell'orizzonte è segnata a matita e righello a 69 mm dal margine inferiore; 235 x 371 mm
Londra, The British Library, Map Room,
K. Top. LXXX-21e

Iscrizioni: a penna in alto, "Lucca"; a matita nell'angolo destro in alto, "5", "59".

Provenienza: collezione topografica del re Giorgio III (1738-1820), parte della King's Library, Buckingham Palace, Londra; donato alla nazione da suo figlio Giorgio IV (1762-1830), 1823; King's Library, British Museum, Londra, dal 1828 al 1998; trasferito alla British Library, 1998.

Bibliografia selezionata: *Catalogue of Maps* 1829, vol. I, p. 722; Oppé 1950, p. 10 ("Canaletto"); Watson 1953, pp. 166, 169; Kozakiewicz 1972, vol. I, pp. 34-35; vol. II, p. 47, n. 63, fig. a p. 46; H. Honour, in Verona 1990, p. 64; G. Bedini, in Bedini, Fanelli 1998, p. 115, n. 174; B.A. Kowalczyk, in Venezia-Houston 2001, p. 94; B.A. Kowalczyk, in Torino 2008, p. 116; Kowalczyk 2012, p. 30.

19
BERNARDO BELLOTTO
(Venezia 1722 - 1780 Varsavia)

Capriccio architettonico con il monumento equestre
1764
penna e inchiostro grigio-nero e bruno a due tonalità su traccia a matita e righello, a mano libera e con righello, segni di compasso; la patera sul monumento è tracciata con l'ausilio di compasso; 443 x 619 mm
Londra, Victoria and Albert Museum, E. 30.1939.
Given by Miss A. Simonson in memory of her brother George Simonson

Iscrizioni: in basso a sinistra, a penna e inchiostro bruno, "Bernardo Belotto/ de' Canaletto inv: et Fec. 1764".

Provenienza: collezione George A. Simonson, prima del 1927; dono della sorella, Mrs. A. Simonson, dedicato alla sua memoria, 1939.

Bibliografia: Hadeln 1929, p. 8; Kozakiewicz 1972, vol. II, pp. 520, n. A 521 e A 522; Ward-Jackson 1980, pp. 116-117, n. 927; E.P. Bowron, in London-Washington 1994-1995, pp. 371-372; G. Marini, in London-Washington 1994-1995, p. 430, n. 258; Rizzi 1996, pp. 174-175, n. D 20; B.A. Kowalczyk, in Torino 2008, pp. 224-227, n. 90; B.A. Kowalczyk, in Milano 2016-2017, pp. 244-245, 285, n. 87.

20
ANONIMO
Piazza San Martino con la cattedrale, Lucca

ultimo quarto del XVIII secolo
tempera su pelle di capretto fissata su tavola;
21 x 28,5 cm
Lucca, collezione privata

Provenienza: collezione Gerardo Mansi, Lucca (secondo l'attuale proprietario); collezione privata, Lucca, 2005 circa.

21
ANONIMO
Piazza San Martino con la cattedrale, Lucca

1795-1800 circa
olio su tela; 51 x 81,5 cm
Lucca, collezione privata

Provenienza: collezione privata, Tunbridge Wells, Kent, Regno Unito, prima del 1955 (presentato per valutazione da Christie's, Londra, King Street, il 26 aprile 1955); mercato antiquario, Italia; Andrea Uzielli, Italia; Galleria Gilberto Algranti, Milano; John Winter (1944-2014), Londra e Lucca; acquistato dal presente proprietario alla fine del 1980.

DOCUMENTI D'ARCHIVIO

doc. 1

1. *Libro in cui si contengono varie Lettere e ricevute Originali di molti celebri Pittori, che Hanno fatto diversi quadri in Tella commessili da me Stefano Conti Nobile Lucchese, figlio del quondam Giovanni per la mia Galleria, Luca Carlevarijs, note sui dipinti realizzati per Stefano Conti.*

Modena, Proprietà Comune di Modena, in deposito presso le Gallerie Estensi - Biblioteca Estense Universitaria, Autografoteca Campori, fascicolo 55-57, "Luca Carlevarijs"

f. 55
[*Stefano Conti*]
Luca Carlevarijs Pittore commorante in Venezia mi ha fatto di mia commissione n.° 3 quadri in tela di figurine piccole, rappresentanti tre Prospettive di detta Venezia, come distintamente si vede in questo da f. 55- a f: 57.

[*Luca Carlevarijs da Venezia a Stefano Conti a Lucca*]
Illustrissimo Signor Signor Patron Collendissimo
La Suplico à compatire se' troppo ò tardato in rispondere alla Gentilissima di Vostra Illustrissima à causa di essere statto quasi un mese fori di Venezia, et ora ritornato supliscò à miei doveri col esseguire li Comandi riveriti di Vostra Illustrissima, riceverà qui annesi li Atesttati, che desidera qualli ò spiegati nella forma, che mi pare propria, è frà simili prescritami da Vostra Illustrissima. È Pregata con questi, ricevere ancora gli attestati della mia devota osservanza col ardentissimo desiderio di qualche suo comandamento, acciò col'obbedienza se medesimi potèsse comprobare il titolo col qualle m'honora

Di Vostra Illustrissima

Venezia di 23 Luglio 1707

Devotissimo
Obligatissimo et
Humilissimo Servitore

Luca Carlevarijs

f. 56
Attesto io Luca Carlevarijs Pittore, di haver fatto al Illustrissimo Signor Steffano Conti, un quadro di quarte 8 in Larghezza e quarte 5 in altezza nell quale vi è rapresentata la parte della Piazza di S: Marco, che stà frà il Palazzo Plubico et la Ceccha, nel qualle si vede parte del medesimo Palazzo, è Ceccha, con la Chiesa di S: Marco è Torre del'Orlogio; nel principale del detto quadro vi è parte del Gran Canale, con quantità di Barche alla riva, d'ogni Genere; Ornato con quantità di figurine, lè maggiori delle quali, sonno pocho più di 3 once; è questo gle lo consegnai il mese d' Agosto 1706.

f. 57
Attesto io Luca Carlevarijs Pittore di haver fatto al Illustrissimo Signor Steffano Conti, due quadri di quarte 6 in larghezza e 4 in altezza. Nell'uno de queli vi è rapresentata la pescaria di Venezia con la Frabica della Ceccha, è granari Plubichi, con una parte del Canal Grande, oltre il qualle si vede la Chiesa di Santa Maria della Salute, et la Dogana di Mare, con Barche d'ogni sorte, è quantità di figurine, le maggiori delle quali saranno pocho meno di onze 3.
Nell'altro vi è rapresentata la vedutta di S. Giorgio Magiore oltre il Canal Grande, con varij Bastimenti e Barche piccole è molte figurine come nell'altro. è questi gle'li consegnai il mese d'Aprile 1706

Bibliografia: Zava Boccazzi 1990, pp. 143-144; Betti 1997, p. 40; I. Reale, in Roma-Venezia 2002-2003, pp. 315 e 317; P. Betti, in Treviso 2008-2009, p. 243; Succi 2015, pp. 163-166.

1a

1b

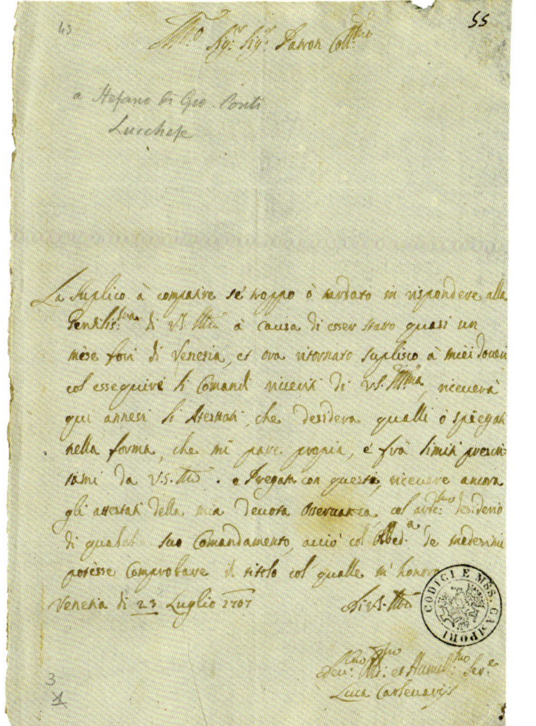

1c

1d

doc. 2

Libro in cui si contengono varie Lettere, e Ricevute Originali di molti Celebri Pittori, che anno fatto diversi Quadri in tela commesseli da me Stefano Conti Nobile Lucchese Figlio del quondam. Giovanni per la mia Galleria
303 x 210 x 13 mm

Lucca, Biblioteca Statale di Lucca, Miscellanea lucchese raccolta da Francesco Bernardi, Ms. 3299/14 (documento esposto in mostra)

Alessandro Marchesini
a Stefano Conti
Venezia, 14 luglio 1725

Illustrissimo Signor mio Signore Padrone Colendissimo
Hoggi ben anche tardi dal Signor Pomer mi viene consegnata la stimatissima lettera in data di 3 corrente, che Vostra Signoria Illustrissima mi onora de' suoi adorati e riveriti comandi de' quali ha portato un giubilo inestimabile al mio ossequiosissimo cuore sentendo da essa la viva memoria che tiene di me Suo ossequiosissimo e buon servitore. Intesi il bisogno di che Vostra Signoria Illustrissima desidera per li due accennati quadri da accompagnare gli altri che tiene dipinti dal signor Lucca Carlevari. Ma adesso veramente vive il soggetto, se non fosse superato di maggior stima dal signor Antonio Canale, che fa in questo paese stordire universalmente ognuno che vede le sue opere, che consiste sul ordine di Carlevari ma vi si vede lucer entro il sole, sicché questo è mio amico che appoggerò le due opere. Quando fosse ben espressa la misura a che osservovi soprascritta la misura per il compagno del Cremonese, che il gran virtuoso vive ancora con la vista persa, inoltre potrà Vostra Signoria Illustrissima avvisarmi come devo regolarmi per incontrare di sicuro e giusta misura per l'altro quadro per accompagnare quello del suddetto Cremonese la misurina termina e questo per dirgliela con sincerità del mio cuore. Qui vi sono un virtuosissimo pittore paesista, che le sue opere sono in grandissima stima qui e in Londra, che presentemente opera per questi signori inglesi ed è pittore di molto prezzo, ma una maniera assai terminata onde non so cosa al presente dirLe, ne risolvere se questo, o il Rizzi doverlo appoggiare perché questo eccellente pittore è meraviglioso per far vedute, bizzarri siti di fabbriche al gusto di Pussin, con colorito spiritoso e lucido che incanta. Il primo che divisi di sopra, è veramente paesista, e questo Ricci è misto che sarebbe meglio averne due compagni di questo per esser la sua galleria di un gusto non più veduto, come anch'esso è sempre occupato per qui è Londra, onde starò attendendo cosa decide sopra di questi Vostra Signoria Illustrissima mentre son due rari soggetti, e fra tanto che mandi la giusta misura delli due del Signor Lucca parlerò al Signor Canale che stia preparato per dover servire Vostra Signoria Illustrissima et esibirLe caparre, se comandasse mentre io averò bensì tutta l'attenzione di vantaggio e vigilare che le opere siano fatte con tutta riputazione come posso veramente attestare a Vostra Signoria Illustrissima che tutte le sue opere le fan grande onore quando vengono esposte in funzioni pubbliche. Mi onori in resposta a dirittura al mio nome che non ho che sparagnare alcuna cosa quando ambisco di ubbidire li riveriti Suoi comandi, e qui protestandomi e inchinandomi con la mia moglie Signora Cecilia, così protestiamo all'Illustrissimo Signor Angelo sempre vivere per essere veramente
di Vostra Signoria Illustrissima
Umilissimo Ossequiosissimo
Obbligatissimo Servo
Alessandro Marchesini

Dirli di mettere azzurro per tutto.
Il nome del paesista è
...Cingheroli.

Bibliografia: Haskell 1956, p. 297; Constable 1962, vol. I, pp. 13-14; Puppi 1968, p. 8; Corboz 1985, vol. I, p. 26; K. Baetjer, J.G. Links, in New York 1989-1990, p. 87; Succi 1993, p. 338; Magrini 2001, p. 227, lettera n. 1; B.A.Kowalczyk, in Roma 2018, pp. 88, 210-213, doc. 1.

Alessandro Marchesini
a Stefano Conti
Venezia, 2 febbraio 1726
Illustrissimo Signor mio Signore et Padrone Colendissimo

Le due soaze le feci incassare otto giorni sono per dovergliele spedire, ma non viene le barche da Bologna a causa de diacci, che tuttavia segue anco in quest'ordinario, e devo differire pure nel seguente se si potrà, e immediate che si transita, non mancherò con tutta puntualità di raccomandarle alli soliti signori di Bologna che usi tutta la maggiore diligenza che sia ben custodita e preservata dalla condotta di Firenze oltre di che l'ho ricoperta di tela incerata. Il Signor Marco Ricci fa riverenza a Vostra Signoria Illustrissima et ha dato principio col disegno ali due quadri, che gli ho veduti veramente laboriosi, ma questo continuo freddo lo trattiene, che però continuerà nel raddolcirsi l'aria. Il Signor Canale anch'esso riverisce Vostra Signoria Illustrissima et è nello stesso caso del Signor Ricci onde questo ancora a terminato il secondo dell'ambasciatore, e immediate darà dietro agl'altri due per Vostra Signoria Illustrissima con vedute di terra e siti più grandiosi come quello del Ponte di Rialto, fra tanto l'intagliatore va dietro all'altre due soaze compagne e le conterò l'avanzo delle lire ottanta e soldi quattro, a conto di sua fattura come Vostra Signoria Illustrissima troverà qui ingionto il giusto conto de' spesi e dispensati li cecchini ultimamente rimessi, cecchini 30 da Signor Pomer, onde sarà per questi pareggiato il conto intiero per la suddetta suma, e attenderò anco di questa quittanza, mentre non so tener altro registro, come non è mia pratica, mentre non so tener altro registro, ma di dipinger solo. Altro non mi resta da dirLe, ed umiliarmeli si anco all'Illustrissimo Signor Gio. Angelo sempre protestandomi inalterabile essere
di Vostra Signoria Illustrissima
Umilissimo Devotissimo
Obbligatissimo Servitore
Alessandro Marchesini

Ill.mo Sig.r mio Sig.r, P.rone Col.mo

Hoggi ben anche tardi. dal S. Pomer, mi viene consegnata la Stimatiss.a
Lett.a in data di 2 corrent., che V.S. Ill.ma mi onora de suoi adorati comandi
e riveriti comandi, de quali ha portato un giubilo inesplicabile
al mio ossequiosiss.o cuore sentendo da essa la viva memoria che
tiene di me suo ossequiosiss.o e buon Servitore. Intesi il bisogno che
V.S. Ill.ma desidera per li due accennati quadri da accompagnare gli altri che tiene dipinti dal Sig.r Lucca Carlevari. Ma
adesso veram.te vive il soggetto, se non fosse superato di maggior
stima dal Sig.r Ant.o Canale, che fa in questo paese stordire universalmente ognuno che vede le sue opere, che consiste sul ordine del
Carlevari ma vi si vede lucer entro il sole, sicché questo, è mio
amico che appoggiarò le due opere; quando fosse ben espressa
la misura, al che scriuono sopra scritta la misura per il compagno
del Cremonese, che il gran virtuoso vive ancora con la vista persa;
intorno potrà V.S. Ill.ma avvisarmi come devo regolarmi
p. incontrare il sicuro, e giusta mis.a per l'altro quadro per
accompagnare quello del sud. Cremonese la misura termina
e questo sia scritta con sincerità del mio cuore. qui vi sono
un virtuoso Pittore Paesista, che le sue opere sono in grandissima stima qui, e in Londra, che presentem.te opera per
questi S. Inglesi ed è Pittore di molto prezzo, ma una maniera
assai terminata onde non so cosa al ponte dirlo, ne risolvere
se questo, o il Rizzi doverlo appoggiare perché questo eccellente
Pittore è maraviglioso per far vedute, bizzarri siti di fabbriche
al gusto di Pussin con colorito spiritoso, e lucido, che incanta
il primo che divisi di sopra, è veram.te Paesista, e questo Ricci è
tanto che sarebbe meglio averne due compagni di questo per
esser la sua galleria d'un gusto non più veduto, come anch'esso è sempre occupato per qui e Londra, onde starò attendendo
cosa decide sopra di questi V.S. Ill.ma mentre son due rari soggetti, e fra tanto che mandi la giusta mis.a delli due del
Sig. Lucca parlerò al S. Canale che stia preparato per
dover servire V.S. Ill.ma et esibirle caparre, se comandasse mentre
io averò bensì tutta l'attenzione di vantaggio, e vigilare, che le
opere siano fatte con tutta riputazione come posso veram.te

2a

attestare a V.S. Ill.ma che tutte le sue opere le fan grande onore,
quando vengono esposte in funzioni publiche. Ali onori in soppor-
ta a dirittura al mio nome, che non ho che sparagnare alcuna cosa
quando ambisco di ubbidire li riveriti suoi comandi, e qui protestandomi
e inchinandomi con la mia Moglie S.ra Cecilia, così protestiamo
all'Ill.mo Sig.r Angelo sempre vivere per esser veram.te

Di V.S. Ill.ma

Ven. 14 Luglio 1725

Umo Oss.mo Obblig.mo Ser.
Alessandro Marchesini

Ill.mo S.r mio S.r e P.rone Col.mo

Trascurai nel bene osservare dietro alla sottoscritta, che vidi che v'è
scritta la misura delli due quadri di quarta, osia braccia due, e cinque
in altezza che dove farsi dal S. Ant. Canale, che resto accordato, tolto l'
impegno di ben servirle, con tutto il suo maggior studio, e mi creda
che averà tutta l'ambizzione d'incontrar l'occasione di farsi conoscere
fra tanti soggetti di pittura che nella galleria di V.S. Ill.ma sia raccolti;
il prezzo è già stabilito in cecchini venti per ciascheduno che però esso
ne pretendeva trenta, e poi ristretto ne 25. col patto però e riserve
alla comparsa sotto l'occhio di V.S. Ill.ma se le conoscerà di tal merito
rimetterà tutto che V.S. Ill.ma le parerà peraltro è stabilito ne 20
Cecchini; e per verità li attesto che è pag.to assai più da
un altro. Per le vedute ò detto quelle che fa detto il S. Lucca
acciò non incontri le simile ma troverà vedute differenti, e farà cose
d'ammirazzione che assicuro sopravanza il S. Lucca Carlevarj che
adesso è vecchio. Per l'altro compagno del Cremonese ò concluso alla
fine d'appoggiarlo al S. Marco Rizzi come anch'esso l'ho accordato,
e lasciato la misura, che s'impegna di servir V.S. Ill.ma con la maggior
distinzione avendo tutta la venerabile stima che dal S. Sebast.n suo zio
le ha rappresentato il degno merito di V.S. Ill.ma onde anco anche questo
si contenta del prezzo stabilito di cecchini 15. con tutto che con altri
vien pagato assai più; onde potrà V.S. Ill.ma dar ordine qui per le
caparre ad ogniuno de sud. che credesse che fausse 10 Cecchini per il
il S. Canal, e 5 per il S. Rizzi, che poi non mancherò d'assisterli, e
raccomandarli le opere, che già son certo delle sue esatte attenzioni

42

2b

A di 8 dec. 1725 per lettere e scossi
dal Signor Pomer cecchini effettivi 30
resto del conto ultimo £ 660
£ 68.17

£ 728.17

Ho pagati al Signor Canal per caparra delli secondi due quadri cecchini 10	fa £ 220
al Signor Marco Ricci di caparra partiti per due quadri cecchini 10	fa £ 220
Per due telle del Signor Ricci	20
così altre due per il Signor Canale	10
Più per pagarti all'Indoratore per due soaze per li due quadri primi d'accordo in ducati 24	148.16
Per la cassetta e tella incerata delli due primi d'accordo in [...] quadri spediti dal Signor Canal	4.10
Per la bulletta dell'uscita de' detti quadri	5.2
Per donati al corriere di Bologna per assicurar la suddetta cassetta dalle gabelle di Ferrara	5.8
Per caparra delle soaze	4
Per carta, de taggi e racchini	2
Per la bolletta all'uscida, per le soazze	3
Per tela incerata per le casse delle cornici	6

£ 648.13
Resto debitor di 80.4

£ 728.17

conterò le lire 84.4 all'intagliator delle due soaze che ha in lavoro per gl'altri due quadri che fa il Signor Canale.

Bibliografia: Haskell 1956, pp. 298-299; K. Baetjer, J.G. Links, in New York 1989-1990, p. 87; Succi 1993, pp. 346-347; Magrini 2001, p. 234, lettera n. 22; B.A.Kowalczyk, in Roma 2018, pp. 88, 210-213, doc. 1.

2c

doc. 3

Archivio di Stato di Firenze (ASF), Fondo Gerini 1436 (Filza 22), *Ricevute dal 1736, al 1740*

Adi 22 Aprile 1740 Venezia.
Hò riccevuto Io Sottoscritto dal Signore Antonio Zanetti fillippi trenta sei pagatimi per conto del Signore Marchese Andrea Gerini Val fillippi 36-
Io Bernardo Bellotti

Bibliografia: Ingendaay 2009, p. 137, nota 36; Kowalczyk 2012, pp. 24; Ingendaay 2013, vol. II, p. 117, doc. 143.

3

doc. 4

ASF, Fondo Gerini 3187, *Stracciafoglio 1729-1740*, carta 8r

1740/ 30 detto [Agosto] scudi 38.-13.- 4-portò detti contanti per dare un imprestito di Zecchini 20 al Signor Bernardo Canaletto - 38. -.13.4

Bibliografia: Kowalczyk 2012, p. 26; Ingendaay 2013, vol. II, p. 72, doc. 4.

4/5

doc. 5

ASF, Fondo Gerini 3187, *Stracciafoglio 1729-1740*, carta 8 r

1740/ adì 30 - Settembre scudi ottantasette lire 3 pagati al Signor Bernardo Canaletto per resto di 4 quadri di vedute fattigli in Firenze - scudi 87.3 -

Bibliografia: Ingendaay 2009, p. 137, nota 36; Kowalczyk 2012, p. 26; Ingendaay 2013, vol. II, p. 72, doc. 4.

doc. 6

ASF, Fondo Gerini 1436 (Filza 22), *Ricevute dal 1736, al 1740*

Adi 30 - Settembre 1740 -
Io appié sottoscritto ho ricevuto dall'Illustrissimo Signore Marchese Andrea Gerini Zecchini ottantaquattro, e paoli 18 - per valuta di 4 - quadri di vedute vendutili, e fattigli a posta per detto prezzo di accordo a me contanti --- Zecchini 84. 18 -
Io Bernardo B. detto il Canaletto

Bibliografia: Ingendaay 2009, p. 137, nota 36; Kowalczyk 2012, p. 26; Ingendaay 2013, vol. II, p. 72. doc. 4.

6

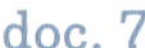

doc. 7

ASF, Fondo Gerini 1436 (Filza 23), *Ricevute dal 1736, al 1740*

Recto: Scritto n. 4 Del nipote del signore Canaletto di ragione del signore Marchese Gerini
Frateo del Signor Bernardo
Dimandar il nipote del Signor Canaletto Pittor al Ponte Rosso presso i Carmini
Verso: Adì 22 : Aprile 1741
Hò ricevuto io sottoscritto da Sua Eccellenza il Signore Marchese Andrea Gerini Felippi numero 8 dico otto quali m'obbligo di pagarli in Venezia al Signor Antonio Maria Zanetti quondam Girolamo a me detto a contanti mano propria
Michele Bellotti

Bibliografia: Kowalczyk 2012, p. 26; Ingendaay 2013, vol. II, pp. 117-118, doc. 147.

7a

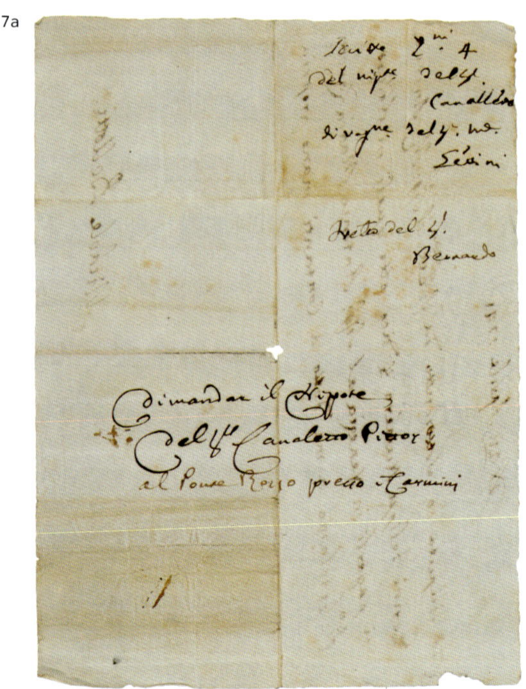

7b

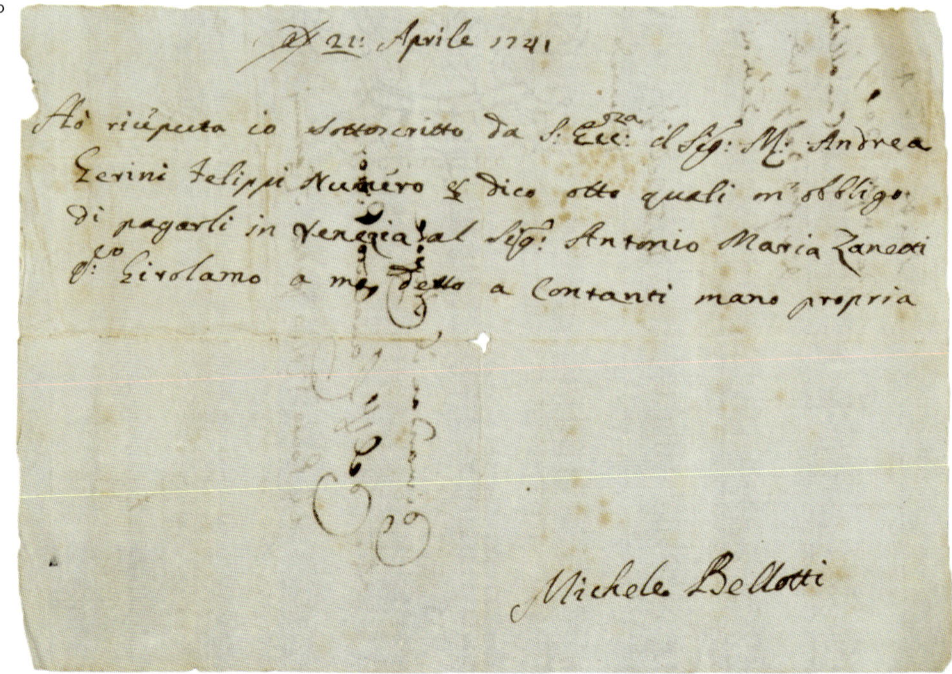

doc. 8

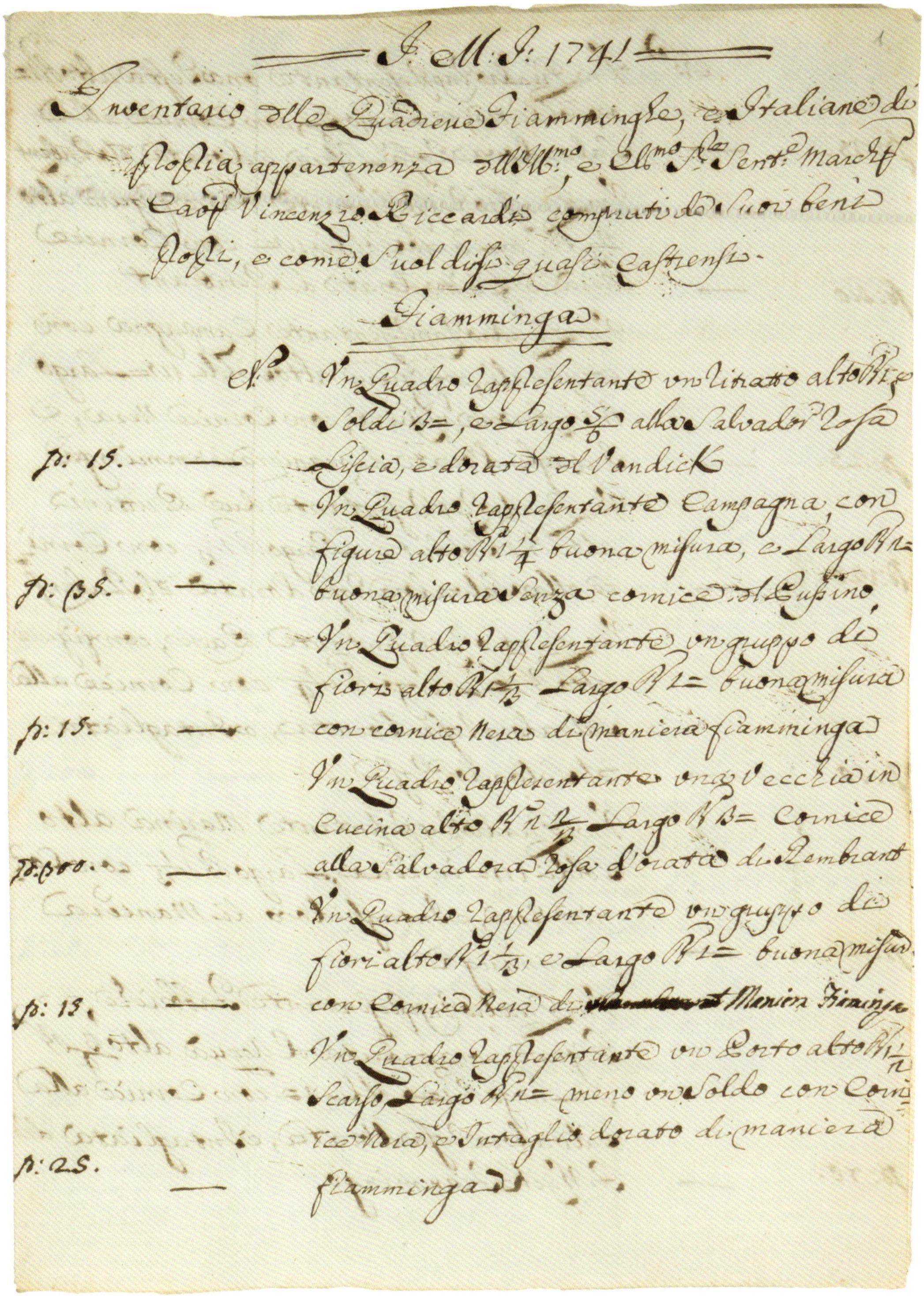

J:M:J: 1741
Inventario delle Quadrerie Fiamminghe, e Italiane di propria appartenenza dell'Illustrissimo, e Eccellentissimo Signore Senatore Marchese Cavaliere Vincenzio Riccardi comprati de Suoi beni propri, e come Suol dirsi quasi castrensi

Archivio di Stato di Firenze, Fondo Mannelli Galilei Riccardi 449, *Filza di Cose Diverse*

Quadreria fiamminga

Antoon van Dyck
(Anversa 1599 – Londra 1641)
N:/ Foglio: 15. – Un Quadro rappresentante un ritratto alto Braccia 1 soldi 3=, e Largo 5/6 alla Salvador Rosa Liscia, e dorata di Vandick

Biagio Pupini
(Bologna fine XV secolo – 1575)
Foglio: 35. – Un quadro rappresentante Campagna, con figure alto Braccia 1 ¼ buona misura, e Largo Braccia 2=buona misura senza cornice di Pupino

Maniera fiamminga
Foglio:15. – Un quadro rappresentante un gruppo di fiori alto Braccia 1 1/3 Largo Braccia 1=buona misura con cornice nera di maniera fiamminga

Rembrandt Harmeszoon van Rijn
(Leida 1606 – Amsterdam 1669)
Foglio: 300. – Un quadro rappresentante una vecchia in cucina alto Braccia 2 2/3 Largo Braccia 3= cornice alla Salvadora Rosa dorata di Rembrandt

Maniera Fiamminga
Foglio: 15. – Un quadro rappresentante un gruppo di fiori alto Braccia 1 1/3, e Largo Braccia 1=buona misura con cornice nera di [nome cancellato] Maniera Fiamminga

Maniera fiamminga
Foglio: 25. – Un quadro rappresentante un porto alto Braccia 1 1/2 Sarso, Largo Braccia 2= meno un soldo con cornice nera, e Intaglio dorato di maniera fiamminga

8a

Peter Paul Rubens
(Siegen 1577 – Anversa 1640)
N:/ Foglio: 15. – Un quadro rappresentante una testa alto Braccia 1 e soldi tre, e Largo 5/6, con cornice alla Salvadora Rosa Liscia, e dorata di Rubens

Rembrandt Harmeszoon van Rijn
(Leida 1606 – Amsterdam 1669)
Foglio: 80. – Un quadro rappresentante varie figure alto 2/3 Braccia, e Largo Soldi 18=con cornice nera, e filetti dorati di Rembrandt

Maniera fiamminga
Foglio: 25. – Un quadro rappresentante Campagna con animali, e figure alto Soldi 18=Largo Braccia 1 1/3 buona misura, con cornice nera, e Intagli d'orati di maniera fiamminga

Peter Paul Rubens
(Siegen 1577 – Anversa 1640)
Foglio: 120. – Un quadro rappresentante due Puttini, alto Braccia 1 Soldi tre, Largo Braccia 1 1/3 con cornice alla Salvadora Rosa d'orata di Rubens

Salvatore Rosa
(Napoli 1615 – Roma 1673)
Foglio: 50. – Un quadro rappresentante Paese, con figure, alto Braccia 1= Largo Braccia 1 ¼ con cornice alla Salvadora Rosa d'orata, e Intagliata di Salvador Rosa

Maniera fiamminga
Foglio: 29. – Un quadro rappresentante Marina alto Soldi 18=in circa, largo Braccia 1 1/3 con cornice nera, e Intagli d'oro di Maniera fiamminga

Thomas Wijck
(Beverwijk 1616 – Haarlem 1677)
Foglio: 70. – Un quadro rappresentante Fabbriche, e Figure, con veduta d'acqua, alto ¾ Braccia, e Largo Braccia 1=Soldi 2= con cornice alla Salvadora Rosa d'orata, e Intagliata di F: Wyck Fiammingo

Virgilio Solis il Vecchio
(Norimberga 1514-1562)
o **Virgilio Solis il Giovane**
(Norimberga 1551-?)
N: Foglio: 60. – Un quadro rappresentante una battaglia alla Campagna, alto Braccia 1= Largo Braccia 2 con cornice Intagliata, e d'orata di Virgilio Sole Fiammingo

Lucas de Leyden
(Leida 1594-1633)
Foglio: 40. – Un quadro esprimente una Madonna col Bambino in Braccio alto Soldi 18=, e Largo 2/3 Braccia Scarso, con cornice alla Antica di Luca d'Olanda

Jan Weenix
(Amsterdam 1642-1719)
Foglio:120. – Un quadro rappresentante più Figure con Marina, Caccia, fabbriche alto Braccia 1 Soldi 18= e Largo Braccia 2 2/3 con cornice Intagliata, e dorata di Weenix

Lucas de Leyden
(Leida 1594-1633)
Foglio: 40 – Un Ritratto alto Soldi 18= Largo 2/3 Scarso con cornice all'antica di Luca d'Olanda

Ludolf Bakhuizen
(Emden 1631-Amsterdam 1708)
Foglio: 200 – Un quadro rappresentante una Marina alto Braccia 1 1/3 e Largo Braccia 1 2/3 con cornice Intagliata, e d'orata di L:Bark

Virgilio Solis il Vecchio (Norimberga 1514-1562)
o **Virgilio Solis il Giovane** (Norimberga 1551-?)
Foglio: 60 – Un Quadro rappresentante un campamento di Soldati con Villaggio alto Braccia 1= Scarso, e Largo Braccia 2= con Cornice d'orata, e intagliata con rapporti di pasta di Virgilio Sole

David Teniers il Giovane
(Anversa 1610 – Bruxelles 1690)
Foglio: 50 – Un Quadro esprimente una cucina con figure alto Soldi 12=Largo 2/3 Braccia con cornice Liscia alla Salvador Rosa, e d'orata, di Teniers

Maniera fiamminga
N: Foglio: 30. – Un Quadro in Tavola, rappresentante Marina alto Soldi 13=Largo ½ Braccia Scarso con cornice alla Salvadora d'orata di maniera fiamminga

8b

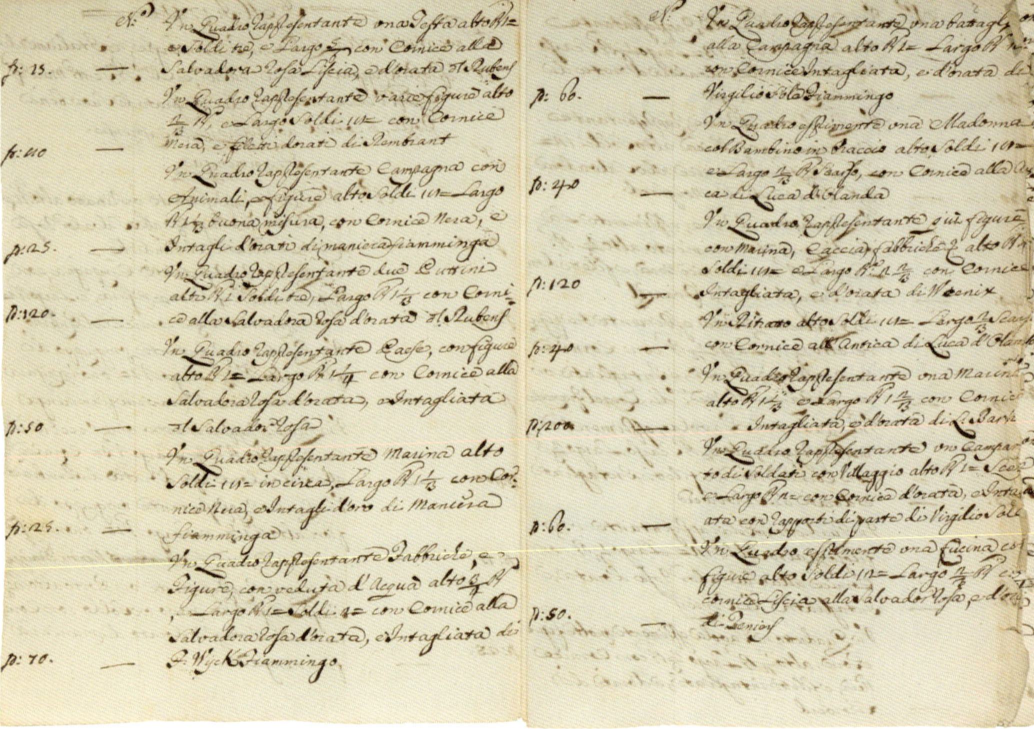

Adrien Manglard
(Lione 1695 – Roma 1760)
Foglio: 30. – Un Quadretto Sul Rame, rappresentante Campagna, con fabbrica alto Soldi 12= Largo 2/3 Braccia con Cornice alla Salvadora Rosa d'orata di M: Monglard

Frans Francken II
(Anversa 1581-1642)
Foglio: 40. – Un quadretto sul Rame, esprimente La benedizione di Sacramento alto 2/3 Braccia Largo ½ Braccia con Cornice nera, e filetti dorati, Intagliati di Franzel

Antoine Coypel
(Parigi 1661-1722)
Foglio: 80. – Un Quadretto in Tela esprimente tre figure alto 2/3 Braccia Largo ½ Braccia con cornice nera, e filetti d'orati, e Intagliati, vi è la Stampa di Medesimo di Coepel Francese

Mathys Schoevaerdts
(Bruxelles 1665-1723)
Foglio: 25. – Un Quadretto in Tavola, esprimente molte figure, alto ½ Braccia Scarso, Largo 2/3 Braccia con cornice nera, e filetti, intagliati e dorati di Schoewerd

David Teniers il Vecchio
(Anversa 1582-1649)
o David Teniers il Giovane
(Anversa 1610-Bruxelles 1690)
Foglio. 60: – Un quadretto in Tela rappresentante un filosofo, alto Soldi 12= Largo ½ Braccia con cornice alla Salvador Rosa d'orata, e Intagliata di Teniers

Mathys Schoevaerdts
(Bruxelles 1665-1723)
Foglio: 29. – Un quadretto in Tavola esprimente molte figure e Torre, alto ½ Braccia Largo 2/3 braccia con cornice nera, e filetti intagliati, e d'orati di Schoewerd

Dick van Berghen
(Haarlem 1645-1690)
N: Foglio 30. – Un Quadretto in tela Rappresentante Grotesche con figure, alto ¾ Braccia Largo Soldi 18 = con Cornice alla Salvadora Rosa dorata di Bergheton

"Valdebrachen"
Foglio: 39. – Un quadro in tela rapprEsentante Erbaggi alto Braccia 2 1/3 con cornice alla Salvad Rosa dorata e intagliata di Valdebrachen

Dick van Berghen
(Haarlem 1645-1690)
Foglio: 35. – Un quadro in tela esprimente Grottesche alto ¾ Braccia Largo Soldi 18= con Cornice dorata alla Salvad Rosa di Bergheton

Rembrandt Harmeszoon van Rijn
(Leida 1606 – Amsterdam 1669)
Foglio: 50. – Un quadretto in tavola rappresentante una testa d'Uomo alto Soldi 17= Largo 2/3 Braccia con cornice alla Salvad Rosa dorata di Rembrandt

Hans Holbein il Giovane
(Augusta 1497/1498 – Londra 1543)
Foglio: 50. – Un quadretto in tavola Simile rappresentante una Testa d'una Donna, alto Soldi 17= Largo 2/3 con Cornice alla Salvad Rosa dorata di Holbein

Claude Lorrain
(Chamagne 1600 – Roma 1682)
Foglio:100. – Un quadro in tela Rappresentante un Paese, con figure alto Soldi 19= largo Braccia 1 ¼ con cornice nera a filetti intagliati di Claudio Lorenese, e le figure d'altro Autore

Maniera fiamminga
Foglio: 40. Un quadro in tavola rappresentante Porto di Mare alto Braccia 1 1/3 Largo Braccia 1 ¾ con cornice nera, e filetti Intagliati e dorati di maniera fiamminga

Nicolaes Berchem
(Haarlem 1620 – Amsterdam 1683)
N.° Foglio: 120. – Un Quadro in tela Rappresentante Paese con Animali alto Braccia 1= Soldi tre, Largo Braccia 1 1/3 con cornice nera, e filetti Intagliati, e dorati di Berghem

Maniera fiamminga
Foglio: 40. – Un Quadro in tavola Rappresentante Marina alto 2/3 Braccia Largo Braccia 1 2/3 con cornice alla Salvadora Rosa dorata di maniera Fiamminga

Nicolaes Berchem
(Haarlem 1620 – Amsterdam 1683)
Foglio: 50. – Un Quadretto in Tavola rappresentante Paese con figure, e animali alto Soldi 13= Largo 2/3 Braccia Cornice alla Salvadora Rosa intagliata, e dorata di Berghem

8c

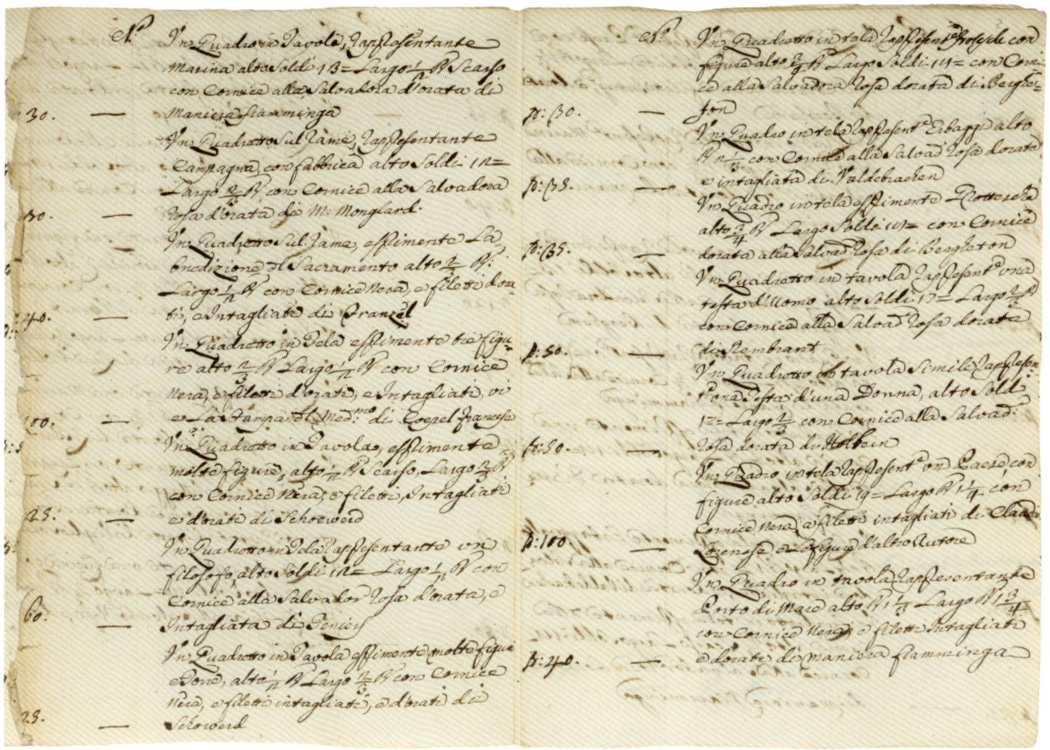

Maniera fiamminga
Foglio: 60. – Un quadro in tavola rappresentante una Marina alto 2/3 Braccia Largo Braccia 1 2/3 Cornice alla Salvadora dorata di maniera fiamminga

Maniera fiamminga
Foglio: 25. – Un Quadretto in tela esprimente una Caccia alto 2/3 Braccia largo Soldi 18= Cornice alla Salvadora Rosa dorata di maniera fiamminga

"Valdebrachen"
Foglio: 35. – Un quadro in tela esprimente Erbaggi alto Braccia 2 1/3 Largo Braccia 1 2/3 con cornice alla Salvadora intagliata, e dorata di Valdebrachen

Maniera fiamminga
Foglio: 25 Un quadretto in tela esprimente della Caccia alto 2/3 Scarso Largo Soldi 18= Cornice alla Salvador Rosa dorata di maniera fiamminga

Maniera fiamminga
N: Foglio: 25. – Un Quadro in Tela Rappresentante battaglia alto Soldi 18= Largo Braccia 1 Soldi 5 con cornice nera, maniera fiamminga

Maniera fiamminga
Foglio: 25 – Un Quadro in tela ven? rappresentante battaglia alto soldi 18 Largo Braccia 1= Soldi 5= Cornice nera di maniera fiamminga

Hendrick Jacobsz Dubbels
(Amsterdam 1620/1621 – 1676)?
Un Quadro in tela esprimente Marina alto Soldi 15= largo Braccia 1 Soldi due cornice alla Salvad Rosa dorata di Dabllof

Maniera fiamminga
Foglio: 25. – Un Quadro in tavola Rappresentante bosco, e Marina alto Soldi 17= Largo Braccia 1 1/3 con cornice nera filettata con intagli d'orati di maniera fiamminga

Jacques Courtois o Giacomo Cortesi,
detto Borgognone delle Battaglie
(Saint-Hyppolite 1621-Roma 1676)
Foglio: 55. Un quadro in tavola esprimente una Battaglia alto Soldi 15= Largo Braccia 1 Soldi 3= cornice alla Salvad Rosa dorata di M: Borgognone

8d

Hendrick van Steenwijck I
(Kampen 1550 circa - Francoforte sul Meno 1603)
o Hendrik von Steenwijck II (1580 circa - 1640)
Foglio: 80. – Un Quadretto in Rame esprimente una chiesa, alto Soldi 14= Largo Soldi 19= con cornice nera filetti dorati, intagliati di Stenuit

Virgilio Solis il Vecchio
(Norimberga 1514-1562)
o Virgilio Solis il Giovane
(Norimberga 1551-?)
Foglio: 100. – Un Quadro in tavola rappresentante una fiera sul Diaccio con moltissime figura alto Soldi 16= largo Braccia uno Soldi 16= con cornice d'orata e intagliata alla Veneziana di Virgilio Sole

Philips Wouwerman
(Haarlem 1619-1668)
N: Foglio 80. – Un Quadretto in tavola esprimente Campagna con figure, e Cavalli alto 2/3 Braccia Scarso, Largo Soldi 15=Cornice nera filettata d'oro, e intaglio, di Woverman

Gaspar Van Wittel
(Amesrdoorf 1652/1653 – Roma 1736)
Foglio: 100. – Due Quadretti compagni in tela esprimenti due vedute di Venezia, con mare, Bastimenti alti Braccia 1/3= Lunghi Braccia 1 Soldi 11= di Gaspero degl'Occhiali

Melchior de Hondecoeter
(Utrecht 1636 - Amsterdam 1695)
Foglio: 50. – Due Quadretti sopra tavola Rappresentanti due Paesi, con qualche figura, e Animali Lunghi 5/6 incirca, alti Soldi 12=Scarsi con cornice alla Salvadora Rosa Liscia di Hondocrater

Peter Brueghel il Vecchio
(Breda 1525/1530 – Bruxelles 1569)
o Peter Brueghel il Giovane
(Bruxelles 1564 – Anversa 1638)
Foglio: 50. – Due Quadri Rappresentanti Paesi alto 1/3 Braccia Lunghi Soldi 10= con cornice dorata, e intagliata di Brugel

Peter Neefs il Vecchio
(Anversa 1578 circa - *post* 1656/*ante* 1661)
Foglio: 40.- Due Quadri in tavola Rappresentanti che uno vedute di Chiese, e figure alto Soldi 9 largo 2/3 Braccia, L'altro Rappresentante Pigione, con figure con cornice dorata alla Salvadora di Peiteraef

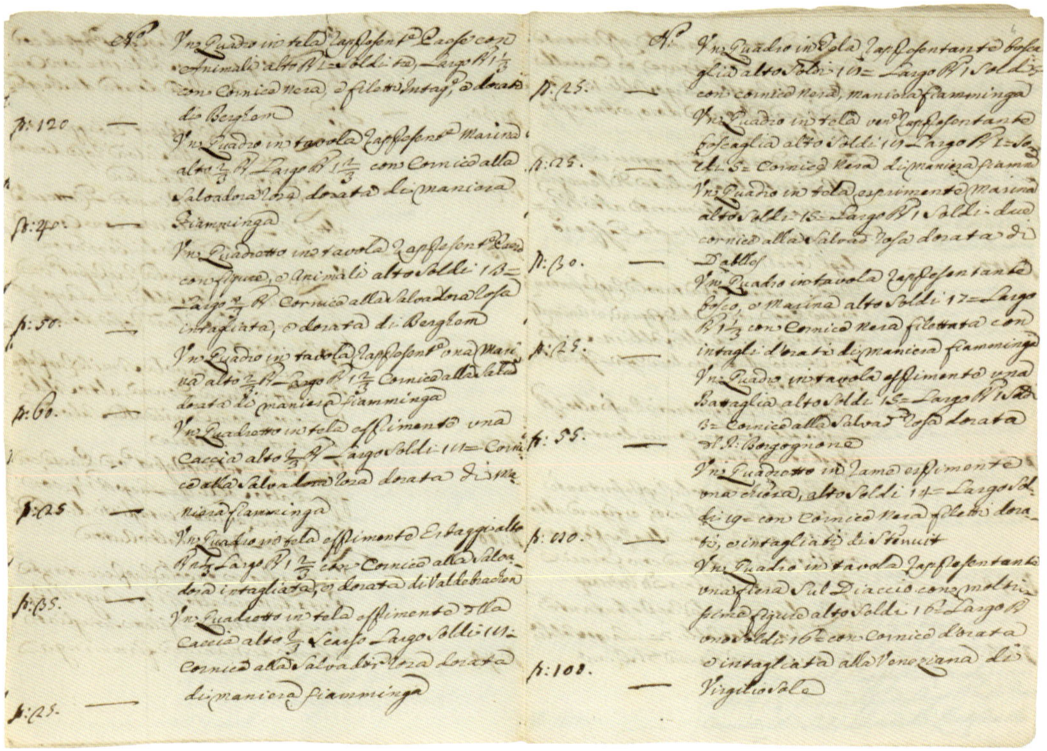

Salomon de Bray
(1597 - Amsterdam 1664)
o Jan de Bray
(Haarlem 1626/1627 - 1697)
Foglio: 25.- un Quadro in tavola Rappresentante un Vecchio alto Soldi 7=Largo Soldi 5= con Cornice bianca di Brau

Quadreria Italiana

Jacopo Bassano
(Bassano del Grappa 1515 circa – 1592)
Foglio: 50. – Un Quadro Rappresentante un Ritratto d'uomini alto Braccia 2= largo Braccia 1 2/3 all'incirca con cornice Liscia alla Salvadora di Giacomo Bassano

Paolo Veronese
(Verona 1528 – Venezia 1588)
Foglio: 70. – Un Quadro in tela Rappresentante una Donna con una bambina alto Braccia 2= Largo Braccia 1/3 all'incirca con Cornice Liscia alla Salvadora di Paolo Veronese

Tiziano Vecellio
(Pieve di Cadore 1488/1490 – Venezia 157
Foglio: 70. – Un Quadro in tela Rappresentante un Ritratto d'uomo alto Braccia 2 largo Braccia 1 1/3 incirca con Cornice alla Salvadora di Tizziano

Bartolomeo Schedoni
(Modena 1578 – Parma 1615)
Foglio: 50. – Un Quadro in tela Rappresentante un ritratto d'uomo alto Braccia 2= Largo Braccia 1 1/3 incirca con cornice alla Salvadora dello Schidione

Giovanni Lanfranco
(Parma 1582-Roma 1647)
Foglio: 50. – Un Quadro in tela Rappresentante La Testa di San Pietro, alto Braccia 1 ¼ e Largo Braccia 1= con Cornice Liscia alla Salvadora di Lanfranco

Gregorio Pagani
(Firenze 1558-1605)
Foglio: 100. – Un ritratto in tela fatto di Sua mano di Giorgio Pagani alto Braccia 1 ½ meno due Soldi Largo Braccia 1 ¼ Scarso con cornice d'orata alla Salvadora

Raffaello Sanzio
(Urbino 1483 – Roma 1520)
Foglio: 180. – Un Quadro in tela Rappresentante La Medicina alto Braccia 1 ¼ buona misura, Largo Braccia 3=circa Cornice alla Salvadora di Raffaello

Leonardo da Vinci
(Anchiano 1452 – Amboise 1519)
Foglio: 100. – Un Quadro in tavola Rappresentante I Novissimi alto Braccia 1 ¼, e Largo Braccia 3= Scarso con cornice dorata alla Salvadora di Leonardo da Vinci

José de Ribera, detto Spagnoletto
(Xativa 1591 – Napoli 1652)
Foglio: 60. – Un Quadro in tela Rappresentante un Vecchio Orientale alto Braccia 1 1/5 = largo Braccia 1 in circa con cornice dorata alla Salvad dello Spagnoletto

Domenico Zampieri, detto Domenichino
(Bologna 1581 – Napoli 1641)
Foglio: 100. – Un Quadro in tela Rappresentante una Sibilla alto Braccia 1 1/3 Largo Braccia 1 1/5 con Cornice alla Salvadora dorata di Domenichino

Giovanni Francesco Barbieri, detto Guercino
(Cento 1591 – Bologna 1666)
Foglio: 100. – Un Ovato in tela rappresentante Sant'Antonio Abate alto Braccia 2= Largo Braccia 1=circa con cornice intagliata di Guercino

Andrea Locatelli
(Roma 1695-1741)
Foglio: 30 – Un Quadro in tela Rappresentante Paese alto Braccia 1= buona misura, Largo Soldi 12= con Cornice d'orata con intaglio di Lucattelli

Adrien Manglard
(Lione 1695 – Roma 1760)
Foglio: 29. – Un Quadro in tela Rappresentante una Marina alto Braccia 1= Largo Braccia 1 ¼ incirca con cornice dorata alla Salvadora di M: Mongler

Andrea Locatelli
(Roma 1695-1741)
Foglio: 28. – Un Quadro in tela Rappresentante una bambocciata alto Soldi 12= Largo Braccia 1= all'incirca con Cornice dorata con Intaglio di Lucatelli

8e

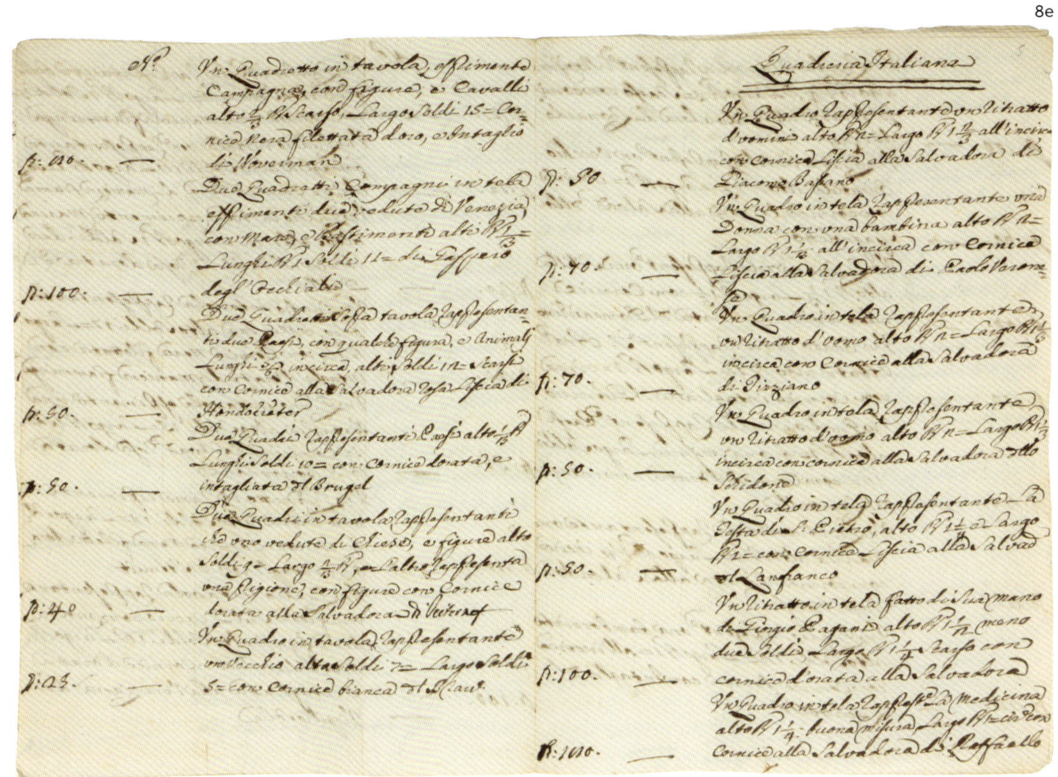
Quadreria Italiana

Michele Marieschi
(Venezia 1710-1743)?
N: Foglio: 25. – Un Quadro in tela rappresentante il Ponte di Rialto di Venezia alto 2/3 Braccia Largo soldi 18= con Cornice alla Salvadora Intagliata e dorata

Annibale Carracci
(Bologna 1560 – Roma 1609)
Foglio: 120. – Un quadro in tavola rappresentante un Bambino alto ¾ Scarso Largo ½ Braccia buona misura, con Cornice dorata, e Intaglio di Anibale Caracci

Michele Marieschi
(Venezia 1710-1743)?
Foglio: 29. – Un quadro in tela Rappresentante veduta di Venezia alto 2/3 buona misura, largo Soldi 18= con Cornice Intagliata, e dorata alla Salvadora

Andrea Locatelli
(Roma 1695-1741)
Foglio: 28. – Un Quadro in tela Rappresentante altra Bambocciata con figure alto 2/3 Braccia Scarsi Largo Braccia 1= buona misura con cornice alla Salvadora, con Intaglio di Lucattelli

Adrien Manglard
(Lione 1695 – Roma 1760)
Foglio: 25. – Un Quadro in tela Rappresentante una marina con figure alto Braccia 1= buona Misura Largo 1 ½ con cornice dorata e Liscia alla Salvadora di Mons Mongler

Andrea Locatelli
(Roma 1695-1741)
Foglio: 30. – Un Quadro in tela Rappresentante Paese con figure alto Braccia 1= Buona misura Largo 2/3 Scarso con cornice alla Salvad dorata, e con intagl di Lucattelli

Gaspar van Wittel
(Amersdoorf 1652/1653 – Roma 1736)
Foglio: 50. –Un Quadro in Carta Pecora Rappresentante una veduta di Napoli a tempera alto ½ Scarso, Largo soldi 18 cornice alla Salvad Rosa dorata, e Intag con Suo cristallo di M: Gaspero degl'Occhiali

Gaspar van Wittel
(Amersdoorf 1652/1653 – Roma 1736)
N: Foglio 50. – Un Quadro rappresentante altra veduta alto ½ Braccia Scarso largo Soldi 18 con Cornice alla Salvador Rosa dorata, e Intagliata, con suo cristallo, di M:e Gaspero degl'Occhiali

Bernardo Bellotto
(Venezia 1722 – Varsavia 1780)
Foglio: 80. – Due Quadri compagni con cornice intagliati, e dorati alla Salvador Rosa rappresentante L'uno La Piazza del Granduca, e L'altro La veduta de Ponti coll'Arno, porta dal Ponte Vecchio verso Ponente del Canaletto alti Braccia 1= bona misura, Larghi Braccia 1 ½ buona misura Intag

Francesco Zuccarelli
(Pitigliano 1702 – Firenze 1788)
Foglio: 60. – Due quadretti simili di Cornice dorata alla Salvador Rosa Rappresentante vedute di Paesi con figure di Zuccarelli alti Braccia 1= buona misura, Larghi Braccia 1 ½ buona misura.

8f

8g

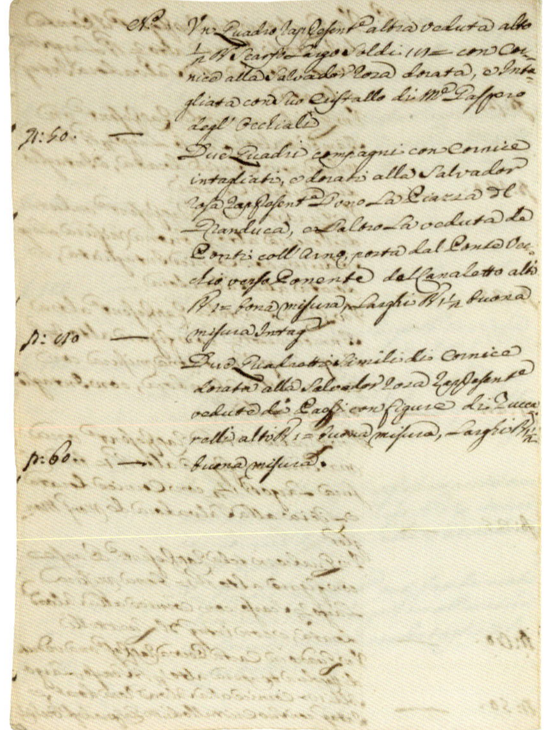

doc. 9

ASF, Fondo Gerini 1437 (Filza 23), *Ricevute dal 1741, al 1744*

Signore Marchese mio Signore, e Signore Padrone Riveritissimo
Finalmente si sono spediti questa mattina per lo mezzo del solito Agresti mediante il Signor Graziani li quattro Rami in cassetta diretta al Sarti di Lei canoviere à Barberino conforme l'ordine, et è stato avertito il detto Agresti del di Lei desiderio per la Bolletta, ma' non so' cosa egli farà nella confine. La spesa tutta è stata di scudi venti, a baiocchi = ventitré da' Paoli dieci l'uno, come nell'abbasso conto, si compiacerà di farmene dare credito, e di darmene riscontro con l'accompagnamento di altri suoi comandi, essendo sempre à sua disposizione, e come mi dico Di Lei Signore Marchese mio Signore, e signore Padrone Riveritissimo.

Bologna 12 Novembre 1740

Rami 4 peso a Libre 66:3 a baiocchi: 30 La

Libra	scudi	19:87:6
Cassetta, Imballaggio	scudi –	28:6
Cartoni per l'Involto de' Dissegni del Belotti scudi		:07 –
		20:23

Reverendissimo et Obligatissimo Servitore
Francesco Zambeccari

Al Signore Marchese Andrea Gerini
Firenze

Bibliografia: Kowalczyk 2012, p. 30; Ingendaay 2013, vol. II, p. 184 (lettera pubblicata parzialmente).

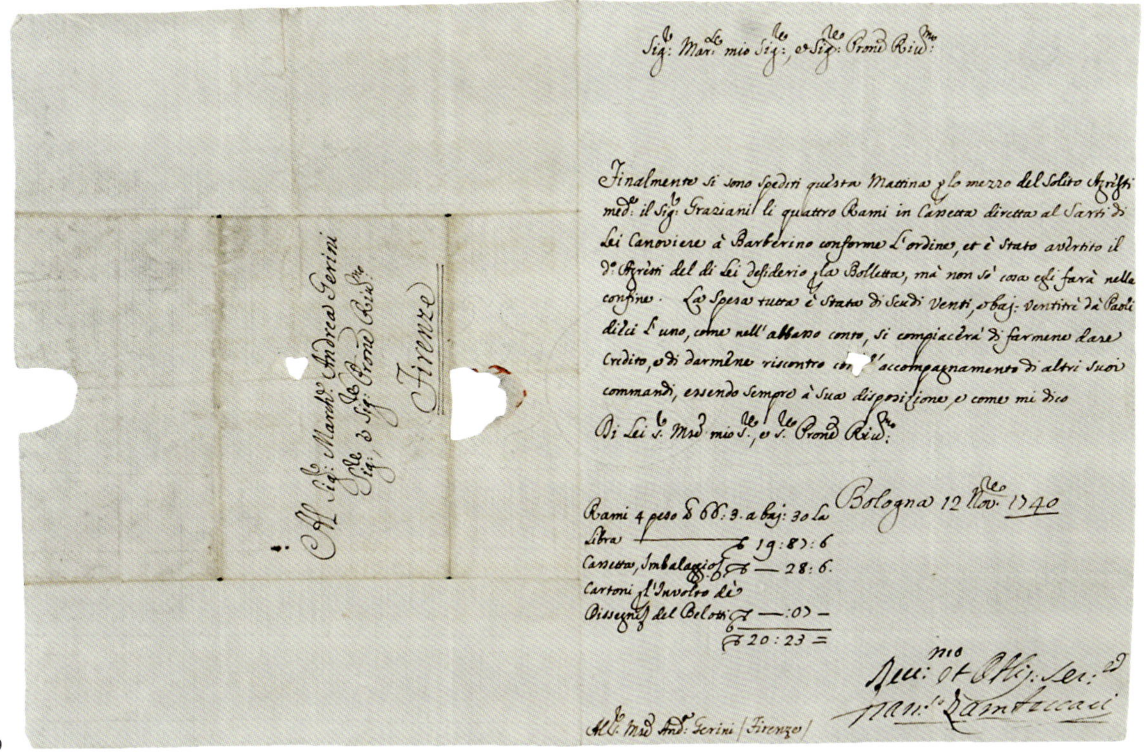

9

BERNARDO BELLOTTO: BIOGRAFIA

1718
Matrimonio di Lorenzo Antonio Bellotto, amministratore dei beni di Marc'Antonio Giustinian, procuratore di San Marco, e di Fiorenza Domenica Canal, sorella di Canaletto.

1722
20 maggio, Bernardo Francesco Paulo Ernesto Bellotto nasce a Venezia, nella parrocchia di Santa Margherita.

1726
Muore Michiel Angelo Bellotto, nonno di Bernardo e cancelliere a Dignano in Istria.

1736
È allievo nell'atelier di Canaletto.
Ante giugno, esegue il disegno *Canal Grande alla Fondamenta di Santa Chiara, fino alla chiesa di Santa Croce* (Darmstadt, Hessisches Landesmuseum, AE 2208) e scrive sul *verso* una lettera al padre.

1738-1740
Con la mediazione di Anton Maria Zanetti di Girolamo dipinge per Henry Howard, IV conte di Carlisle, quindici vedute di Venezia, tre ancora conservate a Castle Howard (Yorkshire).

1738-1743
È iscritto alla Fraglia dei pittori veneziani.

1740
Dipinge il *Canal Grande da palazzo Foscari e Moro Lin fino alla Carità* (Stoccolma, The National Museum of Fine Arts), commissionato per commemorare la visita a Venezia del principe Federico Cristiano, figlio dell'Elettore di Sassonia e re di Polonia Augusto III, ospite a palazzo Foscari da dicembre 1739 a giugno 1740.
22 aprile, riceve da Anton Maria Zanetti di Girolamo, da parte del marchese Andrea Gerini, un acconto per il viaggio a Firenze (doc. 3).
30 settembre, viene pagato dal marchese Gerini per quattro dipinti "fattili in Firenze" (doc. 5 e 6): due sono stati riconosciuti, *L'Arno al Tiratoio verso il Ponte Vecchio* e *L'Arno dalla Vaga Loggia, con San Frediano in Cestello*, di collezione privata (cat. 7 e 8).
Probabilmente poco dopo intraprende il viaggio a Lucca, documentato da cinque disegni e un dipinto, *Piazza San Martino con la cattedrale* (cat. 13-18).
20 novembre, il segretario del feldmaresciallo von der Schulenburg viene rimborsato con 9 zecchini per l'acquisto di quattro vedute di Venezia del "nipote di Canaletto".
8 dicembre, firma il disegno *Il Campo Santi Giovanni e Paolo* (Darmstadt, Hessisches Landesmuseum, AE 2218).

1741
Due vedute di Firenze, *La Piazza della Signoria* e *L'Arno dal Ponte Vecchio fino a Santa Trinita e alla Carraia* (Budapest, Museo delle Belle Arti) (cat. 5 e 6), sono citate nell'inventario della collezione personale del marchese Vincenzo Riccardi a Firenze (doc. 8).
5 ottobre, contratto di matrimonio tra il pittore e il suocero Giambattista Pizzorno, perfezionato il 2 novembre.
5 novembre, matrimonio con Elisabetta Pizzorno, figlia di Giambattista *quondam* Zorzi, celebrato nella chiesa del Redentore, testimone il conte Bonomo Algarotti.
Investimento di una parte della dote della moglie (850 ducati) nella Scuola Grande della Misericordia; la madre Fiorenza stende un documento a tutela del pittore, in cui dichiara che la famiglia è stata abbandonata dal marito Lorenzo e che gli unici beni che possedeva le sarebbero stati procurati da Bernardo, il quale con il suo lavoro manteneva lei e il fratello più giovane Pietro, ospitandoli nella propria casa.
Il fratello Pietro Bellotto (1725-1800 circa, pittore vedutista a Tolosa e Nantes) afferma davanti allo stesso notaio di aver imparato la pittura da Bernardo; per continuare a convivere con il fratello e perfezionarsi nella professione s'impegna a corrispondergli centoventi ducati annui.

1742
Primavera, data ipotizzata del viaggio a Roma.
25 luglio, Bernardo è a Venezia, dove viene sciolto il contratto con il fratello Pietro.
2 agosto, testamento della madre Fiorenza che nomina Bernardo suo erede e gli raccomanda di prendersi cura della sorella, terziaria a San Francesco della Vigna.
15 ottobre, nasce a Venezia, nella parrocchia di Santa Marina, il primo figlio di Bernardo, Lorenzo Francesco.

1743
16 agosto, espone due vedute alla mostra di San Rocco, una del Campidoglio (Petworth House, The National Trust) e l'altra delle *Chiovere di San Giovanni Evangelista* (perduta).

1744
Viaggio a Milano e in Lombardia; esegue due dipinti per l'arcivescovo Giuseppe Pozzobonelli; a Vaprio dipinge per il conte Antonio Simonetta (New York, The Metropolitan Museum of Art e collezione privata), come attesta la scritta sui disegni preparatori (Darmastadt, Hessisches Landesmuseum, AE 2215 e 2216). A Gazzada dipinge il paese e la villa dei fratelli Perabò (Milano, Pinacoteca di Brera).
Luglio, nasce la figlia Fiorenza.

1745
Bernardo è documentato tra gli abitanti della parrocchia di Santa Marina, sulle Fondamenta Nuove, dove affitta per 60 ducati un appartamento per la famiglia composta da madre, moglie e due figli.
Esegue due vedute di Torino (Torino, Galleria Sabauda), per le quali viene pagato nell'estate.
12 agosto, muore a Venezia la figlia Fiorenza.
29 novembre, nasce la figlia Francesca Elisabetta, padrino Pietro Guarienti.

1746
2 dicembre, nasce il figlio Giambattista Francesco, padrino Giuseppe Camerata.
Data probabile delle due grandi vedute di Verona (Powis Castle, The National Trust; Edimburgo, The National Gallery of Scotland, prestito anonimo).

1747
5 aprile, procura a nome del suocero Giambattista Pizzorno per gestire l'investimento della dote della moglie.
Poco dopo parte per Dresda.
8 maggio, muore a Venezia il figlio Giambattista Francesco.
Firma alcuni dipinti e acqueforti a Dresda.

1748
Federico Augusto II, principe elettore di Sassonia e re di Polonia con nome di Augusto III, conferisce a Bellotto il titolo di pittore di corte, con lo stipendio annuo di 1750 talleri e gli dona una tabacchiera d'oro tempestata di brillanti, contenente 300 luigi d'oro.
Durante gli undici anni a Dresda, precedenti allo scoppio della guerra dei Sette anni, il pittore dipinge per la Galleria Reale la serie di quattordici vedute di Dresda e undici di Pirna, in grande formato, e ripete per il primo ministro conte Heinrich Brühl gli stessi soggetti in tredici vedute di Dresda e otto di Pirna, senza essere mai da questi pagato.
Incide ad acquaforte i suoi dipinti.
Luglio, è annotato tra quelli "che abitano in Sta Marina e possono pagar tansa per li Ferali", anche se il pittore è già a Dresda.
24 settembre, viene battezzata la figlia Maria Anna, padrini il conte Brühl e la moglie.
Suo fratello maggiore, Michele Bellotti (1721-1778) si insedia ad Arezzo, dove lavora fino alla morte come colto stampatore; nel 1754 viene raggiunto dalla loro madre, Fiorenza Domenica Canal (1700-1781).

1750
4 marzo, muore la figlia Maria Anna Henrica Isabella.
4 agosto, viene battezzata la figlia Maria Josepha Friedrica.

1752
26 agosto, viene battezzata la figlia Christiana Xaveria.
27 novembre, muore la figlia Antonia Friederica.

1753
26 aprile, riceve il decreto di Federico Augusto II indirizzato al balivo Crusius a Pirna, per agevolare il suo lavoro in questa cittadina.

1754
16 novembre, il padre Lorenzo Bellotto, che si trova a Dresda, invia al conte Brühl una lettera in cui si lamenta del carattere e del comportamento di Bernardo.

1756
Marzo, il principe elettore di Sassonia emana un decreto per agevolare il pittore nelle riprese della fortezza di Königstein.
Tra il 1756 e il 1758 dipinge cinque grandi vedute della fortezza.

1757
2 novembre, viene battezzata la figlia Theresia Francisca.

1758
5 dicembre, viene concesso al pittore il passaporto per Bayreuth.

1759
Giunge a Vienna tra la fine del 1758 e gennaio 1759, con il figlio Lorenzo, e vi rimane per due anni, dipingendo su commissione dell'imperatrice Maria Teresa una serie di grandi vedute delle residenze imperiali, una veduta panoramica della città e alcune vedute cittadine in formato medio; per il cancelliere Wenzel Kaunitz e il principe Joseph Wenzel Liechtenstein esegue vedute dei loro palazzi e dei giardini.

1760
Luglio, durante un bombardamento prussiano viene distrutta la casa del pittore a Dresda, situata nella Salzgasse, vicino a Neumarkt, e le perdite, tra biblioteca, collezione, oggetti d'arredamento, opere d'arte e lastre delle incisioni, vengono valutate in 50.000 talleri dal pittore, che stende un dettagliato inventario (*Catalogo de Danni*).

1761
4 gennaio, l'imperatrice Maria Teresa scrive una lettera per raccomandare il pittore alla principessa Maria Antonietta, che si trova a Monaco di Baviera, alla corte del fratello, Massimiliano III Giuseppe, assieme al marito Federico Cristiano.
14 gennaio, Bellotto arriva a Monaco con altri sei pittori di corte della Casa Sassone – tra i quali probabilmente il figlio Lorenzo – prendendo alloggio nel più noto albergo della città, l'Aquila Nera nella Kauffingergasse.
In nemmeno un anno di soggiorno a Monaco dipinge una veduta della città e due di Nymphenburg per il regnante Masimiliano III Giuseppe di Baviera.

1762
13 gennaio il conte Brühl invia da Varsavia una lettera al pittore, indirizzandola a Dresda.
Febbraio, Bellotto è di ritorno a Dresda con il figlio Lorenzo; esegue due *Allegorie* della situazione politica della Sassonia sul finire della guerra dei Sette anni e tre soprapporta a capriccio (Dresda, Gemäldegalerie).

1763
Ottobre, muoiono i due mecenati di Bellotto, il re Augusto III e il conte Brühl.

1764
Alla fondazione dell'Accademia di Belle Arti di Dresda, diretta da Christian Ludwig Hagedorn (1712-1780) e guidata da idee neoclassiche, il pittore, inizialmente messo in disparte, viene nominato "membro aggregato per la prospettiva" (insegnante di prospettiva) con lo stipendio annuo di 600 talleri solo grazie all'appoggio della corte.
Intenta invano una causa contro gli eredi del conte Brühl, reclamando il pagamento dei dipinti commissionati, il cui prezzo era concordato in 200 talleri l'uno. Viene chiamato a rispondere dei debiti del figlio Lorenzo.

1765
Marzo, espone a una mostra dell'Accademia di Belle Arti di Dresda due coppie di pendant: *Capriccio architettonico con autoritratto* e *La cacciata dei mercanti dal tempio*; *Il tempio di Venere* e *Il tempio dell'Amore*, gli ultimi tre perduti.
Esegue il pezzo d'ammissione all'Accademia, *La Città Vecchia di Dresda dalla riva sinistra dell'Elba con il ponte di Augusto* (Karlsrhue, Staatliche Kunsthalle), con il quale partecipa alla seconda esposizione dell'Accademia, nel 1766.

1766
20 dicembre, chiede a Hagedorn un permesso di nove mesi per recarsi a San Pietroburgo.

1767
26 gennaio, una lettera inviata da Dresda dal pittore Giuseppe Rosa al collega Marcello Bacciarelli, primo

artista della corte polacca, annuncia l'imminente arrivo di Bellotto a Varsavia.
Bacciarelli presenta Bellotto al re di Polonia Stanislao II Augusto Poniatowski.
Maggio, il pittore e il figlio sono impegnati a decorare ad affresco il castello di Ujazdów.
27 agosto, invia all'Accademia di Dresda la richiesta di proroga del permesso, che gli verrà concesso fino al 31 gennaio 1768.
Decide poi di rimanere a Varsavia, dove si fa raggiungere dalla famiglia.

1768
Il re di Polonia conferisce a Bellotto il titolo di pittore di corte, con lo stipendio annuo di 400 ducati, cui si aggiungono altri 150 per l'alloggio, 120 per la carrozza, 40 per la legna da ardere e 120 per il teatro.
A Varsavia il lavoro principale del pittore si concentra sulla serie di ventisei vedute della città e di Wilanów destinate alla "sala di Canaletto" del Castello Reale.
20 aprile, a Venezia, Bernardo è nominato assieme ai fratelli Michiel e Pietro nei documenti relativi alle questioni ereditarie dopo la morte di Canaletto.
1 marzo, il pittore Giuseppe Rosa descrive in una lettera a Bacciarelli il carattere lunatico di Bernardo.

1769
Firma insieme al figlio due dipinti della serie di vedute romane secondo le stampe di Piranesi destinate al castello di Ujazdów.
La figlia maggiore Maria Josepha Friederica sposa il geografo di corte Hermann Karl Perthées, originario di Dresda.

1770
Nella veduta di Varsavia dal sobborgo di Praga (Varsavia, Zamek Kròlewski) si ritrae assieme al figlio e il genero, mentre attende l'arrivo del re.
20 ottobre, muore il figlio Lorenzo; il funerale è pagato dal re e la sepoltura avviene a Varsavia, nella chiesa dei Riformati.

1779
Esegue per il conte Józef Ossoliński il dipinto rappresentante l'*Entrata a Roma dell'ambasciatore polacco Józef Ossoliński* (Wrocław, Museo Salesiano), unico dipinto documentato del periodo polacco di commissione diversa da quella regia e del conte Brühl.

1780
Redige un elenco (*Notta*) delle opere eseguite nel periodo 1771-1780, indicando i prezzi e le date di esecuzione.
17 novembre, muore a Varsavia; ne è dato annuncio il giorno stesso dal genero Perthées e l'indomani viene sepolto nella chiesa dei Cappuccini in via Miodowa; la sua tomba non si trova più da molto tempo. L'atto di morte, steso dal parroco della chiesa della Visitazione della Santissima Vergine Maria della Città Nuova dove abitava, viene distrutto nella Seconda guerra mondiale nell'incendio della chiesa.

BERNARDO BELLOTTO 1740
A JOURNEY TO TUSCANY

ENGLISH TEXTS

As for the view of the images illustrating essay and catalogue entries,
we refer to the Italian version of the texts.
"doc." refers to the document transcriptions in the "Documenti d'archivio" section.

BERNARDO BELLOTTO. THE TUSCAN MISSION OF A VENETIAN PAINTER

BOŻENA ANNA KOWALCZYK

We can imagine Bernardo Bellotto, third son of Fiorenza Domenica (1700–1781), sister of Canaletto, and Lorenzo Bellotto (1696 ca. – before 1768), an aspiring notary,[1] frequenting his uncle's studio already as a child, fascinated by the speed and confidence of his hand while sketching out the outlines of palaces and churches and marked areas of shadow with infallible hatching; by the magic of perspective, which restored realism to views, and the light that crystallised its beauty. In that workshop Bellotto, in addition to a succession of aristocratic British clients, young travellers on their Grand Tour, saw the most important characters on the Venetian cultural scene: two of them would play a decisive role in his career as an artist, Anton Maria Zanetti di Girolamo (1680–1767) and Joseph Smith (1674 ca. – 1770).
In February 1736 – it was around that date that Bellotto began his real apprenticeship – Canaletto gave Marshal Matthias Johann von der Schulenburg (1661–1747) one of his absolute masterpieces, *The Riva degli Schiavoni, looking west*, now in the Sir John Soane's Museum, London.[2] The pupil's attentive eyes must have caught every detail of the large canvas and investigated the reasons for its magnificence; the ambition to learn how to paint monumental architectural structures as also the simplest ones, and to convey atmosphere, would be the leitmotif of all his youth in Italy. After years of study and work in Venice and on trips to Florence, Lucca, Rome, Milan and Turin, shortly before leaving for Dresden in the spring of 1747, he painted some extraordinary pictures in Verona: the two views of the city on the river, *View of Verona from the Ponte Nuovo*, now at Powis Castle (National Trust), and *View of Verona with the Ponte delle Navi, looking downstream*, at the National Gallery of Scotland, Edinburgh (anonymous loan), painted for an English client, and of sizes exceeding even the larger canvases of the master; these mark the point of arrival of an ambitious youthful journey. They are works that blend the teachings of Canaletto with a personal and very high sensitivity and poetics, and they constituted his prospectus in his introduction to the Saxon court.[3]

Bellotto in Venice, before his travel to Tuscany

Before June 1736 Bellotto was already involved in the studio's work and to show his progress, he produced a sketch for his father depicting *The Canale di Santa Chiara, looking South-East, along the Fondamenta della Croce* (Darmstadt, Hessisches Landesmuseum)[4] (fig. 2). The drawing, with a letter on the verso, is the only document dating from his apprenticeship; only four years later do we find further evidence in his own hand: the signature on a payment receipt for 20 *zecchini*, paid on 22 April 1740 by Anton Maria Zanetti on behalf of Marquis Andrea Gerini, presumably for the expenses of the trip to Florence (doc. 3).
The apprenticeship lasted at least two years: in 1738 Bellotto was registered in the Venetian *Fraglia* (corporation) of painters; he was therefore independent, earning and paying taxes. But the relationship with Canaletto continued: the drawings that are preserved from the years preceding the trip to Tuscany and the approximately forty paintings that can be attributed to the nephew in the same period all present the same compositions as his uncle and teacher.
The young Bellotto learns the working methods elaborated by Canaletto. These were only apparently simple and mechanical: sketches using a camera obscura *en plein-air* with a precise sequence, already with the idea of the perspective view of the location, and then composed in the studio according to the taste and inspiration of the moment, in various drawings or paintings, increasing or shrinking the foreground, widening the view, introducing different figures and boats. Already in 1947 Roberto Longhi[5] understood the importance of the camera obscura for the artist's poetic freedom but the disputes about the use of this instrument – even if already professed by Anton Maria Zanetti di Alessandro[6] – lasted a long time and is still doubted today by British scholars; without the focus of the subjects through the lens of the camera obscura the paintings of views would lack the scientific basis that constitute their foundation and appeal.
Bellotto learned the technique and the precise perspective construction of a preparatory drawing for a painting, using ruler and compass and with the horizon line drawn from margin to margin, providing an important reference for building each composition. His capabilities are significantly increased in a few years, also in terms of style and expressive effectiveness. Before his trip to Tuscany, he has already learned to trace with a sinthetic sign the details of the architectures and the silhouettes of the figures, as in the well-defined sheet *The Piazza San Marco, looking North*, in the Darmstadt Museum, particularly close to the Lucca drawings (fig. 3).

Bellotto drew great deal in Venice and during his travels, especially as a basis for painting. Among the volumes of the library containing more than a thousand works he had collected in his apartment in Dresden, destroyed in the Prussian bombing of July 1760 during the seven-year war that was tragic for Saxony, are recorded two albums of drawings "fatti da B. Bellotto de Canaletto" ("made by B. Bellotto de Canaletto"), with 215 sheets of "Lochi Obligati ed altri d'Inventione" ("Sites of significance and others invented"), 304 "Schizi di figure dal Naturale" ("Sketches of figures from the life"), and other loose leaves, "Schizi di Figure sotto 400 Carte" ("Sketches of figures on 400 sheets") and "Abozzi di Pitura, da 513 Carte" ("Sketches for paintings on 513 sheets"), plus "Cartela di Vari Studii miei ed altri Celebri Autori del Numero di 628 carte" ("Dossier of various studies of mine and of other famous artists totalling 628 sheets").[7]
In terms of scholarship on the artist, this is the most serious, inestimable loss of the artist's assets. Fewer than 200 papers survived, mainly studies of compositions and figures; a small folder brought to Vienna at the end of 1758 with Venetian and Lombard drawings, together with others executed in Dresden in the years following the war, in 1762–1766;[8] to these are added some sketches of figures and architecture probably left in Venice, in Canaletto's studio. Still others, refined drawings that were part of the collection of Joseph Smith – a friend and patron of Canaletto, a passionate collector of his works, and from 1744 to 1760 British consul in Venice – entered the collection of King George III (1738–1820) in 1762 with the name of Canaletto, mixed with the master's sheets or included in the Antonio Visentini album.[9] Sheets of different origin are very rare: the five drawings of Lucca,

the only evidence of Bellotto passing through the city, were another purchase by George III but in unknown circumstances; classified as recorded using a camera obscura, they were included in the king's impressive topographical collection, part of the King's Library (cat. 14–18). *The Arno towards the Ponte alla Carraia*, the only Florentine sketch, remained in Tuscany; it reappears with the name of Zocchi in the Rosselli del Turco collection, purchased by the Uffizi in 1908 (cat. 12).[10]

Drawing the same compositions as Canaletto was a way to learn, but Bellotto soon acquired such confidence in perspective drawing and in the use of the camera obscura as to be able to prepare sketches for his master.[11] Having learned to paint, his involvement became considerable because he received commissions for replicas of paintings by Canaletto while still very young. The most important test was the series of thirteen paintings for the collection of Castle Howard, executed in 1739–1740, just before the departure for Tuscany; some were replicas of the compositions of the "young" Canaletto of the series of twelve views of the Grand Canal produced for Smith in 1725–1729, the most popular images of Venice, diffused through the prints of the *Prospectus Magni Canalis Venetiarum* (1735) by Antonio Visentini (1688–1782); in others he adapted contemporary paintings. In *The Grand Canal, looking South, from the Palazzi Foscari and Moro Lin to Santa Maria della Carità, Venice*, in a private collection (fig. 4), Bellotto updated the technique of the "young" Canaletto, showing that he knew how to choose and mix colours as well as his master and how to use their viscosity in the various layers of paint to show the fading of the walls, the folds of the sails, the edges of the clouds; like Canaletto, he used black lines to mark the details of the architecture but increased the incisiveness and intensity of the description, intelligently employing the new technique of creating incisions on the canvas at the last moment, using the tip of the handle of the brush, and stressing the discolouration and the effects of atmospheric fading.[12] In the early months of 1740 he painted the larger version commemorating the visit to Venice of Prince Frederick Christian, son of Augustus III, King of Poland and Elector of Saxony, which took place between December 1739 and June 1740 (Stockholm National Museum),[13] in which the rather graphic description of the architecture, the attention paid in diversifying the materials – marble, plaster, stone, wood – the dramatic atmosphere and the white light pointing at a single building, anticipate the *The Piazza della Signoria, looking East, Florence*, in the Riccardi collection (cat. 5). *The Grand Canal, looking East, from the Palazzo Flangini to San Marcuola, Venice*, in a private collection,[14] probably part of the Castle Howard series,[15] also dates from a moment just prior to his departure; a similar composition was used in the pendant, *The Arno towards the Ponte alla Carraia*, which intensifies and perfects the same stylistic and technical procedures (cat. 6).

Bellotto left for Tuscany shortly after 22 April 1740 (doc. 3). The fact that Zanetti did not hesitate to recommend him to the Marquis Gerini and sent him to paint views of Florence and then of Lucca, even though his repertoire was so deeply tied to that of Canaletto, indicates that he was aware of the young painter's autonomous abilities.

Anton Maria Zanetti di Girolamo (1680–1767), Marquis Andrea Gerini (1691–1766) and the challenge of the views of Florence and Tuscany

Zanetti is the key figure of the Venetian eighteenth century: a great collector of drawings, prints, paintings, gems and cameos, an engraver and antiquarian, connoisseur, in contact with the artistic and cultural world of Europe as his countless letters show, providing valuable testimony of the richness and vivacity of his ideas and intelligence.[16]

The letters sent from Venice to artist and connoisseur friends in London, those known to Arthur Pond (1705 ca. – 1758) and others, unpublished, to Hugh Howard (1675–1736), document him as an agent of Canaletto well before Joseph Smith, famous as a patron and collector of the painter's work but initially only a banker in Zanetti's contacts with the British milieu. On 30 April 1728 Zanetti informed Pond that he had obtained two "quadretti" ("little pictures") from Canaletto: "se poi, questi due, come spero, incontreranno il suo piacere, io la servirò delli altri due" ("If, as I hope, these two works meet with your pleasure, I will submit to you the other two");[17] on 28 August 1728 he revealed that he was the architect of the commissions from the British collector George Proctor (m. 1742) of Langley Park, Norfolk, thereby providing a secure date for the two large canvases acquired by him: *View of Molo, Venice* (Museum of Fine Art, El Paso, TX, 191.1.49) and *The Grand Canal from Campo di San Vio, Venice* (The Brooks Memorial Art Gallery, Memphis, TN, 61.216e).[18] No less significant is the piece of news that the two paintings formerly with Hugh Howard, Wicklow – *The entrance to the Grand Canal*, and *The Grand Canal near the Rialto Bridge*, Museum of Fine Arts, Houston, TX, 56.2 and 55.103– were also purchased thanks to him, commissioned from Canaletto shortly before 25 March 1729. They were almost ready in October of that year and were sent to his friend on 24 March 1730.[19] In the early 1740s, when Smith had long been the exclusive agent of the artist, Zanetti promoted Canaletto as an engraver and possessed the most complete album of his etchings, which he had dedicated to the Englishman who in the meantime had been appointed consul. His relationship with Smith – both were passionate about drawings and prints – was long-standing, and one of friendship and exchange – "He was always my friend," writes Zanetti on 16 April 1723 – but they were also strong competitors in the art market.[20]

Just as he had grasped the international potential of Canaletto, Zanetti immediately recognised – and before Smith – Bellotto's exceptional talent and the benefits deriving from the ambiguity of his nickname: the sending of the Bellottos to Castle Howard, for the collection of his friend Henry Howard, 4th Earl of Carlisle (1694–1758),[21] at the same time as the well documented shipping of the eighteen *vedute* by Marieschi,[22] must be considered to have been his idea, as well as the commission for *The Grand Canal, looking South, from the Palazzi Foscari and Moro Lin to Santa Maria della Carità, Venice*, Stockholm, Nationalmuseum, mentioned above.[23]

Zanetti's reputation as a connoisseur and antiquarian culminated during the last years of the 1730s with the progress of his publishing work – conducted in collaboration with his cousin of the same name and widely publicised – for the two magnificent volumes *Delle Antiche Statue Greche e Romane che nell'antisala della Libreria di San Marco e in altri luoghi pubblici di Venezia si trovano*, published in Venice by Giambattista Albrizzi in 1740 and in 1743.[24]

The subscribers to the book were the most prestigious representatives of the European cultural scene: it was the Marquis Andrea Gerini (1691–1766), member of an old family of merchants and bankers, closely linked first with the court of the Medici and then with that of the House of Lorraine who briskly subscribed to the first volume and recommended it to other "Florentine *cavalieri* and gentlemen"[25] – Antonio Serristori, Bindaccio Ricasoli, Carlo Ginori and Vincenzo Riccardi. Ever since Carlo Gerini (1616–1673), a courtier in the House of Cardinal Carlo de' Medici, established a refined picture gallery in the building purchased in 1650 in Via Ricasoli, commissioning paintings from Salvator Rosa and Guercino, collecting became a family passion and was passed down to his son Pier Antonio (1651–1707), chamber master of the Grand Prince Ferdinando de' Medici and "lieutenant" of the Accademia del Disegno – it was at his initiative that the gallery of the palace was decorated by Domenico Gabbiani and Cosimo Ulivelli – and developed further in his two sons, Senator Giovanni (1685–1754) and Marquis Andrea.[26] The latter, with Francesco Maria Niccolò Gabburri (1676–1742) the principal supporter of public exhibitions in Florence, excelled as a collector of paintings, commissioning paintings by Pompeo Batoni, Piazzetta and Tiepolo,[27] while Giovanni collected prints and drawings, and studied ornithology; both were major patrons of the arts and sciences.

Andrea Gerini's meeting with Anton Maria Zanetti di Girolamo, a friend in Florence of Gabburri and Anton Francesco Gori, was inevitable, but it came relatively late.[28] A Canaletto belonging to Gerini exhibited in 1737 at the San Luca exhibition at the Santissima Annunziata, eight years after the one acquired from Gabburri in 1728 by Zanetti, was not due to the Venetian but a purchase (together with the pendant) by his cousin Giovanni Galeazzo Gerini in Venice in 1732 through a different agent;[29] but in the last months of 1737, on behalf of the marquis, Zanetti commissioned three paintings from Francesco Zuccarelli that were sent the following year to Florence, as shown by the papers in the Gerini archive and as the two Venetian cousins proudly affirmed on 23 August 1738 in a letter addressed to Anton Francesco Gori, a friend of the painter.[30]

Other archival documents, signed by Anton Maria Zanetti di Girolamo, for the first time reveal the role and importance of the Venetian as Bellotto's promoter and principal artistic consultant of Marquis Andrea Gerini, helping to add fresh material to the family collection with the works of modern Venetian painters[31] and contributing on the famous publishing project of the *vedute* of Florence and Tuscany (fig. 5).[32] This is the first and fundamental documentation on Bellotto as *vedutista* in his own right and of a rich material confirming the great significance and authority of Zanetti in the art world of his time.

Starting from 1739, the name of Zanetti is omnipresent in the Gerini papers. Through his mediation, Marquis Andrea Gerini commissioned or purchased paintings by Bartolomeo Nazzari (1695–1758) and Giambattista Pittoni (1687–1767) in Venice in that year.[33] Still in 1739, when the partnership between Canaletto and the Consul Smith was at its highest level, Zanetti began the launch – among friends in Italy and in Europe – of Michele Marieschi (1710–1743), who was then at the peak of his short career: on behalf of Gerini he commissioned a pair of "quadreti da mè dipinti con vedute et figure" ("pictures painted by me with views and figures") by Marieschi, documented by the receipt of 32 *filippi* and signed on 9 November 1739 by the painter.[34] Marieschi was already reproducing his paintings in etchings, following the example of Visentini, who reproduced Canaletto.[35] The idea of preparing a collection of views of Florence – which would later expand to the rest of Tuscany – must have arisen in the same year in the minds of Gerini and Zanetti, with the task of preparing the drawings for the prints entrusted to Giuseppe Zocchi (1717–1767), painter of the Gerini family. The first sheets, the celebratory scenes in honour of the visit of the House of Lorraine sovereigns to Florence in 1739, reveal a Florentine compositional sensitivity that does not go beyond the tradition of Jacques Callot (1592–1635) and Pandolfo Reschi (1643–1699?)[36] (fig. 6). The two works by Marieschi, sent in the autumn of 1739 to Gerini are, albeit only "quadretti" ('little pictures'), certainly emblematic of a modern perspective and use of light, and may have induced Gerini to involve Zocchi in Venetian *veduta* art.

Soon, in the spring of 1740, the young Bellotto was invited to Florence and Zocchi continued to draw views of Florence, but with a new sense of space and perspective; in 1741 he is documented as "dipingere diverse vedute a olio, delle quali in buon numero ne ha fatte in disegno, che presentemente stanno intagliandosi in rame da vari primari intagliatori" ("painting several oil views, a good number of which he has done as drawings, which at present are being engraved in copper by various leading engravers").[37]

Zocchi produced all seventy-seven preparatory drawings for the two series of prints and also engraved two whole plates and the figures in a further five.[38] "Gifted with ingenuity serving invention, versatile in imitation, judicious in choice" ("Dotato d'ingegno fecondo alla invenzione, pieghevole alla imitazione, giudizioso alle scelte"),[39] he was guided in early youth by Gabburri, and then by Andrea Gerini, and during his artistic career he lived up to the demands and expectations of his patrons. He drew for the Opificio delle Pietre Dure, painted landscapes and capriccios, decorated buildings with "Figures in oil, and [...] architecture in fresco and tempera".[40] *Veduta* painting was only one of the facets of his career: the shortest, but important for Florence, and an example for Thomas Patch and William Marlow; the most appealing for the modern taste.

The Augsburg-born engraver, Johann Gottfried Seutter (1717–1800), was given the task of heading the team of the finest Italian and North European engravers, hired to reproduce the remaining sheets. These engravers included some Venetians: Pietro Monaco – already known to Gerini for his work on the *Raccolta di Cinquanta Cinque Storie Sacre*, with which the Marquis had been "associated" since 1738[41] – Giuseppe Filosi, Giuliano Giampiccoli and Giuseppe Wagner, with two exceptional appearances by the young Giambattista Piranesi and the *peintre-graveur* Michele Marieschi.[42] Seutter's note of "Di tutto ch'io ho avuto dal Signor Zanetti d'ordine del Illustre Signor Marchese Andrea Gerini in tutto il Tempo che sono stato in Venezia" ("Of all I have had from Signor Zanetti at the behest of the illustrious Signor Marchese Andrea Gerini in all the Time I have been in Venice"), written at the end of the three-month stay in the lagoon city, confirms that Zanetti was the figure of reference in Venice for the project he was preparing and working on in every detail.[43] In 1743 and 1744 Anton Maria Zanetti issued a series of receipts, on small sheets of similar size, some of which bearing the engraver's name at the top, originally folded into four and then opened and set in a row at the Gerini house. The "Venetian" prints total twenty-three in all, and constitute a fundamental contribution.

The beautiful Marieschi series, *Magnificentiores Selectioresque Urbis Venetiarum Prospectus*, published in 1741 in Venice, bears a dedication to Marc-Antoine de Beauveau, Prince de Craon, governor of Tuscany; if difficult to explain previously, it is now justified in the context of the artistic contacts between Venice and the Tuscany under the Lorraine, sponsored by Zanetti and Gerini.

The friendship and association of Zanetti and Gerini lasting decades – the last known letter by Zanetti to Gerini is dated 3 January 1761[44] – was sealed by the informal conversation piece painted by Zocchi, depicting the two characters busy studying gems and cameos, another shared passion of theirs (cat. 3).

Bellotto in Tuscany in the summer of 1740

It is odd that Florence and Lucca were not on Pietro Guarienti's short list of cities in Italy visited by the painter, hence the assumption that the trip to Tuscany was only a stop on the road to Rome.[45] The absence of payments for the two "Canaletto" views, "The Piazza del Granduca", and "The view of Ponti with the Arno, porta dal Ponte Vecchio towards the West", thus recorded in the inventory of the Vincenzo Riccardi collection of 1752 – the first to be found[46] – suggested the idea that Bellotto benefited on his journey from the Marquis's hospitality, giving him his works[47] in exchange, with the spring of 1742 being deduced as the date of the Florentine stay.[48]

Bellotto arrived in Florence shortly after 22 April 1740 and returned to Venice, passing first through Lucca, after 30 September of the same year. A receipt issued that day documents that Bellotto – "Bernardo Canaletto" – received eighty-four *zecchini* and eighteen *paoli* from Marquis Gerini for having executed four views "vendutili, e fattigli a posta" ("sold, and made for him") (doc. 6). In the *Stracciafoglio* of the Florentine patrician house, on the same date, there is a confirmation of the payment in which it is specified that the four views were executed "in Florence" (doc. 5); it should be noted that this does not mean that they all four were views "di Firenze" ("of Florence"). Six views of the Tuscan capital are known (cat. 5-8, 10-11); four – two pairs of pendants, the former Riccardi pair in the Szépművészeti Múzeum[49] and *The Arno at the Tiratoio towards the Ponte Vecchio, Florence* (private collection) – form a compact group in terms of style and technique, to which is added *The Piazza di San Martino with the cathedral, Lucca*, of the York Art Gallery, which appears in every way contemporary to these (cat. 13); the drawing of *The Arno, towards the Ponte alla Carraia, Florence* (Gabinetto dei Disegni e delle Stampe degli Uffizi, cat. 12)

belongs to the same time. The two wonderful paintings in the Fitzwilliam Museum in Cambridge are instead later works, painted between the trips to Rome and Lombardy.
The four paintings commissioned by Marquis Gerini in the summer 1740 are not to be found in the known inventories and catalogues of the collection, of 1820, 1825 and 1836, nor in the list of twenty-six canvases exhibited in the early nineteenth century in London, at 26 St. James's Street;[50] but two, indicated as coming from "From the Gerini Collection" appear in the posthumous sale of John Benjamin Heath (1790–1879), consul general of the King of Sardinia, on 8 March 1879.[51] The description in the catalogue of Christie, Manson & Woods coincides perfectly with the subjects of the two Beit paintings, but the certainty of identification is given by the stock number stamped by the auction house on the old frame of one of them (the other has a modern frame) in a subsequent sale on 3 May 1884;[52] so rare are similar sales stamps dating from the nineteenth century as to declare this a real success of my research.
John Benjamin Heath, merchant and banker, was a member of the Society of Antiquaries and of the Royal Society; in 1867 he was appointed I baron of the Kingdom of Italy. The two Gerini paintings may be his own purchase, but also of his father, John Heath (1736–1816), a cultured British banker in Genoa.[53]
The Gerini origin of the two Beit paintings provides the certainty of their having been executed in the summer of 1740, which implies new considerations on the relationship with the work of Giuseppe Zocchi for the *Scelta di XIV... vedute di Firenze* (see cat. 9).[54] Bellotto's declaration that his four works were made "specially" for Gerini (doc. 6), might mean that the painter had received precise indications from the client, in keeping with his invitation to Florence at the very moment Zocchi began his successful career as *vedutista*.
The two paintings in the Budapest Museum, *The Piazza della Signoria, looking East, Florence* and *The Arno, from the Ponte Vecchio, towards Santa Trinita and the Ponte alla Carraia, Florence*, are documented soon after Bellotto's visit as being in the collection of Marquis Vincenzo Riccardi (1704–1752), a very close friend of Andrea Gerini and husband of one of his nieces.[55] That Riccardi's choices are parallel to those of Gerini, and in line with the European taste of the moment, is apparent already from the well-known 1752 inventory of his personal collection at Palazzo Riccardi and from the simultaneous collecting of works by Batoni.[56] An earlier inventory, found by the writer, and dating from 1741, highlights the interest of the Florentine aristocrat for landscape painting, battles and *vedute* (doc. 8). The two "Canalettos" are mentioned and accurately described among the twenty-four Italian paintings – a further fifty-three of the paintings are classified as "Flemish" – alongside the great "classics" of the Roman and Bolognese school, sixteenth-century works from the Veneto and the protagonists of modern painting of landscape and views, the "Roman" Andrea Locatelli, Adrien Manglard, Gaspar Van Wittel[57] and the "Venetian" Francesco Zuccarelli and Michele Marieschi; the presence of the latter is a sure indication of Zanetti's mediation, to which the Bellotto commission must also be attributed.
The two Riccardi paintings, "curious Florentine views interpreted in the Venetian style by Bellotto",[58] are confirmed as having been executed in the same months as the work for Gerini, probably before Zocchi began to paint. Bellotto confronted Florence with all the confidence of Canaletto's teaching, recording its Renaissance and Gothic architecture with care, noting every detail with diligence and curiosity, framing the Piazza della Signoria and the Arno within a rigorous perspective structure and emphasising the succession of shadows and lights (fig. 7–12). Each view expresses the painter's enthusiasm for his new task and the fascination exerted by Florentine architecture; Bellotto gives the best of himself, refining his Venetian knowledge and developing new types of figures. The young Venetian presents himself as a pioneer of modern Florentine landscape art, able to give a lesson in style, technique, chiaroscuro, in an ambitious interpretation of Canaletto's contemporary painting. His role extended beyond the established information: a package of "dissegni del Belotti" ("drawings by Belotti") – prepared for the journey with "cartoni per l'involto" ("cartons for wrapping") – was sent on 12 November 1740 from Bologna by the Marquis Francesco Zambeccari (1682–1767) to his friend Gerini, along with one of the first shipments of copper plates to be used for prints from drawings "delineati" ("sketched out") by Zocchi (doc. 9). Were these perhaps perspective sketches, like the five drawings of Lucca (cat. 14–18) or those drawn around 1743 in a stop on his voyage to Rome, *Landscape with motifs of Rota, near Tolfa and Mulino on the river Mignone (?)*, subsequently used by Zocchi as preparatory sketches for the paintings commissioned by Giuseppe Pozzobonelli, archbishop of Milan?[59]
Bellotto arrived in Lucca in October 1740, or perhaps even earlier, in September, as soon as Marquis Gerini granted him the "loan" of 20 *zecchini* (doc. 4). The only painting of the city, *The Piazza di San Martino with the cathedral, Lucca*, now in the York Art Gallery, (cat. 13), is so close to the two views of the Arno belonging to Andrea Gerini now identified – every touch of the brush is similar, as are the attention to detail, the brightness, the impetuous way of marking the clouds, and the dimensions are almost the same, something rare for the artist – and this suggests they were painted at much the same time (fig. 13 and 14). Drawing the cathedral from four different points of view, from all sides and angles, with the idea of a series of pendant paintings, was a completely new undertaking in the history of *vedutismo* or townscape; Bellotto repeated it in 1756–1758, painting five views of the majestic fortress of Königstein, never bought by his patron, Augustus III, King of Poland and subsequently Elector of Saxony;[60] and then again in Warsaw, in 1776–1777, with four paintings of Wilanów Castle for King Stanisław August Poniatowski.[61] Did he follow precise orders in Lucca, as in Saxony and in Poland, or were they his own ideas, those of an artist aspiring to describe monuments in their location with passion and method? "Forse solo un lettore di Muratori avrebbe dipinto, per la prima volta, nel 1740, la facciata romanica della chiesa di San Martino a Lucca" ("Perhaps only a reader of Muratori could have painted, for the first time, in 1740, the Romanesque facade of the church of San Martino in Lucca"), notes Sergio Marinelli, referring to Bellotto's library;[62] the Venetian artist also drew the splendid apses that were partly hidden by a colonnade, by climbing on to the roof of the archbishopric (cat. 16 and 17 and fig. 15–20). The impression had to be strong, if still in 1745-1746, depicting the monuments of Verona, Bellotto replaces the apses of San Lorenzo with those of San Martino, finally translating them into painting (fig. 21).
Unlike Florence – portrayed since the seventeenth century by Jacques Callot, Pandolfo Reschi, Paolo Anesi and Gaspar van Wittel – Lucca had no tradition of *vedute*; the English and French travellers of the eighteenth century who came in search of artistic beauty in Italy – from Jonathan Richardson and Edward Wright to the Comte de Caylus, Charles de Brosse and Edward Gibbon – found nothing interesting in the city, besides its republican constitution, as recalled John Fleming[63] and Hugh Honour;[64] local collectors were, if anything, interested in Canaletto's views of Venice, as well as the "prospettive" ("prospects") of Vetturali. Only the German Friedrich Bernhard Werner who travelled to Lucca during his brief stay in Italy in the 1730s depicted it, in the form of fine prints in the North European taste, portraying the city twice from the hill of Monte San Quirico: a broad and long general view, with a careful description of the architecture – a genre that earned the reputation of the Augsburg-born engraver – and a smaller one, in which the city is depicted within a lush landscape (fig. 22).[65] The idea of inviting the Venetian landscape painter to Lucca to paint the cathedral, much loved by the inhabitants of Lucca, and another Romanesque church, Santa Maria Forisportam, was wholly exceptional; if it were possible to know the name of the patron who today we can only argue was a local figure within the close circle of Gerini and Zanetti, that would certainly make it possible to explain the circumstances of the commission.

Around 1740, in contact with two collectors and patrons of the artist from Lucca, Francesco Conti and Lodovico Sardini, Andrea Gerini and Vincenzo Riccardi commissioned some allegories from Pompeo Batoni (1708–1787).[66] Could either of these be Bellotto's client? We must not forget Alessandro Guinigi, Nicolò Mansi, Michele Barsotti, Francesco Talenti, Tommaso Mazzarosa and Francesco Buonvisi who, supporting Batoni, showed an interest in modern art and were patriots. Francesco Conti[67] was the nephew of Stefano Conti, who owned the only collection of Carlevarijs and Canaletto in the city, and another uncle, Carlo Francesco, was a penitentiary and vicar general of Archbishop Fabio Colloredo,[68] which could have explained the privileged position of Bellotto in the drawing of the cathedral. Nor can we discard the intelligent candidacy (made by Hugh Honour) of Giovanni Domenico Mansi (1692–1769) – or of another member of this important Lucchese family – then secretary and theologian of Fabio Colloredo, consecrated archbishop of Lucca in Rome on 24 April 1764 (by the Cardinal of York!). On that occasion Pompeo Batoni painted his portrait. He was a man of wide-ranging culture, in contact with Muratori and Metastasio, and author of some notes of the Lucca edition of the *Encyclopédie* by d'Alembert and Diderot.[69] A Palazzo Mansi frames one of the drawings of the cathedral and another, which was probably already a Mansi property in 1740, dominates the view of Santa Maria Forisportam (cat. 15 and 18). The correspondence of Anton Maria Zanetti does not provide any indication and in the list of subscribers to his books *Delle Antiche Statue* and *Dactyliotheca* – a reliable source of information on his contacts – are the names of two Lucca citizens, Count Francesco Trenta and Vincenzo Braccini or Brazzini, perhaps a relative of the bookseller and Florentine typographer, Antonio Brazzini. Was one of them that "amico di Lucca" ("friend of Lucca") mentioned by Andrea Gerini in the letter of 13 April 1754 to Zanetti?[70]

Another mystery is the silence of foreign travellers and local historians, such as Tommaso Francesco Bernardi, Giacomo Sardini, Tommaso Trenta, Antonio Mazzarosa, Michele and Enrico Ridolfi. How could the only view of the city, so real, of extraordinary beauty and harmony, with its silvery light, surely called a "Canaletto", escape their attention? The presence of the canvas in Lucca at least until the early nineteenth century is attested by a considerable number of copies, presumably commissioned by local collectors (cat. 20 and 21); some of them are present in the archive papers as from 1763 as "San Martino view", sometimes with the relating pendant, "San Michele view".[71] A "View in an Italian city, with a carriage and figures", by "Canaletti", was offered in an anonymous sale by Christie's on 10 July 1886 (lot 199); in the copy of the catalogue in the auction house's archive the collector's name has been added by hand – "Earl of Shaftesbury, deceased", as also that of the city, "Lucca". The collector was Anthony Ashley-Cooper, eighth Earl of Shaftesbury (1831–1886), who committed suicide a few months after succeeding his father, the seventh earl (1801–1885); the purchase by Colnaghi on that occasion and the price of 147 guineas cannot however exclude that it is one of the copies. The earls of Shaftesbury were related to the Dukes of Marlborough, who owned the series of twenty Canalettos commissioned by Charles Spencer, 3rd Duke of Marlborough (1706–1758).[72] However, this is certainly the painting reappearing in London on 2 July 1915, when Christies's auctioned the excellent, wide collection of Charles T.D. Crews (1839-1915) in London and Billingbear Park, Wokingham, Berkshire,[73] near the *Ritratto di Cosimo I de Medici* by Jacopo Pontormo, from the Riccardi collection.[74]

The five Lucca drawings reappear in England, mentioned for the first time in 1829, without the artist's name, in the catalogue of the enormous collection of maps, plans and topographical prints created by King George III (1738–1820) from the beginning of his reign (1761) and passed as the "King's Maps" to the British Museum in 1823.[75] Adolf Paul Oppé rediscovered the sketches in 1950 among a few drawings of artistic value in the collection, and attributed them to Canaletto.[76]

The year 1740 becomes a fundamental reference for the start of Bellotto's career. Recreating the sequence of works produced in the months preceding and following the journey appeared difficult and uncertain, but now falls into a determined pattern. Bellotto's precociousness and the number and quality of works executed prior to the trip to Tuscany are even more extraordinary. In the first months following his return to Venice, his dependence on Canaletto greatly reduced and autonomous compositions began to prevail, illuminated by the same silvery Tuscan light, with figures of types that were increasingly personal and reflected the lessons learned in Florence and Lucca. On 8 December 1740 Bellotto signed the drawing entitled *The Campo Santi Giovanni e Paolo, Venice*, a preparatory sketch for the painting now in Springfield's Museum of Fine Art (fig. 23).[77] This was the most important painting to be painted immediately after the voyage and portrays one of the places appearing in Stefano Conti's Canalettos (cat. 2), with the foreshortened perspective, long shadows with clean outlines and fanciful figures in the foreground in the shadow applied, as in *The Piazza di San Martino with the cathedral, Lucca* (cat. 13). And in some other, later pictures, such as *Santa Maria dei Miracoli and the apse of Santa Maria Nuova*, housed in the Lower Saxony State Museum, Hanover, and dating from 1741[78] – a rare view of a place never painted by Canaletto – and *The Grand Canal looking East, from Palazzo Loredan-Cini in Campo San Vio*, of 1742[79] – a recent discovery – the intensity of execution and the magic of the light are a legacy of Bellotto's independent work in Tuscany.

Florence in 1742–1743, a coming-back

The evident stylistic advance and the exquisite pictorial quality of the two pendants in the Fitzwilliam Museum, Cambridge – *The Arno, towards the Ponte Vecchio* and *The Arno, towards the Ponte alla Carraia* (cat. 10 and 11) – the more harmonious and natural atmospheres, between the emerald green of the transparent river, probably captured in a clear spring day, and the skies crossed by soft clouds, the figures that are no longer caricatured and elongated – were the result of months of study and work. The similarity of the two paintings with the views of Rome, executed in 1743–1744 and the precise definition of the relations of light, different to that of the preparatory drawing in one case (cat. 12), suggest a second trip to Florence, perhaps even a stopover while going to Rome. The journey to the Eternal City, undertaken "per consiglio del Zio" ("by the advice of the Uncle"),[80] certainly took place before the summer of 1743: on 16 August, in Venice, on the feast of St Roch, Canaletto's "rinomatissimo" ("most renowned") nephew exhibited a view of Rome, *Santa Maria d'Aracoeli and the Campidoglio*, now at Petworth House (National Trust).[81]

"*View of the Arno, with the Ponte Vecchio*" and "*its companion, with the Ponte alla Carraia*", by "Canaletti", appeared in London, on 29–30 March 1759,[82] in the sale of the collection of Giovanni Battista Borri di Giuseppe, a Florentine citizen resident in the Santa Croce district, under the Ruote banner.[83] The two pendants were divided by the sale, the first purchased by "Wicker for Blount", the second by Barnard, but Borri's relationship with Zanetti and Gerini, indicated by the presence in his collection of Francesco Zuccarelli, Michele Marieschi and Giuseppe Zocchi, leads to believe that the two views from Cambridge are his commission, mediated by the Venetian patron of Bellotto.

Epilogue

We need to recall the emotional link that bound Bellotto to Tuscany. The 1740 trip was an opportunity for the three brothers, the "turbulenti nipoti" ("boisterous nephews") of Canaletto, to meet.[84] Bernardo travelled with the younger Pietro (1725–1800 ca.), who was probably his assistant and whose name is scrawled on the verso of a Lucca drawing (cat. 15).[85] At the time of their visit, the elder brother, Michele (1720–1778) – "frateo del Signor Bernardo" ("brother of Signor Bernardo") was staying in the city, "al Ponte Rosso presso i Carmini" ("at the Ponte Rosso near the Carmini"); he had probably resided in Florence since 1736, when he left Venice;[86] Bernardo's brothers were also in contact with the Marquis Gerini, and also enjoyed a certain favouritism: Pietro, no less precocious as a painter than his brother Bernardo, sent one of his paintings, *The Piazza San Marco looking south*,[87] from Venice in 1741; Michele, on the point of leaving for Venice,[88] was commissioned on 22 April 1741 by the Marquis to take Zanetti a sum of money, probably the advance or a refund for the purchase of some books (doc. 7). The future bishop's printer "all'insegna del Petrarca" ("under the sign of Petrarch"), in Arezzo, where he is documented for the first time on 2 May 1748,[89] must have had an internship in Florence, almost certainly through the intercession of Zanetti and his Florentine friendships. This well-educated and ambitious young man could have been very useful to the Venetian connoisseur, a refined bibliophile,[90] who mentions him in a confidential manner in a letter to Anton Francesco Gori of 1751, concerning the distribution among Florentine friends of the newly published catalogue of his collection of gems and cameos, the *Dactyliotheca.*[91] The eleven letters addressed by Michele himself to Gori between 18 September 1752 and 13 August 1754 confirm his belonging to the close circle of Gerini and Zanetti and a status as educated, active and well-introduced printer in his trade.[92] In 1758 Michele took in his mother Fiorenza into his home in the Palazzo delle Logge (designed by Vasari), the place where also the studio was. She would live in Arezzo until her death in 1781.[93] Bernardo did not mention any book published by his brother in the catalogue of his library, but, as a testimony to their relationship, he records, in the inventory of the house in the *Stamperia* room, eighty volumes of the *Opere* by the Sienese Giovanni Claudio Pasquini, poet at the court of Dresden and published by his brother in 1751.[94] In 1767 Michele Bellotti, encouraged and supported by Bishop Jacopo Gaetano Inghirami, undertook the publication of the *Opere* of Ludovico Antonio Muratori, probably eagerly awaited by his brother in Warsaw; the first of the thirteen books, dedicated to the scholar's biography, reproduces on the first page a refined allegorical print dedicated to Pietro Leopoldo, Grand Duke of Tuscany, by Carlo Faucci from Giuseppe Zocchi, an old Florentine friend of Bernardo (fig. 24);[95] in 1773 he continued with the *Antiquitates Italicae Medi Aevi*, but the last two volumes would be published by the widow in 1780;[96] Bellotto died in Warsaw on 17 November of that year.[97]

[1] For documents concerning Bellotto and his family, starting with his birth certificate, the reader is referred to my texts: B.A. Kowalczyk, *Il Bellotto veneziano nei documenti*, in "Arte Veneta", XLVII, 1995, pp. 68–77; B.A. Kowalczyk, *I primi sostenitori veneziani di Bernardo Bellotto*, in "Saggi e Memorie di Storia dell'Arte", XXIII, 1999, pp. 198–218; B.A. Kowalczyk, *Le origini veneziane di Pietro Bellotti*, in "Arte Veneta", LIX, 2002, p. 268–269. See also G. Marini, "Con la propria industria e sua professione". *Nuovi documenti sulla giovinezza di Bellotto*, in "Verona illustrata", VI, 1993, pp. 125–140.

[2] W.G. Constable, *Canaletto: Giovanni Antonio Canal 1697–1768*, 2nd edition edited by J.G. Links with supplement and new plates, Oxford 1989, vol. I, pl. 30, vol. II, p. 246, n. 122.

[3] S. Kozakiewicz, *Bernardo Bellotto*, Milan 1972, vol. I, pp. 44 and 45, vol. II, pp. 74 and 79, nn. 98 and 101.

[4] S. Kozakiewicz, *Bernardo Bellotto*, cit., vol. I, p. 20, vol. II, p. 19, n. 20.

[5] R. Longhi, *Viatico per cinque secoli della pittura veneziana*, Sansoni, Florence 1946, p. 37.

[6] A.M. Zanetti, *Della pittura veneziana e delle opere pubbliche de' veneziani maestri*, Stamperia di Giambattista Albrizzi, Venice 1771, Book V, p. 462.

[7] E. Manikowska, *The rediscovery of Bernardo Bellotto's inventory*, in "The Burlington Magazine", CLIV, 1306, January 2012, p. 34; E. Manikowska, *Bernardo Bellotto i jego drezdeński apartament. O tożsamości społecznej i artystycznej weneckiego wedutysty*, Warsaw 2014, pp. 343 (nn. 1009, 1012 and 1015) and p. 347 (nn. 1077 and 1078).

[8] For the group of drawings in the Darmstadt museum, mostly Italian, see: *Bernardo Bellotto genannt Canaletto. Zeichnungen aus dem Hessischen Landesmuseum Darmstadt*, exhibition catalogue, edited by M. Bleyl (Darmstadt, Hessisches Landesmuseum), Darmstadt 1981; B.A. Kowalczyk, *I disegni italiani del Bellotto*, degree thesis, Università degli Studi di Venezia, 1987–1988. For the drawings in Vienna and Dresden, conserved in the National Museum in Warsaw: J. Starzyński, *Rysunki Canaletta w Warszawskiem Muzeum Narodowem*, in "Biuletyn Historji Sztuki i Kultury", II, 1933–1934, pp. 99–111; B.A. Kowalczyk, in *Bellotto and Canaletto. Wonder and Light*, exhibition catalogue, edited by B.A. Kowalczyk (Milano, Gallerie d'Italia, Piazza Scala), Cinisello Balsamo 2016, pp. 238-242, nn. 84-86.

[9] C. Miller, *Fifty Drawings by Canaletto from the Royal Library, Windsor Castle*, London and New York 1983; see also B.A. Kowalczyk, in *Bellotto and Canaletto. Wonder and Light*, cit, pp. 154-155, n. 48.

[10] See also B.A. Kowalczyk, *Bellotto e Zocchi tra Venezia, Firenze e Roma*, in *Venezia Settecento. Studi in memoria di Alessandro Bettagno*, Cinisello Balsamo 2016, pp. 75–83.

[11] B.A. Kowalczyk, *Canaletto e Bellotto: l'arte della veduta*, in *Canaletto e Bellotto. L'arte della veduta*, exhibition catalogue, edited by B.A. Kowalczyk (Turin, Palazzo Bricherasio), Cinisello Balsamo 2008, pp. 13–21.

[12] B.A. Kowalczyk, in *Bellotto and Canaletto. Wonder and Light*, cit., pp. 64–65, n. 7.

[13] W.G. Constable, *Canaletto*, cit., vol. I, pl. 198, vol. II, p. 287, n. 204; B.A. Kowalczyk, *I primi sostenitori veneziani di Bernardo Bellotto*, in "Saggi e Memorie di Storia dell'Arte", 23, 1999, pp. 189–218; B.A. Kowalczyk, in *Canaletto e Bellotto: l'arte della veduta*, cit., pp. 62–63, n. 4.

[14] B.A. Kowalczyk, *Bernardo Bellotto. La formazione di uno stile originale* in *Bernardo Bellotto 1722–1780*, exhibition catalogue, edited by B.A. Kowalczyk and M. Da Cortà (Venice, Museo Correr), Milan 2001, pp. 11–12 (English ed., *Bernardo Bellotto and the Formation of an Original Style*, in *Bernardo Bellotto and the Capitals of Europe*, exhibition catalogue, edited by E.P. Bowron (Houston, Museum of Art), New Haven & London 2001, p. 9.

[15] D. Succi, in *Bernardo Bellotto detto il Canaletto*, exhibition catalogue (Mirano, Barchessa di Villa Morosini, 23 October – 19 December 1999), Venice 1999, p. 62.

[16] For a recent compendium of studies on Zanetti, see: *Della grafica veneziana. Das Zeitalter Anton Maria Zanettis (1680–1767)*, exhibition catalogue, edited by M. Matile (Graphische Smmalung ETH Zürich), Petersberg 2016 (and the review, B.A. Kowalczyk, *Anton Maria Zanetti the Elder and His Time*, "Print Quarterly", XXXV, 1, March 2018, pp. 98–101); *La vita come un'opera d'arte. Anton Maria Zanetti e le sue collezioni*, exhibition catalogue, edited by A. Craievich (Venice, Museo del Settecento Veneziano Ca' Rezzonico), Crocetta del Montello 2018. Zanetti's correspondence – *Anton Maria Zanetti. Il carteggio*, edited by M. Magrini – is shortly to be published by the Fondazione Giorgio Cini, in collaboration with the Fondazione Musei Civici di Venezia.

[17] M. Magrini, *Canaletto e dintorni. I primi anni di Canaletto attraverso le lettere dei contemporanei*, in *Canaletto prima maniera*, exhibition catalogue, edited by B.A. Kowalczyk, with the collaboration of C. Ceschi and S. Guerriero (Venice, Fondazione Giorgio Cini, 18 March–10 June 2001), Milan 2001, p. 239, letter n. 36.

[18] Dublin, National Library, Wicklow Papers, Ms. 38,599/13, *Letters to Hugh Howard, 1723–1729*, letter dated 28 August 1728.

[19] Dublin, National Library, Wicklow Papers, Ms. 38,599/13, *Letters to Hugh Howard, 1723–1729*, letters dated 25 March 1729, 21 October 1729 and 24 March 1730.

[20] Dublin, National Library, Wicklow Papers, Ms. 38,599/13, *Letters to Hugh Howard, 1723–1729*, letter dated 16 April 1723.

[21] They both shared a passion for collecting gems and cameos; see D. Scarsbrick, *Connoisseurship in Gems – the 4th Earl of Carlisle's Correspondence with Francesco de Ficoroni and Antonio Maria Zanetti*, in "The Burlington Magazine", CXXIX, 1007, February 1987, pp. 90–104.

[22] The idea that it was Zanetti who sent the Bellottos to Castle Howard has been suggested by the present author (B.A. Kowalczyk, *Il Bellotto veneziano*, cit., pp. 74 and 76, note 43–46); see also, for a different opinion, D. Succi, *Bernardo Bellotto*, cit. (1999), pp. 66–67.

[23] See note 13.

[24] See B.A. Kowalczyk, Delle Antiche Statue Greche and Romane *e i due Zanetti*, in *Venezia Settecento. Studi in memoria di Alessandro Bettagno*, cit., pp. 221–227; C. Crosera, *Il volume* Delle Antiche Statue Greche e Romane, in *La vita come un'opera d'arte*, cit., pp. 263–275.

[25] R. Bandinelli, *I due Zanetti ad Anton Francesco Gori*, in *Lettere artistiche del Settecento veneziano, 1*, Vicenza 2002, pp. 360–361, letter n. 177.

[26] See M. Ingendaay, "I migliori pennelli". *I marchesi Gerini mecenati e collezionisti nella Firenze barocca. Il palazzo e la galleria 1600–1825*, 2 vols., Milan 2013.

[27] See B.A. Kowalczyk, L'Apollon et Daphné *de Giambattista Tiepolo, au Louvre. Nouveaux documents des archives Gerini*, in "La Revue des Musées de France. Revue du Louvre", 5–2011, pp. 84–92.

[28] See F. Borroni Salvadori, *I due Zanetti*, Florence 1956; R. Bandinelli, *I due Zanetti ad Anton Francesco Gori*, cit., pp. 343–370.

[29] M. Ingendaay, *Pompeo Batoni: le lettere, l'autoritratto e il rapporto con tre committenti toscani (Conti, Riccardi, Gerini)*, in *Intorno a Batoni*, proceedings of the conference (Rome, Palazzo delle Esposizioni, 3–4 March 2009), edited by L. Barroero and F. Mazzocca, Lucca 2009, p. 137; they are probably the same as those displayed in London at 26 St, James's Street at the *Exhibition of Pictures from the well-known Gallery of the Marquis Gerini, Florence* and cited as *View of Venice and View of Ducal Palace* (lots 10 and 14) in the undated catalogue but presumably 1800–1813.

[30] R. Bandinelli, *I due Zanetti ad Anton Francesco Gori*, cit., pp. 360–361, letter n. 177.

[31] B.A. Kowalczyk, *Bellotto and Zanetti in Florence*, "The Burlington Magazine", CLIV, 1306, January 2012, pp. 24–31.

[32] *Scelta di XXIV vedute delle principali contrade, piazze, chiese e palazzi della città di Firenze* and *Vedute delle ville e d'altri luoghi della Toscana*, two albums printed by Giuseppe Allegrini in Florence, respectively in July 1744 (G.M. Guidetti, in *Il Fasto e la Ragione. Arte del Settecento a Firenze*, exhibition catalogue, edited by C. Sisi and R. Spinelli (Florence, Galleria degli Uffizi, 30 May – 30 September 2009), Florence 2009, p. 266; M. Ingendaay, "I migliori pennelli", cit., vol. I, p. 356) and in autumn–winter 1745 (M. Ingendaay, "I migliori pennelli", cit., vol. I, p. 360).

[33] Archivio di Stato di Firenze (henceforth ASF), Fondo Gerini 1436 (*Filza 22*), *Ricevute dal 1736, al 1740*; B.A. Kowalczyk, *Bellotto and Zanetti in Florence*, cit., p. 27.

[34] ASF, Fondo Gerini 1436 (*Filza 22*), *Ricevute dal 1736, al 1740*; B.A. Kowalczyk, *Bellotto and Zanetti in Florence*, cit., p. 27. It is very interesting that Marieschi states that he also executed the figures; this may be a confirmation that not in all his paintings are the figures in his own hand. A receipt with no date found among the Gerini papers of 1719 (ASF, Fondo Gerini 5353; doc. 20) specifies the subjects of the two "little pictures": *The Piazza San Marco* and *The Ponte di Rialto* (the two pendants so described are not mentioned in the nineteenth-century catalogues and lists of the collection and are not found in the artist's catalogues (R. Toledano, *Michele Marieschi: catalogo ragionato*, Milan 1995; F. Montecuccoli degli Erri, F. Pedrocco, *Michele Marieschi. La vita, l'ambiente, l'opera*, Milan 1999; D. Succi, *Michele Marieschi 1710-1743. Opera completa*, Castelfranco Veneto 2016).

[35] *Prospectus Magni Canalis Venetiarum*, Giambattista Pasquali, Venice 1735 (fourteen plates); when Marieschi began to engrave his paintings, Visentini was already preparing the second edition, which included twenty-four additional prints and would be published in 1742.

[36] The date of the *calcio* (football) match held on 2 February 1739 in Piazza Santa Croce in honour of Francis I, then Grand Duke of Tuscany and Maria Theresa – the subject of the drawing engraved last, XXIV, in the Florentine series (R.M. Mason, *Vues de Florence et de Toscane*, exhibition catalogue (Geneva, Cabinet of Prints, Musée d'Art et d'Histoire, 30 January – 24 March 1974), Geneva 1974, No. 27) provides the probable *termine post quem* for the entire series of drawings; three other celebrations were engraved as plates XXI–XXIII.

[37] F.M.N. Gabburri, *Vite di artisti*, Florence, Biblioteca Nazionale Centrale, Manoscritto Palatino, E.B.9.5., 1719–1741, vol. III, c. 1529.

[38] Morgan Library & Museum; see, *Views of Florence and Tuscany by Giuseppe Zocchi 1711–1767. Seventy Seven*

drawings from the Collection of the Pierpont Morgan Library New York, exhibition catalogue, edited by E. Evans Dee, New York 1968. The two plates engraved by Zocchi form part of the first series of the *Vedute delle ville;* the five in which he engraved the figures of Bernardo Sgrilli belong to the *Scelta di XXIV vedute... di Firenze* (R.M. Mason, *Vues de Florence et de Toscane*, cit., nn. 30 and 47; nn. 7, 13, 18, 19, 24).
[39] L. Lanzi, *Storia pittorica della Italia*, Bassano 1795–1796, I, pp. 261–262.
[40] F.M.N. Gabburri, *Vite di artisti*, cit., vol. III, c. 1529.
[41] ASF, Fondo Gerini 1436 (*Filza 22*), *Ricevute dal 1736, al 1740*, B.A. Kowalczyk, *Bellotto and Zanetti in Florence*, cit., p. 28.
[42] A series of receipts made out to the engravers and of notes in the Gerini archive make it possible to reconstruct the chronology of the execution of the plates and the costs of the project (ASF, Fondo Gerini 1437, *Ricevute 1741–1744*; ASF, Fondo Gerini 1409; see G.M. Guidetti, in *Il Fasto e la Ragione*, cit., pp. 262–266, cat. 94 and pp. 276–280, cat. 99; M. Ingendaay, *Un mondo di incisioni. Gerini promotori di imprese calcografiche*, in "I migliori pennelli", cit., vol. I, pp. 351–362, vol. II, pp. 169–188.
[43] B.A. Kowalczyk, *Bellotto and Zanetti in Florence*, cit., p. 28.
[44] M. Ingendaay, "I migliori pennelli", cit., vol. I, p. 121, note 94.
[45] P. Orlandi, G. Guarienti, *Abecedario pittorico del M.R.P. Pellegrino Antonio Orlandi... corretto e notabilmente accresciuto da Pietro Guarienti*, Venice 1753, p. 101.
[46] G. De Juliis, *Appunti su una quadreria fiorentina. La collezione dei marchesi Riccardi*, "Paragone", 375, 1981, pp. 56–93 (in particular, pp. 61–62, 72, 73, 87, note 57).
[47] G. De Juliis, *Appunti su una quadreria fiorentina*, cit., p. 62.
[48] S. Kozakiewicz, *Bernardo Bellotto*, cit., vol. I, p. 34; G. Marini, *Il fiume e il castello. Precisazioni sul viaggio romano del Bellotto*, in "Artibus et Historiae", 24, 1991, p. 161.
[49] G. De Juliis, *Appunti su una quadreria fiorentina*, cit., pp. 61–62, 87, note 57.
[50] No inventory of Andrea Gerini's paintings has been found yet. Eighty of the most important paintings were engraved for the two editions of the *Raccolta di stampe rappresentanti i quadri più scelti dei SS. Marchesi Gerini*, of 1759 and 1786. The largest catalogue of the collection, containing 328 paintings, is the well-known catalogue of 1825, of the first sale in Florence (*Catalogo e stima dei quadri, e Bronzi esistenti nella Galleria del Sig. Marchese Giovanni Gerini*); the next sale took place in London on 23 November 1836, at Edward Foster's. Also known is the list of pictures prepared for export in 1820 (M. Ingendaay, *Salvator Rosa a Firenze: precisazioni sui dipinti nella collezione Gerini*, in "Arte Cristiana", XCVII, n. 852, 2009, pp. 188-198, p. 192 and p. 197, notes 31 and 32; M. Ingendaay, "I migliori pennelli", cit., vol. II, pp. 252–253) and the catalogue without date but presumably from 1800–1813, of twenty-six paintings, exhibited in London in St. James's Street (see note 29).
[51] *Catalogue of Eight highly important Pictures, and Four splendid Drawings by Peter de Wint, the Property of the Right Hon. The Earl of Lonsdale; also, the valuable Collection of ancient and modern Pictures of the Baron Heath, F.R.S., F.S.A., deceased, late Italian Consul-General, which will be sold by Auction, by Messrs. Christie, Manson & Woods...8, King Street, St. James's Square...March 8, 1879...*
[52] *Catalogue of the choice Collection of ancient and modern Pictures of that well-known Amateur Albert Levy, Esq., deceased; also, a valuable collection of Pictures by Old Masters, The Property of a Lady, including a fine series of Works of Canaletti......which will be sold by auction, by Messrs. Christie, Manson & Woods....8 King Street, St. James's Square... May 3, 1884....*
[53] J. Ingamells, *A Dictionary of British and Irish Travellers in Italy 1701–1800, compiled from the Brinsley Ford Archive*, New Haven and London 1997, p. 481.
[54] The belief that Bellotto was in Florence only in 1742 implied the precedence of Zocchi's inventions; see M. Gregori, *La veduta nella prima metà del Settecento: Zocchi e Bellotto*, in M. Gregori, S. Blasio, *Firenze nella pittura e nel disegno dal Trecento al Settecento*, Cinisello Balsamo 1994, pp. 155–214; V. Ponticelli and G.M. Guidetti, in *Il Fasto e la Ragione*, cit., pp. 264 and 268.
[55] In 1733 Vincenzo married Maddalena Ortensia Gerini, daughter of Carlo, brother of Andrea Gerini; G. De Juliis, *Appunti su una quadreria fiorentina*, cit., p. 60; regarding the Riccardi family's collecting activity, see *Stanze segrete: gli artisti dei Riccardi; i "ricordi" di Luca Giordano e oltre*, exhibition catalogue (Florence, Palazzo Medici Riccardi), edited by C. Giannini and S. Meloni Trkulja, Florence 2005; concerning Vincenzo Riccardi, in particular, G. De Juliis, *Appunti su una quadreria fiorentina*, cit., pp. 60–62.
[56] G. De Juliis, *Appunti su una quadreria fiorentina*, cit., p. 60. A precise comparison between the ideas and choices of the two collectors can be made when an inventory of the collection of Andrea Gerini is found. It is significant, however, that between 1736 and 1744 the Florentine aristocrat almost exclusively purchased works by modern Venetian artists, with only a few exceptions, such as Pompeo Batoni and Claude-Joseph Vernet. See per Batoni and Vernet, M. Ingendaay, *"Posso vantarmi di avere un gran Protettore". Il carteggio tra Pompeo Batoni e il marchese Andrea Gerini, 1740–1748*, in *Pompeo Batoni 1708–1787. L'Europa delle Corti e il Grand Tour*, exhibition catalogue (Lucca, Palazzo Ducale, 6 December 2008–29 marzo 2009), edited by L. Barroero and F. Mazzocca, Cinisello Balsamo 2008, pp. 372–401.
[57] I wish to thank Carolina Trupiano who, picking up on my advice (B.A. Kowalczyk, *Bellotto and Zanetti in Florence*, cit., p. 29, note 52), has dedicated a research project (currently being published) on the works of Gaspar van Wittel present in the Riccardi collection.
[58] A. Venturi, *I quadri di scuola italiana nella Galleria Nazionale di Budapest*, "L'Arte", III, 1900, p. 236. The two Riccardi Bellottos were sold before 20 July 1810, when a complete inventory of the collection was made for a sale by auction; among the 452 pictures listed, a good number are simply defined as "sold" without an indication of the artist or title (ASF, Fondo Riccardi 278; the inventory is mentioned in reference to Batoni (together with the one documenting the later sales, ASF, Fondo Riccardi 279) by M. Ingendaay, *Pompeo Batoni*, cit., p. 132, note 10.
[59] B.A. Kowalczyk, *Bellotto e Zocchi*, cit., pp. 75–84.
[60] S. Kozakiewicz, *Bernardo Bellotto*, cit., vol. II, pp. 183–184, nn. 233, 235, 238, 241; for the fifth painting in the series, see E.P. Bowron, *Bernardo Bellotto: The Fortress of Königstein*, Washington 1993.
[61] S. Kozakiewicz, *Bernardo Bellotto*, cit., vol. II, pp. 369–370, 374–375, nn. 424–427.
[62] S. Marinelli, *Black lights of the Enlightenment's painter*, in *Bellotto and Canaletto. Wonder and Light*, cit., p. 42. Bellotto owned the following works by Ludovico Antonio Muratori in his library, destroyed by the Prussian bombardment of Dresden in July 1760: *La Filosofia Morale esposta e proposta ai giovani*, Verona 1737; *Dei difetti della Giurisprudenza*, Venice 1743; *Annali d'Italia dal principio dell'era volgare sino all'anno 1500*, Milan 1744 (E. Manikowska, *Bernardo Bellotto i jego drezdeński apartament*, cit., pp. 322, 331, nn. 578, 774, 783).
[63] J. Fleming, *Prefazione*, in C. Sardi, *Vita lucchese nel Settecento*, Lucca 1968, pp. 7–20.
[64] H. Honour, in *Bernardo Bellotto. Verona e le città europee*, exhibition catalogue, edited by S. Marinelli (Verona, Castelvecchio), Milan 1990, p. 64, n. 7.
[65] *Panoramic view of the city, from the North*, Augusta [1745?] and *Panoramic view of the city, from the North*, Augusta 1731; G. Bedini, G. Fanelli, with the collaboration of F. Lucchesi, E. Masiello, B. Mazza, *Lucca. Iconografia della città*, Lucca 1998, vol. I, pp. 116–117 and pp. 112–113, nn. 178 and 167.
[66] A.M. Clark, *Pompeo Batoni. Complete Catalogue*, edited by E.P. Bowron, Oxford 1985, pp. 220–221, 228–230, nn. 41, 44, 67–68, 69–70.
[67] M. Ingendaay, "I migliori pennelli", cit., vol. I, p. 192.
[68] A.V. Migliorini, *I Conti. Una famiglia di collezionisti del Settecento lucchese*, in *Le dimore di Lucca. L'arte di abitare i palazzi di una capitale dal Medioevo allo Stato Unitario. Convegno di Studi, Lucca, Palazzo Tucci, Via Cesare Battisti 13, 16, 17, 28, 29 ottobre 2005, promosso e organizzato dall'Associazione Dimore Storiche Italiane-Sezione Toscana*, edited by E. Daniele, Florence 2007, pp. 257-261.
[69] A.M. Clark, *Pompeo Batoni*, cit., pp. 297–298, n. 280, fig. 254; P.B. Kerber, in *Pompeo Batoni 1708-1787. L'Europa delle Corti*, cit, p. 300, n. 54.
[70] *Anton Maria Zanetti. Il carteggio*, shortly to be published.
[71] Archivio di Stato di Lucca, *Pubblici Banditori*, 43, 1763 (Margherita Tegrimi); *Pubblici Banditori*, 48, 1783 (Andrea Bonseschi o Borreschi); *Pubblici Banditori*, 48, 1787 (Paolo quondam Giovanni Battista Sardini); *Pubblici Banditori*, 51, 1800 (Pietro e Giovanni Battista Pellini); S. Nelli, *Indicazioni archivistiche per l'arredamento lucchese dei secoli XVI-XVIII. Guida per l'accesso ai documenti*, in *Le dimore di Lucca*, cit., pp. 335-336; L. Tori, *Inventari delle quadrerie lucchesi contenute in alcuni fondi dell'Archivio di Stato di Lucca (gentilizi, notarili, dei Pubblici Banditori)*, survey perfected within the Italian Ministry of Culture project *500 giovani per la cultura*, 2016.
[72] F. Russell, *A Supplement to W.G Constable's Canaletto. Giovanni Antonio Canal, 1697-1768. By J.G. Links* (review), in "The Burlington Magazine", CXLI, 1152, March 1999, pp. 180-181.
[73] *Catalogue of the Collection of Important Pictures by Old Masters of Charles T.D. Crews, Esq., D.L., J.P., F.S.A., Deceased, Late of 41 Portman Square, W., and Billingbear Park, Berks... Will be Sold by Auction by Messr Christie's Manson &* Woods...*on Thursday, July 1, and Friday, July 2, 1915....*; C. Beddington, in *Bernardo Bellotto and his circle in Italy & a masterpiece by Francesco Guardi*, exhibition catalogue (London, Charles Beddington Limited), London 2014 [no page number].
[74] *The Barbara Piasecka Johnson Collection, Renaissance & Baroque Masterworks*, Sotheby's, London, 8 July 2009, lot 15.
[75] *Catalogue of Maps, Prints, Drawings, etc. Forming the Geographical and Topographical Collection attached to the Library of His late Majesty King George the Third, and presented by His Majesty King George the Fourth Fourth to the British Museum*, London 1829, vol. I, p. 722.

[76] A.P. Oppé, *English Drawings, Stuart and Georgian Periods, in the Collection of His Majesty the King at Windsor Castle*, London, Phaidon, 1950, p. 10.

[77] S. Kozakiewicz 1972, *Bernardo Bellotto*, cit., vol. I, pp. 20, 62–63, vol. II, pp. 20, 25, nn. 25 and 24.

[78] S. Kozakiewicz 1972, *Bernardo Bellotto*, cit., vol. I, pp. 25–26, vol. II, pp. 80, 83, n. 105; B.A. Kowalczyk, in *Bellotto and Canaletto. Wonder and Light*, cit., pp. 75–76, 273, n. 12.

[79] B.A. Kowalczyk, in *Bellotto and Canaletto. Wonder and Light*, cit., pp. 75, 78, 273, n. 13.

[80] P. Orlandi, G. Guarienti, *Abecedario pittorico*, cit., p. 101.

[81] S. Kozakiewicz 1972, *Bernardo Bellotto*, cit., vol. I, p. 38; vol. II, p. 55, n. 77.

[82] London, Langford, 29–30 March 1759, lots 34 and 35 in the second day of sale (Lugt, *Ventes*, 1041).

[83] ASF, *Raccolta Sebregondi*, n. 977; *Decima Granducale*, 1715 Sample, n. 3598: he is again enrolled in the Florentine citizenship in 1746 and is referred to in the text of 1746, n. 2537 (new inscription, Santa Croce district, Ruote banner); for this information, I wish to thank Dr. Paola Conti of the Archivio di Stato di Firenze.

[84] F. Mauroner, *Case di artisti veneziani del Settecento*, "Le tre Venezie", XIX, 1944, nn. 7–12, p. 63.

[85] Regarding Bernardo's younger brother, see *Pietro Bellotti. Un altro Canaletto*, exhibition catalogue, edited by C. Beddington, D. Crivellari (Venice, Museo del Settecento veneziano Ca' Rezzonico, 7 December 2013–28 April 2014), Verona 2013.

[86] B.A. Kowalczyk, *Il Bellotto veneziano*, cit., pp. 69–72. Concerning Michele's date of birth (Michiel Bernardo Antonio Eugenio), B.A. Kowalczyk, *Il Bellotto veneziano*, cit., pp. 68–69 and p. 76, *Appendice documentaria*, n. 2; for the date of his death, E. Boffa, *La stampa delle opere del Muratori (1767–1780) per Michele Bellotti stampatore vescovile*, "Annali Aretini", XXI, 2013, Edizioni Fraternità dei Laici Arezzo, p. 143, note 6; Il *Registro dei Morti* of the Fraternità dei Laici di Arezzo mentions at the date 21 November 1778: "Michele fu Lorenzo Bellotti di Rovigo abitante in Arezzo sepolto in Pieve" ("Michele sone of Lorenzo Bellotti of Rovigo inhabitant in Arezzo buried in the Parish church") (Reg. 897, c. 232v); the mention of Rovigo, which is misleading for the historians of Arezzo who have not associated their favourite printer with the Venetian painter, referred to his father Lorenzo, who abandoned his family and Venice in 1725 circa.

[87] Christie's, London, 13 December 2000, lot 99 (as "attributed to Antonio Joli"; 63 x 76,5 cm.; current whereabouts unknown). Attributed to Pietro Bellotti by C. Beddington (C. Beddington, *Bernardo Bellotto and his circle*, cit., p. 25, fig. 20), the painting bears the false signature "ANT. CANAL F." and the following text on the lining canvas: "No. 68. Antonio Canaletto. F. 1741. Raccolta di quadri del Signor Marchese Gerini. Firenze" ("No. 68. Antonio Canaletto. F. 1741. Collection of paintings of the Marquis Gerini. Florence"). This text is very important because it signals the existence of a catalogue or inventory of the collection, which is yet to be found.

[88] The Ponte Rosso outside the Porta San Gallo in Florence, an early sixteenth-century construction in red brick over the Mugnone torrent, still exists, but was rebuilt in stone in 1868; in the eighteenth century it was a rural area. With a view to marriage, Michele asked in Venice for a single status certificate, which was registered by the Patriarchal Curia on 19 November 1742 (Archivio della Curia Patriarcale di Venezia, Libro *Matrimoniorum 1742*, Foscari, n. II, n. 78, p. 476).

[89] E. Boffa, *La stampa delle opere del Muratori*, cit., p. 144, note 3.

[90] B.A. Kowalczyk, *Il 'prezioso' manoscritto della collezione Bettagno: l'Indice della Biblioteca di Zanetti*, in *Venezia Settecento*, cit., pp. 31–36; B.A. Kowalczyk, *L'*Indice de' libri *di Zanetti e la ricostruzione della raccolta di disegni and stampe*, in *La vita come opera d'arte*, cit., pp. 200–211.

[91] M. Ingendaay, *Epistolario di Anton Francesco Gori*, in *Marcantonio Franceschini. I cartoni ritrovati*, exhibition catalogue, edited by G. Testa Grauso (Genoa, Palazzo Ducale, Salone del Maggior Consiglio), Cinisello Balsamo 2002, p. 289, doc. 24 (partial).

[92] De Benedictis, M.G. Marzi, *L'Epistolario di Anton Francesco Gori. Saggi critici, antologia delle lettere e indice dei mittenti*, Florence University Press, 2004, p. 231.

[93] Archivio di Stato di Arezzo, *Tassa Macinato, 74, Trascrizioni Bocche*, year 1758–1759, c. 79v and *Tassa Macinato, 96, Trascrizioni Bocche*, year 1781, c. 118.

[94] E. Manikowska, *The rediscovery of Bernardo Bellotto's inventory*, cit., p. 36; E. Manikowska, *Bernardo Bellotto i jego drezdeński apartament*, cit., pp. 214, 351.

[95] *Vita del proposto Lodovico Antonio Muratori, già bibliotecario del Serenissimo Signore Duca di Modena, descritta dal proposto Gian-Francesco Soli Muratori suo nipote, e da Esso in quella nuova Edizione notabilmente accresciuta di Documenti inediti, e della Prefazion*, vol. I, in Arezzo, Per Michele Bellotti Stampatore Vescovile all'Insegna del Petrarca, 1767.

[96] E. Boffa, *La stampa delle* Opere *del Muratori (1767–1780)*, cit., pp. 143–144.

[97] *Bernardo Bellotto Canaletto i jego widoki Warszawy, XV Wystawa Towarzystwa Opieki nad Zabytkami Przeszlosci*, exhibition catalogue, edited by T. Sawicki (Warsaw, Kamienica Baryczkòw), Warsaw 1922, p. 25. This is the transcription from the registers of the Visitazione church of Bellotto's death certificate on 17 November 1780: "17. November Bernardus Canallety annos… maritus Elisabetha morte subitanea extinctus sepultus apud Pres Capucinos de consensu" (*Libro dei Morti*, 1771–1788, p. 299). The original document was destroyed in 1944 in a fire during the Second World War.

ENTRIES OF THE WORKS

BOŻENA ANNA KOWALCZYK

The star eventually present in the heading of the catalogue entries means that the artwork is not exhibited.

1. CARLEVARIJS AND CANALETTO IN LUCCA, PRECEDING BELLOTTO

Vedute of Venice can often be found in the inventories of Lucca's eighteenth-century collections: they are mostly anonymous, and some by local painter, Gaetano Vetturali (1701–1783). Canaletto's name appears very rarely: the only certain works are the four view paintings commissioned to the artist by Stefano Conti (1654–1739), of a family of merchants from Como who emigrated to Lucca in the sixteenth century and were conferred of a noble title in 1706. Luca Carlevarijs is the only other Venetian view painter present in Conti's collection, whose organization is worthy of a meticulous businessman.

As a matter of fact, Conti's inventory comprised contemporary paintings only, either Venetian or from Bologna (the only exceptions being Guercino and Correggio), executed upon order and according to requested size, each painting complete with a certificate of the artist's hand, with the description of the subject and the date of the work. Marchesini, an agent and painter from Verona who was living in Venice, had the task of finding the most fashionable artists and mediating their relationship with Conti: fourteen of his own paintings also appear in the gallery. Marchesini's letters, sent to Conti from Venice and Bologna, between 29 April 1705 and 9 April 1729, were transcribed in a notebook at the will of the collector, together with the certificates (whose originals are preserved at the Biblioteca Estense in Modena), and destined to be printed. They are still an unextinguished source of information, which has been known and studied since 1956, when Francis Haskell first mentioned it (with a sour judgment on the mediocrity of the choices).

Luca Carlevarijs was among the first Venetian painters to enter the gallery: between April and August 1706, he delivered three views of Venice (doc. 1). Contacting him together with the "veterans" of Venetian figure painting of the time (Fumiani, Bellucci, Lazzarini, and Balestra) proved to be a brilliant idea. So was commissioning him with *vedute* – instead of *capricci* with harbours, for which he was famous – and even stealing him from the commission of foreigners residing in Venice and of the British travellers on the Grand Tours: two of the three paintings found are among Carlevarijs' earliest view paintings that we know of and constitute a reference point for any consideration of his beginnings (cat. 1).

The operation was repeated again in 1725, with the discovery of a rising star, the young Canaletto, which led to the brilliant choice of commissioning him with the view paintings of Venice, rather than Carlevarijs ("adesso è vecchio" ed è "superato di maggior stima dal signor Antonio Canale, che fa in questo paese stordire universalmente ognuno che vede le sue opere, che consiste sul ordine di Carlevari ma vi si vede lucer entro il sole"; "He is now old" and "surpassed in terms of esteem by Mr. Antonio Canale, who can universally astonish anyone seeing his works; his works are in the style of Carlevari, but one sees the sun shining in them"; doc. 2). For Conti, Canaletto painted two pairs of vedute, which prove to be emblematic of his genius and transmitted his love for Venice and its atmosphere: *The Ponte di Rialto, seen from the North* and *Canal Grande towards North, from the Palazzo Civran*, commissioned on 2 August 1725 and completed by 17 November of the same year, *Canal Grande with Santa Maria della Carità* and *Campo Santi Giovanni e Paolo* (cat. 2), delivered on 15 June of the following year.

With Conti's paintings by Carlevarijs and Canaletto, Lucca owned Italy's most important collection of *vedute* of Venice by the first decades of the eighteenth century. The path for young Bellotto's visit was already paved.

1
LUCA CARLEVARIJS
(Udine 1663 – Venice 1730)

The Molo with the Libreria and the Zecca looking towards Punta della Dogana and La Salute, Venice
1706
oil on canvas; 63 x 92 cm
signed inside the cartouche on the first column of the Libreria: "L.C."
Lucca, Polo Museale Regionale della Toscana, Museo Nazionale di Palazzo Mansi, 751

"Attesto io Luca Carlevarijs Pittore di haver fatto al Illustrissimo Signor Steffano Conti, due quadri di quarte 6 in larghezza e 4 in altezza. Nell'uno de queli vi è rapresentata la pescaria di Venezia con la Frabica della Ceccha, è granari Plubichi, con una parte del Canal Grande, oltre il qualle si vede la Chiesa di Santa Maria della Salute, et la Dogana di Mare, con Barche d'ogni sorte, è quantità di figurine, le maggiori delle quali saranno pocho meno di onze 3.

Nell'altro vi è rapresentata la vedutta di S. Giorgio Magiore oltre il Canal Grande, con varij Bastimenti e Barche piccole è molte figurine come nell'altro. è questi gle'li consegnai il mese d'Aprile 1706" ("I, Luca Carlevarijs, hereby testify that I painted two paintings for the most illustrious Mr. Steffano Conti, six quarte in length and four quarte in height. One of them depicts the fish market of Venice with the Fabrica della Ceccha, the Public granaries, with a part of the Canal Grande, beyond which is the Chiesa di Santa Maria della Salute, with the Dogana di Mare, every sort of boat, various little figures, mostly less than 3 ounces in size. The other one represents the view of S. Giorgio Magiore beyond the Canal Grande, with various ships and small boats and many small figures as in the other painting. I delivered these paintings in the month of April, 1706"). (*Libro in cui si contengono varie Lettere*..., f. 57; doc. 1).

Luca Carlevarijs sent this delivery certificate for two *vedute* of Venice on 23 July 1707, begging his client, the Lucchese nobleman Stefano Conti, "à compatire se' troppo ò tardato in rispondere alla Gentilissima di Vostra Illustrissima à causa di essere statto quasi un mese fori di Venezia, et ora ritornato suplisco à miei doveri col esseguire li Comandi riveriti di Vostra Illustrissima, riceverà qui annesi li Atesttati..." ("to forgive me for having your Lordship waited long for my reply as I was away from Venice almost a month. Now that I am back, I can fulfill my tasks and deliver your most honourable commission. Your Lordship will hereby find the certificates..."). (*Libro in cui si contengono varie Lettere*...), f. 55; doc. 1).

Thanks to the exact description and reconstruction of the story, the first canvas can be identified with the present painting and the second with the *Island of San Giorgio Maggiore*, Venice. The latter is now in a private collection, sold by Bonhams, London, on 8 July 2009 (lot 90), and later by Christie's, New York, on

9 June 2010 (Betti 1997) (fig. c). A third painting is mentioned in the same delivery certificate, being a larger view of the Piazzetta from the Bacino di San Marco, delivered by August 1706, which has yet to be found *(Libro in cui si contengono varie Lettere*…, f. 56; doc. 1).

Luca Carlevarijs had arrived in Venice in 1679 at the age of sixteen and was registered in 1690 in the Fraglia among those "pittori ancora più instabili et senza fondamento, de' quali si sa semplicemente il nome" ("even more unstable and unfounded painters, of whom only the names are known"), together with a note: "al presente è fuori" ("at the moment, out of town"). (Favaro 1975, p. 217), as he was probably in Rome and Tuscany to update and collect suggestions for his artistic activity. The first works attributed to Carlevarijs are two biblical scenes in the Venetian church of San Pantalon, depicting *Joseph sold by his brothers (Giuseppe venduto dai fratelli)* and *Moses making water spring from the stone (Mosé fa scaturire l'acqua dalla roccia)*, as well as three large *Landscapes*. These were painted towards the end of the seventeenth century for Palazzo Zenobio, the house of his main patrons in the parish of Angelo Raffaele, where they are still preserved (Rizzi 1967, pp. 23–24, 95, fig. 9–16). Thanks to his scientific education as *Mathematicae cultor egregius*, Carlevarijs, who was also an architect, grasped the topicality of *vedute* as an artistic genre of international interest based on the application of the rules of optics and perspective, in the wake of the successful painter Gaspar van Wittel (1652/53–1736). In the span of few years, Carlevarijs became a famous *vedutista* in the service of tourists on the Grand Tour and foreign diplomats in Venice, who were his main clients. He specialised in historical scenes and in the representations of festivals, a tradition brought to Venice by the Augsburg painter Joseph Heintz the Young (circa 1600–1678). Carlevarijs's masterpieces of the first decade of the eighteenth century are now housed in Birmingham, Schleissheim and Frederiksborg, at the J. Paul Getty Museum, Los Angeles, and in the Lehman Collection, Metropolitan Museum of Art, New York City.

These two paintings, made for the famous collections of the building in via Pantera (today Fillungo) in Lucca, represent a fixed point in Carlevarijs's small *corpus* of *vedute*. In 1704, when Stefano Conti and his agent, Alessandro Marchesini, arrived in Venice from Lucca in order to make the acquaintance of the best local artists, Carlevarijs must have already distinguished himself as a *vedutista* and not just as a painter of *capricci* and engraver of 103 plates (104 in the complete edition). These had been published one year earlier by Giovanni Battista Finazzi *as Le Fabriche, e vedute di Venezia* and, as Carlevarijs proudly remarked, he had "disegnate, poste in prospettiva, et intagliate" ("drawn, put into perspective, and engraved") them himself (Carlevarijs 1703). Carlevarijs probably discussed the subjects of the two views with Conti himself, leafing through the album of etchings, but noticeably changing the views of the chosen plates (*Fabbriche, e vedute*, nn. 54 e 13). Conceived as the compositional basis of his works, during the century the set of prints became the essential repertoire for the whole Venetian view painting of the eighteenth century.

This *veduta* and its pendant present perspective compositions remarkably built with the use of the camera obscura and an already mature painting style, as well as a steady technique in the rendition of architectural forms, with a particular emphasis on sculptural decorations. Carlevarijs had already been usually sketching his repertoire of figures from life in pen on paper in order to collect them in an album. Some of the resulting figures evolved into detailed models in oil on canvas (see the albums at Museo Correr and at the British Museum as well as the 49 preparatory studies in oil at the Victoria & Albert Museum), in order to be later used in several paintings. Some of Carlevarijs's favourite silhouettes are already present among the colourful figures here gathered in the Piazzetta and on the Molo, such as the man with the white jacket and blue trousers (fig. a, b) and the gentleman wrapped up in a dark cloak. The contrasting brightness, emphasised by skies recalling the atmosphere created by Pieter Mulier – the Cavalier Tempesta (1637–1701), who had moved to Venice in 1687 – and juxtaposing the dark-grey oblique clouds above to the tenuous blue of the horizon and to the white and softly pink fluffy cumulus clouds, as well as the dark-green water, with white waves created with parallel and firm strokes, are common features of his early known works: *The French Ambassador De Charmont entering the Palazzo Ducale, Venice* (in a private collection), probably painted soon after the day of the event, which took place on 29 April 1703 (Succi 1991); and *San Giorgio Maggiore, from the Piazzetta*, sold by Christie's (lot 81) in London on 7 July 2000 (C. Beddington, in San Diego 2001, pp. 13, 32, fig. 14 p. 17). The latter might date earlier, since its figures present a more archaic character, similar to those of the painter's early *capricci*. This is the case of the two pendants found in the storage of the State Hermitage Museum, Saint Petersburg, signed on the *verso* of the canvas and exceptionally dated to 1700: *Capriccio with Ercole Farnese* and *Capriccio with the Ponte Rotto* (Artemieva 2018). The figures had been influenced by seventeenth-century culture and the imagery typical of the northern painters active in Venice at the time: in particular, the Dutch painter Jacob de Heusch (1657–1701) and the Austrian Johann Anton Eismann (1604–1698).

The version of the present painting housed in Galleria Nazionale d'Arte Antica di Palazzo Corsini in Rome (Rizzi 1997, p. 94, see fig. 57 and 58) can be dated later, approximately 1707–1708, considering the more serene and diffuse light.

Carlo Giuseppe Innocenzo Conti inherited his grandfather's two Carlevarijs, which entered the Massoni collections in the nineteenth century, possibly through a series of weddings. The frames, described in the inventory written in 1750 for the allocation of the Conti collection as "dorate liscie cangianti" ("golden smooth and shimmering" (Betti 1997, pp. 41, 43), still survive, at least for this painting.

Provenance: Commissioned to the artist by Stefano Conti (1664–1739), Lucca, 1704–1706; inherited by Conti's grandson, Carlo Giuseppe Innocenzo Conti, Lucca, 1750; Massoni family, Lucca; bequeathed by Vincenzo Massoni to Museo Nazionale di Palazzo Mansi, 1952.

Selected Bibliography: Paoletti 1911, p. 604; Borella, Giusti Maccari 1993, pp. 258–259; Betti 1997, pp. 38–41, 43; I. Reale, in Roma–Venezia 2002–2003, pp. 315–317; Betti 2003, pp. 113–114; P. Betti, in Treviso 2008–2009, pp. 243–244, n. 5; Succi 2015, pp. 163–168, n. 23.

2
CANALETTO
(Venice 1697–1768)

Campo Santi Giovanni e Paolo, Venice
1726
oil on canvas; 92.1 x 134.9 cm
*Turin, Pinacoteca Giovanni e Marella Agnelli

A letter from Alessandro Marchesini marks the beginning, on 14 July 1725, of the beautiful story of the four Venetian *vedute* executed for Stefano Conti di Lucca (doc. 2). Conti had entrusted Marchesini with the commission of two view paintings from Luca Carlevarijs. However, having discarded the Friulian painter (who had been "superato di maggior stima dal signor Antonio Canale" ("surpassed in terms of esteem by Mr. Antonio Canale"), Marchesini decided to turn to the younger *vedutista*: "questo è mio amico che appoggerò le due opere" ("this is my friend to whom I will commission the two works") (doc. 2.). On 2 August, Canaletto signed the payment receipt for an advance concerning the two paintings ("a conto di due quadri di vedute") and on 4 August, Marchesini stated that the painter "ha intrapreso le opere col maggiore sentimento di onore per servire Vostra Signoria Illustrissima" ("is mostly honoured and has started working on the paintings to serve your Illustrious Lordship" (Magrini 2001, letters nn. 3 e 4). They are two vedute of Canal Grande,

The Ponte di Rialto, from the North and *The Canal Grande, towards the North, from the Palazzo Civran* (C/L 234 e 230).
The month of August 1725 represents a crucial moment for young Canaletto: on 16 August, on San Rocco feast day, his *Campo Santi Giovanni e Paolo* (bigger in size than Conti's version) was acquired by the Imperial ambassador Count Colloredo (Dresden, Gemäldegalerie; C/L 305; fig. a). Together with the painting's supposed pendant, *The Stonemason's Yard* (London, The National Gallery; C/L 199), Count Colloredo also commissioned Canaletto with another work. At the time, Canaletto was already working for his British patrons, Joseph Smith and Owen Mc Swiny, and for the French ambassador, Count Jacques Languet de Gergy. However, Stefano Conti's commission was welcomed with authentic enthusiasm and fulfilled by 17 November 1725, with a singular energy and innovative spirit, despite the reduction of price obtained by the Lucchese nobleman, from 25 to 20 sequins for each painting.
Already in those first two views, Canaletto abandoned the looming scenery of his early works, sketched with impetuous brushstrokes, in favour of a more natural, atmospheric depiction, built up through a taste for detail and carefully studied touches of light; this process continued in the second pair, ordered even before the two views of the Grand Canal had been delivered. On 2 February 1726, Marchesini assured that Canaletto "immediate dara` dietro agl'altri due" ("would immediately provide the other two") and only on 4 May did he reveal the subjects, overlooking the fact – for the painting presented here – that the composition picks up on ambassador Colloredo's painting. For the second picture, "la veduta della Carità" ("View of the Carità"), T*he Grand Canal with Santa Maria della Carità* (C/L 304) (fig. b), he was unable to hide the derivation from the canvas seen by the son Giovanni Angelo in the house of Zaccaria Sagredo (Magrini 2001, letters nos. 22 and 26; Kowalczyk 2018, p. 19, fig. 3).
In just over two months, while also working on other commissions, Canaletto completed the two paintings: this one and its pendant. The result is spectacular for "the effective massing of light and shade, the sense of weight in the buildings and their distribution in space, and the mingled breadth and delicacy of handling" (Constable 1923). The two compositions were actually completely rethought compared to the earlier versions, with the relationships between the buildings changed in both pictures in search of a greater balance. And as in the case of the first Conti pair, Canaletto considered the overall effect, "per maggiormente che si vedesse in comparsa l'uno con l'altro, mentre così anco le due vedute va assieme" ("so that the one may be seen without the other, but likewise the two views may also be seen together") (Magrini 2001, letter no. 12). Deep shadows spread over half of the two canvases from the right-hand side. Here, the pinnacles of the Scuola Grande di San Marco, initially of the same height as those in the Colloredo painting, are higher, an afterthought to balance those of the church of the Carità in the pendant. The monument to Colleoni has been moved forward and the equestrian statue is decidedly larger and more vigorous. The Rio dei Mendicanti has been broadened, approaching that of the Grand Canal in the pendant, and the view of the lagoon is made wider to include the distant mountain range, an innovation that will be repeated in a version executed around 1739 for Thomas Brand of The Hoo (C/L 304, note). The most important difference with regard to the ambassador's painting lies in the accentuated contrasts of light and in the dramatic painting of the sky, where the layer of paint is so thin as to leave the canvas showing through in some places. Wishing to get atmospheric effects, Canaletto traced out details of the architecture "with a black substance that, after drying, has cracked into segments composed of microscopic granules, thus managing to soften the lines and merge them with the surrounding elements". In this way, he managed to "insinuate the wreathes of fog so typical of the Venetian climate" onto the façade of the Scuola Grande di San Marco, with its marvellous sculptural and trompe-l'oeil decoration (Pemberton–Pigott 2001, p. 214).
The four paintings, which left Lucca in 1832, returned to Italy in 2001 and were exhibited in Venice, at Fondazione Giorgio Cini. Avv. Gianni Agnelli wanted to generously make these important works part of the exhibition devoted to Canaletto's *prima maniera*, soon after their incredible purchase and even before exhibiting them in his new Pinacotheque at Lingotto.

Provenance: Commissioned by Stefano Conti (1654–1739) in the set of four paintings, November 1725, and painted together with *The Canal Grande with Santa Maria della Carità, Venice*, between the beginning of February and 15 June 1726; when the inheritance was divided, it was bequeathed to his grandson, Father Giuseppe Maria Conti, who in his turn renounced in favour of his brother, Giovanni Stefano Conti, 1745; probably passed on to their aunt, Anna Maria Conti, who in 1742 had married Simone Francesco Boccella; their son, Marquis Cristoforo Boccella (1745–1821), before 1819; his son, Cesare Boccella (1810–1877); purchased by Robert Townley Parker (1793–1879), Cuerden Hall, Preston, Lancashire, 1832; his nephew, Reginald Arthur Tatton (1857–1926), Cuerden Hall, Preston, Lancashire; Christie's, 14 December 1928, lot 38; purchased by P. and D. Colnaghi Co., Londra; M. Knoedler & Co., New York; Elwood B. Hosmer, Montreal; private collection; Simon C. Dickinson Ltd., London, where it was purchased by Gianni Agnelli, 2000.

Selected Bibliography: Haskell 1956; Constable 1962, vol. I, tav. 58, vol. II, p. 317, n. 304; W.G. Constable, in Toronto–Ottawa–Montréal 1964–1965, p. 44, n. 8; Puppi 1968, p. 91, n. 22 A; Corboz 1985, vol. II, p. 568, n. P 19; K. Baetjer, J.G. Links, in New York 1989–1990, pp. 93–95, n. 10; V. Pemberton–Pigott, in New York 1989–1990, pp. 54–56; B. Bakker, in Amsterdam 1990–1991, pp. 156–157, n. 22; Links 1994, p. 220; B.A. Kowalczyk, in Venezia 2001, pp. 169, 176–177, n. 65; Pemberton–Pigott 2001, pp. 212–214; Pedrocco 2002b, pp. 30–33; Kowalczyk 2005a, pp. 138–139; Beddington 2010, p. 69; Kowalczyk 2012, p. 27; Kowalczyk 2015b, p. 27; Kowalczyk 2018, pp. 20–21; B.A. Kowalczyk, in Roma 2018, p. 90, fig. a.

2. BELLOTTO IN FLORENCE

The journey undertaken by Bellotto to Florence in 1740 originated from a concurrence of courageous and brilliant ideas. The first, and fundamental one, was concocted by Marquis Andrea Gerini (1691–1766) and the Venetian antiquarian and connoisseur Anton Maria Zanetti di Girolamo (1680–1767), his friend and counselor: to give life to a Florentine school of *vedutismo* (see cat. 3). The most sensational result of such an enterprise was the publication of two series of prints, published at the Marquis's expense in Florence in 1744–1745: *Scelta di XXIV vedute delle principali contrade, piazze, chiese e palazzi della città di Firenze* and *Vedute delle ville e d'altri luoghi della Toscana*. The second idea was that of conferring to the rising Florentine *vedutismo* of the eighteenth century the modernity of the Enlightenment, typical of Canaletto, by inviting his nephew and pupil Bernardo Bellotto to Florence as a master of perspective and painting techniques, and as a model for Giuseppe Zocchi (1717–1767), refined painter of figure and landscape in the house of Gerini (see cat. 9). By entrusting an eighteen-year-old artist with such a task, Bellotto was recognised as a genius: Zanetti, Bellotto's patron, one of the most expert, brilliant and innovative characters of the cultural world of the eighteenth century, proved infallible in his intuition. For Bellotto, leaving Venice for a few months, during the apex of the success of view painting, was a daring but thoroughly considered choice. On the lagoon, Canaletto was the star and Bellotto, as his young nephew and apprentice who aspired to be autonomous, was destined to be always a second choice.

On 22 April 1740, Bernardo Bellotto received thirty-six *filippi* (worth 20 *zecchini*, slightly more than the value of a small painting by Canaletto) from Zanetti on behalf of Gerini (doc. 3). He arrived in Florence soon after, where he painted four paintings for the Florentine nobleman, sold for the considerable sum of 84 zecchini (besides the "imprestito" ("*loan*") of 20 *zecchini* on 30 August) (doc. 4–6). Two of these paintings were identified: *The Arno at the Tiratoio towards the Ponte Vecchio, Florence* and *The Arno from the Vaga Loggia, with San Frediano in Cestello, Florence*, in private collection (cat. 7 and 8). Another pair of *vedute* of Florence was registered in 1741 in the collection of Marquis Vincenzo Riccardi (1704–1752), Gerini's friend and relative (doc. 8): *The Piazza della Signoria, looking East* and *The Arno from the Ponte Vecchio towards Santa Trinita and the Ponte alla Carraia, Florence*, in the Museum of Budapest (cat. 5 and 6). The Florentine documents are the first bearing witness of Bellotto's activity as vedutista, who proudly signed his works in Florence as "Bernardo B. called Canaletto"; in Riccardi's inventory he is *tout court* referred to as "Canaletto".

The source of the composition of *The Arno from the Vaga Loggia, with San Frediano in Cestello, Florence* (cat. 8) was first conjectured by Mina Gregori, who identified it in Zocchi's preparatory sketch for a print included in *Scelta di XXIV … vedute di Firenze*. This hypothesis is confirmed in the present catalogue, elucidated by Andrea Gerini's patronage, and further supported by other documents only recently found in the outstanding family archive (Ingendaay 2013), which has been part of the Archivio di Stato di Firenze since 2004 (cat. 8 and 9). Around 1743–1744, Bellotto was entrusted with the execution of some views of the River Arno, perhaps by Florentine nobleman Giovanni Battista Borri, also a member of the circle of Zanetti and Gerini (cat. 10 and 11). While in Venice the main clients of view painting were British tourists on the Grand Tour, in Florence Bellotto's and Zocchi's works were vied for by the aristocracy. It became the recognition of *vedutismo* as an artistic expression and the declaration of love for their own city during the early years of the Lorena's government.

3
GIUSEPPE ZOCCHI
(Florence 1717–1767)

Anton Maria Zanetti di Girolamo and the Marquis Andrea Gerini
1740s
oil on copper; 37 x 28 cm
Venice, Ca' Rezzonico, Museo del Settecento Veneziano, Cl. I. 144

Inscriptions: on the letter, "ILL.MO SIG. A.M. ZANETTI Q. JER.VENEZIA"

"De' disegni ho ciò che mi basta, e di tutti gli autori" ("I have drawings in number enough for me, and by all the authors"), Anton Maria Zanetti di Girolamo stated on 24 July 1728 in a letter to Francesco Maria Nicolò Gabburri, his friend from Florence and an equally refined collector. With these words he revealed his desire to devote himself to the "studio distinto di pietre antiche e cammei" ("distinguished study of ancient gems and cameos") (Bottari, Ticozzi 1827, letter n. LXXIV, p. 185).

Zanetti's long-cultivated passion for gems and medals culminated in 1750 with the edition of *Dactyliotheca*, the catalogue of his collections, and is documented by his close correspondence with the major experts and collectors of the time, including William Cavendish, Duke of Devonshire (1672–1729), Hugh Howard (1675–1737), Henry Howard, IV Earl of Carlisle (1694–1758), Charles Spencer, IV Duke of Marlborough (1739–1817), Joseph Wenzel I, Prince of Liechtenstein (1696–1772) and a Florentine man of learning, Anton Francesco Gori (1691–1757).

While testifying to Zanetti's involvement in the refined and learned pleasure of collecting, this small copper also bears witness to his profound and intimate friendship and common passion for gems with Marquis Andrea Gerini. Their supposedly dense correspondence is alluded to by the letter held by Zanetti himself in the painting. However, only two late letters survive, dating to 13 April 1754 and 3 January 1761, both testifying to their mutual interest in the antiques market for paintings (*Anton Maria Zanetti. Il carteggio*, soon published). The documentation of Zanetti's activity as Gerini's agent dates from the last months of 1737, the latter being the originator of the commissions and purchaser of contemporary Venetian paintings by Francesco Zuccarelli, Michele Marieschi, Bernardo Bellotto, Bartolomeo Nazzari and Giambattista Pittoni: their artworks would significantly enrich the collection of the marquis.

In 1960, Terisio Pignatti linked this small conversation piece to Zanetti for the first time. However, the correct identification of both the protagonists and the author should be ascribed to Francis Haskell, who, in the same year, associated the work with a painting in the collection of Giovanni Maria Sasso that had been put up for sale shortly after the death of the Venetian collector and antiquarian in 1803. It is described as follows in the inventory: "Ovato in rame, col Ritratto del celebre Anton-Maria Zanetti, in compagnia del Marchese Gerini, che osservano Cammei, del Zocchi, ovale altezza 1 piede, lunghezza 10 oncie" ("Copper oval, with portrait of the famous Anton-Maria Zanetti, in the company of Marquis Gerini, looking at cameos, by Zocchi, an oval 1 foot high and 10 inches long") (*Catalogo de' quadri*, no. 381). The fact that the cameos and medals are the focus of the pair's attention suggested to Haskell a date close to the publication of Zanetti's *Dactyliotheca*, around 1749. This date is further supported by M. Ingendaay and D. D'Anza, who believe the figure of Gerini to be a repetition from another work by Zocchi, *Portrait of a group of gentlemen* (*Ritratto di un gruppo di gentiluomini*), in a private collection, dated to 1749 on the basis of an identification of one of the figures, Abbot Lorenzo Lorenzi (?–1797/8), whose arrival in Florence "was pinpointed by historiography" to that year (Ingendaay 2013, pp. 91, 113–114).

Giuseppe Zocchi was an eclectic and versatile artist, but portraits are rare within his repertoire. A keen-eyed self-portrait of Zocchi, drawn before his departure for Rome in July 1744 and engraved by Johann Gottfried Seuter for the frontispiece of *Vedute delle ville, e d'altri luoghi della Toscana* (Genève 1974, n. 28) in 1745, is the only portrait that can be securely dated.

In the present painting, Andrea Gerini peacefully exhibits a cameo or a medal of sizable dimensions showing a female head; not only does he lay it out on his right hand, bringing it forth to the attention of the spectator, but he also points to it with his left hand. At the same time, Zanetti proudly shows a letter addressed to himself, whose content is certainly linked

with the medal exhibited by Gerini, despite being destined to remain a mystery until hopefully recovered. The commissioning of this painting thus appears to be directly prompted by a collection conquest, equally important and gratifying for both characters. The client is certainly Andrea Gerini – who was Zocchi's patron – and the artist's exceptional and novel choice of a small format, of a metal support and the oval shape, constitutes a well-intentioned allusion to their mutual interest that is hereby celebrated. The age of the characters suggests a dating before 1750.
Gerini and Zanetti likely met in Venice in 1737, but there is no evidence that the latter was ever his guest in Florence. Zocchi's presence in Venice is documented only in 1749, and archival documents show no evidence of his supposed previous journeys (Kowalczyk 2012, p. 27; Ingendaay 2013, p. 107). This double portrait, in which the physiognomies are depicted with liveliness and finesse, is an imaginary scene. The setting is typically Florentine, the table and the sculpted bust being the same as those in the above mentioned *Portrait of a group of gentlemen*, which also appeared in a room of palazzo Gerini. Anton Maria Zanetti is depicted at a similar angle to that at which he had been portrayed by Rosalba Carriera in the 1720s for the well-known print by Giovanni Antonio Faldoni, appearing in the *Chiaroscuri* albums. A copy of this astounding woodcut masterpiece, a present from his friend Zanetti, belonged to Gerini's library: the volume is mentioned at its arrival in Florence in "Novelle letterarie" of June in 1741.

Provenance: Commissioned by Andrea Gerini (1691–1766), Florence, possibly as a present to Anton Maria Zanetti di Girolamo (1680–1764), Venice; Zanetti heirs, Venice; purchased by Giovanni Maria Sasso, Venice, before 1803; his sale, Venice, 1803, n. 381; Teodoro Correr (1750–1830), Venice; bequeathed to the City on 10 January 1830.

Exhibitions: Florence 2009, n. 86; Milan 2016–2017, n. 18; Venice 2018–2019.

Selected Bibliography: Pignatti 1960, pp. 298–299, n. 144; Haskell 1960, pp. 32–37; Morassi 1962, pp. 3 e 5; Mattioli Rossi 1980, p. 84; Tosi 1997, pp. 54–55, 57; Kowalczyk 2012, p. 27; C. Lenzi Iacomelli, in Firenze 2009, p. 242, n. 86; Ingendaay 2013, pp. 113–114; B.A. Kowalczyk, in Milano 2016–2017, pp. 92–93, 274, n. 18; D. Danza, in Venezia 2018–2019, pp. 196–199.

4
Camera obscura
Venice, 18th century
wood, glass and mirror; 38 x 24.2 x 22.5 cm
Venice, Fondazione Musei Civici di Venezia, Museo Correr, Cl. XXIX, s.n. 30

Inscriptions: engraved on the flap, "A. CANAL".

The *camera obscura* is an instrument based on the principle of the projection of an image onto a surface lit through a hole fitted with a lens. The principle, the same as that of the human eye, has been known since Aristotle. Applied in the construction of optical devices, it has been used in topography, science, military field and art since the first half of the fifteenth century. The development of these instruments went hand in hand with progress in the field of perspective and optics, from Leonardo da Vinci to Johannes Kepler. The seventeenth century saw the production of increasingly sophisticated equipment such as the *camera obscura* with an internal operator and an external mirror, illustrated in Diderot and D'Alembert's *Encyclopédie* in 1753, or the portable 'book' version used by the painter Sir Joshua Reynolds, now kept at the Science Museum in London. We know that the inventor of photography – Nicéphore Niépce (1765–1833) – used in his research the method of fixing the image of two *camera obscura* with concave lenses, purchased in Paris in 1826.
The *camera obscura* in Museo Correr in Venice, donated by Luigi Vason in 1901, bearing the inscription "A. CANAL", which suggests it belonged to Canaletto, is a simple wooden box. Small in size, making it portable and easy to use outside, it is of the best-known type, with an internal mirror, used by landscape painters and *vedutisti* since the second half of the seventeenth century.
The internal mirror, angled at 45 degrees, reflects the image, introduced through the small pinhole fitted with a concave lens, onto the frosted opal glass located in the upper part of the box. By placing oiled, transparent paper on the glass, it is possible to draw the outlines of the image, with an inverted left/right reflection. Artists used this documentary evidence as their starting point, helping them to record details and perspective; the results nevertheless depended first and foremost on the artist's skill and preparation. The use of optical instruments, professed and even recommended by eighteenth-century art critics – see the writings of Anton Maria Zanetti di Alessandro (1771), Francesco Algarotti (1792) and Pierre-Jean Mariette (*Abecedario*, 1851–1853) –, only led to the creation of original art if the artist was skilled at 'correcting the defects', as Canaletto famously was. The experiments carried out using the instrument in the Museo Correr – for example by Terisio Pignatti – to compare the sketches in the album at Gallerie dell'Accademia with images taken by the instrument, have cast doubt on whether it was in fact used by Canaletto.

Selected Bibliography: Pignatti 1958, p. 21; Gioseffi 1959, p. 22; Puppi 1968, p. 87, fig. p. 86; Nepi Scirè 1997, p. 15; F. Camerota, in Firenze 2001–2002, pp. 227–240; Camerota 2008, pp. 65–66; D. Maran, in Venezia 2012, pp. 46, 49; B.A. Kowalczyk, in Aix-en-Provence 2015, n. 32; B.A. Kowalczyk, in Milano 2016–2018, pp. 72–73, n. 11.

5
BERNARDO BELLOTTO
(Venice 1722 – Warsaw 1780)

The Piazza della Signoria, looking East, Florence
1740
oil on canvas; 62 x 90 cm
Budapest, Szépművészeti Múzeum, 645

In the repertoire of Florentine *vedutismo*, this extraordinary painting is the only one representing the Piazza della Signoria, the cultural and political heart of Tuscan capital city, as seen from the west side towards the Palazzo Vecchio. A precedent can be traced in an etching by Jacques Callot (1592–1635), who was active in Florence between 1612 and 1721 working for Christine of Lorraine: the piece belonged to the series of *Capricci*, as part of a small group of plates representing festivals, from around 1617–1720. Bellotto, however, adopted a different, tightened and frontal perspective composition, together with an accurate and precise description, "pietra per pietra" (*stone by stone*), following the teachings of Canaletto. When visiting the Museum of Budapest in 1900, Adolfo Venturi was particularly impressed by the 'Venetian style' of the painting. Together with its pendant, *The Arno from the Ponte Vecchio towards Santa Trinita and the Ponte alla Carraia, Florence* (cat. 6), Venturi described the two paintings as: "Le curiose vedute fiorentine interpretate alla veneziana da Bernardo Bellotto" ("The curious Florentine vedute interpreted by Bernardo Bellotto in the Venetian style") (Venturi 1900, p. 236).
Giuseppe Zocchi (Florence 1717–1767) takes inspiration with greater coherence from the wide perspective cuts of the Florentine *veduta* painting from the seventeenth century, as demonstrated by the preparatory drawing for the etching depicting the "Festa degli Omaggi" for the sovereigns of Lorraine, who were on a visit to Tuscany on 24 June 1739, in the setting of the *Piazza* seen from the northern side, towards Loggia dei Lanzi (fig. 6, p. 21) (New York, Morgan Library & Museum, 1952.30:25; New York 1968–1969, n. 25; Genève 1974, n. 26). Zocchi painted the same perspective composition with pictures of daily life in the years 1740–1742 ca., demonstrating a strict adherence to Bellotto in the architectural descriptions and the depth of shadows (Sotheby's auction, London, 11 December 2003, lot 44; fig. a).
Bellotto treated the Piazza della Signoria as a Venetian *campo*, depicted looking towards its church; the

spectator's attention is directed onto the main building, the Palazzo Vecchio with the Torre di Arnolfo, captured with the *camera obscura* and the telescope perspective, both more elongated and punctiliously depicted in their details of stones and crenellation. Bellotto decided to represent the Loggia dei Lanzi with a foreshortened perspective and in deep shadow, and to let Benevenuto Cellini's *Perseo* (1554) and Giambologna's *Ratto delle Sabine* (1583) emerge only slightly, while ranging houses and buildings on the northern side, in full light. He was perhaps interested in the succession of Renaissance façades – palazzo Uguccioni (1550–1559) in the background, with its Bramante style; the little church of San Romolo with its small bell tower and the fifteenth century building on the far left, none of which survive today – as well as in medieval architecture, from the towers of the Florentine abbey to palazzo del Bargello, visible in the distance with its crenellation. The presence of a building behind the painter is signalled by the darkness of the foreground; the play of uneven contours, indented by the shadow cast by the Loggia dei Lanzi, is meticulously outlined on the square's clay court. Together with the outline of the figure's long shadows, Bellotto leads the spectator's sight towards the two marble statues placed on high pedestals, one opposite the other in the light, against a diagonal shaded area in front of the entrance of the Palazzo Vecchio: Michelangelo's *David* (1501–1504), a symbol of the Renaissance, and Baccio Bandinelli's group of *Ercole with Caco* (1530–1534), the latter being the former's caricatural rival. Bartolomeo Ammannati's statue of *Neptune* (1560–1565), dominating the fountain on the opposite side of the building, equally emerges in the shadow cast onto the façade of the fourteenth-century courthouse building of Mercatanzia. The complex light structure characterising the canvas is created according to a system widely used by Canaletto, but the light contrasts are strongly emphasised and strengthened by the red ground under the architecture, and the darkness of the shadows, whose outlines are incised in the fresh paint, is increased, as had been his pupil's habit since his first attempts as an apprentice. These features of the two paintings – this one and its pendant cat. 6) – greatly impressed Nicolas Cochin during his visit of palazzo Riccardi in Florence in 1768: "Deux vues de Florence, par *Gasparo delli Occhiali* [*sic!*]: elles sont bien exécutées, mais les ombres en sont noircies & dures" ("Two views of Florence by Gasparo delli Occhiali [sic!]: they are very well executed, but the shadows are dark and strong") (Cochin 1769, p. 79).
In Florence, Bellotto revealed a chronicler's approach for the first time. With the typical attitude of a painter of the Enlightenment, as Canaletto's valid *alter ego*, he would visit European capitals, recording the details of their architecture and the life vivifying them. Bellotto noticed the paved sidewalks for walkers and horses along the two sides of the square's clay court; on the prospect of the Palazzo Vecchio, he noted Donatello's *Marzocco* (1419–1420), the symbol of the city, together with David's pedestal, with the railing around Neptune's fountain (1592) and Giambologna's equestrian statue of Cosimo I (1591–1594), commissioned by Ferdinando de' Medici to commemorate his father.
In the inventory of the personal collection of Marquis Vincenzo Riccardi (1704–1752) (doc. 8), which was taken in 1741, both the painting and its pendant are attributed to "Canaletto". Bellotto himself signed the receipts for payment from the other Florentine patron, Marquis Gerini, as: "Io, Bernardo B. detto il Canaletto' ("I, Bernardo B., called Canaletto") (doc. 6).
Among the four known *vedute* of Florence painter in 1740, only this one and its pendant stand out for their 'Venetian character' composition; they are also the only ones in the series which preserve the size typically used by Bellotto in Venice. This may lead to consider them precedent in the series, but we know that Bellotto arrived in Florence in 1740, invited by Andrea Gerini, who commissioned him with four paintings, which were executed before 30 September of the same year and only two of which are recognised at the present time (cat. 7 and 8). We might assume that Vincenzo Riccardi explicitly requested images in the 'style of Canaletto'. As a matter of fact, Bellotto adopted the same compositional model, with the foreground immersed in shadow, the "telescope" perspective and similar elongated figures with small heads for the view of *The Piazza San Martino with the cathedral, Lucca* (cat. 13) and for *Campo Santi Giovanni and Paolo, Venice* at the Museum of Fine Art, Springfield. These were painted after returning from his trip to Tuscany, as confirmed by the date of 8 December 1740, placed on the preparatory design at the Hessisches Landesmuseum in Darmstadt (Kozakiewicz 1972, nn. 24 and 25).
Together with other works of the Esterházy collection (see cat. 6), this painting and its pendant were severely damaged by a fire at the beginning of the nineteenth century and later underwent restoration work. The original canvas was removed and replaced with a thin silk weave, strengthened by a linen canvas. The painting was later relined: Budapest Museum's art restorer, Mária Velekei, affirms that the work was so successful that the ancient canvas support still holds to the present day and the weave of the original canvas has been impressed onto both the ground and the layers of paint. The surface of the sky was also restored as 40% of it was damaged or discoloured. However, its original structure is still visible, similar to that of the other Tuscan views of the same time, characterised by vigorous diagonal strokes from the top right corner towards the bottom left and the consistent white clouds with the outlines in relief.

Provenance: Commissioned from the artist with its pendant (cat. 6) by Marquis Vincenzo Riccardi (1704–1752), Florence (mentioned for the first time in the inventory for his private collection, 1741); Prince Miklos Esterházy (1756–1833), Vienna, 1820, and then Paul Esterházy, Budapest, 1865; National Gallery of Paintings, Budapest, 1871.

Selected Bibliography: Kozakiewicz 1972, vol. I, pp. 33–34; vol. II, pp. 41–42, n. 57; De Juliis 1981, pp. 61–62, 72, 73, 87, note 57; B.A. Kowalczyk, in Venezia–Houston 2001, pp. 86–87, 88, n. 13; G. Gruber, in Wien 2005, pp. 74, 77, n. 3; D. Rodríguez, in Madrid 2011–2012, pp. 278–279, n. 80; Kowalczyk 2012, pp. 24–31; B.A. Kowalczyk, in Budapest 2013–2014, p. 414, n. 136; B.A. Kowalczyk, in München 2014–2015, p. 182, n. 16; B.A. Kowalczyk, in Milano 2016–2017, pp. 94–95, 274, n. 19.

6
BERNARDO BELLOTTO
(Venice 1722 – Warsaw 1780)

The Arno from the Ponte Vecchio towards Santa Trinita and the Ponte alla Carraia, Florence
1740
oil on canvas; 62 x 90 cm
Budapest, Szépművészeti Múzeum, 647

In this *veduta*, the River Arno is seen from the Ponte Vecchio and looking towards Santa Trinita and beyond, with the dome of San Frediano in Cestello in the distance. Its pendant, *The Piazza della Signoria, looking East* belongs to the same collection (cat. 5). In terms of perspective composition and the distribution of the shadows, the painting recalls *Canal Grande seen from palazzo Flangini looking towards palazzo Vendramin Calergi*, in a private collection and dated slightly prior to Bellotto's trip to Florence during the central months of 1740 (Kowalczyk 2001, pp. 11–12). However, *The Arno, seen from the Ponte Vecchio* mirrors more incisively in every detail the young artist's ambitious personality, especially in its strongly contrasting luminosity, in the elaborate and precise description of the architecture, in the unconventional figures, and in the cold, silvery tonality.
The same quick flow of the buildings in the shade and a wider perspective outline can be found in *Rio dei Mendicanti*, in the Gallerie dell'Accademia in Venice, executed after Bellotto's return from his journey to Tuscany (Kozakiewicz 1972, n. 23). Thanks to the use of the *camera obscura* and with his typical precise perspective construction, Bellotto depicted the River Arno as if it were a Venetian canal. The relief of the description, however, defined by means of strong contrasting light and with a glimpse of aerial perspective

– particularly over the houses, bridges and the hills on the horizon–, entails a series of new stylistic and expressive elements. Every stylistic acquisition reached in hisVenetian *vedute* is here highlighted, as if it were a demonstration of his abilities: in the description of the houses, in the extremely accurate rendering of the water and in the confident choice of figures.
The compositional affinity with its pendant is so tight to imply that the commission of marquis Vincenzo Riccardi, in whose collection both paintings were recorded in 1741 (see doc. 8), foresaw a series of four paintings. This was probably the case also with the commission of his friend and relative Andrea Gerini (see cat. 7 and 8): in the Venetian tradition of Canaletto, pendant paintings used to be symmetrical compositions. In this *veduta*, the quick flow of the buildings on the Lungarno on the right corresponds to the glimpse of the Loggia dei Lanzi, in shadow in its pendant. Moreover, the sequence of houses in light on the opposite side of the river is laid out like the northern side of the Piazza della Signoria. The tower bells in the distance over the roofs – the seventeenth century tower bell of San Jacopo sopr'Arno and the pinnacle of Santo Spirito (Baccio d'Agnolo) – also appear to be in a similar position to that of the tower of the Florentine abbey and of the Bargello in the pendant.
The actual complementary piece to this painting is *The Arno looking towards the Ponte Vecchio*, depicted a few years later, and now housed in the Fitzwilliam Museum of Cambridge (cat. 10). There the artist's focus is on the light play of the projections reflecting onto the River Arno surface and got in their most pictorial dimension, starting from the small suspended apse and the tower bell of San Jacopo sopr'Arno, near the Ponte di Santa Trinita. Only this little church and a few buildings alongside would survive the destruction of the Lungarno during the Second World War, when German troops mined every bridge in Florence in order to prevent the arrival of the Allies in 1944. Bellotto's paintings are an extraordinary documentation of this section of the river.
In the *veduta* of Budapest, the artist, fascinated by Florentine architecture, attentively investigated the details of the buildings in light on the left shore, and described with a tiny brush stroke the profusion of little corbels, ledges, balustrades, dormers, and chimneys. Equally, he noted the slightest variations of colour in the beige and white plasterworks, with little dots of white lead marking the outlines of the glowing roof tiles. The description of the façades in the shade on the opposite shore is no less masterful, with the Palazzo Acciaioli standing out with its balcony from where shows on the river could be admired (M. Chiarini, in Firenze 1994): subtle light rays slide over the edges, incised using a ruler. In this "Venetian style" interpretation (Venturi 1900, p. 236), Bellotto meticulously recorded the different appearances of the boats and the fashion of boatmen. On the canvas made of a thick weave and with a red ground, Bellotto demonstrated his ability while still making his debut. This is particularly evident starting from the virtuosic paintwork of the sky, which is laid out diagonally, with grey clouds on the horizon, marked out by thick brush movements, while the outlines are marked out by subtle white features, overlapped by other, fluffier and more rippled clouds, rendered with wild brush strokes. The execution of the transparent water is more controlled, with minute white waves, on which the houses with their barbicans are reflected and their outlines are precisely incised onto the fresh painting.
In the inventories of Riccardi collection, the two views of Budapest are registered under the name of Canaletto (see doc. 8). In 1768, Nicolas Cochin mistook the painter with Gasparo degli Occhiali, although his reference to "ombres... noircies & dures" makes their identification certain (Cochin 1769, p. 79). Still attributed to Canaletto in the first manuscript inventory (1820) in the ancient Viennese Gallery Esterházy (Meller 1915, nn. 899 and 898, pp. 233), they were eventually identified and attributed to Bellotto in the catalogue of the Gallery of Paintings in Budapest in 1871 (*Magyar Nemzeti Múzeum* 1871, nn. 56 and 57, p. 27).
This pair of pendants were purchased by Prince Miklos Esterházy (1756–1833) around the end of the eighteenth century, when the Riccardi's whole painting collection was being dispersed. Noticeably, the Prince enriched the collection of his family, the most powerful and richest in Hungary, by purchasing highly refined paintings in Italy, France, and Vienna. The Esterházy collection comprises 637 paintings and was acquired by the Hungarian government in 1870, thus shaping the main nucleus of the National Gallery of Paintings, which preceded the establishment in 1906 of the Museum of Fine Arts (Garas 1995, p. 40). From 1815 to 1865, the extraordinary collection of Italian, Dutch, and Spanish art was housed in the Kaunitz-Esterházy palace in Vienna. By a fascinating concurrence of events, Bellotto had depicted the building for Prince Chancellor Kaunitz during his stay in Vienna between 1759 and 1761: *Palace of the Prince Wenzel Kaunitz in the Viennese suburb of Mariahilf*, today in the same museum in Budapest (Kozakiewicz 1972, n. 270).

Provenance: Commissioned from the artist with its pendant (cat. 5) by Marquis Vincenzo Riccardi (1704–1752), Florence (mentioned for the first time in the inventory of his private collection, 1741); Prince Miklos Esterházy (1756–1833), Vienna, 1820, and later Paul Esterházy, Budapest, 1865; National Gallery of Paintings, Budapest, 1871.

Selected Bibliography: Kozakiewicz 1972, vol. I, pp. 33–34; vol. II, p. 38, n. 53; De Juliis 1981, pp. 61–62, 72, 73, 87, note 57; B.A. Kowalczyk, in Venezia–Houston 2001, pp. 88–89, n. 14; G. Gruber, in Wien 2005, pp. 74–75, 77, n. 4; Kowalczyk 2012, pp. 24–31; Z. Dobos, in Compiègne 2007, pp. 124–125, n. 29; D. Ekserdjian, in London 2010, p. 264, n. 158; B.A. Kowalczyk, in Budapest 2013–2014, p. 416, n. 137; B.A. Kowalczyk, in Verona–Vicenza 2013, p. 413, n. 28; B.A. Kowalczyk, in München 2014–2015, pp. 184–185, n. 17; B.A. Kowalczyk, in Milano 2016–2017, p. 94.

7
BERNARDO BELLOTTO
(Venice 1722 – Warsaw 1780)

The Arno at the Tiratoio towards the Ponte Vecchio, Florence
1740
oil on canvas; 50 x 75 cm
*private collection

Bernardo Bellotto painted this work and its pendant (cat. 8) for Marquis Andrea Gerini (1691–1766), who continued with passion the Gerini family tradition as collectors. The two paintings belong to the same commission of four "quadri di vedute vendutili, e fattigli a posta" ("paintings of vedute sold to him and executed on his orders"), paid in full on 30 September 1740 (doc. 5 and 6; see also the essay in this volume).
The two paintings represent brilliant and lively images of eighteenth-century life on the river Arno and in Florence: here, the bright light is typical of full summer in the afternoon, whereas the pendant is set in the morning. The pair is perfectly complementary, with the Arno being represented respectively upstream of the Ponte Vecchio in the present painting, and downstream in the other one. Here, the dome of San Frediano in Cestello can be seen in the distance, next to the bell tower of San Jacopo sopr'Arno, while in the pendant, the whole church is represented on the right shore of the river. If the composition of the other painting can be found in the works of Giuseppe Zocchi (see cat. 9), with previous examples going back to the seventeenth-century *vedute* by Pandolfo Reschi and Gaspar van Wittel – which, in even more panoramic rendering, are depicted from the Cascine – this is totally original and unique in the repertoire of Florentine view painting (M. Chiarini, in Verona 1990, pp. 56–58, n. 4). Bellotto painted two shores of the Arno, appeased by the lively succession of roofs with reddish tiles glimmering in the sun and illuminated edges, the clothes hanging out to dry, the plasterworks of different hues of beige, grey, light blue and the colourful multitude of laundresses on the stairway of the river. The *Tiratoio* – the large pavilion in the bend of the river where washed clothes

would be "stretched"– particularly offered the painter the occasion for the minute description of its scaffolding. This was one of his favourite artistic tropes, as also evident in Bellotto's representation of Turin's Palazzo Reale while being renovated or the building of the Hofkirche in Dresden (B.A. Kowalczyk, in Milan 2016–2017, pp. 66, 206, n. 71). In this painting, the Torre di Arnolfo stands out over the crenellation of the Palazzo Vecchio against the sky; on the right side are the top of Giotto's bell tower, the dome of Santa Maria del Fiore and the tower of the Florentine abbey. The perfect finality and effectiveness of each brush stroke is outstanding. Over the bright blue sky, forcefully painted with the diagonal strokes of brush, and not faded at all despite its dramatic conservation story, the paint brush, soaked with white, pirouettes across the canvas to draw clouds in the sky. The colour still keeps the original freshness of the *impasto*.
The painting was repeatedly stolen since when, in the 1960s, Sir Alfred Beit (1903–1994) moved the collection assembled by his father, Sir Otto Beit (1865–1930), from London to the family's summer residence in Russborough, on the Blessington Lakes, in County Wicklow, Ireland. Every theft worsened the canvas condition and, during the last one, the painting was removed from the framework and rolled up, thus losing fragments of colour. Ele von Monschaw (2012), art restorer at the National Gallery of Dublin, who intervened on the painting and executed its pictorial integration at the conservation department of the National Gallery in London, noted how the losses of colour were exacerbated by the painter's working methods. Bellotto used to make incisions in the fresh paint in order to trace the main composition lines with a ruler and compass, thus weakening the cohesion of the layers of colour. For this reason, the painting was majorly damaged in the area where the vanishing lines gather, on the left side of the Ponte Vecchio.
The provenance of the two paintings from Gerini collection was conjectured since the discovery of payment receipts in the family archive for the four paintings by Bellotto (Kowalczyk 2012, p. 30). This hypothesis has been recently corroborated by the reconstruction of the provenance of the two Beit paintings, of which only their belonging to the Tabourier painting collection in Paris, around the end of the nineteenth century, had been confirmed up until now. No works by Bellotto appear in the inventory of the Gerini collection, prepared for the sale in 1825 (*Catalogo* 1825), but two views of Florence, accompanied by the inscription "From the Gerini Collection" appeared under the name "Canaletti" at Christie's auction in London, on 8 March 1879, during the posthumous sale of Baron John Benjamin Heath, general consul of Italy, (1790–1879). The painting here discussed is described as "Florence and the Arno, the Palazzo Vecchio, from the Ponte delle Grazie"; its pendant as "Florence and the Arno; at the fall of the river near the church of San Frodiano in Castello" (lots 109 and 110). The two paintings came back at Christie's auction, mentioned in the same way, on 3 May 1884 (lots 71 and 72), and put on sale by L. Gauchez, a *collectionneur* from Rue Laffitte, Paris; the stock number, 233 T, provides a sure identification of the two Beit paintings and can be found on the pendant's old stretcher, the only one surviving of the pair.
The discovery of the Gerini papers gives their historical value back to the two paintings of the Alfred Beit Foundation, which acquire the importance of being the first documented and precisely dated works in Bellotto's artistic path. During the same summer of 1740, Bellotto must have visited Lucca in order to take back the five drawings of the cathedral and of Santa Maria Forisportam and to paint *The Piazza San Martino with the cathedral, Lucca* (cat. 13–18), of the same size as the Beit paintings.
Another two paintings by Bellotto, commissioned "a posta"(*on his orders*) by Marquis Gerini, still remain unidentified; they are probably two views of the Tuscan capital, although the indication on the payment receipt "4 quadri di vedute fattigli in Firenze" ("4 paintings of views made for him in Florence") gives no certainty (see doc. 5 and 6).
Special thanks to Linda McLeod of Christie's Archive, Pauline Swords and Eric Blatchford of the Alfred Beit Foundation, and Aoife Brady of the National Gallery of Dublin for their kind support in the research.

Provenance: Commissioned with its pendant (cat. 8) by Marquis Andrea Gerini (1691–1766), Florence, 1740, and paid for on 30 September 1740 (doc. 5 and 6); Baron John Benjamin Heath (1790–1879), 31 Old Jewry, London; his posthumous sale, Christie's, London, 8 March 1879, lot 109; purchased by Wertheimer for £ 241 10 shillings (=290 guineas) L. Gauchez, 41 Rue Laffitte, Paris; sale, Christie's, London, 3 May 1884, lot 71 (bought in with 260 guineas) (auctioned by Agnew until 250 guineas); M.L. Tabourier, Paris; his posthumous sale, Hotel Drouot, Paris, 20–22 June 1898, lot 149; purchased by Boussod, Valadon & Cie, Paris, 9.250 frs.; between 1904 and 1913 entered the collection of Sir Otto John Beit (1865–1930) with its pendant (created 1st baronet in 1924), London; by descent, his son, Sir Alfred Lane Beit, 2nd baronet (1903–1994), London, 49 Belgrave Square, until 1936, when it was moved to Kensington Palace Gardens; moved to the summer residence, Russborough House, on Lake Blessington, County Wicklow, Ireland, in 1960s.

Selected Bibliography: *Catalogue Tabourier*, p. 106, n. 149; Bode 1913, pp. 35 e 93; Kozakiewicz 1972, vol. I, p. 34; vol. II, p. 38, n. 52, fig. p. 40; Gregori 1983, pp. 242–250; M. Chiarini, in Verona 1990, pp. 56–58, n. 4; M. Chiarini, in Firenze 1994, pp. 158–159, n. 93; G. Marini, in London–Roma 1996–1997, pp. 48–50, n. 10; E.P. Bowron, in Venezia–Houston 2001, p. 90; B.A. Kowalczyk, in Venezia–Houston 2001, p. 86; Kowalczyk 2012, pp. 24, 30, fig. 36, p. 25; Von Monschaw 2012, pp. 19–22, n. 4; B.A. Kowalczyk, in Milano 2016–2017, p. 94.

8
BERNARDO BELLOTTO
(Venice 1722 – Warsaw 1780)

The Arno from the Vaga Loggia, with San Frediano in Cestello, Florence
1740
oil on canvas, 50 x 75 cm
*private collection

This *veduta* is absolutely unique in Bellotto's Tuscan repertoire. It represents the River Arno towards the three bridges (alla Carraia, Santa Trinita and Ponte Vecchio), appearing in the distance with the superior part of the Corridoio Vasariano. The painting is framed on the left by the mill of the Pescaia di Santa Rosa, also known as "Vaga Loggia", which is faced on the opposite shore of the river by the bulk of San Frediano in Cestello, and by the dome and the bell tower of Santo Spirito. This unusual panoramic view, extending with delicate effects of aerial perspective to the hill of San Miniato, with the church of the same name on the horizon and the church of San Salvatore al Monte, precisely echoes a series of contemporary works by Giuseppe Zocchi (1717–1767).
Andrea Gerini's commission of this painting and its pendant (cat. 7) in summer 1740 (see cat. 7 and doc. 5 and 6) has only recently been confirmed and is crucial for the investigation of the genesis of its execution. Bellotto had arrived in Florence soon after 22 April of that year (see doc. 3), when Zocchi, Gerini household's painter, was already working on the preparatory drawings of *Scelta di XXIV Vedute delle principali Contrade, Piazze, Chiese, e Palazzi della Città di Firenze,* which would come out of Giuseppe Allegrini's printing press in the summer of 1744, sponsored by Gerini. The drawing of this composition was for sure among those sheets by Zocchi, entitled *View of a part of Florence seen from the Vaga Loggia*, now in New York, at the Morgan Library & Museum (New York 1968–1969, n. 7) (fig. a), together with another one of the Arno. These were the only two engraved for the series by Pier Antonio Pazzi (1706–1770), who received a deposit of 11.3 scudi on April the 1st "a conto d'intagliatura dei rami" ("for the engraving of the coppers"); payments of the balance, when the work was finished, are registered in the Gerini archive on 28 June 1742 and on 24 March 1743 (Genève 1974,

nn. 8 and 11, plate V and VIII; Ingendaay 2013, vol. II, p. 172). Zocchi continued to prepare drawings, delivering five more sheets on 30 June, the date of the corresponding payment (Ingendaay 2013, vol. II, p. 72, doc. 6).
Zocchi's drawing is the model for this painting. Marquis Gerini must have asked Bellotto to replicate the composition of the drawing: his being requested in Florence, coinciding with the beginning of the glorious editorial enterprise to publish the views of the Tuscan capital, could not have a different reason than that of supporting the budding genre of Florentine *veduta* painting through the Venetian experiences of Canaletto.
Bellotto undertook the assignment with his usual energy, conferring a stricter perspective rigour to Zocchi's drawing, which still echoed the panoramic *vedute* of this side of the Arno provided by Gaspar van Wittel (1652/1735–1736), who had been in Florence for the first time in 1695 (Briganti 1996, nn. 173 and 174). Moreover, Bellotto added details whose vitality was unknown to Zocchi and removed the close-up with various figures – among which R.M. Mason identified Zocchi himself in the act of drawing, following Marquis Gerini's instructions, who is lying on his side (Genève 1974, p. 40). Bellotto also enlarged the section of the mill and the forms of San Frediano in Cestello, narrowing the river and creating a compositional symmetry with the painting's pendant, two complementary images of life on the river (cat. 7). The figures, the boats, the carriages with horses are now laid out according to precise perspective directions, in a style different from that of Zocchi, still imbued with a seventeenth-century allure according to the manner of Van Wittel. An evident sign of pentimento on the surface of the water, revealing traces of men and horses, later repainted, bears witness to an intense creative work. A chimney sweeper on the roof of the mill, the clothes laid out to dry on a rope hung on the discoloured wall alongside the river, the evident architectural details, the crystal clear water interrupted by small white waves and the sky crossed by clouds painted with vigorous strokes are all elements of the Venetian *veduta* painting that Bellotto conveys to Zocchi's composition.
Bellotto must have certainly taken a survey in order to prepare his work. The rendition of the three bridges differs from the drawing, the presence of the pilasters of the Ponte di Santa Trinita being more evident in the painting under the arches of the Ponte alla Carraia, while a larger space is given to the Ponte Vecchio. The Venetian painter must have also studied the details of the old mill (which would be destroyed in 1854), in order to make his own intense description in the deep shade, behind the perimeter of poles in light, from which only the wheel and the flowing water emerge, thus showing, perhaps for the first time, his predilection for old, ruined buildings. On the small dyke, a little figure stands against the light: a sort of signature of Bellotto.
The compositions of other two *vedute* executed by Bellotto "a posta" ("on his orders") for Marquis Gerini (doc. 5 and 6) remain unknown, but Giuseppe Zocchi immediately absorbed the lesson in technique and style provided by this work (see cat. 9). Weak traces of these teachings are visible in a late replica of a probable, unknown original painting by Zocchi, faithfully recalling the present painting by Bellotto, also in the figures, and which was presented together with its pendant attributed to Zocchi at Sotheby's auction, London, on 3 July 2019, lot 37.

Provenance: Commissioned with its pendant (cat. 7) by Marquis Andrea Gerini (1691–1766), Florence, 1740; Baron John Benjamin Heath (1790–1879), 31 Old Jewry, London; his posthumous sale, Christie's, London, 8 March 1879, lot 110; purchased by Wertheimer for £ 241 10 shillings [= 230 guineas]; L. Gauchez, 41 Rue Laffitte, Paris; sale, Christie's, London, 3 May 1884, lot 72 (bought in with 225 guineas; auctioned by Agnew up to 220 guineas); M.L. Tabourier, Paris; posthumous sale, Hotel Drouot, Paris, 20–22 June 1898, lot 150; purchased by Boussod, Valadon & Cie, Paris, for 9.250 frs.; between 1904 and 1913 entered the collection of Sir Otto John Beit (1865–1930) with its pendant (created 1st baronet in 1924), London; by descent, his son, Sir Alfred Lane Beit, 2nd baronet (1903–1994), London, 49 Belgrave Square, until 1936, when it was moved to Kensington Palace Gardens; moved to the summer residence, Russborough House, on Lake Blessington, County Wicklow, Ireland, in 1960s.

Selected Bibliography: *Catalogue Tabourier* 1898, p. 107, n. 150, illustrated; Bode 1913, pp. 35 e 93; Kozakiewicz 1972, vol. I, p. 34, vol. II, p. 41, n. 56; Gregori 1983, pp. 242–250; M. Chiarini, in Verona 1990, pp. 56–58, n. 5; M. Chiarini, in Firenze 1994, p. 158, n. 92; G. Marini, in London–Roma 1996–1997, pp. 48–50, n. 9; E.P. Bowron, in Venezia–Houston 2001, p. 90; B.A. Kowalczyk, in Venezia 2001, p. 86; B.A. Kowalczyk, in Venezia–Houston 2001, p. 86; Kowalczyk 2012, pp. 24. 30, fig. 37; Von Monschaw 2012, pp. 19; B.A. Kowalczyk, in Milano 2016–2017, p. 94.

9
GIUSEPPE ZOCCHI
(Florence 1717–1767)

The Arno from the Vaga Loggia, with San Frediano in Cestello, Florence
1740–1742
oil on canvas, 50.8 x 74.5 cm
*Fiesole, private collection

"Il signor marchese Andrea Gerini gran dilettante e intelligentissimo della Pittura, avendo riconosciuto il gran talento e lo spirito di questo giovane, lo prese a proteggere, e attualmente [1741] lo tiene in sua Casa, impiegato a dipingere diverse vedute a olio, della quali in buon numero ne ha fatte in disegno, che presentemente stanno intagliandosi in rame da vari primari intagliatori" ("The Marquis Andrea Gerini, great and most intelligent enthusiast of Painting, having recognised the great talent and spirit of this young man, decided to patronize him, and at the moment [1741] he is having him in his House, engaged in painting various vedute in oil, a great number of which he has also drawn, and which are at the present time being engraved on copper by prime engravers" (Gabburri 1719–1741, III, c. 1529).
In 1739, Giuseppe Zocchi, the most versatile and up-to-date Florentine painter of the eighteenth century, started the preparation of seventy-seven drawings for *Scelta di XXIV vedute di Firenze* and *Vedute delle ville, e d'altri luoghi della Toscana*, two albums of prints, edited respectively in summer 1744 and in autumn 1745. Zocchi engraved two entire plates and the figures in another five ones; meanwhile, as noted by his first patron, Francesco Maria Niccolò Gabburri (1676–1742), he started painting his own compositions. View painting constitutes a brief episode in Zocchi's career as a painter of figures, educated at the atelier of Ranieri del Pace, decorator of palaces, author of landscapes and *capricci*, artist for the Opificio delle Pietre Dure; however, the *vedute* would become what Zocchi is most famous and renowned for.
The composition of this painting derives from a drawing entitled *View of a part of Florence, seen from the Vaga Loggia*, preserved, with all of the other drawings, in New York City, at the Morgan Library & Museum (New York 1968–1969, n. 7). The sheet must have been prepared before the summer of 1740: it was used by Bernardo Bellotto, who was in Florence from May to September of that year, as a model for his own painting version, probably at the explicit request of Marquis Gerini (see cat. 8).
In the painting, Zocchi faithfully followed the composition of his own drawing, replicated as an etching by Pier Antonio Pazzi (1706–1770) in 1742 or 1743 (see cat. 8), but he reduced the panoramic width, lowering the vanishing point. He kept the lively presence of numerous, large figures in the foreground, which are different from the drawing, while he depicted the same small section of the mill. The technique he used in the description of the architecture, of the sky and of the water, as well as other details, all bear witness to the clear influence of the Venetian painter; the sizes of the two paintings are also almost identical.
The knowledge of Canaletto's technique, which is evident in Zocchi's *vedute* of Florence, used to be unanimously explained by authors in light of the painter's

stay in Venice, which occurred prior to the beginning of his major work for the two series of prints. However, no evidence of that trip supports this hypothesis (Kowalczyk 2012, p. 27, footnote 29), and another attempt at explanation might reside in the study of the works by Canaletto and Michele Marieschi (1710–1743), present in the Florentine collections available to Zocchi. However, Gabburri's and Gerini's collections only comprised works by Canaletto belonging to different stylistic phases (of 1728 and approximately 1731–1732, respectively), while Marieschi's influence might rather be traceable only in terms of the use of a warmer shade of colours.

It is Bellotto who brought Canaletto's technique of the time to Florence in the description of the city's monuments. Zocchi learned to grasp the irregularities of the plasterworks and the effects of atmospheric washing away, the multiple reflections, the dark ones of boats on the water, marked by little waves, the deep shadows of cutting edges shaping volumes. Like the Venetian painter, Zocchi placed a rope loaded with washing lines on the wall running alongside the River Arno, detecting its shadows, the dim light penetrating the mill being stronger, when compared to the drawing. The paintwork of the sky also differs from the print, with vibrant and wisping, vaguely pink clouds.

This painting and its pendant, *The Arno at the Ponte Santa Trinita* in the same private collection (fig. a), are the most beautiful and intense images from Zocchi's repertoire as a painter of *vedute*. They should be identified with two paintings put on display by Count Agnolo Baldassare Galli Tassi (1734–1770) in 1767 at the exhibition of Santissima Annunziata (*Una Veduta della Pescaia* e *Una Veduta del Ponte a Santa Trinita*). The Count owned another version of the latter as well, *View of the Bridge at Santa Trinita*, lent for the same exhibition, the companion piece of *A view of the Piazza of Saint Florence* (*Il Trionfo delle Bell'Arti* 1767, pp. 44, 45, 46); this might be the version preserved in the Thyssen Bornemisza Museum, Madrid (Contini 2002, pp. 368–373; on the various hypotheses, see, V. Conticelli, in Firenze 2009).

Provenance: Count Agnolo Baldassarre Galli Tassi (1734–1770), Florence, 1767; Henri Bernstein collection, Paris; anonymous sale, Christie's, London, 10 July 1981, lot 114, together with its pendant, *The River Arno at the Ponte Santa Trinita, Florence* (lot 115), respectively, £ 48,000 and £ 45,000 (clearing price); private collection, France; anonymous sale, Philippe Rouillac-Vendôme, Orangerie du Château, Cheverny, France, 26 April 1993, lot 26 (with pendant), corresponding to € 262.212; Richard Green, London, 1993; private collection, England; Richard Green, London, 2005; purchased by current owner with its pendant, *The Arno at the Ponte Santa Trinita, Florence*, July 2005.

Selected Bibliography: Tosi 1997, pp. 73–77, 100, note 61; V. Conticelli, in Firenze 2009, pp. 268–269, n. 95.

10
BERNARDO BELLOTTO
(Venice 1722 – Warsaw 1780)

The Arno looking towards the Ponte Vecchio, Florence
1743–1744
oil on canvas; 73.3 x 105.7 cm
Cambridge, The Syndics of the Fitzwilliam Museum, University of Cambridge, 192

This outstanding *veduta* of the Arno, rendered with wide parallel brush strokes of emerald colour, glimmering with lovely reflections, is taken from the parapet of the Ponte Santa Trinita looking upstream, towards the Ponte Vecchio and Oltrarno. On the right are the little suspended apse and the bell tower of San Jacopo sopr'Arno; on the left is Lungarno Acciaioli in shadow. The painting's pendant, in the same museum, depicts *The Arno towards the Ponte alla Carraia, Florence* (cat. 11). As the complementary view of the present painting, it is taken from the opposite direction, the ideal continuation of the painting conserved in the Szépművészeti Múzeum, Budapest, *The Arno from the Ponte Vecchio towards Santa Trinita and the Ponte alla Carraia, Florence* (cat. 6). In another two known Florentine pendant paintings (in a private collection), the Arno is depicted towards the Ponte alla Carraia, with San Frediano in Cestello on the right and towards the Ponte Vecchio, but on the side of the Tiratoio (cat. 7 and 8). With his five views of the Arno, Bellotto travelled along the river in all its parts, in different directions, studying all the effects of light in the different times of the day.

Among Bellotto's Tuscan paintings, only the two view paintings now in Cambridge, lacking precise references to the commission's circumstances, have been dated considering their style. These views of the Arno show a more evident maturity of style and lighting: the colour is more dense, the architecture more pictorial, the sky is crossed by fluffy masses of clouds above the grey clouds on the horizon, like in the views of Rome from 1743–1744 and in those executed in Lombardy in 1744. The water is no longer marked out by little white waves, but laid out with steady and parallel strokes, observed from real on a clear spring day. Like in the views of Rome – for example *Santa Maria d'Aracoeli and Campidoglio*, Petworth House, Sussex, The National Trust, the canvas exhibited in Venice on 16 August 1743 (Kozakiewicz 1972, n. 77) – the figures are still in Canaletto's style, executed with surer and more decisive strokes, rich in matter, as compared to the other present in Tuscan views.

Helmuth Alwill Fritzsche, Bellotto's earliest scholar, recorded a drawing of this composition, auctioned with Rudolph Philip Goldschmidt's collection (Prestel, Frankfurt am Main, 4–5 October 1917, n. 104) (Fritzsche 1936, p. 134, VZ 70), which has not yet been found. It might have been similar to the preparatory drawing for its pendant, preserved at the Uffizi (cat. 12), probably executed during the trip in 1740, considering its stylistic quality. Bellotto might have executed the Cambridge paintings from the drawings made a few years earlier However, as noticed by M. Chiarini (in Verona 1990, n. 6), the painting lacks the effects of light studied in the corresponding drawing and captures a moment of different light, early in the morning. The accuracy of the representations of the effects of light on the bridge and the elongated shadows reflected on the water suggests it was probably taken from life, perhaps on the way to or back from Rome, in 1742 or 1743.

Giovanni Battista Borri's Florentine collection, auctioned by his heirs at Mr Kents, London on 29–30 March 1759, included a pair of views of Florence attributed to "Canaletti", described as "*View of the Arno, with the Ponte Vecchio*" and "*its companion, with the ponte Carraia*" (*Sale Catalogues* 1760, pp. 173–178; *A Catalogue of a Collection* 1759, lots 34 and 35; Lugt, *Ventes*, n. 1041). Ignazio Hugford (1703–1778), English painter and antiquarian in Florence, probably referred to this sale when writing in 1761 that the Borri collection "fu dagli eredi venduta a un signore inglese" ("was sold by the heirs to an English sir") (Borroni Salvadori 1974, p. 45, note 217). There is no doubt whatsoever that those were paintings by Bernardo Bellotto rather than by Giuseppe Zocchi or any other Florentine painter. Giovanni Battista Borri, from Santa Croce district, must have been in close contact with Anton Maria Zanetti di Girolamo (1680–1767), Bellotto's patron, whose mediation certainly determined the presence in Borri's collection of six paintings by Francesco Zuccarelli, two views of Venice and two *capricci* by Michele Marieschi, and other artists patronised by the Venetian antiquarian and expert. A relationship with Marquis Gerini, at whose household Zocchi was the painter, seems to be testified by the presence of four canvases by Giuseppe Zocchi and four more curious ones attributed in the sale catalogue to Zocchi and Marieschi, depicting "feste fiorentine" ("Florentine festivals") and belonging to the same auctioned collection in 1759. In 1767 two "Architetture" ("Architectures") by Zocchi and two more "paesi" ("landscapes") by Francesco Zuccarelli were put on display again by Giuseppe Borri, Giovanni Battista's son, at the exhibition at the Santissima Annunziata, together with a large ensemble of bronze sculptures by Giovanni Battista Foggini (Borroni Salvatori 1974, pp. 136 and 140).

The two paintings were bequeathed to the Cambridge Museum in 1876 by the English scholar Augustus Arthur Vansittart (1824–1872), son of George Henry

Vansittart (1768–1824), of Bisham Abbey, Berkshire, general in the English Army during the Napoleonic wars. The same donation included an outstanding *veduta* of Venice by Michele Marieschi, *Canal Grande seen from the Palazzo Michiel dalle Colonne and the Pescheria, towards the Ponte di Rialto,* from around 1742, and another painting, *Canal Grande with San Simeone,* classified as a copy from Marieschi (Goodison, Robertson 1967, p. 97, n. 190 and pp. 98–99, n. 182). This fact might show the provenance of the whole group from the Borri collection, purchased at Kent's auction or slightly later by an ancestor of Augustus Arthur of the Vansittart family. The ancient stretchers of the two paintings do not bear any trace of antique sales, the only label being the nineteenth-century one from the Fitzwilliam Museum.
The existence of a copy, presenting variations and smaller measures, executed by a follower of Giuseppe Zocchi (1717–1767) would prove the Florentine commission and the paintings' presence in the city for at least a few years: it is now at the Museum of Fine Arts in Boston, where, after being credited to Bellotto for a long time, it now bears the attribution to his circle and is dated 1740–1780 (Kozakiewicz 1972, n. A 311).

Provenance: Probably Giovanni Battista Borri, Florence, Santa Croce district, Ruote banner; his sale at Langford, Londra, 29–30 March 1759, lot 34 (Lugt *Ventes* n. 1041) ("Canaletti". "View of the Arno, with the Ponte Vecchio"); George Henry Vansittart (1768–1824), of Bisham Abbey, Berkshire (?); A.A. Vansittart (1824–1882) (Lugt *Suppl* 2449); donated to the museum, 1876.

Selected Bibliography: Fritzsche 1936, pp. 27, 105, n. VG 17; Goodison, Robertson 1967, p. 15, n. 192; Kozakiewicz 1972, vol. I, pp. 33–34; vol. II, pp. 38, 41, n. 54; M. Chiarini, in Firenze 1994, p. 156, n. 90; Villis 2000, p. 81; E.P. Bowron, in Venezia–Houston 2001, pp. 90–92, n. 15; B.A. Kowalczyk, in Torino 2008, pp. 112, 114, n. 30; Kowalczyk 2012, pp. 24, 30; B.A. Kowalczyk, in München 2014–2015, p. 186, n. 18; B.A. Kowalczyk, in Milano 2016–2017, pp. 130–131, 276, n. 36.

11
BERNARDO BELLOTTO
(Venice 1722 – Warsaw 1780)

The Arno towards the Ponte alla Carraia, Florence
1743–1744
oil on canvas; 73.7 x 105.4 cm
Cambridge, The Syndics of the Fitzwilliam Museum, University of Cambridge, 195

In this painting, Bellotto depicted Lungarno Corsini in shadow on the right, in strong shortened view near the Ponte Santa Trinita, looking downstream in the northwest direction, opposite to the view looking towards the Ponte Vecchio in the painting's pendant (cat. 10). The succession of houses on the opposite shore of the river, on Lungarno Guicciardini, is laid out in light instead, from Santo Spirito to San Frediano in Cestello, with the hills in the distance, according to the same compositional layout and the same distribution of light and shade as in the *veduta* of *The Arno from the Ponte Vecchio towards Santa Trinita and the Ponte alla Carraia, Florence* (cat. 6) and in its pendant in Cambridge (cat. 10). A two-horse carriage with a character greeted by the bow of a passerby proceeds on Lungarno Corsini. Simultaneously, a hay cart led by oxen proceeds towards the same direction in the painting's pendant as a further evidence of the complementarity and continuity of the two *vedute*, together portraying this wide section of the River Arno. While in the pendant the rosy sky alludes to sunset, the present painting is set at early morning: the shadows envelop the Ponte alla Carraia at the precise moment when a carriage is passing, casting themselves long over the river, against the houses neatly outlined in their contours on the Lungarno. Both here and in the pendant, the surface of the water is the protagonist of a detailed description, with its reflections and shadows: a painting narrative both unique and unforgettable.
Stefan Kozakiewicz, Polish scholar of Bellotto and author of his general catalogue, suggests "that the two paintings [at the Fitzwilliam Museum] might be dated sometimes later than the other Florentine *vedute*"; they "might be described as surer and more energetic" (Kozakiewicz 1972, vol. II, p. 34). The idea of a later execution of the paintings, in 1742–1743, was reaffirmed by Edgar Peters Bowron (in Venezia–Houston 2001), when it was believed that Bellotto had visited Florence in 1742: "The grayish-brown buildings, warmer in the roofs and greenish in the shadows, the green-gray water, and greenish-blue sky with slightly rosy clouds share a much greater affinity with Bellotto's various views of Rome and even of Verona than his earlier views of Florence now in Budapest".
With today's knowledge about the evolution of Bellotto's style and technique, the paintings can be dated with certainty later than the other known Tuscan views. The maturity acquired in Rome and later empowered with the observation of nature in Lombardy is evident in the full-textured paint. In particular, the peculiar paintwork of the bright water, full of reflections, is obtained by wide, parallel brush strokes of emerald colour, while the sky is traversed by white, compact clouds, here grey on the horizon, laid out with horizontal brush strokes, on relief. This reading is further corroborated by the rendition of trees, outlined against the hills, like in the *vedute* of the Gazzada, the touches of light well distinguished over the roof tiles and on the edges of the roofs, the walls marked by consistent layers of overlapping colours, the figures marked by confident and rounded brush strokes. In Lombardy Bellotto had painted again perfectly complementary pairs of *vedute* like this one: the two Vaprio pendant paintings, in a private collection, and the vedute of Gazzada, in Brera (B.A. Kowalczyk, in Milano 2016–2017, nn. 57, 59, 60, 61).
An outstanding preparatory drawing of the composition, sketched with intensity and executed during the 1740 trip to Tuscany, is now preserved at the Uffizi (cat. 12). Unknown to Kozakiewicz, it was traditionally attributed to Giuseppe Zocchi, while Bellotto's authorship was only determined in 1990 (M. Chiarini, in Verona 1990, n. 6). The drawing sets up the perspective layout although grasping a different time of day, with lights and shadows distributed differently, and the sky and water still described in the Venetian style. Kozakiewicz was convinced that "thanks to his drawings, Bellotto was able to paint Florentine paintings even after having left the city" (1972, vol. I, p. 34); The *vedute* of Rome were painted in Venice in 1743–1744, upon his return from a brief journey, hypothetically dated to 1742. In this case, the observation of the different lighting and of the sensitive description of the water leads us to conjecture Bellotto's return to Florence, perhaps during the first months of 1743.

Provenance: Probably Giovanni Battista Borri, Firenze, Santa Croce district, Ruote banner; his sale, at Langford, London, 29–30 March 1759, lot 35 (Lugt *Ventes* n. 1041) ("Canaletti", "its companion, with the ponte Carraia" [of "View of the Arno, with the Ponte Vecchio"]); George Henry Vansittart (1768–1824), of Bisham Abbey, Berkshire (?); A.A. Vansittart (1824–1882) (Lugt *Suppl.*, 2449); donation to the museum, 1876.

Selected Bibliography: Fritzsche 1936, pp. 27, 105, n. VG 16; Goodison, Robertson 1967, p. 15, n. 192; Kozakiewicz 1972, vol. I, p. 34; vol. II, p. 41, n. 55; M. Chiarini, in Firenze 1994, p. 156; Villis 2000, p. 81; E.P. Bowron, in Venezia–Houston 2001, pp. 90, 92, n. 16; B.A. Kowalczyk, in Torino 2008, pp. 112, 114, n. 31; Kowalczyk 2012, pp. 24, 30; B.A. Kowalczyk, in München 2014–2015, p. 186; B.A. Kowalczyk, in Milano 2016–2017, pp. 132–133, 277, n. 37.

12
BERNARDO BELLOTTO
(Venice 1722 – Warsaw 1780)

The Arno towards the Ponte alla Carraia, Florence
1740
pen and brown ink, free and ruled, severely marked with pinpointing, yellowed white paper;
256 x 370 mm
*Florence, Gli Uffizi, Gabinetto dei Disegni e delle Stampe, 1842 P

Inscriptions: On the *verso*, in black pencil, "Zocchi, Veduta dell'Arno dal Pte Da Trinita", "III, 43b", "L 32"; in blue pencil, "1842 P"; in red pencil, "85".

This sheet can be considered as the manifesto of young Bellotto's style and technique, in particular for its vigorous and sure hatching, impetuous in painting the sky, rendered with diagonal strokes in two different directions, from the top right to bottom left and vice versa. The menacing clouds are partly hatched and outlined with nervously zigzagging lines, while parallel lines follow one another on the water. The idea of an impetuous but confident work is confirmed by the use of dark-brown, iron-gallic ink, in some parts laid out with insistence to the point of corroding the paper, as in Bellotto's early Venetian drawings and in those executed during the trip to Rome, hypothetically dated to 1742. The use of the compass, learned from Canaletto, is particularly confident and extensive here: the thickness of the houses and of the bridge, of its arches and pilasters are defined with precise measurements, as demonstrated by numerous signs of perforation. The vanishing point of the whole composition is also marked on the house on the background, on the right. The use of the ruler is equally methodical, not only to draw the main essential lines, but also several windows, such as those of the first house on the right. Bellotto's typical pencil line here is not visible, as it was probably attentively erased. The drawing is possibly a project for the client and the fingerprints repeatedly appearing on two different spots are somewhat a form of the artist's signature: they can be equally found in both Bellotto's drawings and paintings.
The sheet arrived at the Uffizi museum, attributed to Giuseppe Zocchi, as part of a collection of drawings and prints of Florentine subjects, including another drawing of the River Arno, *The Arno looking towards the Ponte alla Carraia* but seen from the Ponte di Santa Trinita, whose authenticity is certain (1843 P). Mina Gregori (1983), in a study on the relationship between Venetian and Florentine view painting, confirmed the old attribution, and despite noting stylistic and compositional affinities with some drawings by Bellotto, she definitely observed traits that were typical of Zocchi. On the other hand, she rightly re-established the attribution to Zocchi of another drawing, similar in the perspective composition and in the details, also belonging to the Hessisches Landesmuseum in Darmstadt, bequeathed from Bellotto and wrongly attributed to him by H.A. Fritzsche (1936, p. 131, VZ 21) (fig. a). Marco Chiarini is responsible for the correct attribution of the present sheet to Bellotto's hand, as part of the small catalogue of the artist's Italian drawings (in Verona 1990).
The present drawing and the one in Darmstadt are representative of the discussion on the relationship between the two artists. The two sheets are certainly linked, despite the figures being distributed and characterised in different ways: slightly sketched by Bellotto, as was his habit with preparatory drawings, whereas they are more characterised in terms of behaviour and clothes in the Darmstadt drawing, in the style of Stefano della Bella (as observed by Mina Gregori). The constructive character of the present drawing, here highlighted for the first time, excludes the hypothesis of its being a copy. Conversely, it suggests that it might have been Zocchi, with a lighter mark of pen and grey ink, who had repeated the younger colleague's composition, typically "Venetian" in style for its rigorous perspective.
With this drawing, Bellotto sketched the composition he would use a few years later in the painting now at the Fitzwilliam Museum, where the relations of light are further studied and both figures and boats are different (cat. 11).
This is still Bellotto's only known Florentine drawing; another sheet, attributed to the painter by H.A. Fritzsche, *The Arno looking towards the Ponte Vecchio*, was in the collection of Rudolph Philip Goldschmidt (1840–1914), Berlin (Lugt, 2926), but is yet to be found. Since the German scholar considers it to be the pendant of the drawing, now attributed to Zocchi and mentioned above, its authenticity remains uncertain (Fritzsche 1936, p. 134, VZ 70).

Provenance: Marquis Giovanni Rosselli del Turco, Florence; purchased with his collection of drawings and prints with Florentine subject by antiquarian P.N. Ferri on 28 April 1908, for 120 Lire.

Selected Bibliography: Gregori 1983, pp. 242–250 (Zocchi); M. Chiarini, in Verona 1990, pp. 58, 60, 62–63, n. 6; Marinelli 1993, p. 83; M. Chiarini, in Firenze 1994, pp. 159–160, n. 94; E.P. Bowron, in Venezia–Houston 2001, p. 92; B.A. Kowalczyk, in Torino 2008, p. 114.

3. BELLOTTO IN LUCCA AND IN LIVORNO

The five drawings of Lucca, part of the topographical collection of King George III (1738–1820), and the painting which followed the composition of one of them, *The Piazza San Martino with the cathedral*, at York Art Gallery, represent the only known documentation of Bellotto's journey to Lucca (cat. 13–18). *The Arno at the Tiratoio towards the Ponte Vecchio, Florence* and *The Arno from the Vaga Loggia, with San Frediano in Cestello, Florence*, in a private collection (cat. 7 and 8), have been dated to 1740, following the confirmation of their commission by Andrea Gerini. The close stylistic and technical relationships between the Lucca's painting and the two *vedute* of Florence, also similar in their dimensions – exceptional for the artist's standards – date Bellotto's journey slightly later, in September or October of that same year. Moreover, *The Piazza San Martino with the cathedral* resumes and perfects the perspective composition and the luministic layout of *The Piazza della Signoria, looking East, Florence*, registered in 1741 within Riccardi's collection (cat. 5).
Both journeys to Lucca and Florence must have been organised by Anton Maria Zanetti di Girolamo (1680–1767), Bellotto's Venetian patron, probably together with the nobleman's friend, Andrea Gerini (1691–1766). The latter confirms the existence of a mutual "amico di Lucca" ("friend from Lucca"), a collector or agent, in a letter dated 13 April 1754 addressed to the Venetian antiquarian (*Anton Maria Zanetti. Il carteggio*, soon published). Hugh Honour (1990) identified as a possible client Giovanni Domenico Mansi (1692–1769) – future archbishop of Lucca, at the time secretary and theologian of archbishop Fabio Colloredo (1672–1742), and author of several important works, including *Diario sacro, antico e moderno, delle chiese di Lucca* (1753). However, Mansi was never known to be a collector. A more likely hypothesis identifies the Lucchese patron as one of the subscribers of Zanetti's books, *Delle Antiche Statue* e *Dactyliotheca*, such as the Count Francesco Trenta or Vincenzo Brazzini. However, there certainly were many other Lucchese noblemen characterised by a European dimension and a collector's attitude who could be counted among Zanetti's and Gerini's friends.
In Lucca, Bellotto certainly worked in privileged conditions as a young and innovative avant-garde painter. He described the cathedral and its structure, at the centre of the city's *curtis aeclesiae*, by detecting four different perspective points and freely moving around the rooms of the Archbishopric. He even climbed the roof and accessed the *piano nobile* of the Palazzo Bernardi (Fornaciari), as well as the window of the church of San Giuseppe. The only painting produced, *The Piazza San Martino with the cathedral*, remained in a collection in Lucca at least until the early years of

the nineteenth century, admired and copied by local artists. The only emblematic eighteenth century *veduta* of Lucca, it would appear in England only at the beginning of the twentieth century.
The effects of Bellotto's visit to Livorno on his way to Rome, possibly in 1740 or later in 1742, are evident in the painter's observation and impression of the bronze sculptural group of *Quattro mori incatenati (Four Moors in chains)*, placed by Tuscan sculptor Pietro Tacca in 1623–1626 on the base of the monument to Ferdinando I de' Medici by Giovanni Bandini. Bellotto must have drawn a sketch, which he later transformed with fervent fantasy in 1764 in Dresden, by placing the "slaves" in a similar way at the base of the equestrian monument to Augustus III, King of Poland and Elector of Saxony. The large capriccio drawing, together with its pendant, combines Bellotto's most significative reminiscences of his journeys through Italy and Europe (cat. 19).

13
BERNARDO BELLOTTO
(Venice 1722 – Warsaw 1780)

The Piazza San Martino with the cathedral, Lucca
1740
oil on canvas, 50.8 x 72 cm
York, York Museums Trust (York Art Gallery), YORAG 771
Presented by F.D. Lycett Green through The Art Fund, 1955

San Martino cathedral was built in the eastern part of the city near the Roman walls by Bishop Anselmo da Baggio (1010/15–1073), named Pope Alessandro II in 1061. It has been the pride of Lucca (fig. a) since it was consecrated in 1070 as the first great Christian temple in Italy, followed in 1084 by Basilica di San Marco in Venice. The pre-existing paleochristian church, constructed by Bishop Frediano (sixth century), had had the role of cathedral since 724, replacing the nearby Basilica dei Santi Reparata e Pantaleone, which was the first bishopric with the baptismal fount of San Giovanni.
In this painting, Bellotto depicted the religious heart of the city, its *curtis aeclesiae* (Taddei 2016). He carefully studied the different viewpoints from a window on the *piano nobile* of the Palazzo Bernardi (Fornaciari), in order to capture only the prospect of the cathedral's façade, as if it were the Basilica di San Marco in Venice, as it appeared in his own and Canaletto's paintings. San Martino, like the other churches in Lucca, was supposed to be observed from the side, as in the only precedent, a rare drawing by Giuseppe Civitali, from 1570 (fig. b), and in the numerous plates of the nineteenth century. Thanks to a forced perspective, the painting embraces the left part of the transept of the former cathedral, today known as Santi Giovanni e Reparata, at the farther edge of the square, dominated by the Palazzo Bernardi (Micheletti) with its hanging garden, a project by Bartolomeo Ammannati (1578), commissioned by Giovanni Bernardi, canon of San Martino and then bishop of Ajaccio. In the background is a part of the Piazza degli Antelminelli, with its enclosure of small iron pilasters and the church of San Giuseppe. Along the right side, there follows a quick glimpse of the square's architectural elements in the shadows, from the Oratorio della Maddalena to the bell tower rising above the roofs of thirteenth-century Casa dell'Opera del Duomo, the location of Monte di Pietà since 1517. In the painting, a horse is going to be watered at the well, as in Civitali's drawing, today covered by a roof with two pairs of columns; a two-horse carriage preceded by a horseman runs towards the cathedral, while noblemen and commoners stroll or converse in the square.
The vanishing lines and the joint game of the shadows, with the diagonal lines of the paved sidewalks on the clay court of the square, converge onto the façade of San Martino. This, unfinished, with its three orders of little arches finely decorated with white, pink and green marble, is a work by Master Guidetto (1191 – after 1204) and an excellent example of the Lucchese Romanesque style. The diagonal shadow darkens the two arches and was perhaps conceived to diminish the effect of their unusual difference in terms of width, supposedly due to the pre-existing bell tower. The bas-relief with the equestrian statue of Saint Martin and the poor – linked by Toesca (1927) to the sculptures of the eastern gate of the baptistery in Pisa – emerges slightly from the shadows.
The anonymous author of a note published in "The Burlington Magazine" in 1944 admired the extraordinary sense of atmosphere in this painting, at the time attributed to Canaletto, as well as its light and silvery tonality and the execution of certain details, such as the figures wearing shimmering garments and the delicate white clouds against the blue sky (*Canaletto in Lucca* 1944).
The connection with the five drawings of Lucca preserved in London (cat. 14–18) – at the time at the British Museum, as part of King George III's topographic collection – suggested to Francis Watson the attribution to Bernardo Bellotto of this painting and of the drawings, whose authenticity remains still unquestioned today. The whole nucleus testifies to the painter staying, at least for a few days, in Lucca. Pietro Guarienti, Bellotto's biographer, does not mention this journey, only listing Rome and Florence among the cities visited in central Italy (Orlandi, Guarienti 1753, p. 101), but the impressive similarity to the two *vedute* of the Arno, painted in the summer of 1740 for Marquis Gerini and of similar dimension (cat. 7 and 8), shows that the trip to Lucca coincided with the stay in Florence. The subtle composition of lights further corroborates the hypothesis of a date slightly later than the two Riccardi paintings (cat. 5 and 6). Bellotto might have visited Lucca after receiving from Gerini "un imprestito di Zecchini 20" ("a loan of 20 zecchini") on 30 August, or after 30 September, when he was paid the balance by the Marquis. The limpid atmosphere and the elongated shadows allude to "un'ora meridiana di una giornata di mezza stagione" ("a midday hour in a mid-season day") (G. Fanelli, in Bedini, Fanelli 1988). Prior to his return to Venice, Bellotto left this early masterpiece in Lucca, where it remained until at least the early years of the nineteenth century, unknown and unnoticed by experts, scholars and travellers of the time, although admired and repeatedly copied by a crowd of local painters (see cat. 20 and 21).
This picture reappears as "A. Canaletto" in Christie's catalogue for the posthumous sale of the property of Charles T.D. Crews (1839–1915, doctor of letters, justice of the peace, member of the Society of Antiquaries) on 2 July 1915 (lot 145), where it was purchased by Agnews. Among the masterpieces from the exceptional collection put up for auction, rich in Dutch and Flemish (92 lots), British (29 lots) and Italian (40 lots) paintings, now on display in major museums around the world – including the Metropolitan Museum of Art, the Cincinnati Art Museum, the Rijksmuseum and others – there was the portrait of Cosimo I de' Medici by Jacopo Pontormo from the Riccardi collection (Christie's, New York, 29 January 2014, lot 166; offered in the 1915 sale as lot 144, 'A. Bronzino') and another painting by Bellotto, *The Piazza del Popolo, Rome* (London 2014, no. 1).
The information that is already known – the fact that the present painting was once in the Crews collection, noted in the York Art Gallery archive since Agnew's exhibition of 1985, published by C. Beddington (London 2014, at no. 1) and independently found by the present author in the Christie's Archive with the kind help of Lynda McLeod – is now joined by another element that could add to the reconstruction of its history. The picture with the "View in an Italian city, with a carriage and figure", by "Canaletti", purchased by Colnaghi at Christie's on 10 July 1886 (lot 199) at the posthumous sale of the property of Anthony Ashley-Cooper, 8th Earl of Shaftesbury (1831-1886), presents the same composition: in the copy in the Christie's Archive sales catalogue, a hand-written inscription precises the city as "Lucca". The purchase price, amounting to 147 guineas, is quite high, but so far no archive data have emerged to identify the painting with certainty: the Colnaghi records exist only from 1894.
From 1942, *The Piazza San Martino with the cathedral, Lucca*, was part of another formidable collection comprising more than 130 Old Masters, that of F.D.

Lycett Green, kept at his home in York and then at Finchcocks, Goudhurst, Kent and donated in 1955 to the York Art Gallery.
The meticulous, almost stenographic, codification of the preparatory sketch (cat. 14) was corrected and improved in this painting. The drawing works as a sketch of the composition, but here Bellotto focused more on the details of the architecture, on the fine drawing of the windows, on Ammannati's ashlar on the Palazzo Bernardi, and on the chiaroscuro game played by the small arches of San Martino. He followed the well-defined borders of the areas in shadow, although adding subtle diagonal shadows under the roofs and introducing or erasing some figures, which had already undergone visible *pentimenti* in the drawing. He also enriched the composition with further details: wooden boards and sticks resting next to the workshop of carpenter, cobbles scattered on the clay court in the square, the vegetation on the top of the fountain's roof, crosses and little flags; finally, he rendered the clouds with a completely different style, moulding them with energy, almost in relief above the sky laid out with strong diagonal brush strokes. The architectures are marked out by precise lines and engravings in fresh paint, with layers of spontaneous brushstrokes, rich in colour, creating the suggestion of the surfaces of marble, stone and plasterwork. The figures are described with the point of the paint brush.
One of the first paintings executed upon Bellotto's return to Venice, *Campo Santi Giovanni e Paolo*, in the Springfield Museum, depicts the same site as a Canaletto painting from the Conti collection (see cat. 2), introducing the stylistic acquisition of his stay in Florence and Lucca, and the figures ingeniously depicted in the foreground, like in the present one, on the threshold of the shadows (Kowalczyk 2012, p. 31).
Painted on a red/dark brown ground, which resurfaces in some parts of the sky, the canvas was restored in the 1960s and reintegrated in the sky above the Piazza degli Antelminelli and on the right side, where the diagonal brush strokes are particularly vigorous.

Provenance: Charles T. D. Crews (1839–1915), London and Billingbear Park, Wokingham, Berkshire; posthumous sale, Christie's, 2 July 1915 [second day], lot 145 (attributed to "A. Canaletto"; "A view in Lucca. A square in the town with the church and figures"); purchased by Agnew's for £ 94 10 shillings [= 90 guineas]; Sir George William Agnew, 2nd baronet (1852–1941); his son, George Colin Agnew (1882–1975); purchased by F.D. Lycett Green via Agnew, 1942; F.D. Lycett Green, Finchcocks, Goudhurst, Kent, until 1955; donated to the York Art Gallery with the National Art-Collections Fund, 1955.

Selected Bibliography: *Canaletto in Lucca* 1944, pp. 257–258 ("Canaletto"); Watson 1953, pp. 166, 169; Haskell 1956, pp. 296–300; *York Art Gallery Catalogue* 1961, vol. I, pp. 7–8, n. 771; Kozakiewicz 1972, vol. I, p. 27; vol. II, p. 42, n. 58; Belli Barsalli 1986, pp. 23–24; H. Honour, in Verona 1990, pp. 64–65, n. 7; Marinelli 1993, pp. 83–84; Gregori 1994, pp. 201–214; Kowalczyk 1996, part I, pp. 13, 36, n. 41; G. Fanelli, in Bedini, Fanelli 1998, pp. 113–114, n. 170; B.A. Kowalczyk, in Venezia–Houston 2001, pp. 94–95, n. 17; B.A. Kowalczyk, in Torino 2008, pp. 116–117, n. 32; Perini 2009, p. 114; Kowalczyk 2012, p. 30, fig. 42 on p. 28; B.A. Kowalczyk, in Milano 2016–2017, p. 94; Marinelli 2016, p. 42, fig. on pp. 38 e 43.

14
BERNARDO BELLOTTO
(Venice 1722 – Warsaw 1780)

The Piazza San Martino with the cathedral, Lucca
1740
pen and brown ink over free and ruled pencil,
with pinpointing; horizon line drawn with ruled pencil, marked at 81 mm from the lower margin;
252 x 372 mm
London, The British Library, Map Room,
K.Top.L XXX-21a

Inscriptions: At the top centre, in pen and the same ink, "Lucca", in the top right corner, in pencil "55"

Bellotto's five drawings of Lucca, belonging to King George III's topographical collection as part of the King's Library, are now preserved in the Maps Room at the British Library, glued in pairs in a nineteenth-century album containing the maps of Repubblica di Lucca; Stato dei Presidi, di Piombino e Olbia; Repubblica di San Marino and Stato della Chiesa.
The immense collection known as "King's Topographical Collection" or "K. Top.", containing more than 40,000 items – maps, plans, globes, drawings of architecture and fortifications, bridges and canals, palaces and country houses and thousands of drawings and prints of views – was partly inherited and partly added to with passion by King George III with the help of Richard Dalton, his librarian in 1760-1773 and curator of medals and drawings from 1773 to 1791. It was one of the most important and finest of its age (see Felicity Myrone, https: //www.bl.uk-picturing-places-articles-what-is-ktop). The drawings are mentioned for the first time in 1829 in the catalogue of the collection without the artist's name, such as "taken with the Camera Obscura". Rediscovered in 1950 by A.P. Oppé as "early drawings of Lucca by Canaletto", they were attributed to Bellotto by F.J.B. Watson in 1953.
Exceptional images of eighteenth-century Lucca have been for the first time taken out of the book to be exhibited here: they represent, with documentary precision, the religious heart of the city, with San Martino cathedral and the church of Santi Giovanni e Reparata (see cat. 14–17) and another city temple, Santa Maria Forisportam on the square of the same name (cat. 18). Characterised by a rigorous perspective layout – by this point particular to Bellotto –, where all the vanishing lines converge onto the central arch of the cathedral, far on the end of the square, this sheet is the only one followed in a painting (cat. 13). They all reveal a sketch of the main lines in pencil and with a ruler, the line of the horizon drawn from margin to margin as a reference for the perspective composition, signs of measurement marked with a compass, details and figures drawn freehand, bearing witness to a precise construction work, according to Canaletto's basic methods.
Bellotto used to take images with the *camera obscura* from different viewpoints and from above, thus composing four or more partial views: the results of his work can be retrieved, although only partially, by looking at the composition of three vertical photographs, taken from one single viewpoint, at ground level, and with a decentralised optical axis (fig. a).
Here, like in the other drawings, the pencil sketch is marked over with pen, showing different signs of reconsiderations and *pentimenti*: the most visible is in the position of the figures, attentively disposed, in the final version, along the diagonal lines leading towards the façade of San Martino, distanced to the end of the square, as if it were seen through a telescope. The contour lines of the shadow areas are only marked in pen; the cathedral's arches are shaded with hatching. Many ticks and dashes in ink on the walls highlight the stone irregularities and the discoloured plasterworks, as some sort of code later translated into the painting; fingerprints are impressed with the same coloured ink, on the left of the figure with the dog. While the perspective distortion of the oculus of Santi Giovanni e Reparata confirms a not-yet-expert use of an optical device, the curious mistake in the height of San Martino's bell tower, shorter by a floor, has been corrected in the painting.
The comparison with the painting allows us to appreciate a search for perfection in the definition of the details of the architecture, sketched in this sheet with a stenographic sign, and in the complex succession of lights and shadows. Such a zeal is contrasted by the rendering of the sky, which is vigorous in the painting, with strong diagonal brush strokes, particularly rich in paint in the clouds, whereas still conventional and controlled in the drawing.

Provenance: Topographical collection of King George III (1738–1820), part of the King's Library, Buckingham Palace, London; donated to the nation by his son George IV (1762–1830), 1823; King's Library,

British Museum, London, from 1828 to 1998; moved to the British Library, 1998.

Selected Bibliography: *Catalogue of Maps* 1829, vol. I, p. 722; Oppé 1950, p. 10 ("Canaletto"); Watson 1953, pp. 166, 169; Kozakiewicz 1972, vol. I, pp. 34–35; vol. II, p. 42, n. 59, fig. on p. 45; H. Honour, in Verona 1990, p. 64; G. Fanelli, in Bedini, Fanelli 1998; B.A. Kowalczyk, in Venezia–Houston 2001, p. 94; B.A. Kowalczyk, in Torino 2008, p. 116; Kowalczyk 2012, p. 30.

15
BERNARDO BELLOTTO
(Venice 1722 – Warsaw 1780)

San Giovanni seen from The Piazza degli Antelminelli, with the side of the cathedral, Lucca
1740
pen and brown ink over free and ruled pencil and pinpointing; horizon ruled pencil line at 84 mm from the lower margin; 252 x 370 mm
London, The British Library, Map Room,
K. Top. LXXX-21b

Inscriptions: in the top centre, in pen, with the same ink, "Lucca"; in the right corner, in pencil, "2"; next to San Giovanni's bell tower, in pencil, "56"; on the *verso* in pen and faded brown ink, "pietro Beloti".

Bellotto completed the description of the city's *curtis aeclesiae* by structuring this drawing as the pendant of *The Piazza San Martino with the cathedral, Lucca* (see cat. 14). The painter positioned himself above, on the window of the church of San Giuseppe, opposite the garden of the Palazzo Bernardi (Micheletti), in order to portray the baptistery of San Giovanni, the Romanesque bell tower and the transept of the ancient cathedral of Santi Reparata e Pantaleone. He stretched up to the Piazza San Martino, where he depicted almost the whole façade of the Palazzo Bernardi (Fornaciari): one window of the *piano nobile* of the same building provided his viewpoint for the pendant. He erased the well near the Oratorio della Maddalena and near the third-century Casa dell'Opera del Duomo, depicted with two archways on the ground floor, originally open. He also omitted the rectangular iron perimeter on the paved sidewalk of the square that was in front of him and was eliminated only in 1832, when Lucchese architect Lorenzo Nottolini built his fountain. Bellotto framed the *veduta* with the northern side of the cathedral on the left and with the front on the square of the Palazzo Mansi on the right: a quadrangular view, "impossible" to embrace with a single viewpoint, wisely built in the study with sketches taken from life.

As in the other drawings of the series of views of Lucca (cat. 14, 16–18), the pencil sketch and straight edge of the main constructive lines is being "corrected", here with consistent signs of *pentimenti* in the positions of the two bell towers, in the drawing of the tympanum and in other details of the baptistery. The edge of the short third order of the duomo is left only sketched in pencil. The result of this study is outstanding, both in terms of the architecture's perspective rendition and for the accuracy of the details: "the side of the cathedral is marked out with punctilious precision: it is possible to admire the building shorter than the left aisle, the higher form of the central nave... the bell tower emerges in the correct perspective axis... the drawing also gives a valuable series of architectonic details later modified or destroyed: the gate on the ground floor [of the Palazzo Mansi], the different composition of the windows [in the Palazzo Bernardi-Fornaciari], the gate of the Oratorio della Maddalena; the façade of the Fabbrica del Monte di Pietà before the nineteenth century interventions by Enrico Ridolfi" (G. Fanelli, in Bedini, Fanelli 1998). Perhaps intrigued by the details of Lucca's houses, the Venetian painter also noted minor details, from the large roof tiles of the Palazzo Mansi to the attics and chimneys, and lingered on the baptistery's ogive dome (1393). Bellotto was pleased with the presence of horses in the Tuscan cities; they would become his passion in Saxony and Poland, where he would study their anatomy and capture them in their movements in the *vedute* of Dresden, making them the protagonists, together with their horsemen, of the equestrian portraits executed in Warsaw (B.A. Kowalczyk, in Milano 2016–2017, p. 268). As in *The Piazza della Signoria, looking East, Florence* (cat. 5), here he added the calash on the foreground, in pen after finishing the sketch. The figures, similar to those appearing in the Venetian drawings executed soon before his trip to Tuscany (fig. 3, p. 15), are silhouettes with only the contours quickly sketched with a round outline, although already well characterised. The outline of the shadow area marked out on the foreground confirms that this sheet was also drawn for a painting. The name of Bellotto's younger brother and companion on the trip, Pietro Bellotti (1725–1800 ca.) is inscribed on the *verso* of the drawing (fig. a). The hypothesis of the handwriting belonging to Pietro seems to be rejected by the comparison with his signature on the baptismal certificate of his daughter Barbe, dated 24 March 1749 in Tolosa (Crivellari 2013, p. 21, fig. 4). Their relationship was that of master and apprentice, sanctioned on 5 November 1741 in front of a notary and ratified on 25 July 1742 (Marini 1993). The inscription could suggest that the boy was already Bellotto's assistant at the time. Pietro would also become a view painter, mainly in France, although it is difficult to ascribe specific tasks to him in the execution of the Lucca drawings: no graphic evidence has yet been attributed to him and his perspective technique never equalled that of his brother.

Provenance: Topographical collection of King George III (1738–1820), part of the King's Library, Buckingham Palace, London; bequeathed to the nation by his son, George IV (1762–1830), 1823; King's Library, British Museum, London, from 1828 to 1998; moved to the British Library, 1998.

Selected Bibliography: *Catalogue of Maps* 1829, vol. I, p. 722; Oppé 1950, p. 10 ("Canaletto"); Watson 1953, pp. 166, 169; G. Fanelli, in Bedini Fanelli 1998, p. 114, n. 171; Kozakiewicz 1972, vol. I, pp. 34–35; vol. II, p. 47, n. 60, fig. a p. 46; H. Honour, in Verona 1990, p. 64; B.A. Kowalczyk, in Venezia–Houston 2001, p. 94; B.A. Kowalczyk, in Torino 2008, p. 116; Kowalczyk 2012, p. 30.

16
BERNARDO BELLOTTO
(Venice 1722 – Warsaw 1780)

San Martino cathedral, on the side of the apse, Lucca
1740
pen and brown ink over free and ruled pencil and pinpointing; horizon ruled pencil line at 84 mm from the lower margin; 248 x 370 mm
London, The British Library, Map Room,
K.Top. LXXX-21c

Inscriptions: At the top centre with pen and with the same brown ink, "Lucca"; on the top right in pencil, "3", "57".

The description of the temple is completed by this drawing of the apses of San Martino cathedral and its companion sheet, *San Martino cathedral, on the side of the apse, with the bell tower, Lucca* (cat. 17). Together with another two sketches depicting the façade and the northern side (cat. 14 and 15), they create a series of exceptional documentary interest.
The viewpoint for the drawings was provided by the windows of the archiepiscopal building. The plans of the palace and of the area it overlooks were drawn prior to the beginning of the huge restoration work in 1783. They are kept in Lucca's Diocesan Archives, kindly indicated by scholar Laura Macchi, thus adding new, thrilling elements to the understanding of Bellotto's work in Lucca. The two images are taken from two different windows, placed on the left and on the right of the covered gallery of connection with the apse, built at the end of the sixteenth century ("3. Portico per il quale si va in chiesa"/"Portico leading to the church"): an invasive but relevant element for Bellotto's perspective compositions. In order to

construct this *veduta* and to depict the apsidal area of the cathedral with its tribune, the Venetian painter stood in the window in the *piano nobile*, described as follows on the plan's legend: "2. Anticamera grande con soffitto dipinto dell'appartamento per l'estate nella quale sta eretto il Baldacchino per la credenza, e nel Fregio di Essa stanza vi sono l'effigie di tutti li Vescovi principiando da S. Paolino" ("Great antechamber with painted ceiling of the summer apartment where the Baldachin for the cupboard is erected, and in the Frieze of that same room are effigies of all the Bishops starting from S. Paolino") (fig. a, b). Bellotto's privileged conditions of travelling in Tuscany, documented by his stay in Florence being prepared in every detail, can be equally confirmed and conjectured for Lucca. The access to a state room must have certainly been granted with the approval of the archbishop, Fabio Colloredo (1672–1742), of the Friulian family of Monte Albano, great collectors of Canaletto and later of Francesco Guardi.
This drawing is the most elaborate of the whole series, the most complete in terms of *chiaroscuro* definition and in the description of the sky, where the clouds are hatched diagonally like in the *veduta* of Florence, *The Arno towards the Ponte alla Carraia, Florence* (cat. 11). The intense cross hatching of the portico of connection and of the orchard ("2. Orto con Gelsi e qualche frutto"/"Orchard with mulberry trees and some fruit") stands out when compared to the luminosity invading the cathedral and the simple houses backed against each other (no longer appearing in the plan of 1782).
While grasping the decorative richness of the façade of San Martino (see cat. 13 and 14), Bellotto here depicted the apsidal area in all its majesty, showing with two drawings his extraordinary perspective preparation and the confident knowledge of the architectonic structures. Particularly intrigued by the tribune, he depicted the refined *chiaroscuro* of the little arches with accuracy. He must have also executed another sketch, from a different angle, later used in a capriccio from 1745–1746, *The River Adige with Castelvecchio and the Ponte Scaligero, Verona*, at the Philadelphia Museum of Art (Kozakiewicz 1972, n. 97) (see cat. 17). Bellotto noted a handcart with oxen near the orchards which gives a domestic allure to the image.

Provenance: Topographic collection of King George III (1738–1820), part of the King's Library, Buckingham Palace, London; bequeathed to the nation by his son, George IV (1762–1830), 1823; King's Library, British Museum, London, from 1828 to 1998; later moved to the British Library, 1998.

Selected Bibliography: *Catalogue of Maps* 1829, vol. I, p. 722; Oppé 1950, p. 10 ("Canaletto"); Watson 1953, pp. 166, 169; G. Bedini, in Bedini, Fanelli 1998, p. 115, n. 173; Kozakiewicz 1972, vol. I, pp. 34–35; vol. II, p. 47, n. 61, fig. on p. 46; H. Honour, in Verona 1990, p. 64; B.A. Kowalczyk, in Venezia–Houston 2001, p. 94; B.A. Kowalczyk, in Torino 2008, p. 116; Kowalczyk 2012, p. 30.

17
BERNARDO BELLOTTO
(Venice 1722 – Warsaw 1780)

San Martino cathedral, on the side of the apse, with the bell tower, Lucca
1740
pen and brown ink over free and ruled pencil and pinpointing; horizon ruled pencil line at 90 mm from the lower margin; 247 x 367 mm
London, The British Library, Map Room,
K.Top. LXXX-21d

Inscriptions: at the top centre in pen and with the same brown ink, "Lucca"; in the top right corner, in pencil, "4", "58".

The definition of the present drawing point of view is not as easy as it is for its ideal pendant, *San Martino cathedral, on the side of the apse, Lucca* (cat. 16). The bulk of San Martino is represented on both sheets from the same height, that of the *piano nobile*. However it is not clear where Bellotto actually found the right viewpoint to draw this *veduta*, on the other side of the portico which led the archbishopric to the cathedral, because at the time, the building only occupied one floor. We can easily imagine Bellotto climbing onto the roof, above the wide granary ("29. Granaro, e sotto scuderia riformata in sede vacante"/"Granary, and below the stable, rebuilt in sede vacante") (see cat. 16): in a similar way, in 1764 in Dresden, Bellotto climbed the Kreuzkirche's tower, which had collapsed following the Prussian bombing, to personally check its condition, as reported by the local newspaper (see B.A. Kowalczyk, in Milano 2016–2017, p. 256).
The situation of the space behind the cathedral was well-suited to the poetics of Bellotto, who, during the whole of his European journey, from Venice to Warsaw, loved comparing and contrasting magnificent architecture with the humbleness of simple houses. He depicted the hut with the stairs backed up to the beautiful apsidal area of the cathedral, the windows of the rooms below the portico ("39. Casa per abitazione del Messo ed altre stanze che già servivano per Carceri"/"Messenger's dwelling and other rooms, already serving as Jails"), the luxuriant orchard limited by an ancient wall/("40. Orto grande con viale"/"Orchard with pathway"), with the sacristy behind.
The sight, almost unchanged during the following century, provoked the indignation of Lucchese art historian, Enrico Ridolfi (1828–1909), who blamed the eighteenth century for it: "È poi da apporre a quel secolo il maggior deturpamento dell'esteriore del tempio dal lato tergale, già cominciato in antecedenza con la costruzione del porticale che lo collega al palazzo vescovile, ma ora accresciuto e con la chiusura delle arcate del portico, e con le luride fabbricucce addossategli per comodità dei famigli del Vescovo, e col gran muro che toglie alla vista la bella tribuna, sgombrata solo nel secol presente dalle pianto di frutta, e dai magazzini di che s'era tutto intorno coperta" ("That century is to blame for the exterior defacement of the temple on the back side, already begun with the building of the colonnade leading it to the archbishopric, now enlarged with the closing of the archways and with the disgusting huts backed up on it for the advantage of the Bishop's family, and with a giant wall limiting the view on the beautiful tribune, freed from the fruit trees only in the present century, and of the surrounding storehouses") (Ridolfi 1877, p. 9). The note is closed by the wish of seeing "il tergo della cattedrale sbarazzato d'ogni ingombro campeggiare su vasta piazza..."("the back of the cathedral freed from any obstruction standing on the wide square"). A photograph from 1931 shows for the last time the portico which would be soon demolished: today it only survives as a trace of the door in the cathedral's external wall (Lazzareschi 1931, p. 42).
One can only imagine the splendour of the painting which should have followed this complex drawing. The cathedral stands out with its southern side and the apses in all their noble beauty and the magnificence of the majestic structure and of the decorations, unique in Tuscany, with little arches, columns, *patera* reliefs, tiles: this is the fourteenth-century dimension of the church, already influenced by Gothic in terms of verticality and huge windows, built from 1308 by architect Matteo Campanari and continued after his death by Pisa's craftsmen. The drawing is executed in pure outline, without *chiaroscuro*, but rich with ticks and dots to show the ancient nature of the bell tower and the perimeter wall, the irregularities of the huts' façades, possibly built with brickwork, and the slightly steep, irregular land. Bellotto noted the archways, still open, of the colonnade mentioned by Ridolfi and grasped the wild nature of the "fruit trees" with a myriad of quick and arched signs; the few figures of the "famigli del Vescovo" ("the Bishops' servants"); Pisa's hills on the horizon.

Provenance: Topographic collection of King George III (1738–1820), part of the King's Library, Buckingham Palace, London; bequeathed to the nation by his son, George IV (1762–1830), 1823; King's Library, British Museum, London, from 1828 to 1998; later moved to the British Library, 1998.

Selected Bibliography: *Catalogue of Maps* 1829, vol. 1, p. 722; Oppé 1950, p. 10 ("Canaletto"); Watson 1953, pp. 166, 169; G. Bedini, in Bedini, Fanelli 1998, p. 115, n. 172; Kozakiewicz 1972, vol. I, pp. 34–35; vol. II, p. 47, n. 62, fig. a p. 46; H. Honour, in Verona 1990, p. 64; B.A. Kowalczyk, in Venezia–Houston 2001, p. 94; B.A. Kowalczyk, in Torino 2008, p. 116; Kowalczyk 2012, p. 30.

18
BERNARDO BELLOTTO
(Venice 1722 – Warsaw 1780)

Santa Maria Forisportam, Lucca
1740
pen and brown ink over free and ruled pencil and pinpointing; horizon ruled pencil line at 69 mm from the lower margin; 235 x 371 mm
London, The British Library, Map Room,
K. Top. LXXX-21e

Inscriptions: In pen, at the top, "Lucca"; in pencil, at the top right corner, "5", "59".

A precise reason should have spurred Bellotto in turning Santa Maria Forisportam into the subject of this Lucchese drawing, the only one where San Martino cathedral does not appear (cat. 14–17). The church, also known as Santa Maria Bianca for the white marble of its façade, is depicted from the front, with the northern side and the transept, the first order and the façade being decorated with blind arcades and its Romanesque bell tower standing out against the side. The square is surrounded by aristocratic buildings, with modest houses at the far end, which were later renovated in the nineteenth century and of which Bellotto described the curious crowning element of the five chimneys. The painter "moved away" the characteristic Roman column, which was in ancient times the arrival point of the traditional Palio run on the external side of the Roman walls, here used to hang the ropes for drying clothes. A carriage comes from the path that runs alongside the church and behind the apses.
In the series of five Lucca drawings, this sheet also stands out for its geometrical perspective layout, with the vanishing point standing exactly in the middle, on a lower horizon line. However, the same construction can also be observed in the other four drafts – a sketch in pencil and ruler to outline the volume of the architectures and the silhouettes of the windows, measurements with a compass – the architectural details being synthesised in the equally precise and effective tracing of the pen, curved and hooked in the figures.
The central perspective highlights the magnificence of the right side building, starting with the eighteenth-century façade and its baroque portal crowned by a balcony. This is attributed to Domenico Martinelli (1650–1718), a Lucchese architect who was successful in central Europe, in particular in Vienna (he designed, among other things, the Liechtenstein Palace in Rossau, built between 1692 and 1705). The palace belonged for a short time to the Sirti family: we know that the purchase of the building from the monastery of San Ponziano dates to 1695, whereas the date of the transfer to the Mansi family remains unknown. The latter certainly owned it with Ascanio (1773–1840), senator of the Republic of Lucca and member of the government of the Principato dei Baciocchi, who decorated the *piano nobile* with the family's coat of arms (Mansi 2006, p. 214). Lucchese scholars state that the purchase occurred "around the middle of the century". The name of Ascanio's cousin was also mentioned: Aurelio Mansi (b. 1722), remembered as an "ambassador" in Vienna and friend of Georg Christoph Martini (d. 1745), a Saxon painter who loved Tuscany (Mansi 2007, p. 156). Martini was actually the friend and secretary of Aurelio's father, Carlo Domenico Mansi (1682–1750), entrusted by the Republic in the first half of the eighteenth century with delicate diplomatic missions (Giuli 2011, pp. 21 and 25). In the note dedicated to Carlo Domenico in his *Viaggio in Toscana*, written between 1736 and 1742, when the Lucchese noblemen was at the court in Vienna as a delegate of the Republic, Martini recalls his long stay in his friend's city house, possibly a palace in Santa Maria Forisportam (Martini 1969, pp. 346–347). The coat of arms on this sheet provides contradictory indications: similar serrated diagonal bands characterise the arms of other families of Lucca, not connected with the history of the building, such as the Tegrimi and a branch of the Diodato (Archivio di Stato di Lucca, *Cronologia de Signori della Eccellentissima Repubblica di Lucca dall'Anno di N.S. M.CCCLXVIIII fino a tutto l'Anno M.DC*, pp. 108 and 296), but might also epitomize the word "Libertas" of the coat of arms of the Republic.
If the Sirti palace had already been the property of the Mansi family before 1736, this would have been the second residence of the family, among the four existing in Lucca, to be painted by Bellotto, together with the palace of San Donnino framing the view of the Piazza degli Antelminelli (cat. 15). The commission by a member of the Mansi family might constitute a link among the five scenes of Lucca. Furthermore, Carlo Domenico's connection with the court in Vienna and the European dimension of this branch of the family could also allude to a possible relationship with Anton Maria Zanetti di Girolamo (1680–1767). The latter was in fact friends with Prince Joseph Wenzel Liechtenstein and the architect of Bellotto's journey to Tuscany, responsible for the painter's artistic relationships in Lucca as much as in Florence. With strong arguments, Hugh Honour detected Bellotto's possible Lucchese patron in Giovanni Domenico Mansi (1692–1769), belonging to the San Donnino branch (1990). But no archive data supports the candidacy of the illustrious theologian and scholar, named archbishop of Lucca in 1764 by Clemente XIII and enlightened contributor to the *Encyclopédie* (Lucca, Vincenzo Giuntini, 1758–1771).
As for the other four scenes of Lucca, painted in pendant pairs, this must also have been executed or at least projected with a complementary companion, as a series of unpaired paintings was not a common habit among *vedutisti*.

Provenance: Topographical collection of King George III (1738–1820), part of the King's Library, Buckingham Palace, London; bequeathed to the nation by his son, George IV (1762–1830), 1823; King's Library Gallery, British Museum, London, from 1828 to 1998; later moved to the British Library, 1998.

Selected Bibliography: *Catalogue of Maps* 1829, vol. I, p. 722; Oppé 1950, p. 10 ("Canaletto"); Watson 1953, pp. 166, 169; Kozakiewicz 1972, vol. I, pp. 34–35; vol. II, p. 47, n. 63, fig. on p. 46; H. Honour, in Verona 1990, p. 64; G. Bedini, in Bedini, Fanelli 1998, p. 115, n. 174; B.A. Kowalczyk, in Venezia–Houston 2001, p. 94; B.A. Kowalczyk, in Torino 2008, p. 116; Kowalczyk 2012, p. 30.

19
BERNARDO BELLOTTO
(Venice 1722 – 1780 Warsaw)

Architectural Capriccio with equestrian monument
1764
pen and grey-black ink and brown ink in two shades on ruled pencil, freehand and with a ruler, marked with pinpointing; the patera on the monument is drawn with a compass;
443 x 619 mm
London, Victoria and Albert Museum, E. 30.1939.
Given by Miss A. Simonson in memory of her brother George Simonson

Inscriptions: At the bottom left, in pen and brown ink, "Bernardo Bellotto/ de' Canaletto inv: et Fec. 1764".

In a letter dated 27 June 1927 (now in the Wallace Collection), George A. Simonson, author of the first monograph on Francesco Guardi (1904), informs the reader of being in possession of "two large pen & ink sepia drawings by Bellotto, signed and dated 1764". Von Hadeln mentions the sheets in a note dedicated to Bellotto's drawings, although stating that "owing to the certain weaknesses in the execution it appears doubtful whether they are original". S. Kozakiewicz mentions the letter but does not know the drawings, attributed to Bellotto by P. Ward-Jackson.
This is one of the drawings, painted in pendant, as

was the custom with paintings, accurately refined with fantasy architecture. Together with *Architectural Capriccio with Dioscuri*, of the same collection (E.31.1939), it represents the painting genre regularly practiced by Bellotto during his second period in Dresden, between 1762 and 1766. The date appearing on the work, 1764, might highlight the link with his appointment in the same year as "aggregate member for the perspective" (meaning, teacher of perspective) at the Academy in Dresden. At the same time, the two sheets stand out for the theatrical character of the drawing both in terms of the structural layout of the space and for the assembly of the various compositional elements. They follow the example of Giuseppe Galli Bibiena (1696–1757), who Bellotto met during his first stay in Dresden. Bellotto diverges from Canaletto, who was in those years devoted to sketches characterised by freedom and fantasy, by means of a sharp perspective exactness, neat details and theatrical lighting, although the outstanding technique and the modulated use of grey watercolour still bear the typical teachings of his master. Venetian and Paduan elements cross the two sheets with a frenetic rhythm, with motifs observed during the journeys to Rome and Tuscany and taken from prints. The two drawings are anticipated by precise compositional sketches, residing today in Warsaw and Darmstadt (Kozakiewicz 1972, nn. 304 and 305), where it is possible to detect the hand of an assistant, perhaps Bellotto's son, Lorenzo (1742–1770), according to the habit of Canaletto's atelier.
In the two wings of this sheet, the edges of the Libreria Marciana are visible, followed on the right by some archways of the building of Sansovino, and by the portico of the Prisons on the left, surmounted by a loggia similar to that of the Palazzo Ducale, except for the double columns. Further down at the bottom, a *squero* can be seen with a boat under construction. At the centre, the ruins of a triumphal arch, similar to that of the Sergi in Pola, are dominated by a medieval tower; in the arch fornix, a round temple and a city in the distance, on the lagoon, dominated by the tall circular tower, are taken from the print published in 1740 based on a drawing by Giuseppe Galli Bibiena (G. Marini, in London–Washington 1994–1995) with the palladian church of San Francesco della Vigna, the dome of the Basilica della Salute with a little tower (torresella). The base of the monument next to the Libreria draws inspiration from the Venetian one of Bartolomeo Colleoni, although the equestrian statue recalls that of Augustus III in Neustadt, Dresden. The statues of the slaves at the base remind one instead of the sculptures by Pietro Tacca placed in 1624 on the monument of Ferdinando I de' Medici in Livorno. One of these figures reappears, in a different position, in an oil on canvas by Bellotto now at the Bohdan and Varvara Khanenko National Museum of Art in Kiev (Kozakiewicz 1972, n. 347). Two Venetian *bissone* lie at the docking bay. Effects of shimmering light, on the left, appear to contrast the atmospheric grey background and the shadow enveloping the base of the monument. The use of watercolor is outstanding. Bellotto's typical parallel grey paint brush ticks mark the waves, the sky has just darkened and the outlines of the clouds are marked with nervous strokes.
In the second sheet, two bridges cross over a pond, one rising from the right towards a triumphal arch, surmounted by the quadriga of San Marco, placed on the tall pedestal. Beyond the bridge are twin buildings, similar to the sansoviniana Ca' Corner della Ca' Granda in Venice, with a medieval tower standing next to it, in its turn similar to that of Ezzelino in Padua. In the background, the dome of the Pantheon and Caio Cestio's pyramid, further on the right, behind a garde, a Venetian fondamenta, with a Renaissance house and a palace similar to that of the Prisons; in the garden, the Trajan column. Two wings of colonnades frame the image, with statues of Dioscuri on pedestals.
The painting stands as a kaleidoscope of memories in the life of a travelling artist, rendered with perfect technique: almost a spiritual testament.

Provenance: Collection of George A. Simonson, before 1927; gift of his sister, Mrs. A. Simonson, dedicated to his memory, 1939.

Bibliography: Hadeln 1929, p. 8; Kozakiewicz 1972, vol. II, pp. 520, n. A 521 e A 522; Ward-Jackson 1980, pp. 116–117, n. 927; E.P. Bowron, in London–Washington 1994–1995, pp. 371–372; G. Marini, in London–Washington 1994–1995, p. 430, n. 258; Rizzi 1996, pp. 174–175, n. D 20; B.A. Kowalczyk, in Torino 2008, pp. 224–227, n. 90; B.A. Kowalczyk, in Milano 2016–2017, pp. 244–245, 285, n. 87.

20
ANONYMOUS

The Piazza San Martino with the cathedral, Lucca
last quarter of the 18th century
tempera on kidskin pinned on board; 21 x 28.5 cm
Lucca, private collection

Among the numerous unautographed copies of Bellotto's veduta of *The Piazza San Martino* (cat. 13), this painting stands out for its creative attitude, also evident in the choice of its support and medium. While other copies are larger (see cat. 21), this presents the dimensions of a drawing, with architectures outlined in black ink with a thin paintbrush showing evident expertise and details finely and accurately traced. Only the sky is here laid out diagonally, with the oblique white and hefty clouds and grey areas on the horizon, thus getting closer to Bellotto's model.
The perspective composition is similar to the model, where it embraces (on the left) half of the transept of Santi Giovanni e Reparata, despite slightly differing on the right, with the addition of a small section of the Cappella della Maddalena at the expense of the shorter façade of the Opera del Duomo. The figures are less numerous and diverse, whereas they are identical or almost so in the other versions.
This might be the first copy: faithful to Bellotto's architectural details of 1740, it presents a cross on the little bell gable of San Martino, which must have been provisionally placed there and later moved onto the top of the cathedral – possibly as the conclusion of the renovation works on the roof, which lasted from 1782 for a decade – where it actually appears in later copies (see cat. 21). The façade of the church of San Giuseppe still lacks the two windows next to the main entrance, as it used to be in 1740. The paved sidewalks are as bumpy as Bellotto saw them, with pebbles equally scattered on the clay court in the foreground.
Before the exhibition, the painting underwent cleaning and conservation, as it showed a layer of yellow residue – probably a glue applied all over the surface to stop the process of colour delamination. When cautiously removed, it revealed clear colours, light blue and white in the sky, slightly grey in the shades, substantial in the sky, finely laid out with the point of the paintbrush in the figures.
The details, once unreadable, are now visible and can be admired as being laid out with taste and accuracy. Despite representing the architecture in Bellotto's way, the painter willingly made some alterations, completely ignoring the posts supporting the carpenter's shop on the ground floor of the Palazzo Bernardi (Micheletti). While opening or shutting in different ways some windows, he kept the ochre colour of the subtle joiners and the light grey-blue of the shutters. He equally neglected the tiny diagonal shadows over the drainpipes – a distinctive element of Bellotto's careful lighting layout – and also eliminated the coat of arms over the door on the façade of Opera del Duomo.
The little column supporting the pergola in the hanging garden also emerged after the cleaning. Pictures taken through a microscope show the minute and fine layout, including the disordered foliage in the garden and, in particular, the figures, which must have been executed with the help of a magnifying glass.
The painting remained in Lucca, in the collection of Mansi di San Pellegrino and then, at the beginning of this millenium, in a private collection, a precious "souvenir" of Bellotto's visit to the city.

Provenance: Gerardo Mansi collection, Lucca (according to the current owner); private collection, Lucca, 2005 ca.

21
ANONYMOUS
The Piazza San Martino with the cathedral, Lucca

1795–1800
oil on canvas; 51 x 81.5 cm
Lucca, private collection

Probably executed in Lucca in the last years of the eighteenth century, this painting returned to Tuscany with John Winter (1944–2014), a major British antiquarian who was in love with Italy and Tuscany. He purchased it in Milan from Gilberto Algranti and later sold it to its current owner.

John Winter must have particularly appreciated the painting's documentary value despite not equalling the quality of the refined works of art he was so passionate about, which included Bellotto's rare *Capriccio with a ruined triumphal arch and a fantasy city on the river*, part of his family's collection (Kozakiewicz 1972, n. 35). An enthusiasm equally shared by the current owner of the painting.

This is one of the various copies of Bellotto's canvas, now in York (cat. 13), which amount to at least five, as detected by the author of the present catalogue. This oil on canvas is bigger in size than the original, like three more works in the series, all similar to each other; four of them enlarge the perspective on the right and on the left, slowing down the perspective rigour of Bellotto's composition. They must be somewhat dependant on one another – some possibly belonging to the same hand – although executed in different times, between the end of the eighteenth and the first two decades of the following century. In some of them, the appearance of the square has been updated with small topographical changes that had since taken place. This kind of attention and the examinations on site suggest they are the work of Lucchese painters, probably executed upon request from local collectors. Only one painting faithfully reproduces Bellotto's perspective composition, copying its details, although introducing variations on the figures and in their disposition, with a more pictorial attitude, and stands out among the other versions for its small size and for the technique of tempera on kidskin (cat. 20). The number of copies confirms the importance of the original in Lucca's iconography and bears witness to the true interest among both artists and collectors in the city. From a historical point of view, the same information corroborates the hypothesis of the painting's conservation in Lucca, in a painting collection open to visitors, at least until the second decade of the nineteenth century. Comparisons among the copies highlight the beauty of the original and stress young Bellotto's confident knowledge of the architectonic structures, which is evident in the capturing of the most minute details, like the relief of the stones in the transept of Santi Giovanni e Reparata on the left, or the drawing of the windows in the Palazzo Bernardi (Micheletti); none of the copies equals the original.

This painting embraces the transept of Santi Giovanni e Reparata on the left, with the whole window over the walled door and, on the right, the façade of the Cappella della Maddalena, which are halved in Bellotto's original. The details of the facade and of the pergola of the Palazzo Bernardi (Micheletti) coincide instead, but on the prospect of the church of San Giuseppe, at the far end of the Piazza degli Antelminelli, two windows appear next to the entrance door, yet to be opened in Bellotto's work. On the top of the cathedral, next to the little bell gable, there stands a cross, still existing today. The figures resemble those in the original, also in the colour of their clothes, only differing in the cloak of the gentlemen at the centre of the group of three in the foreground and in the man with the dog. The movement of the clouds and the setting of the shadows also coincide in the copy and the original. The paved sidewalks have been fixed as compared to the bumpy ones appearing in Bellotto but some pebbles are still scattered, apparently posed on set, on the clay court in the foreground.

These details remind one of the version already belonging to the Earl of Darnley, Cobham Hall, Kent, presented at Christie's auction, on 1 May 1925, lot 10 (oil on canvas, 50.8 x 83.82 cm; Knoedler, £ 262 10 shillings). This copy further extends the perspective on the left, adding two small archways on the ground floor of the church's transept. However, in the foreground there appears a knight on horseback, the animal rearing up, and the representation of the man with the dog is more detailed (foto Frick Reference Library, A.C. Cooper, Londra W1577).

The version once belonging to Mrs. J.H. Dent-Brockelhurst, auctioned with the name of Marieschi at Sotheby's, London, on 17 May 1970, lot 43 (oil on canvas, 52 x 84 cm; purchased by Bradfield, £ 450 [=$ 1080]), might be identified with that of the property of the Earl of Darnley or with another one, in its turn belonging in 1977 to Mrs. June Courtenay of Reigate, Surrey. The latter is referred to by John Ingamells, then curator at the York Art Gallery, in a letter dated 2 May 1977, now in the museum's archives; there are no pictures, but it is also possible they are all different paintings.

Another painting, now in a private collection in Lucca, presents later updates in the appearance of the architecture of the square: the shop on the ground floor of the Palazzo Bernardi (Micheletti) is shut by two doors and the wall surrounding the garden is dominated by a railing and a pergola, probably made of iron, which are not present in the other copies. The lower window of the bell tower appears open here for the first time (G. Bedini, in Bedini, Fanelli 1998, n. 221). The presence of the enclosure around the Piazza degli Antelminelli, replaced in 1832 by a fountain designed by Lorenzo Nottolini, certainly marks an *ante quem* date, which proves valid for the other copies as well.

Provenance: Private collection, Tunbridge Wells, Kent, United Kingdom, before 1955 (presented for an evaluation at Christie's, London, King Street, on 26 April 1955); antiques market, Italy; Andrea Uzielli, Italy; Galleria Gilberto Algranti (1932–2012), Milan; John Winter (1944–2014), London and Lucca; purchased by the current owner at the end of 1980.

BERNARDO BELLOTTO: BIOGRAPHY

1718
Marriage of Lorenzo Antonio Bellotto, administrator of the assets of Marc'Antonio Giustinian, procurator of San Marco, and Fiorenza Domenica Canal, Canaletto's sister.

1722
20 May, Bernardo Francesco Paolo Ernesto Bellotto was born in Venice, in the parish of Santa Margherita.

1726
Death of Michiel Angelo Bellotto, Bernardo's grandfather and chancellor in Vodnjan, Istria.

1736
Became a student in Canaletto's atelier.
Before June, made the drawing *The Grand Canal at the Fondamenta di Santa Chiara to the Church of Santa Croce, Venice* (Darmstadt, Hessisches Landesmuseum, AE 2208) and wrote a letter to his father on the back.

1738–1740
With Anton Maria Zanetti the Elder acting as mediator, painted fifteen views of Venice for Henry Howard, 4th Earl of Carlisle, three of which are still preserved at Castle Howard (Yorkshire).

1738–1743
He is member of the Fraglia, Venetian painters' association.

1740
Painted *The Grand Canal from the Palazzo Foscari and Moro Lin towards the Carità, Venice* (Stockholm, The National Museum of Fine Arts), commissioned to commemorate the visit to Venice of Frederick Christian, son of the Elector of Saxony and King of Poland August III, who was a guest at the palazzo Foscari from December 1739 to June 1740.
22 April, received an advance from Anton Maria Zanetti the Elder, on behalf of the Marquis Andrea Gerini, for his journey to Florence (doc. 3).
30 September, was paid by the marchese Gerini for four paintings 'made for him in Florence' (doc. 5); two of them has been recognized, *The Arno at the Tiratoio towards the Ponte Vecchio, Florence* and *The Arno from the Vaga Loggia, with San Frediano in Cestello, Florence* (private collection) (cat. 7 and 8). Probably shortly afterwards he went to Lucca, a journey documented by five drawings and one painting, *The Piazza San Martino with the cathedral* (cat. 13–18).
20 November, the secretary of Field Marshal von der Schulenburg was reimbursed 9 zecchini for the purchase of four views of Venice by 'Canaletto's nephew'.
8 December, signed the drawing *The Campo Santi Giovanni e Paolo, Venice* (Darmstadt, Hessisches Landesmuseum, AE 2218).

1741
Two views of Florence, *The Piazza della Signoria* and *The Arno from the Ponte Vecchio towards Santa Trinita and the Ponte alla Carraia, Florence* (Budapest, Szépművészeti Múzeum) (cat. 5 and 6), are cited in the inventory of the personal collection of the Marquis Vincenzo Riccardi in Florence (doc. 8).
5 October, marriage contract between the painter and his future father-in-law Giambattista Pizzorno, concluded on 2 November.
5 November, marriage to Elisabetta Pizzorno, daughter of Giambattista quondam Zorzi, celebrated in the church of the Redentore, witnessed by Count Bonomo Algarotti. Investment of part of his wife's dowry (850 ducats) in the Scuola Grande della Misericordia; his mother Fiorenza wrote a document stating that the family had been abandoned by her husband Lorenzo and that her sole possessions would have been procured by Bernardo, who was supporting her and his brother Pietro, hosting them in his own home.
His younger brother Pietro Bellotti (1725–1800 ca.) (view painter in Toulouse and Nantes) affirmed before the same notary that Bernardo had taught him to paint; in order to continue living with his brother and perfect his professional training, he committed to pay him 120 ducats annually.

1742
Spring, the period during which it is supposed that he travelled to Rome.
25 July, Bernardo was in Venice, where his contract with Pietro was terminated.
2 August, his mother Fiorenza's will, naming Bernardo her heir and asking him to take care of his sister, a tertiary at San Francesco della Vigna.
15 October, the birth of Bernardo's first son, Lorenzo Francesco, in the parish of Santa Marina.

1743
16 August, displayed two views at the exhibition of San Rocco, one of the Campidoglio (Petworth House, The National Trust) and the other of the *Chiovere di San Giovanni Evangelista* (lost).

1744
Journey to Milan and Lombardy; painted two pictures for the Archbishop Giuseppe Pozzobonelli. In Vaprio, painted for the Count Antonio Simonetta (New York, The Metropolitan Museum of Art and private collection), as stated in a note on the preparatory drawings (Darmastadt, Hessisches Landesmuseum, AE 2215 and 2216). In Gazzada, painted the village and the villa of the Perabò brothers (Milan, Pinacoteca di Brera).
July, the birth of his daughter Fiorenza.

1745
Bernardo was documented as a resident of the parish of Santa Marina, on the Fondamenta Nuove, where he rented a flat for his family (his mother, wife and two children) for 60 ducats.
Painted two views of Turin (Turin, Galleria Sabauda), for which he was paid in the summer.
12 August, death of his daughter Fiorenza in Venice.
29 November, birth of his daughter Francesca Elisabetta (godfather: Pietro Guarienti).

1746
2 December, birth of his son Giambattista Francesco (godfather: Giuseppe Camerata).
Probable date of the two large views of Verona (Powis Castle, The National Trust; Edinburgh, The National Gallery of Scotland, anonymous loan).

1747
5 April, letter of attorney in the name of his father-in-law Giambattista Pizzorno for management of his wife's dowry.

Shortly after, he departed for Dresden.
8 May, death in Venice of his son Giambattista Francesco.
Signed a few paintings and etchings in Dresden.

1748
Frederick August II, Prince Elector of Saxony and King of Poland under the name August III, appointed Bellotto court painter with an annual salary of 1,750 thalers, and gave him a diamond-studded gold snuffbox filled with 300 louis d'or.
During his eleven years in Dresden, before the outbreak of the Seven Year's War, the artist painted fourteen views of Dresden and eleven of Pirna, in large format, for the Royal Gallery, and made copies of the same subjects in thirteen views of Dresden and eight of Pirna for the prime minister, Count Heinrich Brühl, for which he was never paid.
Made etchings of his paintings.
July, was listed among those 'che abitano in Sta Marina e possono pagar tansa per li Ferali' (who live in Sta Marina and can pay the lamp tax), even though he was already in Dresden.
24 September, the baptism of his daughter Maria Anna (godparents: Count Brühl and his wife).
His older brother Michele Bellotti (1721–1778) settles in Arezzo, where he successfully works until his death as cultivated printer; in 1754 he will be reached by their mother, Fiorenza Domenica Canal (1700–1781).

1750
4 March, the death of his daughter Maria Anna Henrica Isabella.
4 August the baptism of his daughter Maria Josepha Friederica.

1752
26 August, the baptism of his daughter Christiana Xaveria.
27 November, the death of his daughter Antonia Friederica.

1753
26 April, received the decree from August II addressed to the bailiff Crusius in Pirna, to facilitate his work in that city.

1754
16 November, his father, Lorenzo Bellotto, who found himself in Dresden, sent a letter to Count Brühl complaining about his son Bernardo's character and behaviour.

1756
March, the Prince Elector of Saxony issued a decree to facilitate the painter's depictions of the Fortress of Königstein.
Between 1756 and 1758, painted five large views of the fortress.

1757
2 November, the baptism of his daughter Theresia Francisca.

1758
5 December, the painter was issued a passport for Bayreuth.

1759
January, the artist arrived in Vienna with his son Lorenzo between the end of 1758 and January 1759, where he remained for two years, painting a series of panoramic views of the city and a few medium-sized city views commissioned by Empress Maria Theresa; for Chancellor Wenzel Kaunitz and Prince Joseph Wenzel Liechtenstein, painted views of their gardens and castles.

1760
July, during a Prussian bombardment, the painter's home in Dresden, in the Salzgasse, near Neumarkt, was destroyed, and he valued his losses, including his library, collection, furnishings, artworks and engraving plates, at 50,000 thalers, which he detailed in an itemized inventory (*Catalogo de Danni*).

1761
4 January, Empress Maria Theresa wrote a letter recommending the painter to Princess Marie Antoinette, who was in Munich at the court of her brother, Maximilian III Joseph, together with her husband Frederick Christian.
14 January, Bellotto arrived in Munich with six other painters working for the Saxon court – his son Lorenzo probably among them – taking lodging at the most famous hotel in the city, the Black Eagle in Kauffingergasse.
After less than one year in the city, he painted a view of the city and two of Nymphenburg for Maximilian III Joseph of Bavaria.

1762
13 January Count Brühl sent a letter from Warsaw addressed to the painter in Dresden.
February, Bellotto returned to Dresden with his son Lorenzo; he painted two *Allegories* of the political situation in Saxony at the end of the Seven Year's War and two overdoor capriccios (Dresden, Gemäldegalerie).

1763
October, Bellotto's two patrons died: King August III and Count Brühl.

1764
The founding the Fine Arts Academy of Dresden, headed by Christian Ludwig Hagedorn (1712–1780) and guided by neoclassical ideas. The painter, initially kept on the sidelines, was appointed 'membro aggregato per la prospettiva' (teacher of perspective) with an annual salary of 600 thalers, a post obtained solely through the support of the court.
Brought a case in vain against the heirs of Count Brühl, claiming payment for the paintings he had commissioned, the agreed upon price for which was 200 thalers each. Was called upon to take responsibility for his son Lorenzo's debts.

1765
March, he exhibited at the Academy of Fine Arts show two pairs of pendant, *Architectural Capriccio with Self-Portrait* and *Expulsion of the Money Changers from the Temple*; *Temple of Love* and *Temple of Venus*, now lost.
Painted his admission piece for the Academy, *The old town of Dresden from the left bank of the river Elba with the August bridge* (Karlsruhe, Staatliche Kunsthalle), with which he participated in the Academy's second exhibition, in 1766.

1766
20 December, asked Hagedorn for permission to go to Saint Petersburg for nine months.

1767
26 January, in a letter sent from Dresden to his colleague Marcello Bacciarelli, the head artist of the Polish court, the painter Giuseppe Rosa announced the imminent arrival of Bellotto in Warsaw.
Bacciarelli presented Bellotto to the King of Poland, Stanisław II August Poniatowski.
May, the painter and his son were commissioned to fresco the castle of Ujazdów.
27 August, sent a request to the Dresden Academy to extend his permission, which was granted up to 31 January 1768.
He then decided to remain in Poland, sending for his family.

1768
The King of Poland named Bellotto court painter, with an annual salary of 400 ducats, as well as 150 for lodging, 120 for his carriage, 40 for firewood and 120 for the theatre.
In Warsaw, the artist was primarily busy with a series of twenty-six views of the city and of Wilanów commissioned for the 'Canaletto Room' in the Royal Castle.
20 April, in Venice, Bernardo and his brothers Michiel and Pietro were named in documents relative to matters of inheritance following the death of Canaletto.
1 March, in a letter to Bacciarelli, the painter Giuseppe Rosa described Bernardo's temperamental character.

1769
Together with his son, signed two paintings from the series of Roman views after Piranesi's prints, commissioned for the Castle of Ujazdów.
His eldest daughter Maria Josepha Friederica married the court geographer Hermann Karl Perthées, originally from Dresden.

1770
In the view of Warsaw from the Prague suburb (Warsaw, Zamek Kròlewski) he depicted himself alongside his son and father-in-law, awaiting the arrival of the King.
20 October, the death of his son Lorenzo; the funeral was paid for by the King, and he was buried in Warsaw, in the church of the Reformed.

1779
For Count Jòzef Ossolinński, he painted *The Entry into Rome of the Polish ambassador Jòzef Ossoliński* (Wrocław, Salesian Museum), the only documented painting from the Polish period that was not commissioned by the crown.

1780
Wrote a list (*Notta*) of the works he had produced between 1771 and 1780, indicating the prices and date of execution.
17 November, died in Warsaw; his death was announced on the same day by his son-in-law Perthées and he was buried the next day in the church of the Capuchins on Miodowa Street; his tomb has been lost for many years. His death certificate, prepared by the priest of the church The Visitation of the Holy Virgin Mary of the New City where he lived, was destroyed during World War II in a fire at the church.

BIBLIOGRAFIA / BIBLIOGRAPHY

Sono qui riportate le voci abbreviate nelle schede delle opere e dei documenti
Here below, abbreviations in the entries of works and documents

Abbreviazioni / Abbreviations

C/L
W.G. Constable, *Canaletto. Giovanni Antonio Canal 1697-1768*, seconda edizione rivista da / 2nd edn. rev. by J.G. Links, ristampata con un supplemento e nuove tavole / reissued with supplement and additional plates, 2 voll., Oxford 1989.

Lugt
F. Lugt, *Les Marques de Collections des dessins & d'estampes*, Amsterdam s.d. [1921].

Lugt *Suppl.*
F. Lugt, *Les Les Marques de Collections des dessins & d'estampes. Supplément*, La Haye 1956.

Lugt *Ventes*
F. Lugt, *Répertoire des Catalogues de ventes publiques intéressant l'art ou la curiosité*, I vol, La Haye 1938.

Manoscritti, libri e articoli / Manuscripts, books, articles

Abecedario 1851-1853
Abecedario de P. J. Mariette et autres notes inédites de cet amateur sur les arts et les artistes. Ouvrage publié d'après les manuscrits autographes, conservés au cabinet des estampes de la Bibliothèque Impériale, et annoté par MM. Ph. De Chennevières et A. de Montaiglon, Paris, J.-B. Dumoulin, 1851-1853.

A Catalogue of a Collection 1759
A Catalogue of a Collection of Paintings … of Signor Borri of Florence…, London 1759.

Algarotti 1792
F. Algarotti, *Opere*, Edizione novissima, Venezia 1792.

Anton Maria Zanetti. Il carteggio c.s.
Anton Maria Zanetti. Il carteggio, a cura di / curated by M. Magrini (in corso di stampa / in course of publication).

Artemieva 2018
I. Artemieva, "*…e una città di marmo compressa tra anguste rive, e quella prospettiva Nevskij altrimenti Canal Grande*", in *Venezia e San Pietroburgo. Artisti, principi e mercanti*, catalogo della mostra, a cura di /exhibition catalogue, edited by I. Artemieva, A. Craievich (Mestre, Centro Culturale Candiani), Venezia 2018, pp. 23 e 170-171, nn. I-15 e I-16.

Bedini, Fanelli 1998
G. Bedini, G. Fanelli, *Lucca. Iconografia della città*, con la collaborazione di / with the collaboration of F. Lucchesi, E. Masiello, B. Mazza, 2 voll., Lucca 1998.

Beddington 2010
C. Beddington, *Giovanni Antonio Canal, called Canaletto (Venice 1697-1768)*, in *Venice: Canaletto and his Rivals*, catalogo della mostra, a cura di /exhibition catalogue, edited by C. Beddington, con il contributo di / with the contribution of A. Bradley (London, The National Gallery; Washington, National Gallery of Art), London 2010, pp. 69-89.

Belli Barsali 1986
I. Belli Barsali, *Lucchesia. Lucca vista dai viaggiatori*, Roma 1986.

Betti 1997
P. Betti, *La collezione di Stefano Conti: un Lazzarini e due Carlevarijs ritrovati*, "Antichità Viva", XXXVI, 1997, pp. 38-43.

Betti 2003
P. Betti, *Nuovi ritrovamenti per la galleria Conti di Lucca*, in "Arte Veneta", 60, 2003, pp. 113-129.

Bode 1913
W. Bode, *Catalogue of the Collection of Pictures and Bronzes in the Possession of Mr. Otto Beit*, London, Privately printed at the Chiswick Press, 1913.

Borella, Giusti Maccari 1993
G. Borella, P. Giusti Maccari, *Il Palazzo Mansi di Lucca*, Lucca 1993.

Borroni Salvatori 1974
F. Borroni Salvatori, *Le esposizioni d'arte a Firenze dal 1674 al 1767*, in "Mitteilungen des Kunsthistorischen Institutes in Florenz", XVIII, 1974, pp. 1-166.

Bottari, Ticozzi 1822
M.G. Bottari, S. Ticozzi, *Raccolta di lettere sulla pittura, scultura ed architettura scritte da' più celebri personaggi dei secoli XV, XVI e XVII, pubblicata da M. Gio. Bottari e continuata fino ai nostri giorni da Stefano Ticozzi*, Milano 1822, lettera n. LXXIV, p. 185.

Briganti 1996
G. Briganti, *Gaspar Van Wittel*, nuova edizione rivista da / edn. by L. Laureati e L. Trezzani, Milano 1996.

Camerota 2008
F. Camerota, *Gli strumenti scientifici delle collezioni dei Musei Civici Veneziani*, in "Bollettino dei Musei Civici Veneziani", 3, Venezia 2008.

Canaletto in Lucca 1944
Canaletto in Lucca, in "The Burlington Magazine", LXXXV, ottobre / October 1944, pp. 257-258.

Carlevarijs 1703
L. Carlevarijs, *Le Fabriche, e vedute di Venetia, disegnate, poste in prospettiva, et intagliate da Luca Carlevarijs con privilegii in Venetia*, Appresso Gio: Battista Finazzi a San Gio: Gristostomo, 1703.

Catalogo 1825
Catalogo e Stima dei Quadri e Bronzi esistenti nella Galleria del Sig. Marchese Giovanni Gerini a Firenze, Firenze 1825.

Catalogo de' quadri [1803]
Catalogo de' quadri del q. Gianmaria Sasso, che si mettono all'incanto nella sua casa al ponte di Canal Regio [s.d.; Venezia 1803].

Catalogue of Maps 1829
Catalogue of Maps, Prints, Drawings, etc. forming the Geographical and Topographical Collection attached to the Library of His late Majesty King George the Third, and presented by His Majesty King George the Fourth to the British Museum, 2 voll., London 1829.

Catalogue Tabourier 1898
Catalogue des tableaux, aquarelles, guaches et dessins ancient et modernes… Composant la Collection de feu M.L. Tabourier et dont la vente aura lieu par suite de son déces Hotel Drouot… 20, 21 et 22 juin 1898…, [Paris] 1898.

Cochin 1769
N. Cochin, *Voyage d'Italie ou Recueil de Notes Sur les Ouvreages de Peinture & Sculpture, qu'on voit dans les principales villes d'Italie*, tomo II, Paris 1769 .

Constable 1923
W.G. Constable, *Some Unpublished Canalettos*, in "The Burlington Magazine", XLII, 243, giugno / June 1923, pp. 278-288.

Constable 1962
W.G. Constable, *Canaletto: Giovanni Antonio Canal 1697-1768*, 2 voll., London 1962.

Contini 2002
R. Contini, *The Thyssen-Bornemisza Collection. Seventeenth and Eighteenth Century Italian Painting*, London 2002.

Corboz 1985
A. Corboz, *Canaletto. Una Venezia immaginaria*, Milano 1985.

Crivellari 2013
D. Crivellari, *Pietro Bellotti, un vedutista nella Francia del XVIII secolo*, in *Pietro Bellotti. Un altro Canaletto*, catalogo della mostra, a cura di /exhibition catalogue, edited by C. Beddington, D. Crivellari (Venezia, Museo del Settecento veneziano Ca' Rezzonico), Verona 2013, pp. 15-43.

De Juliis 1981
G. De Juliis, *Appunti su una quadreria fiorentina. La collezione dei marchesi Riccardi*, in "Paragone", 375, 1981, pp. 57-92.

Descrivere Lucca 2009
Descrivere Lucca. Viaggio tra note, inventari e guide dal XVII al XIX secolo, a cura di / edited by E. Pellegrini (*La Toscana descritta. Fonti per lo studio della storia dell'arte in Toscana. Collana diretta da R.P. Ciardi)*, Pisa 2009.

Encyclopédie 1753
Encyclopédie, ou dictionnaire raisonné des sciences, des arts et des métiers, a cura di / edited by D. Diderot, J.-B. d'Alembert, vol. III, Paris 1753.

Favaro 1975
I. Favaro, *L'arte dei pittori in Venezia e i suoi statuti*, Firenze 1975.

Fritzsche 1936
H.A. Fritzsche, *Bernardo Belotto genannt Canaletto*, Burg bei Magdeburg 1936.

Gabburri 1719-1741 [ms]
F.M.N. Gabburri, *Vite di artisti*, ms., 1719-1741, Firenze, Biblioteca Nazionale Centrale, Manoscritto Palatino, E.B.9.5., 4 voll.

Gioseffi 1959
D. Gioseffi, *Canaletto – Il quaderno delle Gallerie veneziane e l'impiego della camera oscura*, Trieste 1959.

Garas 1995
K. Garas, *Collecting Venetian Paintings in central Europe*, in *Treasures of Venice: Paintings from the Museum of Fine Arts, Budapest*, catalogo della mostra, a cura di /exhibition catalogue, edited by G. Keyes, I. Barkóczi, J. Satkowski (Atlanta, High Museum of Art; Seattle Art Museum; The Minneapolis Museum of Art), Minneapolis, 1995, pp. 25-50.

Giuli 2011
M. Giuli, *Al servizio della Repubblica. Un approccio prosopografico alla politica estera lucchese*, in R. Sabbatini, P. Volpini, *Sulla diplomazia in età moderna. Politica, economia, religione*, Milano 2011, pp. 1-119.

Goodison, Robertson 1967
J.W. Goodison, G.H. Robertson, *Fitzwilliam Museum Cambridge. Catalogue of paintings*, II, *Italian Schools*, Cambridge 1967.

Gregori 1983
M. Gregori, *Vedutismo fiorentino: Zocchi e Bellotto*, "Notizie da Palazzo Albani", XII, n. 1-2, 1983, pp. 242-249.

Gregori 1994
M. Gregori, *La veduta nella prima metà del Settecento: Zocchi e Bellotto*, in M. Gregori, S. Blasio, *Firenze nella pittura e nel disegno dal Trecento al Settecento*, Cinisello Balsamo 1994, pp. 155-214.

Hadeln 1929
D. von Hadeln, *The Drawings of Antonio Canal called Canaletto*, trad. di C. Dodgson, London 1929.

Haskell 1956
F. Haskell, *Stefano Conti, Patron of Canaletto and others*, in "The Burlington Magazine", XCVIII, 642, settembre / September 1956, pp. 296-300.

Haskell 1960
F. Haskell, *A Note on Artistic Contacts between Florence and Venice in the 18th Century*, in "Bollettino dei Musei Civici Veneziani", 1960, n. 3-4, pp. 32-36.

Il Trionfo delle Bell'Arti 1767
Il Trionfo delle Bell'Arti renduto gloriosissimo sotto gli Auspicj delle LL. AA. RR. Pietro Leopoldo Arciduca d'Austria ... e Maria Luisa di Borbone Arciduchessa d'Austria Gran-Duchessa di Toscana ... In occasione, che gli Accademici del Disegno in dimostrazione di profondo rispetto verso i Loro Sovrani, fanno la solenne mostra delle Opere antiche di più eccellenti Artefici nella propria Cappella, e nel Chiostro secondo de' PP. della SS. Nonziata, in Firenze l'anno 1767.

Ingamells 1997
J. Ingamells, *A Dictionary of British and Irish Travellers in Italy 1701-1800, compiled from the Brinsley Ford Archive*, New Haven - London 1997.

Ingendaay 2009
M. Ingendaay, *Pompeo Batoni: le lettere, l'autoritratto e il rapporto con tre committenti toscani (Conti, Riccardi, Gerini)*, in *Intorno a Batoni*, atti del convegno / Conference Proceedings (Roma, Palazzo delle Esposizioni, 2009), a cura di / edited by L. Barroero, F. Mazzocca, Lucca 2009, p. 137.

Ingendaay 2013
M. Ingendaay, "I migliori pennelli". *I marchesi Gerini mecenati e collezionisti nella Firenze barocca. Il palazzo e la galleria 1600-1825*, Milano 2013.

Kowalczyk 1993-1996
B.A. Kowalczyk, *Il Bellotto italiano*, tesi di dottorato di ricerca / PhD thesis, Università degli Studi di Venezia, VIII ciclo, Venezia 1993-1996.

Kowalczyk 2001
B.A. Kowalczyk, *Bernardo Bellotto: la formazione di uno stile originale*, in *Bernardo Bellotto 1722-1780*, catalogo della mostra, a cura di /exhibition catalogue, edited by B.A. Kowalczyk e M. Da Cortà Fumei (Venezia, Museo Correr), Milano 2001, , pp. 3-13 (ed. ingl. / english edn. *Bernardo Bellotto and the Capitals of Europe*, a cura di / by E. P. Bowron [Houston, Museum of Fine Arts], New Haven & London 2001).

Kowalczyk 2005
B.A. Kowalczyk, *Canaletto (Venezia, 1697-1768)*, in A. Ottani Cavina, E. Calbi (a cura di / edited by), *La pittura del paesaggio in Italia. Il Settecento*, Milano 2005, pp. 137-142.

Kowalczyk 2012
B.A. Kowalczyk, *Bellotto and Zanetti in Florence*, in "The Burlington Magazine", CLIV, 1306, gennaio / January 2012, pp. 24-31.

Kowalczyk 2018
B.A. Kowalczyk, *Giovanni Antonio Canal (1697-1768). Canaletto*, in *Canaletto. 1697-1768*, catalogo della mostra, a cura di /exhibition catalogue, edited by B.A. Kowalczyk (Roma, Museo di Roma - Palazzo Braschi), Cinisello Balsamo 2018, pp. 15-55.

Kozakiewicz 1972
S. Kozakiewicz, *Bernardo Bellotto*, 2 voll., Milano, 1972.

Lazzareschi 1931
E. Lazzareschi, *Lucca* (Collezione di monografie illustrate. Serie 1, Italia artistica, 104), Bergamo 1931.

Links 1994
J.G. Links, *Canaletto*, seconda edizione riveduta / 2nd edn. rev., London 1994.

Magrini 2001
M. Magrini, *Canaletto e dintorni. I primi anni di Canaletto attraverso le lettere dei contemporanei*, in *Canaletto prima maniera*, catalogo della mostra, a cura di /exhibition catalogue, edited by B.A. Kowalczyk, con la collaborazione di / with the collaboration of C. Ceschi e S. Guerriero (Venezia, Fondazione Giorgio Cini), Milano 2001, pp. 221-245.

Magyar Nemzeti Múzeum 1871
Magyar Nemzeti Múzeum, Katalog der Bilder-Galerie des National Museum, a cura di / edited by A. Ligeti, Pest 1871.

Mansi 2006
G. Mansi, *I Palazzi di Lucca*, Lucca 2006.

Mansi 2007
G. Mansi, *Mobili e arredi dei palazzi di Lucca dal XVIII al XIX secolo*, in *Le dimore di Lucca. L'arte di abitare i palazzi di una capitale dal Medioevo allo Stato Unitario. Convegno di Studi, Lucca, Palazzo Tucci, Via Cesare Battisti 13, 16, 17, 28, 29 ottobre 2005, promosso e organizzato dall'Associazione Dimore Storiche Italiane-Sezione Toscana*, a cura di / edited by E. Daniele, Firenze 2007, pp. 155-161.

Marinelli 1993
S. Marinelli, *Aggiornamenti su Bellotto*, in "Arte Veneta", 1993, 44, pp. 83-86.

Marinelli 2016
S. Marinelli, *I lumi neri dell'illuminista*, in *Bellotto e Canaletto. Lo stupore e la luce*, catalogo della mostra, a cura di /exhibition catalogue, edited by B.A. Kowalczyk (Milano, Gallerie d'Italia in Piazza Scala), Cinisello Balsamo 2016, pp. 39-49.

Marini 1993
G. Marini, *"Con la propria industria e sua professione". Nuovi documenti sulla giovinezza di Bellotto*, in "Verona illustrata", VI, 1993, pp. 125-140.

Martini 1969
G.C. Martini, *Viaggio in Toscana (1725-1745)*, Modena 1969.

Mattioli Rossi 1980
L. Mattioli Rossi, *Collezionismo e mercato dei vedutisti nella Venezia del Settecento*, in "Ricerche di Storia dell'Arte", 11, 1980, pp. 79-82.

Meller 1915
S. Meller, *Az Esterházy képtár története [Storia della Galleria Esterházy]*, Budapest 1915.

Morassi 1962
A. Morassi, *Circa alcune opere sconosciute di Giuseppe Zocchi*, in "Bollettino dei Musei Civici Veneziani", 1962, n. 1, pp. 3-10.

Nepi Scirè 1997
G. Nepi Scirè, *Il quaderno di Canaletto*, Venezia 1997.

Oppé 1950
A.P. Oppé, *English Drawings, Stuart and Georgian Periods, in the Collection of His Majesty the King at Windsor Castle*, London 1950.

Orlandi, Guarienti 1753
P. Orlandi, *Abecedario pittorico del M.R.P. Pellegrino Antonio Orlandi... corretto e notabilmente accresciuto da Pietro Guarienti*, Venezia 1753.

Paoletti 1911
P. Paoletti, *Luca Carlevaris*, in U. Thieme, F. Becker, *Allgemeines Lexikon der Bildenden Künstler*, t. V, Leipzig 1911, p. 604.

Pedrocco 2002
F. Pedrocco, *Giovanni Antonio Canal detto il Canaletto*, in *Pinacoteca Giovanni e Marella Agnelli al Lingotto*, Milano 2002, pp. 21-45.

Pemberton-Pigott 2001
V. Pemberton-Pigott, *Canaletto "prima maniera": tradizione e innovazione nelle tecniche pittoriche degli esordi di Canaletto*, in *Canaletto prima maniera*, catalogo della mostra, a cura di /exhibition catalogue, edited by B.A. Kowalczyk, con la collaborazione di / with the collaboration of C. Ceschi e S. Guerriero (Venezia, Fondazione Giorgio Cini), Milano 2001, pp. 207-217.

Perini 2009
G. Perini, *Lucca pittrice. Tommaso Francesco Bernardi e la letteratura artistica italiana del secondo Settecento*, in *Descrivere Lucca. Viaggio tra note, inventari e guide dal XVII al XIX secolo*, a cura di / edited by E. Pellegrini (*La Toscana descritta. Fonti per lo studio della storia dell'arte in Toscana. Collana diretta da R.P. Ciardi)*, Pisa 2009, pp. 103-176.

Pignatti 1958
T. Pignatti, *Il Quaderno dei disegni del Canaletto alle Gallerie di Venezia*, Venezia 1958.

Pignatti 1960
T. Pignatti, *Il Museo Correr di Venezia. Dipinti del XVII e XVIII secolo* (Cataloghi di raccolte d'arte 6), Venezia 1960.

Puppi 1968
L. Puppi, *L'Opera completa del Canaletto*, Milano 1968.

Ridolfi 1819 [ms]
M. Ridolfi, *Inventario esatto dei monumenti più rimarcabili di Pitture Scultura, e Medaglie esistenti nel Ducato Lucchese compilato per ordine di Sua Maestà La Duchessa di Lucca*, 1819 (Biblioteca Statale di Lucca, Ms. 3666, fasc. 4).

Ridolfi 1877
E. Ridolfi, *Guida di Lucca*, Lucca 1877.

Rizzi 1967
A. Rizzi, *Luca Carlevarijs*, Venezia 1967.

Rizzi 1996
A. Rizzi, *Bernardo Bellotto. Dresda, Vienna, Monaco 1747-1766*, Venezia 1996.

Sale Catalogues 1760 [ms]
All catalogues.... of the Principal Collection of Pictures (One Hundred & Seventy One in Number) Sold by Auction in England within the years 1711-1759, The greater part of them with the Prices and Names of Purchasers; M.r Kents sale of Signor Borris Pictures, 29-30 March 1759, vol. II, pp. 173-178; ms., 1760 circa, Londra, Victoria and Albert Museum, The National Art Library.

Succi 1991
D. Succi, *Bernardo Bellotto, Il Palazzo dei Giureconsulti e il Broletto Nuovo, Milano*, in *Inverno '91*, catalogo della mostra /exhibition catalogue (Milano, Galleria Solamon), Milano 1991, pp. 50-57.

Succi 1993
D. Succi, *Lettere di Alessandro Marchesini da Venezia a Stefano Conti in Lucca (14 luglio 1725-6 luglio 1726)*, in *Marco Ricci e il paesaggio Veneto del Settecento*, catalogo della mostra, a cura di /exhibition catalogue, edited by D. Succi (Belluno, Palazzo Crepadona), Milano 1993, pp. 337-350.

Succi 2015
D. Succi, *Luca Carlevarijs*, con la collaborazione di / with the collaboration of A. Delneri, Gorizia 2015.

Succi 2016
D. Succi, *Michele Marieschi 1710-1743*, Castelfranco Veneto 2016.

Taddei 2016
C. Taddei, *Sanctificare vias: lo spazio sacro nella città e la liturgia*, in "Codex Aquilarensis", 32, 2016, pp. 155-170.

Tosi 1997
A. Tosi, *Inventare la realtà. Giuseppe Zocchi e la Toscana del Settecento*, Firenze 1997.

Venturi 1900
A. Venturi, *I quadri di scuola italiana nella Galleria Nazionale di Budapest*, in "L'Arte", III, 1900, pp. 185-240.

Villis 2000
C. Villis, *Bernardo Bellotto's seven large views of Rome, c. 1743*, in "The Burlington Magazine", CXLII, 1163, febbraio 2000, pp. 76-81.

Von Monschaw 2012
E. Von Monschaw, *Bellotto's cityscape-ethics on retouching and reconstruction*, in *Irish Professional Conservators' and Restorers' Association. Conservation Activities in Ireland II. Papers from the 2010 Conference*, a cura di / edited by A. Rauch, Louise O'Connor, Zoë Reids, Dublin 2012, pp. 19-22.

York Art Gallery Catalogue 1961
York Art Gallery Catalogue. Catalogue of Paintings, vol. I, *Foreign Schools 1350-1800*, York 1961.

Ward-Jackson 1980
P. Ward-Jackson, *Italian Drawings. Volume Two. 17th-18th Century*, London 1980.

Watson 1953
F.J.B. Watson, *A group of views of Lucca by Bellotto*, in"The Burlington Magazine", XCV, maggio / May 1953, pp. 166, 168-169.

Zanetti 1771
A.M. Zanetti, *Della pittura veneziana e delle opere pubbliche de' veneziani maestri*, Venezia 1771.

Zava Boccazzi 1990
F. Zava Boccazzi, *I veneti della galleria Conti di Lucca, 1704-1707*, in "Saggi e Memorie di Storia dell'Arte", 17, 1990, pp. 107-152, 313-321.

Cataloghi di mostre / Exhibitions Catalogues

Aix-en-Provence 2015
Canaletto. Rome, Londres, Venise. Le triomphe de la lumière, catalogo della mostra, a cura di /exhibition catalogue, edited by B.A. Kowalczyk (Aix-en-Provence, Hôtel de Caumont), Bruxelles 2015.

Amsterdam 1990-1991
Painters of Venice. The Story of the Venetian "Veduta", catalogo della mostra, a cura di /exhibition catalogue, edited by B. Aikema, B. Bakker (Amsterdam, Rijksmuseum), Rijksmuseum, Amsterdam 1990.

Budapest 2013-2014
Caravaggio to Canaletto. The Glory of Italian Baroque and Rococo Painting, catalogo della mostra, a cura di /exhibition catalogue, edited by Z. Dobos, in collaborazione con / with the collaboration of D. Salay, Á. Varga (Budapest, Szépmúvészeti Múzeum), Budapest 2013.

Compiègne 2007
Nicolas Esterházy 1765-1833: Un prince hongrois collectionneur, catalogo della mostra, a cura di /exhibition catalogue, edited by E. Starcky (Compiègne, Musée National), Compiègne 2007.

Firenze 1994
Firenze e la sua immagine. Cinque secoli di vedutismo, catalogo della mostra, a cura di /exhibition catalogue, edited by S. Petrolio (Firenze, Forte del Belvedere), Venezia 1994.

Firenze 2001-2002
Nel segno di Masaccio. L'invenzione della prospettiva, catalogo della mostra, a cura di /exhibition catalogue, edited by F. Camerota (Firenze, Galleria degli Uffizi), Firenze 2001.

Firenze 2009
Il fasto e la ragione. Arte del Settecento a Firenze, catalogo della mostra, a cura di /exhibition catalogue, edited by C. Sisi e R. Spinelli (Firenze, Galleria degli Uffizi), Firenze 2009.

Genève 1974
Giuseppe Zocchi: Vues de Florence et de Toscane, catalogo della mostra, a cura di /exhibition catalogue, edited by R.M. Mason (Genève, Cabinet des Estampes, Musée d'Art et d'Histoire), Genève 1974.

London 2010
Treasure from Budapest. European Masterpieces from Leonardo to Schiele, catalogo della mostra, a cura di / exhibition catalogue, edited by D. Ekserdjian (London, The Royal Academy of Arts), London 2007.

London 2014
Bernardo Bellotto and his circle in Italy & a masterpiece by Francesco Guardi, catalogo della mostra, a cura di / exhibition catalogue, edited by C. Beddington (London, Charles Beddington Limited), London 2014

London-Roma 1996-1997
Grand Tour. The Lure of Italy in the Eighteenth Century, catalogo della mostra, a cura di /exhibition catalogue, edited by A. Wilton, I. Bignamini (London, Tate Gallery; Roma, Palazzo delle Esposizioni), London, Tate Gallery, 1996 (ed. it. / italian edn. *Grand Tour. Il fascino dell'Italia nel 18. Secolo*, Milano 1997).

London-Washington 1994-1995
The Glory of Venice: Art in the Eighteenth Century, catalogo della mostra, a cura di /exhibition catalogue, edited by J. Martineau, A. Robison (London, Royal Academy of Arts; Washington, National Gallery of Art), New Haven & London (ed. it. / italian edn. Milano 1994).

Madrid 2011-2012
Arquitecturas pintadas del Renacimiento al siglo XVIII, catalogo della mostra, a cura di /exhibition catalogue, edited by D. Rodríguez, M. Borobia (Madrid, Museo Thyssen-Bornemisza; Fundación Caja), Madrid 2011.

Milano 2016-2017
Bellotto e Canaletto. Lo stupore e la luce, catalogo della mostra, a cura di /exhibition catalogue, edited by B.A. Kowalczyk (Milano, Gallerie d'Italia in Piazza Scala), Cinisello Balsamo 2016.

Mirano 1999
Bernardo Bellotto detto il Canaletto, catalogo della mostra, a cura di /exhibition catalogue, edited by D. Succi (Mirano, Barchessa di Villa Morosini), Venezia 1999.

München 2014-2015
Canaletto. Bernardo Bellotto Paints Europe, catalogo della mostra, a cura di /exhibition catalogue, edited by A. Schumacher, con testi di / with texts by A. Gottdang, E. Götz, B.A. Kowalczyk, P.O. Krückmann, C. Quaeitzsch, A. Schumacher, B. Schwabe, J. Thoma, T. Wagener, W. Wiedemann, W. Zech (München, Alte Pinakothek), München 2014.

New York 1968-1969
Views of Florence and Tuscany by Giuseppe Zocchi 1711-1767. Seventy-Seven drawings from the Collection of the Pierpont Morgan Library New York, catalogo della mostra, a cura di /exhibition catalogue, edited by E. Evans Dee, New York 1968.

New York 1989-1990
Canaletto, catalogo della mostra, a cura di /exhibition catalogue, edited by K.B. Baetjer, J.G. Links (New York, Metropolitan Museum of Art), New York 1989.

Roma 2018
Canaletto. 1697-1768, catalogo della mostra, a cura di / exhibition catalogue, edited by B.A. Kowalczyk (Roma, Museo di Roma - Palazzo Braschi), Cinisello Balsamo 2018.

Roma-Venezia 2002-2003
Gaspare Vanvitelli e le origini del vedutismo, catalogo della mostra, a cura di /exhibition catalogue, edited by F. Benzi (Roma, Chiostro del Bramante; Venezia, Museo Correr), Roma 2002.

San Diego 2001
Luca Carlevarijs Views of Venice, catalogo della mostra, a cura di /exhibition catalogue, edited by C. Beddington (San Diego, California, Timken Museum of Art), San Diego 2001.

Torino 2008
Canaletto e Bellotto: l'arte della veduta, catalogo della mostra, a cura di /exhibition catalogue, edited by B.A. Kowalczyk (Torino, Palazzo Bricherasio), Cinisello Balsamo 2008.

Toronto-Ottawa-Montréal 1964-1965
Canaletto, catalogo della mostra, a cura di /exhibition catalogue, edited by W.G. Constable (Toronto, The Art Gallery of Toronto; Ottawa, The National Gallery of Canada; Montréal, The Museum of Fine Arts), Toronto 1964.

Treviso 2008-2009
Canaletto. Venezia e i suoi splendori, catalogo della mostra, a cura di /exhibition catalogue, edited by G. Pavanello e A. Craievich (Treviso, Casa dei Carraresi), Venezia 2008.

Venezia 2001
Canaletto prima maniera, catalogo della mostra, a cura di /exhibition catalogue, edited by B.A. Kowalczyk, con la collaborazione di / with the collaboration of C. Ceschi e S. Guerriero (Venezia, Fondazione Giorgio Cini), Milano 2001.

Venezia 2012
Canaletto. Il Quaderno veneziano, catalogo della mostra, a cura di /exhibition catalogue, edited by A. Perissa Torrini (Venezia, Palazzo Grimani), Venezia 2012.

Venezia 2018-2019
La vita come opera d'arte. Anton Maria Zanetti e le sue collezioni, catalogo della mostra, a cura di /exhibition catalogue, edited by A. Craievich (Venezia, Ca' Rezzonico, Museo del Settecento Veneziano), Crocetta del Montello (Treviso) 2018.

Venezia-Houston 2001
Bernardo Bellotto 1722-1780, catalogo della mostra, a cura di /exhibition catalogue, edited by B.A. Kowalczyk, M. Da Cortà Fumei (Venezia, Museo Correr), Milano 2001 (ed. ingl. / engl. edn. *Bernardo Bellotto and the Capitals of Europe*, a cura di / edited by E. P. Bowron [Houston, Museum of Fine Arts], New Haven & London 2001.

Verona 1990
Bernardo Bellotto. Verona e le città europee, catalogo della mostra, a cura di /exhibition catalogue, edited by S. Marinelli (Verona, Museo del Castelvecchio), Milano 1990.

Verona-Vicenza 2013-2014
Verso Monet. Storia del paesaggio dal Seicento al Novecento, catalogo della mostra, a cura di /exhibition catalogue, edited by M. Goldin (Verona, Palazzo della Gran Guardia; Vicenza, Basilica Palladiana), Crocetta del Montello 2013.

Wien 2005
Bernardo Bellotto genannt Canaletto. Europäische Veduten, catalogo della mostra, a cura di /exhibition catalogue, edited by W. Seipel (Wien, Kunsthistorisches Museum), Vienna 2005.

Giuliano Zuliani, Giovanni Pitteri,
La Repubblica di Lucca con parte del Modenese, 1783, acquaforte acquerellata, 484 x 375 mm. Lucca, Archivio di Stato, Fondo Stampe 478.

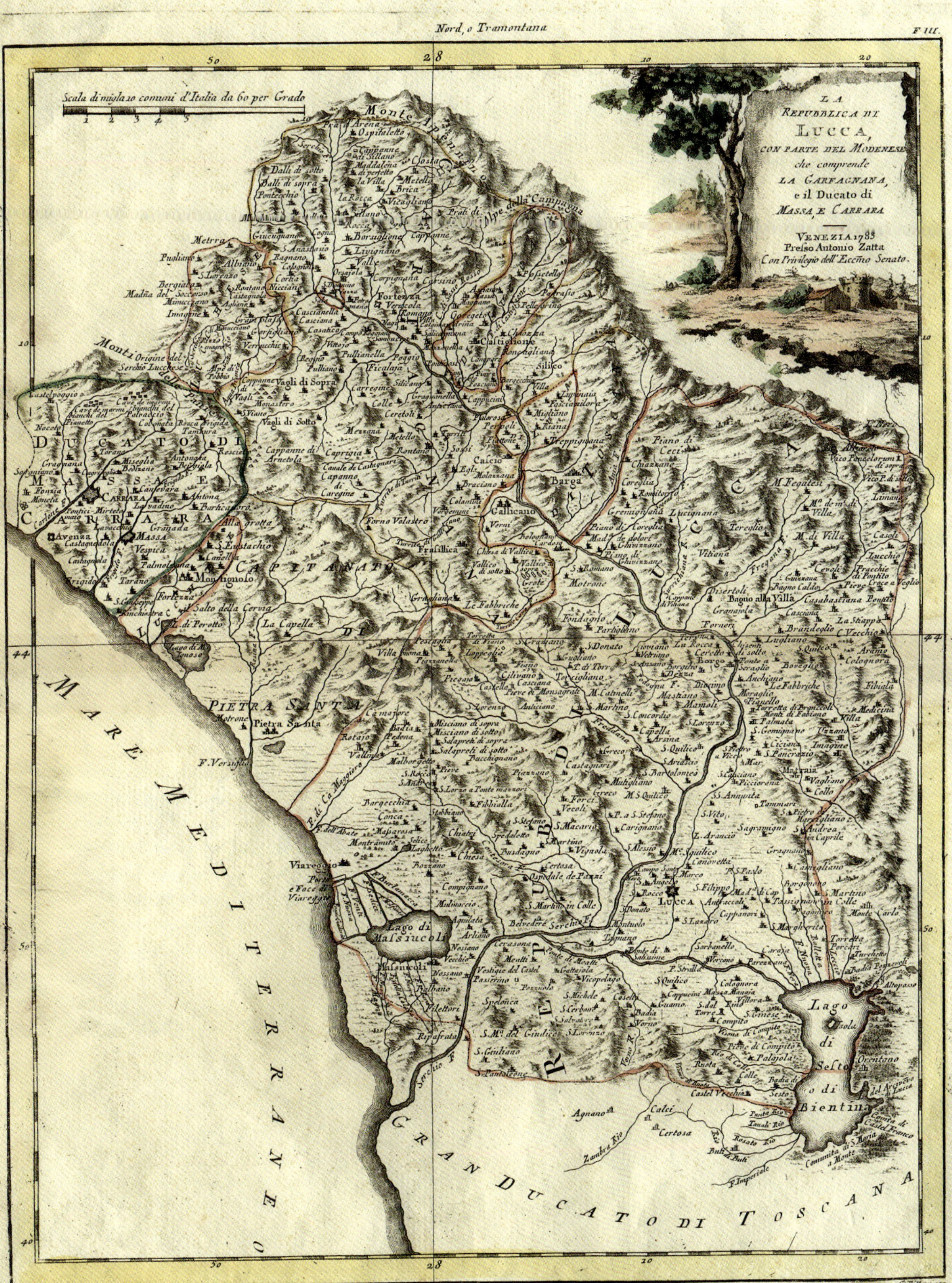

Nord, o Tramontana

F III.

La Repubblica di Lucca, con parte del Modenese che comprende la Garfagnana, e il Ducato di Massa, e Carrara

Venezia 1783
Presso Antonio Zatta
Con Privilegio dell' Eccmo Senato.

Scala di miglia 10 comuni d'Italia da 60 per Grado

Ducato di Massa e Carrara

Capitanato di Pietra Santa

Repubblica di Lucca

Mare Mediterraneo

Gran Ducato di Toscana

Lago di Sesto o di Bientina

Lago di Massaciucoli

Ovest o Ponente

Est, o Levante

Sud, o Mezzodì

G. Zuliani inc.

G. Pitteri scr.

441 — La repubbl. di **Lucca**, il Ducato di Massa e Carrara. Carta color. Venezia, Zatta 1783. In-fol. gr. — Poco macchiato d'acqua. 3 —

Crediti fotografici

In copertina
Bernardo Bellotto, *Piazza San Martino con la cattedrale, Lucca*, particolare, 1740, York, Art Gallery © York Museums Trust

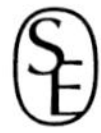

Silvana Editoriale

Direzione editoriale
Dario Cimorelli

Art Director
Giacomo Merli

Coordinamento editoriale
Sergio Di Stefano

Traduzioni dall'italiano all'inglese
Aja Bain, Caterina Guardini
Contextus srl, Pavia (Lucian Comoy) (per il saggio di B.A. Kowalczyk)

Redazione
Natalia Grilli

Redazione sui testi inglesi
Cristina Pradella

Impaginazione
Diego Mantica

Coordinamento di produzione
Antonio Micelli

Segreteria di redazione
Ondina Granato

Ufficio iconografico
Alessandra Olivari, Silvia Sala

Ufficio stampa
Lidia Masolini, press@silvanaeditoriale.it

Silvana Editoriale S.p.A.
via dei Lavoratori, 78
20092 Cinisello Balsamo, Milano
tel. 02 453 951 01
fax 02 453 951 51
www.silvanaeditoriale.it

Le riproduzioni, la stampa e la rilegatura
sono state eseguite in Italia
Stampato da Grafiche Aurora s.r.l., Verona
Finito di stampare
nel mese di ottobre 2019

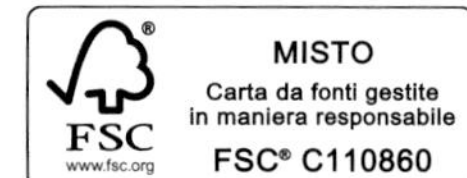